분점정부와 한국정치

The Politics of Divided Government in Korea

분점정부와 한국정치

The Politics of Divided Government in Korea

오 승 용 著

책머리에

민주화 이후 한국정치의 가장 특징적인 현상 중의 하나는 분점정부의 일상적 출현이다. 그럼에도 불구하고 한국 분점정부의 동학을 체계적으로 분석한 연구는 부족한 실정이다. 민주화 이후 치러진 주요 선거결과가 분점정부 상황이었음에도 불구하고, 왜 이처럼 분점정부가 빈번하게 출현하고 있는지, 분점정부 출현의 한국적 의미는 무엇인지 아직 충분히 규명되지 않았다.

그런데 정치인은 물론 언론과 학계에서 통용되는 분점정부에 대한 인식은 한결같이 부정적이다. 분점정부에 대한 부정적 인식공동체가 형성된 이유를 짐작하지 못할 바는 아니지만, 이러한 인식이 분점정부에 대한 정확한 분석에 기초한 것이라기보다는 다분히 인상적이고(impressionistic) 제한된 경험에 기초하고 있다는 데 문제가 있다. 즉 한국 분점정부는 부정적인 측면은 과장된 반면 긍정적 측면은 간과된 실정이다. 분점정부에 대한 부정적 인식과 평가는 그 자체로 그치는 것이 아니라 한국 대통령제의 개편논쟁, 이른바 정부형태 개편논쟁과 연결된다는 점에서 중요한 문제다. 한국 대통령제의 실패를 진단하는 많은 학자들이 그 근거로 들고 있는 것이 바로 분점정부의 폐해이기 때문이다. 따라서 분점정부에 대한 정당한 평가는 한편으로는 한국정치의 일상적인, 그리고 중요한 정치현상에 대한 이해의 과정이면서, 다른 한편으로는 정부형태 변경논쟁의 핵심을 차지하는 중요한 이슈이다. 분점정부는 한국 대통령제의 리트머스 용지와 같다.

이 책은 이러한 문제의식에서 출발했다. 분점정부란 무엇이고, 어떻게 접근해야 하는가? 분점정부하에서 정부운영이 마비되고 통치력의 저하를 가져왔는가, 분점정부의 대통령-의회관계는 교착의 일상화였는가, 그렇다면 분점정부라는 치명적 약점을 갖고 있는 한국 대통령제는 다른 정부형태로 전환해야 하는가? 이러한 질문들에 대한 필자 나름의 해답이 이 책에 담겨있다.

이 책은 크게 네 부분으로 구성했다.

첫째, 분점정부의 이해를 돕기 위한 부분으로서 분점정부의 정의, 이해방식, 정당정부론의 쟁점들을 검토했다. 둘째, 한국 분점정부를 보다 정확히 이해하기 위한 준거사례로서 미국 분점정부의 경험을 살펴봤다. 미국 분점정부의 기원과 전개과정, 미국 분점정부의 등장요인, 분점정부하의 정부운영(대통령-의회관계) 등이 주요 고찰대상이다. 셋째, 한국 분점정부의 기원과 전개과정, 등장 요인, 분점정부하의 대통령-의회관계를 입법과정을 통해 분석했다. 넷째, 분점정부의 한국적 의미와 한국 분점정부의 대통령-의회관계를 평가하고, 분점정부와 정부운영의 과제, 분점정부하에서 대통령의 정치적 선택, 분점정부와 제도개혁의 쟁점들을 정리했다.

이 책은 분점정부에 대한 종합적 접근을 시도했지만, 의도만큼 만족스런 결과물을 내놓지는 못한 것 같다. 특히 노무현 정부 시기의 분점정부에 대한 분석이 부족한데, 이 부분은 다른 공간을 통해 보다 정밀하게 분석할 것을 약속한다.

마지막으로, 이 책이 나오기까지 나를 지도해준 은사님들과 응원해준 가족들에게 감사의 마음을 전한다. 자식 걱정에 주름만 쌓여가는 어머니껜 항상 죄송한 마음뿐이다. 아내 미경과 30년 후의 아늑한 가족만찬을 약속한지 올해로 6년이 되었다. 그 사이 만찬에 참석할 인원이 늘었다. 예림과 세림 두 딸은 나의 희망이다. 아이들의 기억 속에 열심히 공부하는 아빠의 모습을 남기고 싶다.

〈목 차〉

〈표 목차〉

〈그림 목차〉

Ⅰ. 서론: 분점정부의 시대

1. 연구의 배경

바야흐로 분점정부(divided government)의 시대다. 분점정부는 과거 권위주의 정권에서는 경험할 수 없었던 새로운 현상이다. 비록 한국 민주화 논쟁에서 크게 주목받지는 못했지만, 분점정부의 일상적 출현이야말로 1987년 민주화 선언 이후 한국정치의 가장 두드러진 특징 중의 하나다. 그만큼 분점정부는 자주 출현했고, 한국정치의 지배적 추세가 되고 있다.

그러나 분점정부에 대한 우리의 인식과 대응은 아직 소극적이다. 우리는 여전히 단점정부(unified government)의 눈으로 분점정부를 바라본다. 그렇기 때문에 분점정부는 종종 혼란과 무능력, 비효율성과 동의어로 간주된다. 그러나 이제는 분점정부의 눈으로, 분점정부 상황에 적합한 정부운영방식을 고민해야 하고, 이를 통한 새로운 정치적 실천이 필요한 시점이다. 분점정부에 대한 새로운 성찰은 대체로 그동안의 분점정부 연구에서 간과되었던 부분들을 재조명하고, 단점정부와 비교할 때 분점정부가 노출하는 문제점을 되짚고, 그것의 원인은 무엇이며, 어떻게 대응해야 하는가에 대한 체계적인 검토를 통해 이루어져야 한다.

이를 위해서는 대통령제의 정부운영에 대한 보다 근본적인 고찰이 필요하다. 예컨대, 정부운영에 있어 정당의 역할은 무엇인가, 정부의 통치력을 좌우하는 요인은 무엇인가, 대통령과 의회 간의 관계는 어떻게 변화하고 있는가 등이 그것이다. 특히 정당의 기능과 역할에 대한 검토야말로 분점정부 논의의 핵심이다. 정당의 역할을 어떻게 규정하는가에 따라 분점정부에 대한 진단과 처방이 달라질 수 있기 때문이다.

이와 관련하여, 미국의 저명한 정당이론가인 키(Valdimer Orlando Key, Jr.)는 "정부가 제대로 기능하기 위해서는 헌정(憲政)의 장애물을 극복해야만 하는데, 정당은 때로는 약하게 때로는 강하게, 흩어진 정부기관들을 결속시키고 통합시키는 외관(semblance)"이라고 주장한다(Key 1942, 656). 덧붙여 그는 "대통령제에서 집권당이 효율적으로 기능하기 위해서는 대통령뿐만 아니라 상하 양원에 대한 통제가 필요하고, 집권당이 양원 중 한 원(chamber)에서 소수파일 경우 정부기관의 통합이 어렵다"고 본다(Key 1942, 656).

이러한 시각에 따르면, 성공적인 정부가 되기 위한 일차적인 조건은 하나의 정당이 대통령과 의회를 통제할 수 있는가의 여부에 달려있다. 한 정당이 대통령과 의회를 모두 통제하는 단점정부에서는 정부기관에 대한 정당의 통합기능이 극대화되기 때문에 성공적으로 정부를 운영할 수 있다. 그러나 서로 다른 정당이 대통령과 의회를 각각 통제하는 분점정부의 경우 정부기관에 대한 정당의 통합기능 수행이 어려워지기 때문에 분점정부가 정부운영의 걸림돌이 될 수 있다. 정당의 기능과 역할에 대한 이러한 인식은 비단 키만이 아니라 대부분의 정당이론가들이 공유하고 있는 부분이다.

그런데 대통령제는 국민에 의해 선출되어 행정부를 장악하는 대통령과 역시 국민에 의해 선출된 입법부가 각각 독자적인 정통성의 기반 위에서 운영되는 정부형태다. 린쯔(Juan Linz)는 이를 '이원적 민주 정통성'(dual democratic legitimacy)으로 부르고 있다(린쯔 1995, 41). 대통령제는 이원적 민주 정통성에 기초하고 있기 때문에 대통령과 의회 중 어느 기관이 더 정확하게 국민을 대표하는가를 결정할 수 없다.

독자적인 정통성을 갖고 있는 대통령과 의회가 서로 다른 정당에 의해 통제될 경우 양 기관 사이의 잠재적인 갈등가능성이 내재되어 있다고 이야기할 수 있다. 그러나 반대로 대통령에 대한 의회의 견제기능이 강화되는 것으로 볼 수도 있다. 분점정부가 출현하면 자동적으로 대통령과 의회 간의 갈등이 격화된다고 이야기할 수는 없다. 그것은 구체적인 상황에 대한 구체적 분석이 이루어진 후 판단할 수 있는 문제다. 따라서 한국 분점정부에 대한 근거 없는 부정적 낙인은 바람직하지 않을 뿐더러 설득력도 없다.

대통령제의 원형이라고 할 수 있는 미국의 경우, 정부수립 초기에 대통령과 의회와의 관계를 어떻게 정립할 것인가의 문제가 논란이 되었다(래드 1994, 41-42). 미국 '헌법 기초자들'(The Framers)은 분파 이익과 정당을 정부의 존립을 위협하는 요인으로 인식하고 이를 혐오했다.[1] 또한 분파의 해악을 차단하기 위한 제도적 장치를 모색했다. 특히 매디슨(James Madison)은 공화국 정부에서 다수의 전제

1) 달(Robert A. Dahl)은 1787년 헌정개혁론자들을 건국의 아버지(Founding Fathers)로 부르는 것은 적절하지 않고, 헌법 기초자들로 불러야 한다고 주장한다. 왜냐하면 건국의 아버지는 미국혁명과정 특히 독립선언에 참여한 사람들을 지칭하는 용어인데, 이들이 모두 필라델피아 헌법제정회의(Convention)에 참여하지는 않았기 때문이다(Dahl 2001, 5; 오승용 2004b, 297).

(專制)를 우려하여 정당의 당파적 영향을 배제하고자 했다(매디슨 외 1992, 80).

그러나 워싱턴(George Washington) 대통령 재임 시에 이미 정부가 운영되기 위해서는 정당이 필요하다는 인식이 확산됐고, 해밀턴(Alexander Hamilton)과 매디슨이 중심이 된 연방주의자들의 조직(The Federalist)은 사실상 집권당의 역할을 했다(Wasserman 1988, 22-24). 강력한 중앙정부와 중앙정치를 혐오하던 반(反)연방주의자 제퍼슨(Thomas Jefferson)도 막상 대통령에 취임하자마자 민주공화파(Democratic Republicans)를 조직하여 이에 의지했고, 심지어 매디슨도 1808년 민주공화파의 후보로 대통령에 당선되었던 사실을 보더라도 정부운영에 있어 정당의 필요성을 새삼 재론할 필요는 없다(베일리 1994, 45-46). 헌법 기초자들은 자신들이 미국 헌법을 기초할 당시의 생각과는 다르게, 정당이 권력을 분점하고 있는 독립된 두 정부기관, 즉 입법부와 행정부를 연계하여 대통령이 통치력을 발휘할 수 있도록 하는 거의 유일한 수단임을 인정했다. 그래서 등장한 것이 정당정부(Party Government)다.[2)]

정당정부는 1830년대 이래로 정부운영의 보편적 원리로 인식되었다. 그러나 이러한 인식이 무너지기 시작한 것은 2차대전 전후 빈번하게 등장한 분점정부였다. 물론 그 이전 시기에도 분점정부가 등장

---

2) 이러한 경향은 1830년대 앤드류 잭슨(Andrew Jackson) 대통령 이후 완전히 정착된다. 물론 학문적으로 정당정부론은 2차대전을 전후하여 정립되는데, 특히 1950년 미국정치학회 정당분과위원회의 연구보고서를 통해 책임정당론으로 발전하게 된다. 책임정당론에 대한 고전적 연구로는 샤츠나이더(Schattschneider 1942), 키(Key 1942), 래니・켄달(Ranney & Kendall 1956)을 참고할 수 있다.

하지 않았던 것은 아니지만, 19세기 말 20세기 초의 공화당 단점정부와 대공황 이후 민주당 단점정부의 효율성에 익숙한 이들은 트루먼(Harry S Truman)과 아이젠하워(Dwight David Eisenhower)의 집권과 함께 연속적으로 등장한 분점정부를 정상적인 현상으로 받아들일 수 없었다. 이들에게 분점정부는 정부기관을 통합하는 집권당의 기능을 억제시키고 대통령의 국정운영을 제약하는 원인이었다. 1940년대 말부터 50년대 말까지 미국 학계에서 진행된 분점정부 관련 논의에서 분점정부를 극히 부정적으로 평가한 이유가 여기에 있다.[3] 특히 샤슈나이더(Elmer Eric Schattschneider)가 위원장을 맡았던 미국정치학회 산하 정당연구위원회에서는 책임정당제를 미국정당체제의 개혁방안으로 제시함으로써 단점정부의 필요성을 이론적으로 보장해준다.[4]

분점정부에 대한 논의의 출발점은 바로 이 지점이다. 분점정부에 대한 부정적인 인식과 비판의 대부분은 정당(집권당)의 역할을 강조하는 책임정당론의 시각으로부터 나온다.[5] 책임정당론의 시각에

---

3) 분점정부에 대한 당시의 비관적인 평가에 대해서는 콕스와 커널(Gary Cox and Samuel Kernell)의 소개를 참조할 수 있다(Cox & Kernell 1991, 2-3).

4) 물론 책임정당론자들 대부분은 미국정치의 보수성을 비판하고 현상의 개혁을 주창했지만, 단일 정당을 통한 정책수행으로 보다 책임 있는 통치메커니즘을 구축하려 했던 것은 사실이다. 1950-60년대 책임정당론에 대해서는 제임스 번스(Burns 1963; 1965), 미국정치학회 산하 정당연구위원회의 보고서(Committee on Political Parties 1950)를 참조할 수 있고, 1970년대에 재개된 책임정당론에 대한 논쟁으로는 이브런 커크패트릭(Kirkpatrick 1971), 제럴드 폼퍼(Pomper 1971), 제임스 선키스트(Sundquist 1986)의 연구를 참조할 수 있다.

5) 책임정당론이 유행하던 2차대전 직후시기에(트루먼과 아이젠하워 시기) 분점정부가 등장하자 언론과 학계에서 미국 민주주의의 종언을

서 볼 때, 행정부의 집권당과 의회의 다수당이 일치하지 않으면 행정부와 입법부 양부의 통합과 협력이 어려워지며, 정부정책의 책임성을 담보할 수 없게 된다. 즉 분점정부의 출현은 정책생산의 저하와 비효율성, 대통령의 무능력을 초래한다. 또한 분점정부하에서는 정당 간 건전한 경쟁관계가 대립으로 전환되고, 이는 다시 행정부와 입법부 혹은 대통령과 의회 간의 대립으로 격화되기 쉽다.

이렇게 될 경우 정책의 방향과 내용을 둘러싼 정당 간 선의의 경쟁보다는 다음 선거를 의식한 정치적 계산에 따라 정당이 운영될 수밖에 없고, 그 결과 정당 간 권력투쟁, 예산과 정책을 볼모로 한 양부 간의 대결이 발생한다. 뿐만 아니라 입법권과 행정권이 양당에 나뉘어 있으므로 중대한 문제에 대한 해결책을 마련하지 못하거나, 특정한 정책이 실패를 가져올 경우 명확한 책임소재를 가리기도 힘들어 의회는 대통령에게, 대통령은 의회에게 정책실패에 대한 책임을 전가하는 행태를 보인다(Pomper 1971, 916-940; Sundquist 1986, 246-251).

이러한 인식은 미국의 경우에만 해당되는 것은 아니다. 우리나라의 경우도 책임정당론적 시각이 분점정부에 대한 해석을 지배하고 있다.[6] 1988년 제13대 국회의 출범과 함께 최초로 등장한 분점정부는 현재의 노무현 정부까지 포함하여 총 7차례 등장했다. 그런데 1940년대 미국사회의 인식과 마찬가지로 대부분의 학자들은 분점정

선언할 정도로 이를 부정적으로 평가했던 것은 결코 우연이 아니다(Fiorina 1992b).

6) 여기서 논의는 책임정당론 자체가 잘못되었다고 주장하는 것은 아니다. 다만 분점정부에 대한 책임정당론의 해석이 논란의 소지가 있음을 지적하려는 것이다.

부가 정국을 교착·마비시키고 한국 대통령제의 효용성을 소진시키는 원인으로 지목하면서 극복해야 할 정치현상으로 간주한다.

논자에 따라 정도의 차이가 있지만, 분점정부에 대한 대체적인 인식은 대단히 부정적이다. 분점정부는 "정치적 불안정, 정책적 책임성과 효율성의 약화 등을 초래할 수 있을 뿐만 아니라 최악의 경우에는 체제붕괴의 가능성"이 있는 것으로 묘사되기도 하고(양동훈 1999, 100), 정부의 정책산출능력 저하와 기능마비, 국정의 교착상태, 대통령의 권위와 권력에 대한 심각한 도전, 정당정치의 안정성을 저해함으로써(장훈 2001a, 10-11) 정부의 통치의 질을 근본적으로 저하시키고(장훈 2001b, 108), 체제위기를 증폭시키는 원인이다(강원택 2001, 29-30).

이러한 비판들은 모두 책임정당론의 전제를 공유하고 있다. 그러나 분점정부가 국정운영의 마비와 파행적인 정국운영이 이루어진다는 주장은 다분히 '인상주의적 가설'(impressionistic hypothesis)이다. 분점정부가 부정적 결과를 초래할 가능성이 있다는 것과 실제로 그것이 현실화되는 것과는 차이가 있다. 많은 부분에서 분점정부에 대한 오해가 있고, 밝혀진 부분보다 아직 밝혀지지 않고 있는 부분이 더 많다.

분점정부에 관한 연구가 빈약하다는 것도 이러한 오해를 증폭시키는 원인 중의 하나다. 그간 국내에서 진행된 분점정부 연구는 크게 미국의 분점정부 경험에 대한 소개(최선근 1998; 백창재 1998), 한국과 미국의 사례에 대한 간단한 비교연구(Ju & Pak 1998), 대통령제의 현실적 적실성을 위협하는 요인(함성득 1998; 양동훈 1999; 강원택 2001; 장훈 2001a), 한국 분점정부의 기원과 전개과정에 대한 간단한 스케치(장훈 2001b; 김용호 2001)가 있을 뿐이다. 구체적인 경험적 자료 분석에 입각한 분점정부 연구는 매우 드물고(Lim 1998; 진영재 1998; 오승용 2004a), 종합적으로 분점정부의 메커니즘을 다루고 있는 연구는 아직 찾기 힘들다.

결국 우리가 분점정부에 대해 갖고 있는 인식의 대부분은 구체적인 자료에 의해 검증된 '사실'이 아닌 '추론'에 가깝다. 설사 분점정부가 부정적인 측면을 갖고 있다 하더라도 그것은 과장되었다. 이러한 부정적 인식을 증폭시킨 보다 직접적인 이유는 집권당이 인위적인 정계개편을 할 때마다 반복적으로 내세웠던 정당화 논리, 즉 "분점정부=국정혼란, 단점정부=국정안정"이라는 잘못된 논리를 무의식중에 받아들인 결과다. 이제 한국정치에서 일상적인 현상이 되고 있는 분점정부에 대한 체계적 분석과 이를 통한 올바른 위상정립이 필요하다.

2. 연구내용

이 연구는 미국의 경험을 준거로 한국에서 분점정부가 등장한 사회적·정치적 배경, 분점정부의 등장 요인, 단점정부와 분점정부의 입법과정의 차이, 분점정부 논의의 성과와 한계 등을 종합적으로 살펴보고자 한다. 앞에서 언급했듯이, 미국 학계와는 다르게 우리 학계의 경우 분점정부에 관한 논의가 아직 초보적인 수준을 벗어나지 못하고 있다. 그렇기 때문에 한국 분점정부의 동학을 살펴보기 위해서는 분점정부에 대한 종합적인 고찰이 불가피하다. 이러한 접근은 다소 논점이 느슨해질 수도 있지만, 분점정부에 대한 이해의 폭을 넓힐 수 있다는 장점이 있다.

이 연구의 주요내용은 다음과 같다.

첫째, 분점정부란 무엇인가를 규명하고자 한다. 분점정부는 의회제와는 무관한 현상으로서 대통령제에서만 등장하는 정부유형이다. 이원적 민주 정통성으로 인해 대통령제는 언제든지 분점정부가 등장할 수 있는 제도적 환경을 갖고 있다. 그러나 최근에는 이러한 제도적 차이를 무시하고 분점정부를 '탈맥락화'하는 시도가 있다. 분점정부가 특별히 대통령제에서만 나타나는 현상이 아니라 의회제에서도 나타나는 보편적 현상으로 바라보는 시각이 그것이다. 그러나 본문에서 언급하겠지만, 이러한 시각은 분점정부의 산술적 측면, 즉 의회에서 집권당의 의석분포(점유)만으로 분점정부를 개념화하는 것이기에 문제가 있다.

이러한 주장이 등장하는 것은 분점정부에 관한 정확하고 엄밀한 개념화가 이루어지지 않은 채 느슨하고, 서술적인 개념정의하에서 분점정부 논의가 이루어지기 때문이다. 따라서 분점정부에 대한 정확하고, 엄밀하며, 분석적인 개념화가 선행되어야 한다. 이를 위해 이 연구에서는 분점정부를 대통령제에만 고유하게 나타나는 현상으로 규정하되, 미국식의 양당제형 분점정부와 한국에서 나타났던 다당제형 분점정부로 유형화하고자 한다.

지금까지 분점정부에 대한 개념정의는 주로 미국식의 양당제 모델을 기초로 행정부와 입법부가 단일정당에 의해 장악되었는가의 여부에 국한되었다. 그러나 대통령제를 채택하고 있는 국가 중 미국식의 양당제가 유지되는 국가는 드물고, 오히려 라틴아메리카와

아시아 국가들에서는 다당제인 경우가 더 많다. 이러한 나라들에서 나타나는 분점정부의 경우 미국식의 개념화로는 설명할 수 없는 현상, 예컨대 어느 정당도 과반수 의석을 확보하지 못한 무다수당(no majority) 분점정부가 나타난다. 무다수당 분점정부는 의회에서의 정치적 실천이 양당제 분점정부와는 다르게 나타날 수밖에 없다. 다당제하에서 무다수당 분점정부가 갖는 의미를 분석함으로써 한국형 분점정부의 패턴을 정립하고, 이를 통해 분점정부 논의를 확장시켜보고자 한다.

둘째, 분점정부의 준거사례로서 미국 분점정부의 기원, 등장 요인, 분점정부하의 정부운영 등을 살펴볼 것이다. 미국의 사례는 분점정부에 대한 이해의 폭을 넓혀줄 수 있을 것으로 기대하는데, 이는 분점정부에 대한 국내의 논의가 아직 부족하다는 점을 고려한 것이다.[7] 이를 준거로 삼아 한국에서 분점정부가 반복적으로 출현하는 요인을 살펴보고자 한다. 한국 분점정부의 등장 요인은 구조적·제도적인 측면과 정치적인 측면으로 나눌 수 있는데, 구조적·제도적 요인은 지역균열구조, 선거제도, 정당체계를 중심으로, 정치적 요인은 행정부 실패의 정치, 선거연합의 부족 등을 중심으로 살펴볼 것이다.

셋째, 한국 분점정부의 대통령-의회관계의 변화를 입법과정에 대한 분석을 통해 살펴본다. 대통령-의회관계가 중요한 이유는 분점정부가 단일 정당에 의해 대통령과 의회가 통제되는 것이 아니라, 서로 다른 정당들에 의해 행정부와 입법부가 각각 분점 되기

7) 물론 미국의 경험을 우리나라에 그대로 적용하는 것은 한계가 있다. 사회균열구조, 정당체계, 선거제도, 대통령과 의회의 관계, 의회의 운영방식에 있어 미국과 한국은 많은 차이가 있다.

때문이다. 행정부와 입법부를 장악한 정당들이 특히 의회라는 공간을 통해 접촉하면서 발생하는 다양한 정치적 실천은 결국 대통령-의회관계의 변화를 초래한다.

이를 구체적으로 분석하기 위해 경험적으로 지표화가 가능한 입법과정에 대한 분석을 시도한다. 지금까지 입법과정에 대한 분석은 주로 법안처리, 의회의 대통령 견제 조치, 집회현황 등을 중심으로 분석했다. 그러나 이러한 양적 접근만으로는 분점정부에 대한 심층적인 분석에 한계가 있기 때문에 보다 질적인 접근이 필요하다. 입법산출 통계의 이면에 있는 메커니즘을 밝혀내기 위해 대통령(행정부+집권당)의 정책적 의지가 표출되었던 중요법안을 선별하여 중요법안이 의회에서 어떻게 처리되었는가를 분석해야 한다. 입법과정에 대한 분석을 통해 분점정부가 출현하면 통치력이 저하되고, 국정운영의 마비와 정국의 혼란만을 유발한다는 주장의 타당성도 함께 입증할 수 있다. 이러한 주장이 기각된다면 대통령과 의회가 단일정당에 의해 통제되는 것이 대통령제에 기능적이고, 그렇지 않을 경우는 역기능적이라는 주장 역시 근거가 사라진다.

이의 연장선상에서 단점정부와 분점정부의 통치력 차이가 크게 존재하지 않는 것은 의회의 특성(경합장형 의회)과 운영방식 때문임을 밝히고자 한다. 한국 의회는 상임위원회 중심주의를 채택하고 있기 때문에 사실상 본회의가 아닌 상임위원회에서 중요법안들을 심의·의결한다. 그래서 법안을 둘러싸고 집권당과 반대당이 논쟁 및 대립하는 경우는 많지 않으며, 대부분의 대립은 정당 간 권력투쟁과 당파적 이해관계(권력투쟁, 원구성, 상임위 배정, 의사일정 합의 등)와 관련된 것이다.

넷째, 한국에서 분점정부의 출현이 갖는 의미를 이전의 연구와는 다른 시각에서 접근하고자 한다. 분점정부는 민주화의 효과이며, 한국정치의 현실을 감안할 때 분점정부는 단점정부가 갖지 못한 적극적인 의미가 많다. 특히 군부 권위주의 정권하에서 '통법부'(通法部)로 전락한 의회 위상의 정상화 내지 기능의 활성화야말로 분점정부가 가져온 가장 중요한 정치적 효과다. 분점정부는 논리적으로나 현실적으로 결코 비정상적이고, 부정적인 현상이 아니다.

논리상, 정부형태가 대통령제인 경우 분점정부는 언제든지 등장할 수 있다. 따라서 대통령제에서 나타나는 분점정부는 비정상상황이 아니라 지극히 정상상황이다. 근대 형성기처럼 의회는 더 이상 군주(집행권)에 맞서는 단일한 행위자가 아니라 복수의 정당에 의해 분리된 행위자다. 정부기관은 정당에 의해 매개되기 때문에 실질적인 권력분리의 효과는 갈수록 줄어들고 있다. 대통령의 권한이 지나치게 비대화됨으로써 정부실패의 문제를 야기하고 있는 한국의 상황에서 분점정부는 권력분리 내지 권력의 실질적인 분산 효과가 있다. 한국 분점정부 관련 논의에서 이러한 점들을 간과해서는 안 된다.

한국의 현실정치를 보더라도, 민주화 선언 이전까지 의회의 대통령 견제 기능은 한 번도 정상적으로 이루어지지 않았다. 의회는 행정부의 정책의지가 결정되면 사후적으로 추인(追認) 해주는 기관에 불과했다. 심지어 제4공화국에서는 '유신정우회'와 같이 대통령이 추천한 인사들이 추가의석을 할당받기도 했다. 그러나 일정한 한계에도 불구하고 분점정부의 등장은 대통령제의 핵심원리인 견제와 균형 원리의 현실화에 상당한 기여를 했다. 물론 필자가 지금까지의 분점정부 논의에서 언급되지 않았던 이러한 적극적 측면을 부각시키는 것이 분점정부에 대한 근거 없는 송시(頌詩)를 읊조리기 위한 것은 아니다. 편향된 시각에 의해 왜곡된 분점정부를 제자리로 되돌리려는 하나의 시도일 뿐이다.

마지막으로, 분점정부하에서 대통령과 집권당이 선택해야할 정치적 실천의 방향을 제시해보고자 한다. 통치력의 차이와 상관없이 현실적으로 분점정부가 등장하게 되면 대통령은 의회와의 관계에서 단점정부와는 다른 정치적 실천이 요구된다. 분점정부가 부정적인 이미지로 비춰지는 것도 대통령과 집권당이 다수결에 의한 힘의 정치만을 고수할 뿐, 그 외의 수단들을 활용하지 못하기 때문이다. 분점정부하에서 요구되는 대통령과 집권당의 정치적 실천 내지 선택의 대안은 무엇이고, 이를 위해 앞으로 개선할 점은 무엇인가를 제시해보고자 한다. 특히 다당제 분점정부인 경우 양당제 분점정부와는 다른 정치적 실천, 예컨대 원내 제3당과의 다양한 연합정치가 필요한데, 이러한 연합정치가 분점정부의 한국적 대안으로서 유효한지를 검토한다.

3. 연구범위 및 방법

한국에서 분점정부가 최초로 등장한 것은 1988년이었다. 제13대 국회의 출범과 함께 최초로 등장한 분점정부는 1990년 1월 '3당 합당'을 계기로 약 20개월 만에 단점정부로 전환된다. 이후 14대 총선과 15대 총선은 선거결과만 놓고 보면 분점정부가 출현할 수 있는 상황이었지만, 무소속 의원의 영입을 통해 국회 개원 이전에 행정부 집권당이 원내 과반수 의석을 확보했기 때문에 분점정부는 등장하지 않았다. 그러나 김대중 정부에 접어들면서 분점정부와 단점정부의 출현은 수시로 교차한다. 김대중 정부에서는 분점정부가 무려 3차례 등장했다. 다시 2003년 2월 노무현정부가 출범하였으나 여전히 분점정부 상태가 유지됐고, 2004년 17대 총선결과 '탄핵역풍'으로 단점정부로 전환되었으나 열린우리당 의원들의 잇단 의원직 상실로 집권당의 과반수가 붕괴되면서 다시 현재는 분점정부 상태가 유지되고 있다. 한국은 민주화 선언 이후 총 7번의 분점정부를 경험하고 있다(〈그림 1〉 참조).

따라서 시기적으로는, 최초로 분점정부가 등장했던 1988년 5월부터 2004년 5월까지가 이 연구의 분석범위라고 할 수 있고, 공간적으로는 대통령과 의회를 중심으로 이루어졌던 현실정치의 다양한 행태들, 특히 입법과정이 이 연구의 중요한 분석대상이다.[8] 이 연구에서는 분점정부의 입법과정을 단점정부의 입법과정과 비교함으로써 그 차이를 밝혀보고자 한다.[9] 입법과정에 대한 분석에서 주요지표는 국회에서의 법안처리다. 이때 주의해야 할 것은 의원발의보다는 정부제출안의 처리결과를 더 중요하게 고려해야 한다. 왜냐하면 정부제출안의 처리결과를 통해 대통령의 입법산출능력을 평가할

8) 2004년 5월은 16대 국회 임기가 종료된 시점이고, 17대 국회를 분석하기에는 아직 시기적으로 이르기 때문에 이 시점을 분석시한으로 삼았다.

9) 대통령과 의회관계라 할지라도 의회가 대통령에 맞서는 단일한 행위자라는 의미는 아니다. 대통령제를 채택하고 있는 거의 모든 나라에서 정부기관 간의 관계는 "대통령+집권당 대(對) 반대당"의 구도다. 여기서 이야기하는 대통령-의회관계도 이러한 의미다.

수 있기 때문이다. 의원발의안의 경우 의원들의 입법전문성 취약, 정쟁구도하에서 동일 사안에 대한 상충되는 법안상정, 지역구 민원처리를 위한 의미 없는 법안상정, 상임위 위주의 의정활동이 갖는 한계, 시민단체의 건수 위주 의정활동 평가로 인해 부실한 법안이 무분별하게 상정되는 경우가 많아 통계수치로서의 유의미성이 정부제출안에 비해 떨어진다.

여기서는 13대 국회가 시작되었던 1988년부터 16대 국회 임기가 종료된 2004년 5월까지 분점정부와 단점정부하에서 국회의 입법산출(법안처리), 행정부에 대한 의회의 감시 및 견제 조치, 국회의 집회현황에 대한 자료 분석을 통해 분점정부가 단점정부에 비해 비효율적이고 비생산적이라는 주장의 타당성 여부를 검토하고자 한다.[10)]

행정부의 입법산출능력은 일차적으로 정부제출법안의 처리비율, 즉 정부제출법안의 성공률(가결) 대 실패율(폐기, 철회)의 비교를 통해 가능하다. 그러나 이러한 접근은 공식적으로 드러나는 통계수치에 대한 분석·평가에 불과한 것으로서, 단점정부와 분점정부의 동학을 심층적으로 분석하기에는 한계가 있다. 따라서 보다 분석적으로 단점정부와 분점정부의 입법과정의 차이를 살펴볼 필요가 있다.

입법산출을 보다 심층적으로 살펴보기 위해 여기서는 단점정부와 분점정부의 '중요법안'에 대한 성공(률)과 실패(율)의 경우를 분석한다. 일반적으로 대통령의 통치력은 대통령의 정책의지가 의회에서 얼마나 성공적으로 승인되었는가에 있기 때문이다. 그런데 문제

10) 여기서 검토대상이 되는 자료는 국회 홈페이지(http://www.assembly.go.kr)에서 제공되는 정보 중 13대 국회에서 16대 국회(2004년 5월)까지의 의안통계, 회의록과 국회사무처에서 발간되는 〈국회경과보고서(제141회 임시국회-제246회 임시국회)〉, 〈국회공보(1988년-2004년)〉 등이다.

는 이러한 중요법안을 어떻게 선별할 것인가에 있다.

이와 관련하여 미국 분점정부의 입법과정에 대한 메이휴(David Mayhew)의 사례연구는 이 연구의 중요한 준거가 될 수 있다(Mayhew 1991). 메이휴는 미국 분점정부의 대통령-의회관계를 분석하기 위해 1947년부터 1990년까지 입법화된 핵심 법안을 분점정부 시기와 단점정부 시기로 구분하여 각각의 시기별로 정부의 입법산출을 비교했다. 이때 그가 핵심 법안으로 선별한 것들은 입법전문가들의 법안에 대한 검토자료(*Congressional Quarterly Weekly Report*)를 기초로 주요 언론(*Washington Post, New York Times*)에 자주 거론된 법률안들을 선별했다 이러한 방법은 일정한 한계에도 불구하고 가장 현실적인 방법이다.

그런데 한국의 사례분석에 있어서는 이러한 방법을 그대로 도입하기 어렵다. 왜냐하면 한국의 경우 법률안에 대한 전문가의 평가 시스템이 취약하고, 언론에 노출된 법안이 반드시 중요법안은 아니라는 점에서 메이휴의 방식을 수정할 필요가 있는데, 이 연구에서는 다음과 같은 방법으로 중요법안을 선별하고자 한다. 중요법안을 선별하기 위해 해당 회기에서 원내교섭단체 간의 협상의제를 추출한다. 이러한 의제들 중에서 법률안을 선별하여 이를 중요법안으로 분류하고자 한다. 일단 교섭단체 총무(원내대표)회담에서 협상대상이 되는 법안들은 각 정당이 중요법안으로 인정하고 있는 법안이며, 협상대상이 되는 법률안들의 변질과정을 관찰해보면 집권당과 반대당 간, 혹은 원내 교섭단체 간의 입장변화를 추적할 수 있다. 즉 중요법안에 대한 분석은 정부의 정책의지가 교섭단체 간 협상과정에서 얼마나 관철 혹은 완화되었는가를 알 수 있고, 이를 통해 정부운영의 효율성을 평가할 수 있다.

결론적으로, 분점정부의 입법산출능력에 관한 평가는 입법에 성공한 사례에 대한 공식적인 통계에 대한 분석, 그리고 중요법안을 선별하여 입법에 성공한 법안, 성공했지만 변질된 법안, 실패한 법안들을 살펴봄으로써 분점정부의 입법과정을 보다 분석적이고 종합적으로 평가할 수 있다.

둘째, 의회의 대통령에 대한 감시 그리고 견제수단의 발의를 분석하여 분점정부 및 단점정부의 대통령-의회관계를 평가한다. 입법산출능력이 주로 의회에 대한 행정부의 영향력을 평가하는 것이라면, 의회의 대통령에 대한 견제 조치들은 대통령에 대한 의회의 영향력을 가늠할 수 있다. 의회에서 행사할 수 있는 대통령 견제수단은 국무위원 및 대통령이 임명하는 고위인사에 대한 탄핵소추권, 임명동의, 해임건의, 사퇴권고 등이 있고, 국정감사, 국정조사, 특별검사조사 발의 등도 의회가 가지고 있는 대통령 견제수단에 포함된다. 이러한 견제수단은 그것의 가결여부를 떠나 그러한 조치를 발동하는 것 자체로서 의미를 지니는 경우가 있다. 여기서는 13대 국회에서 16대 국회의 회기에서 의회의 대통령에 대한 견제 조치들이 분점정부와 단점정부 시기에 어떻게 이루어졌는가를 각 시기별로 나누어 살펴보고자 한다.

이를 위해, 우선 각각의 견제 조치들이 발의된 시점별로 통계를 산출하고, 각각의 사례들이 발의된 정치적 상황과 접목시켜 이를 해석한다. 그러나 이것만으로는 실제로 얼마나 의회가 대통령을 견제했는가를 분석할 수 없기 때문에 관련 문헌을 검토하여 이러한 조치들로 인해 발생한 대통령과 의회, 집권당과 반대당의 견제와 대립의 정도를 보다 심층적으로 분석하고자 한다.

셋째, 집회현황 분석을 통해 의회의 효율적인 운영여부를 살펴보고자 한다. 국회의 개의일수는 국회의 의정활동이 얼마나 충실하게 이루어졌는가를 평가할 수 있는 일차적인 지표다. 단순화하면, 국회의 개의일수가 많을수록 집권당과 반대당 간의 극단적인 대립이 심하지 않았다는 것이고, 국회의 공전(空轉)이 많을수록 정당 간의 대립이 심했다고 평가할 수 있다. 물론 단순히 개의일수와 회의시간 등을 통해 의회운영의 효율성을 분석하는 것은 한계가 있다. 이를 보완하기 위해 각 회기별 공전 횟수를 확인할 경우 대통령과 의회의 대치상황을 보다 정확하게 파악할 수 있다.[11]

---

11) 국회의 공전 회수를 확인하기 위해 『국회경과보고서』와 『본회의 회의록』, 『상임위원회 회의록』을 참조할 것이다. 개회 이후 한 번도 회의가 열리지 않은 회기는 완전 공전된 회기로 분류할 수 있다. 또한 완전 공전은 아니지만 부분 공전된 회기는 보통 회기별 회의일수가 1-2일 정도인 회기가 해당된다.

Ⅱ. 분점정부의 이론

분점정부의 이론적 쟁점에 대한 논의에 앞서 우선 용어문제를 짚고 넘어가자. 분점정부 대신 흔히 쓰이는 여소야대(與小野大)는 저널리즘의 용어이지 학술용어는 아니다. 또한 여소야대는 의회제라면 몰라도 대통령제에는 적용할 수 없는 부정확한 용어이며, 여당(與黨)이나 야당(野黨)이라는 용어도 결코 좋은 표현은 아니다.[12)]

다만 'Divided Government'를 분할정부(分割政府)가 아니라 분점정부(分占政府)로 표현하는 것은 우리말의 어의상 분할이라는 용어가 "나누다"는 의미만을 갖는 반면, 분점이라는 용어는 "나누어 차지한다"는 의미이기 때문에 단일 정당이 입법부와 행정부를 차지하지 못하고, 서로 다른 정당이 입법부와 행정부를 나누어 장악하는 상황을 보다 정확하게 표현할 수 있다.[13)] 따라서 여기서는 Divided Government의 의미를 보다 잘 표현할 수 있는 분점정부라는 용어를 사용하도록 하겠다.[14)]

---

12) 특히 분점정부는 의회제나 대통령제의 단점정부와는 다르게 "의회 다수당≠행정부 통제"이기 때문에 여소야대라는 표현이 더 어울리지 않는다.

13) 분할정부라는 용어대신 분점정부라는 용어가 제안된 배경은 Divided Government를 분할정부로 표현할 경우 Unified Government를 통합정부로 표현하게 되므로, 남북한 통합정부와 혼동될 우려가 있기 때문이었다(김용호 2001, 478).

14) 미국의 경우 Divided Government의 대치어인 Unified Government를 United Government로 종종 사용하기도 한다. 민주당 대통령이었던 클린턴(Bill Clinton)이 1994년 하원선거에서 공화당에게 패배한 이후 가진 기자회견에서 이 표현을 사용한 이후 언론인과 연구자들 사이에

이 장에서 주요하게 다루는 내용은 크게 두 가지다.

첫째, 분점정부란 무엇인가를 살펴본다. 여기서는 분점정부의 정의 및 분점정부 개념화의 쟁점들을 다루고자 한다. 분점정부의 개념화가 중요한 이유는 분점정부에 대한 체계적인 개념화가 없다 보니, 종종 미국에만 적용될 수 있는 경우를 국내의 사례에 무비판적으로 적용하는 경향이 있기 때문이다.

둘째, 분점정부를 이해하는 시각, 특히 정당정부론이나 책임정당론에 입각한 분점정부 해석의 타당성 내지 적실성의 문제를 살펴볼 것이다. 원래 정당정부론은 의회제에서 성립된 개념인데, 대통령제 정부에 이를 포괄적으로 적용하는 것이 바람직한가, 또한 이러한 시각만으로 분점정부를 평가하는 것이 바람직한가의 문제를 검토할 것이다.

1. 분점정부란 무엇인가?

1) 분점정부의 정의

분점정부란 무엇인가, 그리고 분점정부를 어떻게 정의할 것인가는 상당히 중요한 문제다. 국내 논자들은 미국의 경험을 포함한 대통령제 정부 전반에 대한 비판적 검토 없이 분점정부를 정의하고, 국내 사례에 적용하는 경향이 있는데, 이는 분점정부 연구의 초기 단계에서 나타나는 과도기적 현상으로 보인다.

서 가끔 사용되고 있다(Petrocik & Doherty 1996).

물론 분점정부는 미국정치의 산물로서 행정부를 장악한 정당과 의회의 과반수 의석을 점유한 정당이 서로 다른 경우를 지칭하는 용어다. 파웰(Bingham Powell Jr.)의 경우 분점정부를 "서로 다른 정당이 서로 다른 정부기관을 통제하는 상황"(Powell 1991, 231)으로, 피프너(James Pfiffner)는 "한 정당이 대통령과 함께 양원을 통제하지 못할 때 분점정부가 발생"하는 것으로 보고 있으며(Pfiffner 1994, 167), 피터슨과 그린(Paul Peterson and Jay Greene)은 "서로 다른 정당이 통제하는, 독자적으로 선출되는 두 개의 정부기관 간의 권력 공유"로 분점정부를 보고 있다(Peterson & Greene 1993, 33). 또한 레이버와 쉡슬(Michael Laver and Kenneth Shepsle)은 "한 정당이 대통령을 통제하고, 다른 정당이 적어도 의회의 한 원(chamber)을 통제하는 경우"를 분점정부로 보고 있다(Laver & Shepsle 1991, 252).

여러 학자들의 정의를 통해 알 수 있듯이 분점정부는 행정부를 장악한 정당이 적어도 의회의 한 원에서 다수파를 확보하는 데 실패한 상황 혹은 어떤 정당도 행정부와 입법부를 동시에 통제하지 못하는 상황을 지칭하는 개념이다. 양원제 국가인 경우 상원과 하원 어느 한 원에서 다수파를 확보하는 데 실패한 경우도 분점정부로 간주된다.[15] 단점정부는 이와는 반대로 행정부를 장악한 정당이

15) 물론 양원제 국가일지라도 미국을 제외한 대부분의 국가에서 상원은 하원에 비해 그 권한이 현저하게 약하고, 의례적이고 상징적인 경우가 많다. 그렇기 때문에 사실상 상원의 다수 지지라는 것은 미국을 제외한 국가에서는 그다지 큰 의미가 없다. 행정부를 장악한 정당이 하원에서 다수 지지를 확보할 경우 설사 상원의 다수파를 다른 정당이 장악하고 있다 하더라도 하원의 다수당이 활동의 제약을 크게 받지는 않는다.

의회(양원)에서 다수 지지를 확보한 상황 혹은 단일 정당이 행정부와 입법부를 동시에 통제하는 상황을 지칭한다.

여기서 다수 지지 확보라는 것은 일반적으로 일당에 의한 원내 과반수 의석 확보를 말하며, 원내 소수파가 행정부를 장악한 경우 의회에서 정당연합을 통해 다수 지지를 확보하는 경우도 이에 포함된다. 그래서 단일 정당에 의해서건 정당연합에 의해서건 행정부 집권당이 의회의 과반수 의석을 확보한 경우는 단점정부인 반면, 행정부를 장악한 정당이 의회에서 의결정족수인 과반수 의석 확보에 실패한 경우 혹은 어느 정당도 의회에서 과반수 의석 확보에 실패한 경우는 분점정부라고 할 수 있다.

이와 관련하여, 슈가트(Matthew Soberg Shugart)는 어느 정당도 의회에서 과반수 의석 확보에 실패한 경우는 '무다수당 정부'(no-majority government)라고 하여 분점정부와 구별하고 있다(Shugart 1995, 327). 즉 슈가트는 대통령제의 정부유형을 세 가지로 구분하는데, 단점정부, 분점정부, 무다수당 정부가 그것이다(Shugart 1995, 327-328).[16] 여기서 단점정부는 일반적인 정의처럼 한 정당이 동시에 대통령과 의회를 통제하는 상황을 지칭하는 것이다. 분점정부는 대통령 소속당과 다른 정당, 선거연합이 의회의 다수파를 획득하는 상황을 지칭하는 것인 반면, 무다수당 정부는 어

16) 슈가트가 이야기한 무다수당 정부는 미국 이외의 다당제 대통령제 국가에서 흔히 나타나는 정부유형으로 분점정부나 단점정부에 해당되지 않는 일종의 잔여적 범주다(Shugart 1995, 327). 슈가트는 무다수당 정부를 단점정부, 분점정부와 병렬적으로 분류하지만, 이것은 바람직하지 않다. 왜냐하면 무다수당 정부도 행정부 집권당이 의회의 다수당이 아니라는 점에서는 분점정부의 특성을 공유하고 있기 때문이다.

떠한 정당도 의회의 다수파가 되지 못한 상황을 말한다.

양당제의 분점정부와 다당제의 무다수당 정부를 구분하려는 슈가트의 시도는 한국 분점정부 논의와 관련하여 상당히 중요한 의미를 갖는다. 양당제 대통령제국가의 경우 한 정당은 의회의 과반수 의석을 자동적으로 확보할 수밖에 없다. 그렇기 때문에 정당에 의한 의회의 당파적 지배가 언제나 가능하다. 그러나 다당제 대통령제국가인 경우 소수파 정당의 후보가 대통령에 당선될 수는 있지만, 의회 선거에서는 대통령 소속당뿐만 아니라 어느 정당도 원내 과반수를 획득하지 못하는 상황이 나타날 가능성이 있다.[17)]

한국은 대표적인 쇼우케이스(show case)다. 슈가트가 무다수당 정부로 지칭하고 있는 상황이 3번이나 출현했기 때문이다. 13대 국회 당시 나타난 분점정부도 슈가트의 분류에 따르면 무다수당 정부고, 김대중 정부하에서 16대 총선 직후 나타났던 분점정부, 노무현 정부하에서 2005년 4월 열린우리당의 과반수 의석 상실과 함께 나타난 현재의 분점정부도 무다수당 정부다.

슈가트의 이러한 정부유형 분류는 분점정부와 무다수당 정부를 구분함으로써 미국식의 양당제적 분점정부 모델에서 탈피했다는 점에서 상당히 중요한 의미를 갖는다. 그런데 국내의 논의에서는 이러한 측면이 무시되고, 양당제에 기초한 미국식의 개념정의만을 채택하고 있는데, 슈가트의 분점정부 개념화를 활용할 경우 분점정부 논의를 보다 확장시킬 수 있다. 다만, 분점정부의 핵심적인 문제의식이 행정부 집권당이 의회를 통제하지 못하는 상황을 지칭하는 것

17) 여기서 정당의 수는 많지만 수권능력이 있는 정당이 한 개뿐인 이른바 '일당우위제 혹은 1.5정당체계'(predominant party system)는 해당되지 않는다.

이기 때문에 슈가트와 같이 무다수당 정부를 분점정부와 다른 정부 유형으로 분류하는 것보다는 분점정부의 하위 개념으로 분류하는 것이 더 적절하다고 생각한다.[18] 정당체계에 따라, 양당제 국가인 경우 다수당 분점정부가 나타나지만, 다당제 국가의 경우 무다수당 분점정부가 나타날 수 있다. 즉 의회 다수당이 있는 경우 다수당 분점정부이고, 의회의 다수당이 없는 경우 무다수당 분점정부가 되는 것이다. 마찬가지로 단점정부도 한 정당이 행정부를 장악한 경우 단일정당 단점정부가 되지만, 정당연합(선거연합 포함)을 통해 공동정부를 구성한 경우 정당연합 단점정부가 되는 것이다.

무다수당 분점정부가 중요한 것은, 한국과 같이 지역균열구조에 기초한 다당제 국가에서는 다수당 분점정부뿐만 아니라 무다수당 분점정부가 나타날 가능성이 상당히 높기 때문이다. 그런데 다수당 분점정부와 무다수당 분점정부는 의회에서의 정치적 실천이 달라질 수밖에 없다. 반대당이 의회의 다수 지지를 확보하고 있는 경우(다수당 분점정부)에는 행정부 집권당의 정치적 실천은 의회의 다수파를 형성하고 있는 정당과의 원만한 타협이 중요하지만, 어느 정당도 원내 과반수 의석을 확보하지 못한 무다수당 분점정부일 경우에는 행정부 집권당과 원내 제3당 간의 연합정치가 집권당의 일차적인 고려대상이 될 수 있다. 이 경우 행정부 집권당은 다수당 분점정부보다 훨씬 다양한 정치적 선택이 가능해지고, 오히려 다수당 분점정부에 비해 집권당에게 유리한 상황을 만들 수도 있다. 특히 원내 제3당이 행정부 집권당과 이념적·정책적 거리가 멀지 않을

18) 따라서 여기서는 무다수당 정부를 분점정부의 하위 개념으로 분류하여 그 용어도 '무다수당 분점정부'로 칭하도록 하겠다.

경우에는 더욱 그렇다.

또한 무다수당 분점정부는 의회제의 연립정부와 비슷한 정치적 실천이 필요하기 때문에 의회에서의 수적 우위에 입각한 '밀어붙이기' 식의 대립정치가 아니라, 연합정치에 기초한 대화와 타협의 정치가 정착할 수 있는 계기가 될 수도 있다. 이 경우 다양한 연합정치의 방법들에 대한 현실적인 고려가 필요하다.[19] 노태우 정부에서 '3당 합당'과 김대중 정부에서 '3당 정책공조'가 나타났던 것도 당시의 상황이 무다수당 분점정부였기 때문이었다. 반면 행정부 집권당이 아닌 정당이 원내 과반수를 확보할 경우에는 이러한 연합정치가 사실상 불가능해진다. 그럴 경우 의회에서 행정부 집권당의 정치적 실천은 무다수당 분점정부에 비해 오히려 제약될 수 있다. 따라서 한국적 맥락에서 분점정부 논의의 활성화를 위해서는 슈가트가 제시한 무다수당 정부에 대한 관심과 추가적인 연구가 필요하다.[20]

이상의 논의를 정리하면, 무다수당 정부도 행정부 집권당이 의회를 통제하지 못한다는 점에서는 일반적인 의미의 분점정부와 다를 것이 없다. 따라서 무다수당 정부도 분점정부다. 무다수당 분점정부의 경우, 행정부 집권당의 입장에서는 의회의 과반수 의석을 확보하지 못했다는 점에서는 다수당 분점정부와 차이가 없을지 몰라도 의회에서 다양한 연합정치의 가능성을 제공한다는 점에서 집권당의 정국운영 및 정책실현에 상당한 융통성을 부여해준다.[21]

---

19) 5장에서 언급하겠지만, 원내의 안정적인 지지정당 확보뿐만 아니라 사안이나 정책에 따라 서로 다른 제휴 파트너를 확보하는 방법 등이 고려될 수 있다(StrØm 1990, 94-98).

20) 특히 행정부 집권당의 '의회전술'의 차이를 중심으로 두 경우를 비교할 경우 분점정부 논의의 진전에 상당한 기여를 할 수 있을 것이다.

21) 즉 다수당 분점정부와 무다수당 분점정부의 의회에서 활용 가능한 선

마지막으로, 분점정부의 개념정립과 관련하여 언급하고자 하는 것은 분점정부를 정치체제의 유형학(typology)에서 어떻게 분류할 것인가의 문제다. 국내 연구자들의 경우 분점정부와 단점정부를 별다른 고민 없이 정부형태로 분류하는데(김용호 2001; 장훈 2001b), 이는 잘못이다. 정부형태는 대통령제와 의회제를 지칭하는 것이고, 대통령제라는 정부형태의 하위 '정부유형'으로서 단점정부/분점정부로 분류하는 것이 정확한 분류다. 즉 정부유형의 수준에서 단점정부, 분점정부를 논하는 것이 타당하다(Weaver & Rockman 1993a, 18).

이를 도식화하면 아래와 같다.

〈그림 1〉 대통령제 정부의 유형화(한국)

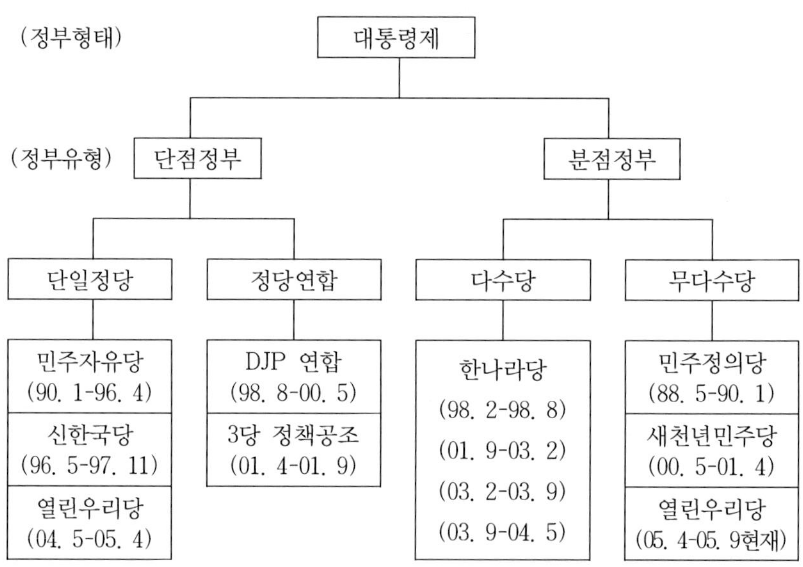

택대안의 차이야말로 분점정부하에서 행정부 집권당의 정치적 진로와 성패를 좌우하는 핵심이다.

분점정부는 대통령과 의회 간의 관계, 특히 양부간의 당파적 통제에 주목하는 개념이다. 따라서 분점정부에 관한 연구는 대통령과 의회의 관계 변화에 주목해야 한다. 대통령을 통제하는 정당과 의회를 통제하는 정당이 서로 다른 분점정부가 등장할 경우 단일 정당에 의해 대통령과 의회가 장악된 단점정부와는 달리 대통령과 의회의 상호 관계가 달라질 개연성이 높기 때문이다.[22]

2) 개념화의 쟁점

지금까지 분점정부의 개념화와 관련하여 최소한 두 가지 중대한 오해가 존재하고 있다. 이러한 오해는 분점정부가 정부형태 간의 종별성(specificity), 행정부와 입법부(대통령과 의회)의 관계에 주목하는 개념임에도 불구하고 이를 충분히 고려하지 않았기 때문에 발생했다.

첫 번째 오해는 대통령제와 의회제라는 정부형태의 종별적 차이를 무시하고, 단순히 의회에서 정당 간 의석분포(산술적 측면)나 행정부 집권당의 정치적 실천의 유사성(행태적 측면)만으로 분점정부를 개념화하는 경향이다.

두 번째 오해는 분점정부를 행정부와 입법부와의 관계 속에서 바라보기는 하지만, 정부의 구성과 동학 내지 정부형태의 특수성을

22) 구체적으로, 대통령과 의회의 상호 관계는 단점정부하의 협력적 관계에서 분점정부하에서는 경쟁적·대립적 관계로 전환되는가의 여부가 연구의 일차적인 초점이 될 수 있다. 또한 분점정부와 단점정부의 통치력 혹은 입법산출의 차이가 발생하는가의 여부 등 대통령과 의회의 관계변화를 통해 파생되는 다양한 문제들이 논의될 수 있다.

제대로 평가하지 못함으로써 발생한다. 특히 프랑스와 같이 중간형 대통령제를 채택하고 있는 나라의 경우에는 분점정부 논의와 관련하여 좀 더 신중한 접근이 필요하다.[23)]

(1) 분점정부의 산술적 정의와 행태적 정의의 문제

앞에서 언급했듯이, 분점정부는 정부형태의 차이, 행정부와 입법부의 관계에 주목하는 개념임에도 불구하고 이를 '탈맥락화'하는 경향이 있다. 일부 논자들은 분점정부 상황을 대통령제 국가에만 적용하는 것이 아니라 의회제 국가에도 적용하고 있다(Alesina & Rosenthal, 1995; Elgie 2001a; Krok-Paszkowska 2001; Fitzmaurice 2001; Sturm 2001; Mitchell 2001). 이들에 따르면, 분점정부는 대통령제와 의회제의 헌법적 차이에도 불구하고 대통령제, 의회제, 중간형 대통령제 모두에 논리적으로 적용 가능하다고 주장한다. 의회제

---

23) 프랑스의 정부형태를 흔히 '이원집정부제'(dual executives system)라고 하는데, 필자는 이 표현을 별로 선호하지 않는다. 대통령 소속 당이 의회의 다수 지지를 확보할 경우에는 헌법상에 보장된 수상의 권한이 형식화되고, 실제로는 대통령에게 모든 권한이 집중되는 강력한 대통령중심제로 운영된다. 실제 이원집정부제의 특성은 '동거체제'에서만 나타나는데, 행정부 내에 헌법의 권한을 실질적으로 행사하는 대통령과 반대당 수상이라는 2명의 권력자(pouvoir bicéphal)가 존재할 경우 이원집정부제가 된다. 정부형태를 지칭하는 표현은 정부기관의 구성과 운영에 관한 모든 것을 포괄할 수 있어야 하기 때문에 이원집정부제는 결코 바람직한 표현은 아니다. 프랑스는 대통령제를 골간으로 의회제적 요소를 절충시킨 정부형태이기 때문에 '중간형 대통령제' 혹은 '반대통령제'(semi-presidentialism)가 더 적절한 표현이라고 생각한다(레입하트 1985; 린쯔 1995).

의 소수파 정부(minority government), 중간형 대통령제의 동거체제(cohabitation)와 대통령제의 분점정부는 같은 것이며, 의회제의 다수파정부(majority government)와 대통령제의 단점정부도 논리적 등가물이라는 것이다(Elgie 2001a, 5).[24]

이들에 따르면, 의회제의 다수파 정부는 원내 과반수 의석을 확보한 정당에 의해 내각이 구성되는 정부인 반면, 소수파 정부는 원내 과반수 의석 확보에 실패한 정당에 의해 내각이 구성되는 정부다. 산술적으로만 따지면, 대통령의 소속 당이 의회에서 다수파를 차지하고 있는 단점정부와 다수파 정부는 동일한데, 정부수반과 내각이 입법부의 과반수 지지를 확보한 정당의 대표에 의해 구성되기 때문이라는 것이다. 반면, 의회제의 소수파 정부는 의회에서 과반수 의석을 확보하지 못한 상태에서 내각을 구성하기 때문에 대통령제의 분점정부와 명백한 등가물로 본다. 분점정부하에서 행정부는 의회의 승인을 위해 더 많은 지지를 의회에서 확보할 필요가 있는 것처럼, 소수파 정부도 이와 유사한 정치적 행태를 보인다고 주장한다.

따라서 이러한 산술적 정의(arithmetical definition)에 따르면 대통령제와 마찬가지로 의회제의 "다수파 정부=단점정부, 소수파 정

24) 여기서 소수파 정부란 의회제 연합정치의 산물이다. 의회제의 내각구성은 크게 최소승리내각, 최다규모내각, 소수파내각이 있는데, 최소승리연합과 최다규모내각은 연합정치를 통해 원내 과반수를 확보한 내각임에 반해, 소수파내각은 그렇지 못한 경우다. 즉 선거 이후 내각구성을 위한 협상이 결렬될 경우 원내 제1당의 지도자가 수상에 취임하고, 임시 내각을 구성하는 경우가 있는데, 이를 통상 1차 내각이라고 부르며, 이때의 정부를 소수파 정부라고 한다. 덴마크, 스웨덴, 이탈리아, 노르웨이 등에서 이러한 소수파 정부가 종종 등장하곤 한다(레입하트 1985, 70-71).

부=분점정부"라는 결론에 이르게 된다(Elgie 2001a, 5-6). 그러나 이러한 설명에 따르면, 단점정부와 분점정부는 정부형태와 상관없이 행정부를 장악한 정당이 의회에서 다수파인가 소수파인가에 의해서 결정되어 버린다. 즉 의석수의 산술적 차이만이 단점정부와 분점정부를 구분하는 유일한 기준이 되어버린다. 그러나 대통령제와 의회제는 정통성의 근원은 물론 정부가 구성되는 방식이 서로 다르다. 의회제의 경우 내각의 정통성이 의회에 기반하고 있다면, 대통령제의 경우 대통령의 정통성은 국민의 직접선출에 기초하고 있다. 의회제의 경우 내각은 의회의 불신임안이 통과되면 해산되지만, 대통령제의 경우에는 임기가 보장된다. 대통령제와 의회제의 정통성의 근원과 정부의 구성 및 운영방식과 관련된 질적인 차이들이 산술적 정의에서는 사장되고 만다.

다른 하나는 분점정부에 대한 행태적 정의(behavioral definition)에 기초하고 있다. 이 해석은 분점정부를 정치적 행태의 특수 유형으로 간주하는 입장으로서, 행정부와 입법부 간의 정치적 갈등이 존재하는 상황을 분점정부의 정치행태로, 그러한 갈등이 존재하지 않는 상황을 단점정부의 정치행태로 규정한다.

이러한 해석은 행정부 집권당의 의회 다수 의석 확보 여부에 따라 분점정부와 단점정부를 구분하는 산술적 정의의 연장선상에 있으면서, 행정부와 입법부 사이의 정치적 실천 및 행태의 유사성을 고려하여 분점정부를 정의하는 방식이다(Laver & Shepsle 1991, 267; Sundquist 1992, 93-99; Jones 1995, 18; Galderisi 1996, 1-2; Peters 1997, 69-70; Elgie 2001a, 7-8).

이들은 정치적 행태의 측면에서 분점정부의 핵심을 분리성(divisiveness)에 기초한 분점 정치(divided politics)로 파악한다.[25] 즉 분점정부는 입법부와 행정부와의 갈등, 마비, 입법 불능과 동의어로서 단점정부의 조화롭고 통일된 정치와 구분된다. 분점 정치의 특징은 정책의 양보, 타협의 대가 제공, 정부권력의 공유이기 때문에 대통령제의 분점정부와 의회제의 연립정부는 정치적 실천 내지 행태 측면에서 동일한 것으로 본다(Fiorina 1991a, 117-121; Elgie 2001a, 7).

따라서 대통령제의 분점정부와 동일하게 의회제의 소수파 정부는 의회의 다수 지지를 확보하기 위해 연립정부를 구성해야 하고, 연립정부의 구성은 곧 타협과 양보를 넘어 권력의 공유이기 때문에 정치적 실천에 있어 대통령제의 분점정부와 다를 것이 없는 의회제적 분점정부 혹은 "연립정부=분점정부"라고 도식화한다.

이러한 주장은 피오리나(Morris Fiorina)가 "대통령제의 분점정부나 의회제의 연립정부 모두 한 정당이 정부의 한 부분만을 통제할 경우 정당들은 장관직 혹은 정부기관들에 대한 통치권을 공유해야만 한다"는 언급을 확장시킨 것이다(Fiorina 1991b, 240).

피터스(Guy Peters)는 연립정부는 행정부가 의회와의 타협에 대한 대가를 제공해야만 하기 때문에 연립정부를 "분점정부의 한 형태"로 파악한다(Peters 1997, 69). 레이버와 쉡슬은 "의회제의 연립정부는 진정으로 통일되어 있지도 분할되어 있지도 않다. 연립정부와 분점정부를 비교하려는 혼잡스런 시도는 조금도 유용하지 않다"고 언급하면서 연립정부와 분점정부가 비교 대상이 아니라 동일한 것이라고 주장하고 있다(Laver & Shepsle 1991, 267). 또한 레이버

25) 여기서의 분리성이란 정부기관이 권력분리에 따라 말 그대로 분리되어 있다는 의미다.

는 다른 글에서 분점정부를 "독자적인 정통성의 원천을 갖는 가버넌스 구조가 갈등을 일으킬 가능성이 있는 상황"으로 정의하면서, 그러한 갈등은 의회제의 소수파 정부하에서 발생하고, 그런 의미에서 연합정치는 입법부와 행정부 간 갈등의 결과라고 주장한다. 즉 의회제에서 나타나는 연립정부는 분점정부의 유럽적 형태다(Laver 1999, 6-7).

그렇다면 분점정부에 대한 이러한 다양한 개념화 시도는 무엇이 잘못되었는가?

우선 산술적 정의와 관련하여 지적할 수 있는 것은, 이러한 설명이 의회제의 소수파 정부를 잘못 이해하고 있다는 사실이다. 소수파 정부라는 것은 의회제의 내각(행정부) 구성 메커니즘을 고려하면 사실 언어모순이다. 의회제에서는 원래 원내 과반수 지지를 확보하지 못한 소수파가 독자적으로 집권당이 될 수는 없다. 그럼에도 불구하고 현실적으로 소수파 정부가 존재하는 것은 그것이 잠정적이고 과도적인 정부이기 때문이다. 소수파 정부는 원내 제1당이 내각을 구성할 수 있는 원내 과반수 의석을 확보하지 못한 상황에서 연정의 파트너가 확정되지 않은 채 잠정적으로 구성된 정부를 말한다. 그래서 소수파 정부의 내각을 1차 내각이라고 부르는 것이다. 그러나 이 경우에도 원내 제1당은 여타 정당과의 연합을 통해 연립정부를 구성할 수밖에 없고, 그렇지 않으면 내각은 불안정하여 붕괴의 위기에 처한다.[26]

---

26) 물론 꼭 원내 제1당이 아니더라도 원내 제2당과 제3당(혹은 여타 군소 정당까지 포함하여)이 연합을 통해 원내 과반수 확보가 가능하다면 연립정부를 구성하여 집권할 수도 있다. 그러한 경우를 모두 고려하면 집권을 위한 연합형성의 '경우의 수'가 너무 많아지기 때문에, 여

소수파 정부란 연립정부를 구성하기 이전의 과도적이며 잠정적인 단계로서, 소수파 정부하에서 원내 제1당은 원내에서의 지지를 조건으로 파트너를 연정에 참여시키고(정책 수용 및 각료직 할당), 연정에 참여하는 군소 정당은 정책과 각료 참여를 조건으로 원내 지지를 약속하는 것이다. 이를 통해 소수파 정부는 내각을 구성하고 원내 의결 정족수를 확보하는 것이다. 이것이 제2차 내각이다. 결국, 연립정부를 전제로 과도기적으로 존재하는 소수파 정부와 임기에 의해 고정된 분점정부를 등가물로 간주하는 것은 연립정부 구성을 위한 정당 간의 연합정치를 충분히 이해하지 못한 결과다.

이에 덧붙여, 이들의 비교대상 역시 적절하지 못하다. 이들은 대통령제의 단점정부/분점정부는 양당제를 준거로 삼고 있으면서도 의회제는 다당제를 준거로 삼고 있다. 예컨대 대통령제 국가의 단점정부도 미국과 같은 양당제하에서는 단일 정당에 의해 원내 다수지지 확보가 가능하지만 한국, 멕시코, 에콰도르의 경우에서처럼 다당제인 경우에는 그렇지 않다. 마찬가지로 의회제 국가인 영국의 경우, 양당제이기 때문에, 아주 예외적인 경우를 제외하고는, 소수파 정부가 등장할 수 없다. 이들의 논리대로라면 정부형태를 떠나 양당제 국가는 항상 단점정부일 가능성이 크고, 다당제국가는 항상 분점정부일 가능성이 크다는 이상한 결론에 이르고 만다. 결국 의회의 의석 점유를 기준으로 다수파 정부=단점정부, 소수파 정부=분점정부로 보는 것은 산술적인 의미에서도, 비교대상의 선정에 있어서도 정확하지 못한 잘못된 주장이다.

다음으로, 행태적 정의와 관련된 문제를 살펴보자.

기서는 논의의 편의상 제외한다.

우선 행정부와 입법부 간의 정치적 갈등이 존재하면 분점정부, 그러한 갈등이 존재하지 않는 상황은 단점정부라고 규정하는 것은 일차원적인 이해방식에 불과하다. 분점정부가 행정부와 입법부 간의 당파적 분리로 갈등의 가능성이 잠재되어 있는 것은 사실이지만 이를 선험적으로 전제하는 것은 잘못됐고, 단점정부 역시 한 정당이 입법부와 행정부를 통제하더라도 정부기관 간에 아무런 갈등이 존재하지 않는다고 선험적으로 전제할 수 있는 것은 아니다. 더욱이 갈등의 존재여부로 단점정부와 분점정부를 구분하는 것은 전혀 사회과학적이지 않을 뿐더러 2차대전 이후 대통령제 정부의 운영에 대한 역사적 경험을 보면 이러한 일차원적 이해방식에 대한 다양한 반증사례를 찾을 수 있다(Ⅲ장 및 Ⅳ장 참조).

또한, 대통령제의 분점정부와 의회제의 연립정부는 정치적 실천 내지 행태가 유사하기 때문에 사실상 동일한 것이라는 주장도 잘못되었다. 다소 비약이 있지만, 그렇게 따진다면 지구상에 존재하는 모든 정치체제는 전부 같다고 해야 한다. 연립정부의 문제의식은 의회제에서 원내 과반수 의석 점유에 실패한 정당이 다른 정당을 참여시켜 내각을 구성한다는 것임에 비해, 분점정부는 행정부와 입법부가 다른 정당에 의해 지배되는 현상을 지칭하는 것이기 때문에 분점정부와 연립정부는 다르다.

권력의 공유 측면에서 분점정부와 연립정부가 동일한 것이라는 주장도 정확하지 않다. 다시 말해, 분점정부와 연립정부가 권력을 공유하는 것은 사실이지만 공유의 내용은 다르다. 분점정부는 정부기관 중 행정부를 장악한 정당과 입법부를 장악한 정당으로 양분되는 의미, 즉 '정부기관 간의(inter-governmental)' 권력분산의 의미가 더 강하다면, 연립정부는 의회에서의 지지를 조건으로 정부기관, 특히 내각에 참여하는 각료 임명권의 공유와 관련되기 때문에 내용상 차이가 있다.

행정부의 정책이 완화되는 경향도 분점정부와 연립정부는 내용상 차이가 있다. 분점정부에서 행정부의 정책이 완화되는 것은 행정부가 입법부의 심의와 표결을 염두에 두고 논란이 될 수 있는 법을 상정하지 않거나 애초의 의도보다 약화된 법안을 상정하기 때문임에 반해, 연립정부는 연정의 조건으로 애초부터 정책연합을 전제한다. 즉 연립정부의 정책연합은 오히려 유럽적 정치전통에서 정책과 이데올로기의 균형을 가져오는 역할을 하기도 했다. 반면 분점정부는 행정부의 정책을 견제하기 위해 의회의 심의과정에서 정책이 수정되는 측면이 더 강하다.

정치적 실천의 유사성으로 비교한다면 의회제의 연립정부와 대통령제의 공동정부(joint government)를 비교하는 것이 더 적절할 것이다.[27] 공동정부는 '국민의 정부'처럼 대통령제 국가에서 선거연합을 통해 집권에 성공하는 경우를 말한다.[28] 이는 미국의 기준으로 보면 대통령제에서도 대단히 예외적인 상황이지만, 다당제 국가가 대부분인 아시아나 라틴아메리카 국가들의 정치 환경을 고려한다면 그리 예외적인 사례는 아니다. 다만 집권에 성공한 사례가 적을 뿐이다.

공동정부와 연립정부는 정당 간 연합을 통해 집권한다는 점에서

---

27) 이들의 표현을 빌려 산술적인 의미로만 따진다면 두 경우 모두 단점정부 상황이다.

28) 한국을 포함하여 남미의 에콰도르가 이의 대표적인 사례다(Barczak 2001, 40-62).

는 동일하다. 그러나 공동정부도 연립정부와 구별되는 몇 가지 특징이 있다. 양당제인 미국과 달리 아시아·라틴아메리카 국가의 경우 이념, 인종, 종교, 지역 등 사회적 균열구조의 복잡성으로 다당제가 대부분이며, 이 때문에 소수 정당은 대통령선거를 통한 집권 가능성이 대단히 낮다. 이러한 선거정치의 한계를 극복하기 위해 선거연합을 통해 집권을 시도한다. 그러나 선거연합을 통해 집권에 성공하더라도 대통령의 권력이 분할되는 것은 아니며, 집권 이후 정당연합이 붕괴되더라도 대통령은 계속 재임하되, 다만 분점정부로 전환될 뿐이다.[29] 이것은 임기가 보장되는 대통령제의 특성에서 기인한다.[30]

따라서 공동정부는 선거승리연합이라는 측면을 더 강조해야 한다. 아직 이러한 사례가 풍부하지 못해 공동정부의 정치적 실천에 대해 일반화하기에는 무리가 있지만, 다당제 대통령제 국가에서 등장하는 공동정부는 대개 권위주의 통치의 경험을 갖고 있는 국가에서 거대 집권당에 대항하는 원내 군소 정당 간 선거연합의 성격이 짙다.[31] 그러나 이러한 정당 간 선거연합이 집권하면 비록 각료직

---

29) 대통령제 국가에서 나타나는 이러한 예외적 현상들을 규명하기 위해서는 내각의 구성이 아닌, 집권을 위한 다양한 연합정치(coalition politics)의 가능성에 대한 보다 정밀한 이론화가 필요하다(레입하트 1985, 56-70).

30) 린쯔(Juan Linz)는 고정된 임기가 정치, 사회, 경제적 상황변화가 요구하는 지속적인 재조정의 가능성을 배제하기 때문에 이를 대통령제의 경직성으로 지적하고 있으나(린쯔 1995, 48), 정치적 시간표에 따라 정치적 행위가 조정되는 것은 안정성과 예측 가능성이라는 장점이 있는 것도 사실이다.

31) 지난 15대 대통령선거에서 'DJP 연합'이나 16대 대통령선거에서 '후보단일화' 모두 이러한 성격을 갖는다. 멕시코나 에콰도르도 장기집권하

의 배분과 정책공조를 통해 공동정부가 구성·운영되더라도 대통령의 권력은 공유되는 것이 아니다.[32] 대통령은 의회 해산권이 없는 대신 임기가 보장되어 있고, 의회의 불신임에 의해 사퇴하도록 강요받지 않는다는 점에서 연립정부와 차이가 있다. 오히려 공동정부의 이러한 특성이 공동정부의 선거연합이 붕괴되는 원인이라고 말할 수도 있다. 일단 집권에 성공하면 임기가 보장되는 대통령으로서는 공동정부의 파트너와의 각료 배분, 정책공조 이행에 대한 의무감이 약해질 수 있기 때문이다.

반면 의회제 연립정부의 경우, 연합해체(공조파기)는 곧 내각의 붕괴로 연결되기 때문에 연합의 강도가 공동정부와는 다를 수밖에 없다. 그래서 대통령제의 공동정부는 대통령의 임기보장이라는 특성상 비록 단점정부일지라도 분점정부보다 더 불안정할 수 있다.[33] 의회제 연립정부에서 정치적·정책적 이견으로 연정이 와해되는 경우에는 내각 자체가 사퇴하면서 새로운 내각이 구성되거나, 새로운 선거를 통해 국민에게 다시 신임을 묻기 때문에 공동정부에 비해 더 안정적인 측면이 있고, 책임정치를 이룰 수 있는 가능성도 높다.[34]

고 있는 거대 정당에 맞서 자당의 힘만으로는 선거승리가 불가능한 상황에서 군소 정당이 선거승리를 위한 정치적 연합을 통해 집권을 모색한다. 에콰도르는 성공한 사례가 있고, 멕시코는 아직 성공하지 못하고 있다(Barczak 2001; Klesner 2001).

32) 의회제에서 공동내각을 구성하는 것과 대통령제에서 공동내각을 구성하는 것은 우리의 경험을 보더라도 차이가 있다. 권한집중도 면에서 대통령이 월등한 지위에 있기 때문에 이 부분을 좀 더 고려해야 한다.

33) 우리의 경우, 'DJP 연합'이나 '3당 정책공조'가 쉽게 무너진 것도 이러한 이유에서다.

34) 이때의 책임정치는 말 그대로 집권당(연합)이 자신들이 입안하고 실행한 정책에 대한 책임을 진다는 의미다(accountability).

이것이 연립정부와 공동정부의 차이다. 연립정부는 정당 간의 연합을 통해 내각을 구성하지만 책임정치로부터 벗어난 것은 아니다. 연정에 참여한 정당들은 행정부와 입법부에서 자신들이 참여한 내각에 대해 정치적·정책적 책임을 공동으로 진다. 따라서 연립정부가 마비, 입법 불능, 입법부와 행정부의 갈등과 동의어라는 주장은 다시 생각해보아야 한다. 어느 정부나 갈등과 대립은 존재한다. 문제는 연립정부가 구성될 경우 대통령제의 분점정부와 같이 입법부와 행정부와의 갈등, 국정 마비, 입법 불능이 일상화되는가에 있다. 이는 상황에 따라 다를 수는 있겠지만, 그것이 필연적인 현상이 아님은 분명하다.

(2) 정부형태와 분점정부

다당제하의 의회제 국가에서는 하원에서 과반수 의석을 확보한 정당이 없을 경우 정당 간 연립정부 구성을 통해 내각을 구성하고 정부를 운영한다.[35] 이들 국가의 경우 의석분포나 정치행태에 있어 분점정부와 비슷한 모습을 보이는 측면이 있는 것은 사실이지만, 의회제 국가에서 행정부를 구성하는 원리와 대통령제 국가에서 행정부를 구성하는 원리는 다르다. 따라서 우리는 산술적인 의미에서 의회의 다수파와 소수파 구분을 통해 분점정부를 규정하는 것에 대해 보다 분석적으로 분점정부를 규정할 필요가 있다.

분점정부는 의회제에서는 등장할 수 없고, 설사 분점정부와 비슷

35) 영국을 제외한 독일이나 이탈리아, 프랑스, 스웨덴 등 상당수 유럽 의회제 국가들이 이러한 연립정부를 통해 집권한다.

한 양상이 의회제에서 나타난다 하더라도 그것을 분점정부라고 명명할 수는 없다. 왜냐하면 대통령제는 '이원적 민주 정통성'에 기초하고 있는 반면, 의회제는 일원적 민주 정통성에 기초하고 있기 때문이다(린쯔 1995, 42-48). 이원적 정통성이란 대통령과 의회가 모두 국민들의 직접 선출을 통해 통치를 위임받는 구조(국민적 정통성)를 말하며(강원택 2001, 30-31), 이원적 정통성으로 인해 대통령 또는 의회의 어느 편이 더 정확하게 국민을 대표하는가를 결정할 수 없다(린쯔 1995, 45).

문제는 여기에서 출발한다. 즉 대통령과 의회 모두 국민에 의해 직접 선출되어 정통성을 갖고 있는 기관으로서, 이 두 기관을 한 정당이 모두 장악하면 문제가 되지 않는데, 서로 다른 정당이 장악할 때 대통령과 의회 간 갈등과 마찰의 소지가 있을 수 있다. 이러한 이원적 정통성은 대통령제에만 국한된 것일 뿐 의회제 국가에는 적용할 수 없다. 의회제의 경우 원내 다수당의 대표를 수상으로 선출하는 간선제를 채택하고 있기 때문에 이원적 정통성으로 인한 대립의 여지가 제도적으로 존재할 수 없다.[36] 따라서 이러한 제도적 차이를 무시하고 정당의 원내 의석분포만으로 의회제 국가의 경우에도 분점정부가 존재하는 것으로 주장하는 것은 근본적으로 잘못이다(Elgie 2001a, 6).

이와 관련하여 짚고 넘어갈 문제는 프랑스와 같은 중간형 대통령제의 경우다.

프랑스는 대통령제를 기본으로 채택하고 있지만, 의회제의 요소

36) 의회제를 옹호하는 학자들은 바로 이 점을 의회제의 장점으로 부각시킨다(강원택 2001, 30-31).

를 결합시킨 중간형 대통령제라는 독특한 정부형태를 채택하고 있다. 역시 대통령의 소속 당이 의회에서 다수 의석을 점유할 경우 문제가 되지 않지만, 그렇지 못할 경우 상황이 복잡해진다. 흔히 동거정부에 대한 해석의 문제가 등장한다.

그렇다면 동거정부도 분점정부인가? 결론부터 이야기하면, 동거정부가 분점정부의 형태를 상당부분 띠고 있는 것이 사실임에도 불구하고, 엄밀한 의미에서 프랑스 동거정부는 분점정부가 아니다. 이를 구체적으로 살펴보자.

중간형 대통령제도 대통령제와 같은 이원적 민주 정통성이 존재하기 때문에 행정부 집권당이 의회의 다수 지지를 확보하지 못함으로써 나타나는 동거정부도 분점정부의 한 형태, 보다 정확히는 프랑스적 형태로 보는 경향이 많다. 그러나 분점정부로 해석될 수 있는 여지가 없지 않음에도 불구하고, 프랑스의 헌법은 동거정부를 분점정부로 규정하기 어렵게 만든다.

프랑스는 대통령제국가의 범주에 포함시킬 수 있고, 임기 5년의 대통령은 국민이 직접 선출하며, 의회 역시 국민이 직접 선출하여 구성하기 때문에 이원적 민주 정통성을 갖는 정부형태를 취하고 있다. 그러나 프랑스의 동거정부는 일반적인 분점정부와는 다르다. 우선, 프랑스의 헌법은 대통령에게 의회의 해산권을 부여하고 있다. 이원적 민주 정통성이 정부의 구성에는 적용되고 있지만, 대통령에게 의회 해산권을 부여함으로써 이원적 민주 정통성의 위계관계를 규정하고 있다. 즉 대통령의 정통성이 의회의 정통성보다 상위에 있다는 것으로 해석할 수 있다. 이는 사실상 이원적 민주 정통성의 양립구도 해소를 의미한다. 따라서 이원적 민주 정통성에 기초하여 분점정부를 규정하는 것이 어렵게 된다.

또한 이원집정부제라는 표현에서 알 수 있듯이, 프랑스는 대통령의 당이 의회에서 다수의석 확보에 실패할 경우 대통령은 국방과 외교권만을 담당한다(임도빈 2001, 99). 국내문제(행정권)에 관한 권한은 수상이 담당함으로써 사실 의회와의 관계에서는 대통령제 속에 의회제 메커니즘이 작동하게 된다(석철진 2000, 304; 강원택 2001, 37).

프랑스는 대통령제이면서도 의회제의 요소를 헌법에 포함시킴으로써, 헌법 기획자들이 예상한 효과는 아니었겠지만, 최소한 분점정부와 같이 서로 다른 정당이 정부기관을 분리 통제하는 상황은 나타나지 않는다. 오히려 정당 간 분리 통제가 나타나는 것은 행정부와 의회가 아니라 행정부 자체다. 따라서 다소 논란의 여지는 있지만, 프랑스의 동거정부는 행정부와 입법부가 서로 다른 정당에 의해 분점 되는 분점정부의 프랑스적 형태가 아니라(Elgie, 2001b: 106-126), 행정부 분리정부(split-executive government)라고 표현하는 것이 보다 정확하다고 본다.[37)]

이제 지금까지의 논의를 정리해보자.

분점정부는 대통령제 국가에서 행정부가 의회 내의 다수 지지를 확보하는 데 실패한 상황으로서, 이원적 민주 정통성의 양립상황을 지칭한다. 다시 말해 분점정부는 국민이 정통성을 인정하는 두 정부기관 간의 경쟁과 대립이다. 행정부를 장악한 정당이 의회 상하 양원 중 적어도 한 원에서 과반수 의석 점유에 실패하거나, 어느

---

37) 프랑스의 동거정부를 분점정부로 규정할 수 있는 경우는 단일 정당이 행정부와 의회의 다수 지지를 확보하지 못했다는 아주 느슨한 기준을 적용할 때뿐이다.

당도 과반수 의석을 점유하지 못한 경우 분점정부가 등장한다. 이때 과반수 의석 확보에 실패한 정당이 연합을 통해 공동정부를 구성할 경우 분점정부 상황은 단점정부로 전환된다. 여기서 프랑스와 같은 중간형 대통령제를 채택하고 있는 국가에서 대통령 소속 당이 의회에서 다수 의석 확보에 실패할 경우 등장하는 동거정부는 분점정부보다는 행정부 분리정부라고 표현하는 것이 보다 더 정확하다.

이상의 논의를 종합하여 대통령제에서 분점정부가 출현할 수 있는 경우의 수를 정리하면 아래 표와 같다.

〈표 1〉 분점정부의 출현 경우[38]

정부형태		분점정부 상황	비 고
대통령제	양원제	① 행정부(A당) - 상원(B당), 하원(B당)	행정부 집권당이 정당연합이나 합당을 통해 원내 과반수의석을 확보할 경우 분점정부는 단점정부로 전환
		② 행정부(A당) - 상원(A당), 하원(B당)	
		③ 행정부(A당) - 상원(B당), 하원(A당)	
		④ 행정부(A당) - 상원(A당), 하원(무다수당)	
		⑤ 행정부(A당) - 상원(무다수당), 하원(A당)	
		⑥ 행정부(A당) - 상원(무다수당), 하원(무다수당)	
	단원제	⑦ 행정부(A당) - 의회(B당)	
		⑧ 행정부(A당) - 의회(무다수당)	

분점정부가 출현할 수 있는 경우의 수는 대략 8가지 정도인데, 모든 국가의 모든 정부에서 8가지 경우가 모두 나타나는 것은 아니며, 양원제인가 단원제인가, 양원제라 하더라도 상원의 권한이 형식적인가 실질적인가, 양당제인가 다당제인가에 따라 몇 가지 경우만

38) ④의 경우 행정부(A당) - 상원(B당), 하원(무다수당), ⑤의 경우 행정부(A당) - 상원(무다수당), 하원(B당)의 경우도 있지만, 맥락상의 큰 차이가 없어 ④와 ⑤에 포함된 것으로 간주한다.

집중적으로 출현할 수 있다. 특히 단원제 국가 중 양당제인 경우 ⑦번의 경우만 나타나지만, 다당제인 경우 ⑦과 ⑧의 경우가 모두 나타날 수 있다.

2. 정당정부론과 분점정부

분점정부를 바라보는 시각은 크게 세 가지로 요약할 수 있는데, 분점정부가 대통령-의회관계를 악화시켜 정부의 통치력을 저하시킨다고 보는 정당정부론, 분점정부는 대통령제의 권력분리원칙에 가장 충실한 정부유형으로서 위협보다는 기회요인이 더 많다고 보는 분리주의(Separatism), 분점정부가 정부운영에 미치는 영향은 별로 없고, 있다고 해도 그것은 선거정치의 특성에서 연유하는 것으로 보는 다원주의(pluralism)가 그것이다(오승용 2004a, 169). 이 중 정당정부론과 분리주의는 분점정부에 대한 상반된 해석을 대표해 왔고, 특히 정당정부론은 분점정부 해석의 기준이 되어온 관계로 분점정부의 이론 정립을 위해서는 정당정부론의 분점정부 해석을 검토하지 않을 수 없다. 정당정부론의 기본 전제와 비판을 거쳐가야 분점정부의 온전한 위상 정립이 가능해진다.[39]

39) 이 부분은 래니(Ranney 1954), 로위(Lowi 1985), 선키스트(Sundquist 1988)의 논의에 많이 의존하고 있다. 특히 로위와 선키스트의 논의를 많이 참조했다.

1) 정당정부론의 등장

미국 헌법 기초자들은 엄격한 권력분리의 원칙에 입각한 분리정부(separated government)를 디자인했지만,[40] 실제 구현된 정부는 통합정부였고, 이러한 통합정부를 이론적으로 뒷받침해준 것이 정당정부론이었다. 주지하듯이, 필라델피아(Philadelphia)에 모인 미국 헌법의 기초자들은 정당정부를 이상으로 생각하지 않았다. 오히려 그들의 견해는 정확히 그 반대였다. 헌법기초자들은 정당에 대한 혐오와 파당의 해악을 방지하기 위한 제도적 장치를 마련하기 위한 의도를 갖고 있었다. 특히 제임스 매디슨은『페더럴리스트 페이퍼(*The Federalist Papers*)』에서 정당보다는 파벌(faction)이나 도당(cabal)과 같은 부정적인 의미의 용어를 의도적으로 사용할 정도로 정당에 비판적이었다(매디슨 외 1992, 80).

그런데 이러한 헌법 기초자들의 반정당주의(antipartyism)적 성향은 자신들에게서조차 실현되지 않았다. 해밀턴과 제퍼슨 등 연방주의자들의 조직은 사실상 정당의 기능을 수행했으며, 강력한 반정당주의자인 매디슨조차 1808년 민주공화파의 대통령 후보로 지명되어 대통령에 당선된 이후 재선까지 8년의 임기를 민주공화파의 대통령으로 재임했다. 강력한 반정당주의자였던 매디슨이 대통령직을 퇴임하면서 남겼던 "정당은 자유의 자연스런 산물(natural offspring of freedom)"이라는 말은 정당이 현실적으로 얼마나 정치인들에게 필요한 것이었는가를 단적으로 보여준다(Sundquist 1988, 616에서

40) 분점정부는 분리정부를 모델로 만들어진 대통령제의 원칙에 가장 충실한 정부유형이다.

재인용).

역설적이지만, 초기 미국의 정치지도자들은 자신들이 기초한 헌법의 기본 정신인 권력분리(separation of powers) 원칙과는 어긋나게 실제로는 정당을 매개로 권력의 통합을 강조하는 정당정부체계를 발전시켰다. 왜냐하면 통치권을 행사하기 위해서는 대통령에 당선되는 것만이 중요한 것이 아니라 입법부·행정부·사법부라는 정부의 정책결정기관을 대통령이 소속된 정당이나 파벌이 장악하는 것이 정부를 기능적으로 운영하고, 자신들의 정책을 추진하는 데 유리하다고 판단했기 때문이다.[41)]

이들이 선거에서 내건 정치구호는 "우리는 오직 대통령을 원한다(We want only the presidency)"가 아니라, "정부운영을 완전히 책임질 수 있도록 해 달라(Give us total responsibility)"는 것이었다. 특히 그들은 대통령과 의회라는 두 개의 선출기관에 대한 완전한 통제 권력을 요구하며, 그것이 정부정책에 대한 완전한 책임성(responsibility and accountability)을 가져올 수 있다는 점을 강조했다(Sundquist 1988, 616).

이에 근거하여 정당정부의 핵심주장이 전개된다. 각 정당이 각각의 이슈에 대해 상반되는 견해를 제출하면, 대중들은 정당들의 정책에 대해 주의 깊게 듣고, 그중의 하나를 선택하면 된다. 대중들의 선택에 의해 정당의 대표자들이 선출되면 대중들의 위임(mandate)에 근거하여 대표자들은 그들의 정책을 수행할 완전한 기회를 부여받는다. 통상 유권자들은 4년마다 대통령을 선출할 때 대통령의 소속 당

---

41) 특히 의회에 대한 통제는 대통령에게 중요한 과제였다. 의회에 대한 통제의 의미는 과반수 의석 확보뿐만 아니라 자당(대통령) 소속 의원들과의 협조적인 관계를 구축하는 것이었다.

이 의회를 통제할 수 있게 함으로써 집권당이 정부운영 및 정책결과에 대해 완전한 책임을 지도록 한다. 이것이 바로 정당정부론의 핵심 아이디어다. 완전한 책임성 확보를 위해 정당정부론을 옹호하는 학자들은 일관되게 미국 헌법의 일차적인 원칙인 권력분리의 원칙을 배제시킨다. 권력의 분리는 효과적인 정부운영을 저해함으로써 결과적으로 통치의 효율성을 떨어뜨린다고 판단했던 것이다.

래니(Austin Ranney)에 따르면, 권력분리의 원칙을 가장 먼저 공격했던 학자는 윌슨(Woodrow Wilson)이었다고 한다. 윌슨은 미국 헌법의 기본 원리인 권력분리의 원칙을 피할 수 있는 가장 효과적인 방법은 정당을 분리권력의 통합자(unifier)로 받아들이는 것이라고 주장했다(Ranney 1954, 36). 윌슨에 의하면, 정당조직은 입법부 및 행정부와 결코 분리될 수 없는 것이며, 정부활동은 공통의 목적을 실현하기 위한 조직, 즉 정당에 밀접하게 통합되어 있다(Ranney 1954, 36에서 재인용).

윌슨의 통합자로서의 정당 개념을 추종하는 일군의 학자들을 이른바 '정당정부학파'(Party-Government School)로 부른다. 로웰(Lawrence Lowell)은 정당의 활동이 없이는 미국의 통치체계가 거의 작동할 수 없을 것이라고 보았고, 포드(Henry Jones Ford)와 굿나우(Frank Goodnow)는 권력분리를 그릇된 원칙이자 정부에 해로운 결과를 초래하는 원칙으로 보았던 반면, 정당은 입법부와 행정부 간의 협력과 조화를 가져올 수 있는 유일한 기구로 보았다(Ranney 1954, 62 & 97에서 재인용).

그러나 20세기 초·중반 정당조직의 부패와 보스주의가 극에 달하면서 정당 개혁론자들은 정당조직을 다소 약화시키기 위해 예비

선거(direct primaries), 지방선거에서의 정당후보 추천 배제 등 일련의 개혁조치를 도입한다. 그러나 그것은 정당정부론이 전제하고 있는 "분리된 정부기관의 통합자로서의 정당"의 역할을 폐기한 것은 결코 아니었다. 오히려 어떻게 하면 정부기관의 통합자로서 정당의 목적을 유지하면서도 정당의 부정적인 기능(역기능)을 억제시킬 것인가에 초점이 맞춰졌다. 정당개혁에 관한 다양한 저작들이 등장한 때가 바로 이 시기다.

이 시기 대표적인 논자가 서론에서 언급했던 키(V. O. Key Jr.)와 번스(James MacGregor Burns)다. 키는 정당이야말로 통치구조의 장애물을 극복함으로써 정부가 제대로 기능하도록 하는 조직이라고 주장했고(Key 1942, 656), 번스는 "분리된 정부기관들을 조화시킬 방법이 없다면, [정부의]지속 가능하고 효과적인 활동은 불가능할 것이다. 다수당이 충족시켜야 할 것은 바로 이러한 통합의 기능이고 …… 다수당은 대중의 위임사항을 수행하는 최적의 수단이어야 한다"고 주장했다(Burns 1949, 45).

키와 번스의 논의는 이후 1950년대 이후 미국정치학회의 정당개혁 논의를 가속화시키는 계기가 되었다. 대표적인 저작으로 미국정치학회 산하 정당분과위원회의 보고서가 있다. 보고서의 주요 내용은 정당이 통치의 필수 불가결한 수단이자 정부의 통치행위 전반에 대한 방향을 제시하고, 광범위한 정부활동의 통합을 위해 필요하다는 주장을 재확인하는 것이었다. 그러기 위해서는 정당에 대한 개혁이 필요하고, 정당개혁의 방향은 정당조직을 개선하고, 정당 규율을 보다 엄격하게 적용함으로써 미국의 정당체계를 보다 책임 있는 정당체계(more responsible party system)로 만들자는 것이었다(Committee on Political Parties 1950). 정당정부론에서 책임정당론으로 이론적 정교화가 이루어지는 계기가 바로 이 보고서에서부터였다. 책임정당론을 제시한 미국정치학회 정당분과위원회의 보고서는 이후 몇몇 비판이 제기되긴 했지만, 정당이론의 대세를 점하게 된다. 대표적인 논의들을 간단히 소개하면 다음과 같다.

먼저, 미국정치학회 정당분과위원회 위원이었던 페니만(Howard Penniman)은 보다 책임 있는 정부를 위한 정당의 역할을 아래와 같이 강조한다.

> "견제와 균형체계의 효과를 중화시킬 수 있는 정당의 역할은 매우 중요하다. …… 헌법은 분산되고, 단절된 정부기관들을 결합시킬 어떠한 수단도 제공하고 있지 않기 때문에 정당이 정부기관을 통제하고 공통의 목적을 향해 정부기관들을 결속시키는 핵심 기능을 수행한다. …… 정당은 정부기관들을 충격에 반응하도록 하고, 조화롭게 운영되도록 한다. 그러한 권한(power)은 책임이 동반되며, 유권자들은 반대당에게 그러한 권한을 이양할 수 있는 수단을 갖고 있기 때문에 정당에게 책임을 강제할 수 있다"(Penniman 1952, 164-165).

소로프(Frank Sorauf)는 "미국 정당은 분산된 정부체계 속에서 통합의 초점을 제공함으로써 미국 정치체계의 작동에 기여했다. …… 두 개의 거대한 전국정당은 [50개 주와 삼권분리로] 완전히 분리된 나라를 하나로 모으는 통합의 힘을 가져다주었다"고 주장하고 있다(Sorauf 1968, 18). 트루먼(David Truman) 역시 "세기의 전환기에 헨리 포드가 발간한 미국정치 관련 연구에서, 그가 전국정당을 행정부와 입법부 간의 연합을 형성하는 유일하게 효율적인 수단이라고 보았던 것은 오늘날에도 적절"한 것으로 본다(Truman 1971, 531-532). 또한 폼퍼(Gerald Pomper)는 "헌법은 우리에게 유익했지만 우리는 엄격하게 그 규정에 집착하지는 않는다. …… 헌법수정안은 정당이 헌법의 공백을 메우는 것을 가능하게 했다"고 주장하고 있다(Pomper 1980, 7).

정당분과위원회의 보고서에 대해 많은 지면을 할애하여 비판하고 있는 커크패트릭(Evron Kirkpatrick)의 글도 결코 정당정부론(책임정당론) 그 자체를 비판한 것은 아니었다. 그는 미국정치학회 정당분과위원회의 보고서에 담긴 개혁방안의 규범적 바람직성 그리고 보고서가 범한 분류, 정당화(justification), 분석기법 등 대체로 보고서의 방법론적인 부정확성을 비판했을 뿐이다(Kirkpatrick 1971, 965-990).

이들의 주장은 공통적으로 헌법이 규정한 권력분리의 원칙으로 인해 분산된 정부기관들을 통합하는 유력한 수단으로서 정당의 역할이 중요하고, 또한 정당은 그러한 역할을 충분히 수행할 수 있다는 신념을 표현하고 있다. 다만, 이러한 역할을 수행하는 정당조직의 문제를 개선함으로써 어떻게 하면 보다 책임 있는 (정당)정부를 만들 것인가를 주요 논제로 삼고 있다. 이제 권력분리, 견제와 균형보다는 정국안정과 통치의 효율성이 좋은 정부의 조건이 되었다.

이후 논의의 초점은 정당정부를 보다 책임 있는 정부로 만들기 위해 어떻게 정당의 기능을 강화하고, 역기능을 최소화할 것인가에 맞춰지게 되었다.[42] 아울러 정당정부적 인식의 틀 내에서 대통령의

42) 정당조직의 개혁과 관련한 주요 쟁점들에 대해서는 버틀러(David Butler), 페니만(Howard Penniman), 래니(Austin Ranney)가 편집한 *Democracy at the Polls: A Comparative Study of Competitive National*

리더십을 재규정하고 이를 어떻게 극대화할 것인가, 대통령의 지위(정부운영의 주조종사이자 지도자), 대통령의 역할(최고 입법가, chief legislator), 대통령의 리더십을 저해하는 제도적 장치의 개선(분점정부의 원인인 분리투표의 원천봉쇄를 위한 선거제도 개혁 등)도 쟁점이 되었다. 결국 강력한 대통령의 리더십이 주도하는 책임 있는 정당정부야말로 미국 정치의 가장 '현실적이고' 효과적인 통치형태로 부각된다.[43]

2) 정당정부론의 쟁점

오랜 기간 동안 많은 학자들을 통해 정교한 이론체계로 정착된 정당정부론(책임정당론 포함)을 둘러싼 쟁점들을 이해하기 위해서는 정당정부론을 구성하고 있는 이론적 전제를 분석할 필요가 있다. 1960-70년대를 풍미한 정당정부론은 어떻게 하면 미국의 헌정체계가 잘 작동할 수 있겠는가를 논의의 초점으로 삼았고, 정당만이 분리된 정부기관을 통합하고, 정책결정과정에 일관성을 가져다주는 수단으로 인식했다(James 1974, 307-308). 대통령은 정당의 지도자이자 정부의 최고 정책결정자다. 직접적으로는 행정부를 통

Election(American Enterprise Institute for Public Policy Research, 1981)을 참조하라. 특히 이 책의 엡스틴(Leon Epstein)의 글과 래니(Austin Ranney), 킹(Anthony King)의 글이 중요하다.

43) 책임정당론 이후의 논쟁은 이 연구의 내용과 거리가 있기 때문에 여기서는 다루지 않겠다. 다만 책임정당론과 함께 논의의 중심으로 부각된 대통령의 리더십 관련 논의는 Rossiter(1956), Neustadt(1960), Carr et al.(1963), James(1974), Cronin(1975), Ranney(1983), Sundquist(1988)를 참조하라.

할(統轄)하고, 간접적으로는 원내 다수당에 대한 영향력 행사를 통해 의회를 통제할 수 있을 때 효과적인 정부, 좋은 정부를 만들 수 있다고 인식했다. 그러나 이러한 메커니즘이 작동하지 않는 체계, 혹은 작동될 수 없는 체계는 부정적인 대상, 극복해야 할 대상으로 간주했다.

정당정부론은 대체로 다음의 네 가지 이론적 전제에 기초하고 있는 것으로 보인다.[44)]

첫째, (대표성을 전적으로 무시하는 것은 아니지만) 정부운영에 있어 효율성이 대표성에 우선한다.[45)]

둘째, 권력의 분리보다는 통합이 더 효율적이다. 따라서 권력분리의 원칙에 근거한 정부기관 간의 엄격한 분리보다는 정부기관 간의 긴밀한 연계와 정당과의 유대가 중요하다.

셋째, 정당은 권력의 통합을 위한 효과적인 수단이며, 실제로 그러한 역할을 해왔다.

넷째, 책임 있는 정부를 위해서는 양당제가 필요하다. 그렇지 않을 경우 자동적 다수파(automatic majorities) 형성이 어려워 권력통합의 효과적인 수단으로서 정당의 본질적 기능 수행이 어려워진다.

이러한 네 가지 전제가 정당정부론을 구성하고 있으며, 이러한 전제들에 대한 평가에 따라 정당정부론을 얼마든지 다르게 해석할

---

44) 이러한 이론적 전제는 전적으로 필자의 판단에 따라 정리한 것이기 때문에 논자에 따라 의견이 다를 수 있다.

45) 여기서 정부의 효율성이란 통치력의 제고를 의미하며, 대표성이란 사회구성원의 다양한 이해와 요구의 처리를 위임받은 대표가 사회구성원의 지성과 자질들을 정부운영에 반영하고, 그들의 정치적 의사를 존중하여 실행하는 것을 의미한다(밀 1992, 59-60).

수 있다. 이제 이러한 이론적 전제들을 구체적으로 검토해보자.

먼저, 정부운영에 있어 효율성이 대표성에 우선한다는 첫 번째 전제는 옳고 그름의 문제가 아니라 선택의 문제다. 대표성을 강조했을 때의 장단점과 효율성을 강조했을 때의 장단점이 있기 때문이다. 다만 여기서 간과해서는 안 되는 것이 있다. 대통령제의 원형으로 간주되는 미국의 경우, 출범 당시부터 헌정체계의 효율성에는 별다른 관심을 보이지 않았었다. 미국 헌법의 제정과정에서도 가장 먼저 고려대상이 되었던 것은 다수파의 전제를 견제하기 위한 제도적 장치를 디자인하는 것이었고, 이를 위해 권력분리와 함께 견제와 균형의 원리를 헌법에 채택했던 것이다.

미국 헌법은 효율성을 극대화하는 권력융합이 아니라 권력분리의 원칙을 선택했다. 이는 시각을 달리하면 국민을 대표하는 각각의 정부기관이 독립적으로 권한을 행사하도록 제도적으로 보장하는 것이기 때문에 의도야 어찌되었건 결과적으로 대표성에 충실하고자 했던 것으로 해석할 수 있다.[46] 그러나 막상 정부가 출범해 운영되자 다수파의 위협은 상당 부분 기우에 불과했고 오히려 통치의 효율성 제고가 더 중요한 선결과제가 되었다. 따라서 헌법의 정신과

---

46) 『페더럴리스트 페이퍼』의 다음과 같은 언급은 이를 확인시켜 준다. "공화국 정부에서는 입법부의 우월성이 필연적이다. 이 폐해를 시정하는 방법은 입법부를 나누고, 서로 다른 선출방식과 행동원칙을 부여함으로써 사회에 대한 최소한의 기능과 공동 의존이 허용되는 한도 내에서만 연결되도록 만드는 것이다. 그것은 또한 위험스런 침해[다수 무산자에 의한 의회 장악]를 방지하는, 한층 장기적인 예방책으로서도 필요하다"(매디슨 외 1992, 88). 결국 다수의 정의롭지 못한 결합이 불가능하도록 "파당의 다양성을 증대"시키는 것이 미국 헌법의 기본 의도였다(매디슨 외 1992, 83).

는 어긋나게 권력분리가 아닌 권력통합을 추구했고, 수정 절차가 복잡한 헌법에 손을 대지 않고 통치의 효율성 제고라는 목적달성을 위해 정부운영에 정당을 적극적으로 활용한다. 분리되었지만 동등한 정부기관은 견제와 균형의 원리 때문에 어느 한 기관이 다른 정부기관을 통합할 수 없다. 결국 정부기관이 아니면서 정부기관과 밀접하게 연계된 정당이 그 역할을 담당하게 됐고, 실제로 정당은 그러한 권력의 통합 기능을 성공적으로 수행했다.[47)]

정리하자면, 정부의 효율성을 대표성보다 우선시하는 정치체제에서는 권력분리보다는 권력통합이 효율성을 극대화할 수 있는 방법이다. 이 경우 권력의 통합을 수행하는 제도적 장치 내지 수단이 있어야 하는데, 정당이야말로 그러한 권력의 통합을 유일하게 효율적으로 수행할 수 있는 수단이다.

따라서 첫 번째 전제를 받아들인다면 두 번째, 세 번째의 전제는 첫 번째 전제에 뒤따르는 것이기 때문에 일괄적으로 판단할 수 있는 문제다. 그러나 중요한 것은 정당정부론이 옹호하는 통치의 효율성이라는 것이 좋은 정부를 판단하는 유일한 기준은 결코 아니라는 것이며, 정부기관 간의 통합이 통치의 효율성을 제고시키는 이면에는 권력의 집중과 통치의 획일화라는 또 다른 모습이 자리하고 있다는 점을 잊어서는 안 된다. 사실 정부운영에 정당이 개입하게 된 진짜 이유는 통치효율성을 위한 정부기관 간의 권력통합도 있지

47) 정당이 정부운영에 개입하게 된 또 다른 이유는 정당조직이야말로 대통령과 의원을 열망하는 정치인들에게 당선을 현실화시켜줄 수 있는 가장 유력한 통로가 되었기 때문이다. 연방주의자인 매디슨이 자신이 그토록 비판했던 정당의 후보로 대통령에 출마했던 이유가 여기에 있다.

만, 정치인들의 개인적인 열망도 크게 자리 잡고 있다.

여기서 간과하지 말아야 할 것은, 정당정부의 문제의식은 권력분리를 추구했던 대통령제에서 기원하는 것이 아니라, 권력의 융합을 추구하는 의회제의 전통에서 기원한다는 사실이다. 다시 말해, 정당정부는 대통령제에 삽입된 의회제의 요소다. 대통령제가 이원적 민주 정통성을 채택했던 것은 의회와 내각의 권력융합에서 오는 폐단을 극복하기 위한 것이었다. 그런데 정당정부는 이러한 이원적 민주 정통성의 경계를 형식화시키고 있다. 바로 이 사실 때문에 권력분리나 견제와 균형의 원리를 극대화시키고 있는 분점정부야말로 대통령제의 이상에 가장 근접한 정부라는 해석이 가능해진다.

이제 마지막 네 번째 전제를 검토해 보자.

대통령제의 정당정부론은 미국식의 양당제 모델에 기초하고 있다. 따라서 이러한 정당정부론을 양당제가 아닌 다당제 모델에 적용할 경우에는 문제가 달라진다. 수권능력을 갖춘 두 개의 경쟁적 정당이 전제될 때, 정당정부론의 논의는 성립 가능하다. 왜냐하면 양당 중의 한 당은 무조건 원내 과반수를 확보할 수 있기 때문이다(자동적 다수파). 정당정부론은 대통령의 소속 당이 그러한 다수파가 되어야 한다고 주장하고 있을 뿐이다. 그래서 정당정부론은 두 개의 경쟁적 정당체계 외에는 호의적이지 않다. 왜냐하면 그렇게 될 경우 필연적으로 다당제가 되면서 의회에서의 자동적 다수파 형성이 힘들어지고, 안정적인 정권장악과 책임 있는 정국운영도 어려워진다고 보기 때문이다.

이와 관련하여, 양당제에 대해 비판적인 미국의 정치학자 로위(Theodore J. Lowi)는 미국의 양당제에 대한 9가지 신화를 지적하고 각각의 신화에 대해 비판한바 있다(Lowi 1985, 201-207).[48] 로위가 제시한 9가지 신화가 과연 적실성이 있는가를 따지는 것은 미국 정치상황에 대한 구체분석의 문제이기 때문에 여기서 논의할 사안은 아니다. 하지만 정당정부 논의와 관련하여 로위의 분석은 우리에게 시사 하는 바가 크다. 로위의 논의와 관련하여 우리가 검토해 보아야 할 부분은 첫 번째와 두 번째, 그리고 아홉 번째의 신화다.

미국의 민주주의가 양당제에 기초하고 있다는 첫 번째 신화는 과연 올바른 주장인가? 이에 대해 로위는, 이 신화야말로 남북전쟁(1861년~1865년) 이후 미국 정치에서 단 한 번도 실현된 적이 없는 말 그대로의 신화라고 주장한다(Lowi 1985, 201). 다시 말해 19세기 말 이후 미국 남부는 민주당이 배타적으로 지배하는 지역이었고, 이보다는 덜하지만 북부는 공화당이 지배하는 지역이었다. 미국 주의

48) 로위가 지적한 9가지 신화는 다음과 같다(Lowi 1985, 201-207). 첫째, 미국의 민주주의는 양당제에 기초하고 있고, 미국의 전 역사를 통해 양당제가 실현되었다. 둘째, 양당간의 경쟁은 의도하지 않은 엄청난 공적 이익을 수반하기 때문에 양당제는 어떠한 대가를 치르더라도 지켜야 한다. 셋째, 양당제는 미국의 선거제도－단순다수대표제－와 일치하는 자연스런 제도이다. 넷째, 제3당 후보에 대한 투표는 사표다. 다섯째, 제3당 후보에 대한 투표는 양당 후보 중 최악의 후보가 선출될 수 있기 때문에 양당 중의 한 후보에게 투표하는 것보다 훨씬 유해한(mischievous) 투표다. 여섯째, 만약 제3당의 후보가 당선된다면 의회가 쑥밭이 된다. 일곱째, 만약 제3당이 의회에서 의석을 차지하고 대통령선거에서 선거인단을 확보하게 되면, 한 후보가 대통령에 당선되기 위한 절대 다수 선거인단의 부족으로 헌정의 위기가 닥칠 수 있다. 여덟째, 설사 제3당이 대참변을 가져오지는 않더라도, 그들은 그들의 조직규모에 맞지 않는 세력균형의 힘을 갖게 된다. 아홉째, 대통령은 소속정당의 기반 없이는 통치할 수 없다. 따라서 미국은 양당제였고, 양당제이어야만 한다는 것이 미국 정치학계에 존재하는 양당제에 대한 신화다.

반은 민주당 일당체계였고, 나머지 반은 공화당 일당체계였던 것이다. 따라서 전국적으로는 양당제가 20세기를 지배한 것처럼 보였지만, 사실은 전국을 반으로 나누어 각각 일당이 지배하는 상황이었다(Lowi 1985, 202). 따라서 로위에 따르면, 실제 미국의 정당 역사는 양당제가 아니라 '양당 경쟁의 일당제'(two competing one-party system)였다. 미국에서 이러한 양당 경쟁의 일당제가 더욱 우세하게 나타났던 시기가 1896년에서 1956년까지였다.[49]

그런데 문제는 이러한 현실에도 불구하고 양당제는 어떠한 대가를 치르더라도 지켜야할 것으로 간주하는 두 번째 신화다. 여기서 양당제를 옹호하는 근거는 양당제가 양당간의 경쟁이 없는 일당제에 비해 대중의 참여율을 높일 수 있다는 가설이다. 또한 양당제에서는 자동적인 다수파가 형성되기 때문에 선거가 끝난 직후 대통령과 의회가 원활히 업무를 수행할 수 있고, 유권자와 주요 정책들 간의 연속성 때문에 높은 통치의 정통성을 확보할 수 있다는 점을 들고 있다(Lowi 1985, 202).

그러나 실제로 투표율을 상승시킨 결정적 요인은 양당제가 아니라 흑인의 투표참여 결과였고, 양당제가 자동적인 다수파를 형성한다는 것도 20세기 대부분의 의회가 자동적인 다수파에 의해 운영되었다기보다는 이른바 의회 내 투표블럭 간의 연합에 기초해서 운영되었다는 사실로 반박할 수 있다. 미국의 정당은 응집력이 약하기 때문에 정책에 대해 이해관계를 같이하는 의원들 간의 투표연합에 의해 법안이 통과되고 정책이 승인되는 경향이 강하고, 이른바 당

---

49) 따라서 이 시기에 단점정부는 22회 출현하지만, 분점정부는 4회밖에 출현하지 않았다(Fiorina 1992a, 7). 로위의 논리를 따른다면, 단점정부는 이러한 미국 정당체계의 산물인 셈이다.

론에 의한 투표는 대단히 드물기 때문이다.[50] 또한 정당에 대한 신뢰 상실로 유권자들이 정당일체감이 약화되어 무당파가 급증하고 있는 상황에서 정당 정책의 당파성과 연속성 역시 약화되고 있다.

아홉 번째 신화인 대통령은 소속 정당의 기반 없이 통치할 수 없다는 것도 현실에서는 오히려 정반대로 나타난다(Lowi 1985, 206). 미국의 경우 통치체계가 대통령의 역량에 따라 재구성되면서 더 이상 정당 기반은 필요 없어지고 있다.[51] 따라서 반드시 정당 기반하에서만 대통령의 통치가 가능하다는 것도 미국 정치가 직면하고 있는 현실과는 잘 맞지 않는다.[52] 따라서 양당제에 대한 이러한 신화들은 입증될 수 없다는 것이 로위의 주장이다. 그렇다면 정당정부론과 관련하여 우리가 여기서 얻을 수 있는 시사점은 무엇인가?

우선, 필자가 이처럼 미국의 양당제에 대한 로위의 논의를 장황하게 소개하는 이유는 미국의 양당제를 이해하지 않고 정당정부론을 논할 수 없기 때문이다. 다시 말해 정당정부론 역시 미국의 양

---

50) 물론 최근에는 호명투표(roll-call voting)를 통한 의회 내의 당파적 투표 경향이 증가하는 경향이 있음은 부인할 수 없는 사실이다(Cox & Poole 2002; Balla et al. 2002).

51) 로위에 따르면, 대통령은 정당이 필요하지만 정당(기반)을 갖고 있진 않고, 유권자는 선택과 연속성이 필요하지만 둘 중 어느 것도 주어진 것이 별로 없고, 의회는 응집성이 필요하지만 응집성이 거의 없는 상태가 바로 미국 정치의 현실이다. 그래서 모든 사람들이 특히 전국적인 수준에서 정당조직이 소멸하고 있다는 것을 인식하고 있음에도 불구하고, 그것은 단지 일시적인 쇠퇴(lapse)일 뿐이며 양당제만이 미국의 방식이라고 가정한다(Lowi 1985, 206).

52) 로위가 대통령이 정당 기반을 갖는 것을 부정하는 것은 아니다. 오히려 정당 기반이 필요함에도 불구하고 대통령의 통치활동의 기반이 될 수 있는 실질적인 정당의 지지나 지원이 없다는 사실을 지적한 것이다.

당제에 대한 일정한 신화에 기초하고 있다. 정당정부론에 따르면, 정당은 공통된 이해관계의 유대 속에 입법부와 행정부를 연계시켜 정부전체의 응집과 통일, 그리고 효율성을 가져오는 필수 불가결한 수단이다(Sundquist 1988, 614). 그러나 정당정부론은 미국식의 양당제에 기초하고 있음으로 인해 양당제가 아닌 다당제의 경우 정당정부론의 문제의식을 실현하는 데 어려움이 있고, 자칫 제3세력의 의회진출을 부정적으로 인식하는 이론적 근거로 이용될 수 있다. 다당제는 극복해야할 정치현실이 아니라 적응해야할 정치현실일 뿐이다. 달리 표현하면 양당제는 선(善)이고, 다당제는 선이 아니라는 인식 자체가 문제다.[53)]

정당정부론의 또 다른 문제점은 정부의 통합을 강조한 나머지 견제와 균형의 원리를 상대적으로 경시하는 경향이다. 정당정부론은 정부의 통합과 행정부(대통령)의 강력한 리더십을 동경하곤 한다. 그러나 이러한 논리는 자칫 행정부의 독주로 흐를 위험이 있다. 실제로 대통령제를 채택했던 많은 아시아, 라틴아메리카의 국가들이 군부독재를 경험했던 사실이나, 혹은 그 반대로 군부독재국가에서 의회제가 아닌 대통령제가 선호된 배경에는 강력한 리더십과 권력집중이라는 정당정부론의 문제의식과 맥락이 연결되어 있다.

정당정부론은 애초의 문제의식과는 다르게 행정부 중심주의와 정당의 지나친 비대화로 오히려 정부운영의 장애를 유발할 가능성이 더 높다는 점도 지적해야 한다. 실제로 일부 정당정부론자들은 대

---

53) 정당체계는 사회의 균열구조를 반영하기 때문에 이 문제의 해결 없이 정당체계를 인위적으로 변경하려는 시도, 예컨대 헌법공학 내지 제도공학으로 사회균열구조를 해결하려는 시도는 문제해결을 더욱 지연시키거나 오히려 왜곡시킬 우려가 있다.

통령의 리더십을 재규정하면서, 대통령이 최고 입법가로서의 리더십을 행사하는 것이 시대의 요구라고까지 주장하고 있으며(Herring 1940, 145; Sundquist 1988, 622에서 재인용), 다수파 정당의 지도자인 대통령의 지위상, 대통령은 행정부뿐만 아니라 의회의 입법과정에 대한 통제까지 가능하게 된다. 이렇게 되면 의회의 축소 및 약화는 물론이고, 민주주의의 기본원리인 권력분리 원칙이 사실상 폐기되고 마는 현상을 초래할 수도 있다.[54)]

따라서 정당정부론을 둘러싼 쟁점은 결국 미국 헌법에 제시된 권력분리/견제와 균형의 원리를 선택할 것인가, 아니면 책임 있는 정부운영을 위해 통합의 원리를 지향할 것인가의 논쟁이라고 할 수 있다. 어느 경우든 한 쪽의 일방적인 배제는 바람직하지 않다.

권력분리/견제와 균형의 원리를 선택할 것을 주장하는 학자들일수록 다당제의 가능성에 대해서도 열린 사고를 갖고 있는 반면, 통합의 원리를 지향하는 학자들일수록 양당제를 더 선호하는 경향이 있다. 다시 말해, 정당정부론에 비판적일수록 권력분리/견제와 균형의 원리에 충실할 것을 요구하는 반면, 정당정부론을 옹호할수록 통합의 수단으로서 정당의 역할을 강조하고 양당제를 강조한다.

이를 분점정부 논의와 연결시키면, 권력분리나 견제와 균형의 원리를 강조할수록 분점정부에 대한 인식도 적극적인 반면, 통합의 원리를 지향할수록 분점정부에 대한 비판적 인식과 단점정부로의 복원을 강력히 주장한다.

결론적으로 정당정부를 둘러싼 쟁점은 분점정부를 둘러싼 쟁점과

54) 한국 권위주의 정부의 경험이야말로 정당정부의 이상이 가장 극단적으로 실현된 경우다. 그러나 그 결과는 의회의 통법부로의 전락과 이로 인한 입법과정의 형식화였다.

중첩되어 있으며, 정당정부를 어떻게 바라보는가에 따라, 분점정부를 바라보는 시각이 달라지며, 분점정부에 대한 대응도 달라진다. 대통령제의 중심에 자리 잡은 정당정부라는 섬이야말로 대통령제의 '아포리'다.

3) 정당정부론에 대한 비판적 평가

정당정부론은 한 정당이 대통령과 의회를 동시에 통제하는 상황이 가장 바람직하다고 전제한다. 그래야만 정당이 분리된 정부기관을 통합하는 본질적인 기능을 수행할 수 있고, 이를 통해 정부의 통치효율성이 제고되는 것으로 보기 때문이다. 따라서 정상적인 상황이라면, 한 정당은 정부의 의사결정기관을 통제하고, 다른 정당은 이를 견제하는 반대당이 된다.

정당정부론은 이러한 정상적인 상황에서 일탈하는 경우, 즉 분점정부가 될 경우에는 정부운영에 심각한 문제를 노출하는 것으로 본다. 정부운영의 실패나 성공을 결정하는 데 있어 대통령의 리더십과 리더십이 관철될 수 있는 제도적 환경을 중시하기 때문이다. 분점정부는 정부기관을 서로 다른 정당이 장악함으로써 한 정당에 의한 권력의 통합을 불가능하게 하는 제도적 환경이 조성되기 때문에 문제 상황으로밖에 볼 수 없게 된다.

이런 인식 때문에, 대표적인 정당정부의 옹호자인 소로프는 분점정부를 정당의 후원 아래 입법부와 행정부의 의사결정을 조정하는 데 있어 가장 중요한 제도적 장벽으로 간주한다. 분점정부는 정당정부와 대통령의 리더십에 관한 모든 이론을 완전히 무효화시킬 뿐만 아니라, 윌슨이 경고했듯이, 적대로부터 벗어나 성공적인 정부를 구축하려는 모든 시도를 불가능하게 한다. 대통령이 의회를 주도할 수 없다면, 약하고 지리멸렬한 정부가 뒤따를 수밖에 없다(Sorauf 1968, 361).

따라서 정당정부론자들은 정상적인 상황에서 일탈한 분점정부가 등장할 경우 다음과 같은 네 가지 핵심적인 문제가 발생하는 것으로 본다.

첫째, 정부의 통치력이 저하된다.

둘째, 책임성이 불명확해진다.

셋째, 대통령의 리더십을 방해한다.

넷째, 정당정부를 위협한다.

정당정부론에 따르면, 일당이 정부를 전적으로 운영할 때 통치력은 극대화된다. 행정부를 장악한 정당이 의회의 다수파를 확보할 경우(자동적 다수파 형성)에 행정부와 의회의 일관된 정책결정이 가능하고, 그에 따른 정치적 의사결정의 책임성도 뒤따르는 것으로 본다. 그러나 서로 다른 정당이 대통령과 의회를 통제할 경우, 대통령의 정책의도가 의회에서 수용되지 않을 가능성이 높기 때문에 대통령의 효과적인 리더십이 제도적으로 봉쇄되는 결과를 초래한다. 대통령의 리더십이 의회에서 견제됨으로써 최고 입법가이자 정부의 '조종사'로서 대통령의 지위는 불안정해진다. 대통령과 의회가 서로 다른 목소리를 내면서 통치의 일관성도 훼손된다. 이렇게 되면 정부기관은 통합되는 것이 아니라 분산되고, 이질화된다. 정당이 정부기관을 통합하는 기능을 수행할 수 없고, 결국 정당정부론의 이상을 실현할 수 없게 된다.

위와 같은 정당정부론의 '논리 흐름'에 따르면 일당에 의한 정부기관의 통합기능 수행이 불가능해지는 분점정부는 통치력을 저하시키고, 책임성을 약화시키며, 대통령의 리더십을 방해할 뿐만 아니라, 정당정부를 위협하는 상황으로 인식될 수밖에 없는데, 이러한 인식은 가장 조야한 수준의 제도결정론이라는 비판으로부터 자유로울 수 없다. 제도적 환경에 따라 정부운영의 성패가 결정된다는 주장은 제도를 운영하는 정치주체들의 실천의 문제는 탈각시키기 때문이다.

분점정부에 대한 정당정부론의 비판에 대한 구체적인 반론도 가능하다. 왜냐하면 이러한 정당정부론의 주장은 객관적·보편적으로 수용 가능한 방법에 의해 검증된 사실이 아니라, 정당정부론의 이념에 따라 추론한 논리의 결과물일 뿐이다. 역사적 경험을 보더라도 분점정부 상황이 등장할 경우 정당정부론의 논리적 추론과 같은 결과만을 가져오지는 않았다. 따라서 분점정부가 등장할 경우 나타나는 네 가지 문제점은 단점정부가 갖는 이점에 대한 논리적 반대사실(counter-facts)을 나열한 것에 불과하다.

먼저, 통치력이 저하된다는 주장을 살펴보자. 일관되고 시의 적절한 정책이 채택되고 수행되기 위해서는, 다시 말해 정부가 효과적으로 운영되기 위해서는 대통령-의회가 합의에 도달해야 한다. 동일한 정당이 두 권력센터를 동시에 통제할 경우(단점정부일 경우) 제도적 반대파의 존재와 그들의 견제에도 불구하고 그러한 합의에 도달할 가능성은 훨씬 커진다. 정당이 권력센터들 간의 가교 혹은 망(web) 역할을 담당하기 때문이다. 반면 분점정부일 경우, 대통령 소속 당은 분리된 정부기구 간의 견제뿐만 아니라 반대당의 노선

자체를 극복해야 하기 때문에 정책결정의 일관성이 흔들리고, 대통령과 의회 간의 갈등의 소지가 높기 때문에 부적절하고 비효율적인 정책결정으로 통치의 효율성이 떨어지고, 종종 정치적 교착상태에 이를 가능성이 높아진다. 따라서 단점정부가 되어야 정부가 강력해지고, 정당정부를 복원해야 정당의 순기능을 회복할 수 있고, 분리된 정부기관 간의 통합을 가져올 수 있다.

그러나 이러한 인식은 대통령과 의회 간의 관계를 지나치게 '제로섬적 관계'로만 인식하는 오류를 범하고 있다. 입법부와 행정부 간의 관계는 한쪽의 권한이 강화되면 다른 쪽의 권한은 필연적으로 약화되는 제로섬적 관계가 아니다. 양부가 경쟁적 관계인 것은 분명한 사실이지만, 경쟁적이라는 것이 대립적이라는 의미는 아니며, 한쪽의 힘이 약화된다고 해서 다른 쪽의 힘이 강화되는 것도 아니다. 단점정부인가 분점정부인가 보다는 다른 요인에 의해 정부의 통치력이 저하될 수 있다. 예컨대, 국내외 정세, 계급관계, 다른 제도적 요인의 영향에 의해 대통령의 통치력이 영향을 받을 수 있다. 오히려 분점정부는 독립변수가 아니라 매개변수에 불과하다. 즉 정부 유형에 따라 정부운영의 실패가 좌우되는 것이 아니라 분점정부는 단점정부에 비해 매개변수가 하나 더 추가된 것에 불과하며, 분점정부라는 매개변수가 정부운영과정에 개입하더라도 그것으로 인해 정부운영이 실패하는 것은 아니다(Petrocik & Doherty 1996; Rieselbach 1996).

따라서 선키스트와 같이 단점정부하에서 정당 간의 경쟁은 건전한 경쟁이고, 분점정부하의 정당 간의 경쟁은 정부기관을 쇠약하게 하는 유해한 경쟁이자, 대통령과 의회가 서로를 물리치기 위해 벌이는 상호 불신임 경쟁이라는 주장은 논리적 근거를 결여한 억측이다(Sundquist 1988, 629).

둘째, 분점정부하에서는 책임성이 불명확해진다는 주장도 문제가 있다. 분점정부가 되면 불가피하게 대통령과 의회 간의 타협이 이루어지게 됨에 따라 행정부 집권당의 입장이 완벽하게 채택·실현되지 않을 잠재적 가능성이 있는 것은 사실이다. 그러나 결정된 정책이 집권당의 애초의 정책의도와 다르다고 해서 책임을 전가시키고, 회피하게 된다는 주장은 일면적이다. 오히려 분점정부 상황에서는 집권당의 정책에 대한 견제가 가능하기 때문에 과도한 정책을 완화시켜주는 효과를 단점정부에 비해 훨씬 높게 기대할 수 있다는 장점이 있다.

예컨대, 2003년 미국-이라크 전쟁의 경우도 현재와 같은 공화당 단점정부하에서는 부시(George W. Bush) 행정부의 일방주의적 전쟁노선을 견제할 장치가 거의 없다. 공화당이 하원의 다수파를 장악했기 때문이다. 하지만 클린턴(Bill Clinton) 대통령 시기는 분점정부였기에 상대적으로 공화당의 주장이 많이 반영될 수 있었다. 부시 행정부하에서는 압도적인 공화당 단점정부 상황이기 때문에 위험한 정책에 대한 견제장치가 존재하지 않는다. 정당정부론이 강조하는 책임성의 이면에는 획일성과 일방주의가 있음도 간과해서는 안 된다. 즉 누구에 대한 책임성, 어떤 정책에 대한 책임성인가가 보다 중요하다.

셋째, 분점정부가 되면 대통령의 리더십이 불가능해진다는 주장 역시 과장된 것이다. 이론상 분점정부가 되면 대통령의 리더십이 구현되는 제도적 환경이 단점정부에 비해 복잡해진다. 그러나 리더십이 구현될 제도적 환경이 단점정부에 비해 복잡해진다는 것을 불가능하다는 의미로 받아들여서는 안 된다. 특히 이 문제는 해당 국가의 정치적 상황에 따라 얼마든지 논의가 달라질 수 있는 문제다.

예컨대, 한국 정치의 고질적인 병폐 중의 하나는 대통령에게 권력이 지나치게 집중되어 있다는 것이다. 따라서 분점정부가 되면 대통령의 권한 집중을 완화시킬 수 있다는 장점이 더 크게 부각될 수 있다. 대통령의 리더십에 지나치게 의존하던 구조로부터 탈피하여 의회의 리더십을 구축함으로써 리더십을 다원화시킬 수도 있다는 점을 언급해야 한다.[55)]

대통령이 의제를 설정하고, 이를 주도하는 지위에 있는 것은 사실이지만, 그렇다고 대통령이 행정부는 물론 의회를 완벽하게 통제하는 지위에 있어야 한다는 의미는 아니다. 이는 권력분리의 원칙에도 부합되지 않는 것이며, 권력의 통합을 넘어 융합에 가까운 것이다. 오히려 분점정부가 되면 대통령의 리더십에 대한 의회의 견제를 실질적으로 발휘할 수 있는 최적의 조건을 창출하는 측면도 있다. 대통령은 행정부의 리더이지, 의회의 리더는 아니다.

마지막으로, 단점정부는 정당정부를 구현할 최적의 조건이지만, 정당정부가 추구하는 권력의 통합과 과업수행의 효율성이 정부운영의 모든 것은 아니다. 특히 정당정부가 모든 정부가 지향해야할 최상의 가치인가에 대해서는 쉽게 동의할 수 없다. 반면 분점정부 상

55) 이 점은 특히 한국정치의 현실에서 중요하다. 전현직 대통령들은 한결같이 제도 환경(여소야대)만 탓할 뿐 이를 극복하기 위한 새로운 리더십의 창출노력은 등한시하는 경향이 있었는데, 대통령이 의회의 리더십을 부정하고 의회와의 대결주의적 리더십만을 고집한다면 정부운영이 원활하게 이루어질 수가 없다.

황에서는 정당정부를 구현할 수 없지만, 권력의 견제와 균형, 정책의 대표성과 반응성이 제고된다는 장점이 있을 뿐만 아니라, 정당정부만이 최선의 선택은 아니기 때문에 보다 열린, 다양한 정치적 실천의 가능성을 열어줄 수 있다는 점을 무시해서는 안 된다. 정치인들의 당파적 레토릭을 무비판적으로 수용해서는 안 된다.

결론적으로 대통령과 의회는 정부를 구성하는 하나의 기관이다. 양부간의 관계는 제로섬적 관계가 아니기 때문에 분점정부가 등장한다고 무조건 통치력이 저하된다고 말할 수 없다. 단점정부하에서는 책임성이 명확한 만큼 전일성의 위험도 존재하고, 분점정부하에서는 책임성이 불명확해질 가능성이 있는 반면, 과도하고 극단적인 정책을 완화시켜줌으로써 정책의 다양성 추구와 견제의 미학이 존재한다. 대통령제가 추구했던 이상도 바로 이러한 권력분리와 견제의 미학이었으며, 그런 점에서 분점정부는 대통령제의 이념형에 가장 근접한 정부유형이다.

단점정부하에서는 강력한 대통령의 리더십이 가능하기 때문에 정책의 일관성과 신속성, 효율성을 가져올 가능성이 있지만, 지나친 권력집중현상으로 권력융합과 제왕적 대통령의 가능성 또한 존재한다. 반면 분점정부하에서 대통령의 리더십은 의회와의 경쟁관계로 인해 단점정부와 같은 리더십을 구현할 제도적 환경은 존재하지 않지만, 대통령의 독주에 대한 견제와 국민의 대표성 확보라는 장점이 있다.

따라서 단점정부는 정상상황이고, 분점정부는 비정상상황이기 때문에 분점정부가 출현할 수 있는 제도적 환경을 봉쇄해야하고, 분점정부의 폐단을 극복하기 위해 우선적으로 정당정부가 복원되어야 한다는 주장은 이론적인 측면뿐만 아니라 현실정치의 측면에서도 지나치게 일면적이라는 비판을 피할 수 없다. 분점정부의 문제는 다양한 시각에서 다양한 상황을 비교·검토함으로써 분석의 완결성을 확보하고 합리적 대안을 형성하는 방향으로 풀어나가야 한다.

Ⅲ. 미국 분점정부의 경험

이 장은 미국의 분점정부에 대한 문헌학적 고찰인데, 크게 세 개의 절로 구성했다. 먼저 제1절은 미국 분점정부의 등장과 역사적인 전개과정을 정당-유권자 연합의 변화를 중심으로 스케치한다. 제2절은 미국에서 분점정부가 등장했던 요인을 행태적 요인과 제도적 요인으로 구분하여 살펴보고, 이에 대해 간략하게 평가한다. 마지막 제3절은 분점정부하의 정부운영을 중심으로 미국의 경험을 통해 얻을 수 있는 시사점을 살펴본다.

1. 분점정부의 기원과 전개과정

1) 미국 분점정부의 기원

미국에서 분점정부는 더 이상 예외적인 현상이 아니다. 분점정부에 대한 진단과 처방은 논자에 따라 다르지만 1980년대 후반부터 1990년대 초반까지 활발하게 이루어진 분점정부에 관한 연구들의 공통된 의견은 이제 분점정부가 미국정치의 일상적 현상이 됐고, 이에 대한 적절한 대처가 필요하다는 것이었다.[56] 물론 이러한 인

56) 분점정부의 빈번한 출현 못지않게 분점정부에 대한 인식을 전환시킨 배경은 이론의 세대교체다. 즉 정당정부론(책임정당론) 이후 각광받기 시작한 합리적 선택이론이나 분점정부에 대한 다원주의적 해석은 분

점정부에 대한 인식전환은 물론 정부운영을 평가하는 시각의 전환을 가져온 중요한 계기였다. 합리적 선택이론은 대통령의 리더십이나 통치의 효율성보다는 합리적 행위자인 유권자의 선택 결과를 보다 더 강조한다(Downs 1957; Riker & Ordeshook 1973, 62-65). 즉 유권자는 정당의 정책과 이념에 대한 충분한 판단을 통해 자신에게 가장 이익이 되는 선택을 하는데(합리적 행위자로서의 유권자), 그것이 분점정부일 수도 있고, 단점정부일 수도 있다. 따라서 중요한 것은 유권자의 선택 결과이지 단일 정당이 행정부와 입법부를 장악하는가의 여부가 아니다. 다원주의자들에 따르면(Jones 1995), 정당정부론이 강조하는 책임성은 애초에 하나의 정당, 하나의 제도 속에 융합될 수 없는 것이며, 정당과 정당, 제도와 제도 사이에 분산된다. 특히 대의제하에서 책임성은 행정부의 집권당에게만 있는 것이 아니라, 공식적인 행위자로서 반대당에게도 귀속되며, 대통령이나 의회에만 집중되는 것이 아니라 각 사회제도에 다차원적으로 분산된다(Jones 1995, 72-74). 대통령의 역할도 책임정당론이 강조하는 것처럼 의회를 통솔하는 것이 아니라, 정치권력이라는 자원을 동원하여 대통령의 이해를 의원들의 이해관계와 일치시키는 것이다. 다시 말해 대통령은 의회에 대한 통솔자가 아니라 '설득자(persuader)로서의 역할'만을 담당해야 한다. 따라서 책임성을 행정부 집권당에게만 귀속시키려는 시도는 잘못된 것이며, 중요한 것은 대중들의 반응에 신속하게 대응하는 정치의 동학을 인식하는 것이지, 대중들에게 강요하고, 대중들을 유도하는 것이 아니다(Jones 1995, 29). 이러한 다원주의적 시각에 따르면, 분점정부는 책임의 소재가 명확하지 않기 때문에 부정적이고, 극복되어야 한다는 정당정부론의 주장은 수용되지 않는다. 핵심은 단점정부이건 분점정부이건 대통령과 의회가 공유된 정책목표를 수립하는 것이고, 이를 위한 경쟁과 (선거에서) 대중의 최종적인 선택의 과정이 중요하다(Jones 1995, 78-81). 따라서 합리적 선택이론이나 다원주의는 분점정부와 단점정부 간의 단절성보다는 연속성을 강조한다. 합리적 선택이론은 만약 분점정부가 정부운영의 교착과 입법마비, 통치력의 저하를 가져올 경우 유권자들은 결코 분점정부를 선택하지 않았을 것이라고 주장한다(Strovink 1995, 296-297). 유권자는 유권자 이익의 최적화를 위해 분점정부를 선택하고, 이러한 최적의 선택이 계속되는 한 단점정부와 분점정부는 연속성을 보일 수밖에 없다고 본다. 다원주의적 해석도 정당식의 근저에는 분점정부가 자주 출현했기 때문에, 즉 예외적인 상황이 자주 나타나다 보니 그것이 정상상황이 되어버렸다는 의미가 내포되어 있기는 하다. 그러나 꼭 그런 의미가 아니더라도 분점정부는 원래 정상상황이다. 한 국가가 대통령제를 정부형태로 채택하고 있는 한, 분점정부와 단점정부의 반복 출현은 지극히 정상적인 현상이다.[57] 논리적으로만 따진다면, 이러한 인식의 변화가 있었다는 사실 자체가 넌센스라면 넌센스다.

1950-1970년대 정당정부론(책임정당론)이 득세하던 시기에 분점정부는 출현 자체를 용납할 수 없었던 부정적인 현상이었으며, 분점정부가 출현할 경우 국정의 마비와 책임정치의 실종으로 헌정체제가 위협받을 것이라는 인식이 지배적이었다. 그러나 1980년대 후반 이후에는 분점정부의 일상적 출현을 목격함과 동시에 분점정부하에서도 대치정국이나 정부운영의 마비와 같은 부정적 현상보다는 대통령과 의회의 원만한 타협의 정치가 이루어질 수 있음을 경험하게 된다. 분점정부하의 정치와 단점정부하의 정치를 비교했을 때

간의 경쟁을 통한 공유된 목표의 수립과 실행과정이 정부유형에 우선하는 것으로 본다.

57) 이원적 민주 정통성이라는 대통령제의 특성상 단점정부와 분점정부는 동등하게 출현할 수 있으며, 그렇기 때문에 단점정부는 정상상황이고, 분점정부는 예외상황이라는 구분 자체가 잘못되었다. 논리상 두 가지 경우 모두 정상상황이다. 그럼에도 불구하고 통치의 효율성을 기준으로 분점정부를 정상으로부터 일탈한 예외상황으로 몰아 부치는 것은 사실상 대통령제 자체를 부정하는 것과 다를 바가 없다. 결국 이런 주장을 하는 사람들에겐 대통령제를 폐기하고 의회제 정부형태를 선택하는 것만이 유일한 해법이 될 것이다. 왜냐하면 의회제는 이원적 민주 정통성이 아니라 '일원적 민주 정통성'에 기초하여 정부가 구성되기 때문에 결코 분점정부가 출현할 수 없기 때문이다.

둘 사이에 큰 차이가 없거나, 오히려 유권자의 입장에서는 단점정부에서 기대할 수 없었던 효과를 얻게 된다는 해석이 지지를 받으면서 분점정부에 대한 인식은 정당정부론이 지배하던 시기보다 훨씬 긍정적으로 전환되었다.[58)]

분명한 것은 현재의 미국은 분점정부의 시대를 경험하고 있고, 앞으로도 더욱 자주 분점정부가 출현할 것이다. 왜냐하면 대통령제가 지속되는 한 분점정부는 등장할 수밖에 없고, 특히 분점정부의 등장에 결정적 영향을 미쳤던 '정당-유권자 연합'이 미국 사회의

---

58) 실패한 단점정부와 성공한 분점정부에 대한 경험은 분점정부에 대한 인식을 실질적으로 변화시킨 요인이다. 70년대 후반(1977-1980) 민주당의 카터(Jimmy Carter) 행정부는 존슨(Lyndon Johnson) 이후 10년 만의 민주당 단점정부였지만, 미국 정치사에서 가장 실패한 대통령중의 하나로 거론될 만큼 많은 문제를 노출했다. 단점정부의 최대 강점으로 거론되던 정책 일관성도 카터 시기에는 찾기 힘들었다. 민주당 대통령과 민주당이 다수파를 장악하고 있던 의회와의 갈등은 대외정책과 국내정책의 혼선, 연이은 정책실패를 가져왔다. 단일 정당이 행정부와 입법부를 통제하는 상황이 반드시 행정부의 통치력을 증대시키고, 정부기관 간 통합이 촉진되어 정부운영의 효율성이 증대될 것이라는 인식이 도전 받았다.
실패한 단점정부와는 반대로, 카터 이후 등장한 레이건(Ronald Reagan)의 성공은 분점정부에 대한 인식을 전환시키는 또 다른 계기가 되었다. 레이건 행정부는 카터 행정부와는 달리 분점정부하에서 정부를 운영하였지만, 카터 시기의 단점정부와는 확연히 구별되는 정부운영으로 많은 정부과업을 수행했다. 대외정책에서 강한 미국의 이미지를 국민들에게 각인 시켰고, 국내정책에서도 신자유주의에 입각한 작은 정부 모델을 도입하여 정부혁신을 시도하던 시기였다. 비록 분점정부 상황이었지만 의회와의 관계도 비교적 협조적이고 우호적인 관계를 유지했다. 분점정부하에서도 레이건 행정부는 단점정부에 비해 행정부의 통치력이나 정부운영의 효율성, 책임정치의 측면에서 큰 차이가 나지 않았던 것으로 평가되고 있다.

분화와 함께 재구성되고 있기 때문이다.

그렇다면, 미국의 헌정체제에서 분점정부는 몇 번이나 등장했을까?[59] 간단한 문제 같지만 꽤 복잡한 문제다. 왜냐하면 분점정부 출현의 기준중의 하나인 정당정치의 정착(경쟁적 정당체제) 시점을 언제부터 보는가에 따라 최초의 분점정부가 출현한 시점이 달라지기 때문이다.

분점정부 연구의 권위자인 피오리나의 경우, 본격적으로 각 정당의 전당대회(convention)에서 대통령후보를 선출하기 시작하고, 실질적인 양당 경쟁체제가 시작된 시기였던 1832년 대통령 선거결과 등장한 정부를 최초의 분점정부로 보고 있다(Fiorina 1992a, 6). 당시의 정부는 대통령-민주당, 하원-민주당, 상원-국민공화파, 반프리매이슨(Anti-Masonic)이 장악하고 있었다.[60]

이와는 다르게 실비(Joel Silbey)는 피오리나의 구분보다 조금 앞선 1827년 민주공화파의 아담스(John Quincy Adams)가 대통령에 당선된 후 중간선거에서 잭슨파 민주당(Jacksonian Democrat)이 상원과 하원을 장악하며 아담스와 대립하던 시기를 미국에서 최초로 분점정부가 출현한 시점으로 보고 있다(Silbey 1996, 13).[61]

---

59) 여기서는 연방정부 차원의 분점정부만을 검토대상으로 한다. 주정부 차원까지 포괄할 경우 너무 광범위해서 자료수집에 한계가 있었다.

60) 국민공화파와 반프리매이슨당은 후에 공화당의 전신인 휘그당(Whig)으로 통합된다.

61) 실비가 거론하고 있는 1827년 이전에도 대통령과 의회의 분리는 있었다. 이를 이해하기 위해서는 1824년 대통령선거를 살펴볼 필요가 있다. 먼로(James Monroe) 대통령의 2번째 임기가 끝날 무렵, 국무장관 애덤스, 육군 장군 캘훈(John Caldwell Calhoun), 재무장관 크로퍼드(William H. Crawford) 등 3명의 유력한 후보들은 먼로의 뒤를 이어 대통령직을 계승하려 했다. 하원의장 헨리 클레이(Henry Clay)와 잭

피오리나의 구분이 정당체제의 정착의 관점에서 분점정부의 출현 시점을 규정한 것이라면, 실비의 구분은 대통령과 의회의 대립이라는 측면을 강조한 것으로서, 분점정부의 가장 기본적인 의미를 적용한 것이다. 사실 1825년－1827년 기간에도 대통령과 의회 간의 분리가 있었음에도, 실비가 그 시점을 1827년으로 보고 있는 것은 그것이 파벌 간의 분리였지, 정당 간의 분리는 아니었기 때문이다(Silbey 1996, 15-16).

슨(Andrew Jackson) 역시 대통령 후보였다. 캘훈은 부통령으로 지명됐고, 나머지 4명은 대통령후보로 나서 잭슨 99표, 애덤스 84표, 크로퍼드 41표, 클레이 37표를 얻었다. 이들 중 누구도 과반수를 확보하지 못했기 때문에 결정은 하원으로 넘어갔고, 하원은 가장 많은 득표수를 얻은 순서대로 3명의 후보자를 지명했다. 오랫동안 잭슨에 대해 몹시 비판적이었던 클레이는 자신의 영향력을 애덤스에게 몰아주었고, 이로써 애덤스는 하원 1차 투표에서 과반수를 확보할 수 있었다. 며칠 뒤 애덤스는 국무장관으로 클레이를 임명했으며, 클레이는 이를 수락했다. 잭슨은 이를 "추악한 거래"(Corrupt Bargain)라고 비판했으며, 그로 인해 미국 역사에 지대한 영향을 끼친 애덤스와 잭슨 간의 불화가 생겨났다. 그러나 새로운 의회에서는 잭슨파가 다수를 점하고 있었기 때문에 정당의 파벌대립에 의한 대통령과 의회의 분리가 최초로 나타난다(Silbey 1996, 14-15). 잭슨은 다음 중간선거를 앞두고 클레이의 국무장관 임명에 불만을 품고 있던 부통령 캘훈과 연합하여 잭슨파 민주당을 결성하여 선거에서 승리함으로써 미국 역사상 최초로 파벌 간의 분리가 아닌 대통령과 의회 간의 분리라는 분점정부가 출현하게 된다. 즉 민주공화파의 아담스 대통령과 잭슨파 민주당의 의회 장악으로 대통령과 의회에 대한 당파적 통제 상황이 도래했던 것이다. 잭슨은 결국 1828년 대통령선거에서 아담스를 누르고 대통령에 당선된다. 아담스는 대통령 재선을 위해 그의 추종자들과 반잭슨파, 반프리매이슨 진영을 규합하여 국민공화파(National-Republican)를 결성하여 잭슨에 대항한다(Caughey & May 1964; Goodman 1972; Schlesinger 1973; Olson 1994).

따라서 미국에서 분점정부가 최초로 출현한 시점은 1827년으로 볼 수 있다. 1827년은 중간선거가 치러진 후 새로운 하원의 임기가 시작되는 시점이다. 실비의 주장처럼, 아담스 대통령 시기는 출범과 함께 국무장관 임명문제로 갈등을 빚으면서 같은 민주공화파 소속이었던 잭슨파와의 파벌경쟁이 심해졌고, 그 결과 파벌에 의해 의회가 분리되었다.

이후 잭슨파가 민주공화파에서 이탈하여 잭슨파 민주당을 창당하여 상원과 하원에서 동시에 다수 의석을 확보함으로써 민주공화파의 아담스 대통령 대 잭슨파 민주당의 의회라는 엄격한 의미의 분점정부가 출현했던 것이다(O'Connor & Sabato 1999, 824). 따라서 실비의 분류기준을 따라, 1827년을 분점정부가 최초로 출현한 시점으로 보았을 때 미국의 분점정부는 36회 출현했다(〈표 2〉 참조).[62]

1대 하원부터 107대 하원임기(2001년-2003년)까지 분점정부의 출현비율을 계산해보면, 미국의 건국 이래로 약 34%는 분점정부였다는 결과가 나온다. 그러나 건국 이후 정당이 없었던 1700년대 후반과 민주공화파 일당체제였던 1800년대 초반의 시기를 제외한다면,[63] 미국 대통령제의 정부유형 중 분점정부가 차지하는 비중은

62) 물론 이는 1827년부터 2003년까지의 하원 임기(2년)를 기준으로 산출한 것이다.

63) 대략 1827년 20대 의회(하원) 이전까지는 경쟁적 정당체제라기보다는 민주공화파 일당체제이거나, 민주공화파 내부 파벌 간의 주도권 다툼이었다. 그래서 대통령 후보도 모두 연방주의자이거나, 모두 민주공화파인 경우가 많았다. 예컨대 1대 대통령선거의 경우 총 16명의 후보 중 선거인단을 확보한 후보는 12명의 후보였으며, 선거인단을 확보한 12명의 후보들 중에는 연방주의자 8명, 무당파 3명, 민주공화파 1명이었다. 물론 연방주의자인 워싱턴이 대통령에 당선됐고, 2위 득표자인 아담스(John Adams)가 부통령이 되었다(http://www.presidentelect.org의 통

41%에 이른다.

다시 말해, 경쟁적 정당체제가 정착한 이래 분점정부는 10번의 하원 선거 중 4번꼴로 등장했다. 2차대전 이후 최근까지의 경향은 이보다 훨씬 분점정부의 출현빈도가 높다. 이것은 분점정부가 대통령제 정부형태의 속성상 출현이 불가피하고, 그것이 결코 부자연스런 현상이 아니라는 것을 보여준다.[64] 오히려 1968년 이후만 놓고 보면 단점정부가 분점정부에 비해 훨씬 예외적인 상황이라고까지 이야기할 수 있다. 이는 "단점정부=정상상황, 분점정부=예외상황"이라는 도식이 근본적으로 잘못된 것임을 확인시켜준다. 분점정부에 대한 우리의 인식이 최소한 출현빈도만을 놓고 볼 때 잘못되었다는 사실이 확인된다.

계자료 참조).

64) 따라서 미국에서 분점정부가 이처럼 자주 출현했음에도 불구하고, 정상적인 정부운영이 가능한 이유와 배경은 무엇인가를 해명해야 한다. 뒤에서 언급하겠지만, 이는 결국 정당체제와 의회 운영방식의 문제일 수 있다.

〈표 2〉 미국 분점정부 현황

연 도	대통령	하 원	상 원
1827-1829	John Quincy Adams(D-R)	J-D	J-D
1833-1835	Andrew Jackson(D)	D	Opposition
1843-1845	John Tyler(W)	D	W
1847-1849	James Knox Polk(D)	W	D
1849-1851	Zachary Taylor(W)	D	D
1851-1853	Millard Fillmore(W)	D	D
1855-1857	Franklin Pierce(D)	R	D
1859-1861	James Buchanan(D)	R	D
1875-1877	Ulysses Simpson Grant(R)	D	R
1877-1879	Rutherford Birchard Hayes(R)	D	D
1879-1881	Rutherford Birchard Hayes(R)	D	D
1883-1885	Chester Alan Arthur(R)	D	R
1885-1887	Grover Cleveland(D)	D	R
1887-1889	Grover Cleveland(D)	D	R
1891-1893	Benjamin Harrison(R)	D	R
1895-1897	Grover Cleveland(D)	R	R
1911-1913	William Howard Taft(R)	D	R
1919-1921	Woodrow Wilson(D)	R	R
1931-1933	Herbert Clark Hoover(R)	D	R
1947-1949	Harry S Truman(D)	R	R
1955-1957	Dwight David Eisenhower(R)	D	D
1957-1959	Dwight David Eisenhower(R)	D	D
1969-1971	Richard Milhous Nixon(R)	D	D
1971-1973	Richard Milhous Nixon(R)	D	D
1973-1975	Gerald Rudolph Ford Jr.(R)	D	D
1975-1977	Richard Milhous Nixon(R)	D	D
1981-1983	Ronald Wilson Reagan(R)	D	R
1983-1985	Ronald Wilson Reagan(R)	D	R
1985-1987	Ronald Wilson Reagan(R)	D	R
1987-1989	Ronald Wilson Reagan(R)	D	D
1989-1991	George Herbert Walker Bush(R)	D	D
1991-1993	George Herbert Walker Bush(R)	D	D
1995-1997	William Jefferson Clinton(D)	R	R
1997-1999	William Jefferson Clinton(D)	R	R
1999-2001	William Jefferson Clinton(D)	R	R
2001-2003	George Walker Bush(R)	R	D

* 출처: O'Connor & Sabato(1999, 824-827)을 근거로 작성.

** D-R: 민주공화파, J-D: 잭슨파 민주당, D: 민주당, W: 휘그당, R: 공화당

*** Opposition: National-Republican, Anti-Masonic이 포함됨.

**** 2001-2003은 공화당 제포드(James Jeffords) 상원의원이 탈당 후 민주당에 입당한 것을 반영한 것임.

여기서 우리는 이러한 수치들이 보여주는 의미를 보다 분석적으로 살펴볼 필요가 있다. 앞의 〈표 2〉를 보면 분점정부가 매 시기마다 고르게 나타난 것이 아니라, 어떤 시기에는 집중적으로 나타나다, 또 어떤 시기에는 거의 나타나지 않았다. 즉 분점정부가 특별히 집중적으로 나타나는 시기가 있었다. 피오리나는 이와 관련하여 분점정부의 출현 시기를 역사적 배경을 기준으로 크게 세 시기로 구분한다.

〈표 3〉 **단점정부와 분점정부의 시기별 출현빈도**65)

	단점정부	분점정부
1827-2003	51	36
1827-1900	20	15
1900-1952	22	4
1952-2003	9	17

* 출처: Fiorina(1992a, 7)을 재구성

1827년부터 1900년까지의 시기를 보면 단점정부가 분점정부에 비해 출현빈도가 높은 것은 사실이지만, 단점정부와 분점정부의 빈도가 압도적인 차이를 보이는 것은 아니다. 그런데 1952년부터 2003년까지의 상황을 보면 분점정부가 단점정부에 비해 거의 2배에 가깝게 많이 출현하고 있다. 전체적으로 단점정부와 분점정부의 출현빈도가 큰 차이가 없이 비슷하게 출현하고 있음에도 불구하고 유독 1900년부터 1952년까지의 시기에는 단점정부가 분점정부에 비해 압도적으로 많았다. 즉 분점정부가 거의 등장하지 않았다.

65) 피오리나의 분석은 1832년-1992년까지인데, 필자가 1827년-2003년까지 확장했다.

위의 표를 보면, 우리는 기존의 질문과는 다른 질문을 던져볼 수 있다. 즉 왜 분점정부가 출현하는가가 아니라, 왜 1900년부터 1952년 사이에는 분점정부가 출현하지 않았는가가 그것이다. 따라서 이제 미국 정치사에서 빈번하게 출현했던 분점정부가 왜 유독 1900년 –1952년의 시기에는 출현하지 않았는가, 달리 표현하면 왜 이 시기에는 단점정부만 집중적으로 출현했는가의 문제를 검토해 보아야 한다. 이 문제는 미국 사회의 역사적 변화과정과 그에 따른 '정당–유권자 연합'의 구축/변경이라는 맥락에서 접근할 수 있다.

2) 미국 분점정부의 역사적 전개과정

피오리나가 분류한 것처럼, 분점정부가 특정한 시기에 집중되는 이유는 무엇일까? 이를 해명하기 위해서는 시대구분을 보다 구체적이고, 정밀하게 해볼 필요가 있다. 피오리나에 따르면, 분점정부가 집중적으로 나타나는 시기는 몇 가지 역사적 사건을 중심으로 구분할 수 있다.

〈표 4〉 분점정부 출현의 주요 시기

	단점정부	분점정부
1827-1860	4	7
1874-1896	3	8
1952-2003	9	17
계	16	32
기 타	35	4

* 출처: Fiorina(1992a, 9)를 재구성

분점정부가 집중적으로 나타났던 첫 번째 시기(1840-1860년)는 노예제도 폐지논쟁과 영토문제, 이민문제가 휘그당(공화당)과 민주당 간의 핵심 이슈가 되었다(Schlesinger 1973).[66] 휘그당은 노예제 반대-영토 확장 반대-이민정책 고수의 입장을 취했던 반면, 민주당은 노예제 찬성-적극적인 영토 확장-집단이민정책 반대 입장을 취했고, 각각의 쟁점에 대해 이해관계를 같이하는 유권자들의 지지 연합이 구축되었다. 이 시기의 지지 연합은 다른 시기에 비해 정당에 대한 일체감과 충성도가 높았는데, 그 이유는 이 문제들이 모두 자신들의 생존 문제와 민감하게 연결되었기 때문이다. 정부의 정책이 어떻게 결정되는가에 따라 자신들의 생존기반이 위협받을 수도, 확장될 수도 있었다.

이러한 다양하고 복잡한 쟁점들을 둘러싼 대립은 평화적으로 해결되지 못하고, 결국 남북전쟁이라는 유혈 사태를 통해 일차적으로 정리가 된다. 남북전쟁에서 북부 연합이 남부동맹을 굴복시키면서 북부 연합을 대표하는 공화당의 정책과 노선이 미국 정치를 지배한다. 따라서 남북전쟁 이후의 시기는 전쟁에서 승리한 북부에 의한 미국 정치의 재편이 이루어질 수밖에 없었다. 그 결과는 공화당 단점정부의 출현이었다.

남북전쟁(1861년-1865년) 이후 14년 동안 독점적으로 유지되던 공화당 단점정부는 연방의회의 결의에 의해 민주당이 다시 의회로 되돌아온 1874년 이후 종식된다.[67] 민주당이 의회에 되돌아오자마

66) 이 시기 미국 정당의 형성과 정당정치의 전개과정에 대해서는 슐레진저(Arthur Schlesinger Jr.)가 대표 편집한 "미국정당사" 시리즈를 참조할 수 있다(Schlesinger 1973).

67) 남북전쟁 이후 연방의회는 남부 출신이 상원과 하원의 의석을 차지하는

자 치러진 하원선거에서 민주당이 승리하면서 다시 분점정부가 등장한다. 남북전쟁의 앙금은 한 순간에 삭으러들지 않았던 것이다.

것을 거부할 권리를 행사하기 시작했다. 또한 연방의회에서 비준된 헌법 수정안 제14조("미국에서 출생하였거나 미국에 귀화하여 미국의 관할하에 있는 모든 사람들은 미합중국과 그들이 거주하는 주의 시민이다")를 테네시 주를 제외한 남부의 전 주들이 비준을 거부하자, 북부 일부 집단들은 남부 흑인들의 권리를 보호하기 위해 연방정부가 다시 남부에 개입할 것을 주장했다. 1867년 3월의 재편입령을 통해 연방의회는 남부 각 주에 수립되어 있었던 정부를 무시하고, 남부 전역을 5개 지구로 분할하여 군정(軍政)하에 두었다. 그러나 연방 정부에 충성을 선서하고, 헌법 수정조항 제14조를 비준하며, 흑인 참정권을 채택한 주들에 대해서는 군정에서 벗어날 수 있는 길을 열어놓았다. 남부의 굴복으로 1868년에 헌법 수정안 제14조가 비준되었다. 이어 다음해에 연방의회를 통과했고, 1870년에 주 의회들에 의해 비준된 수정 조항 제15조는 "미합중국 시민의 투표권은 인종이나 피부색, 또는 과거에 노예의 신분이었다는 이유로 미합중국이나 그 어떤 주에 의해서도 거부되거나 축소되지 않는다"라고 규정했다. 연방의회는 군정주(州) 재편입법(Military Reconstruction Act)에 의거 1869년까지는 아칸소, 노스캐롤라이나, 사우스캐롤라이나, 조지아, 앨라배마 그리고 플로리다를 다시 연방으로 받아들였다. 연방에 재편입된 이들 7개 주에서 주지사와 주의회 상·하원의원의 대부분은 남북전쟁 이후 남부로 이주하여 흑인들과 제휴하여 정치적 행운을 노렸던 '뜨내기' 북부인들 이었다. 루이지애나 주와 사우스캐롤라이나 주의 의회에서는 흑인이 의석의 과반수를 차지하기도 했다. 마지막으로 남은 남부의 3개 주(미시시피, 텍사스, 버지니아)도 마침내 연방의회가 제시한 연방 재편입 조건을 받아들여, 1870년에 연방에 다시 편입되었다. 1872년 연방의회는 포괄적인 사면령을 통과시켜, 약 500명의 남부동맹 동조자를 제외한 모든 사람들이 완전한 정치적 권리를 되찾게 했다. 남부의 주들은 점차적으로 공직에 민주당원들을 선출하기 시작했고, 이로써 '뜨내기' 남부인 들은 공직에서 추방되었으나, 여전히 남부의 흑인들은 투표나 공직 취임을 못하도록 위협을 받았다 (Caughey & May 1964, 261-268; Olson 1994, 76-94; 베일리 1994, 83-87; 래드 1994, 107-112).

이 시기를 흔히 '재편입기(Reconstruction)'라고 하는데, 남북전쟁의 영향으로 "단결된 남부"(Solid South)의 신화가 시작된 시기이기도 하다. 재편입기의 쟁점은 더 이상 노예제도의 존속여부가 아니었으나, 흑인에 대한 처우문제로 북부와 남부는 여전히 대립했으며, 이는 정당구도에도 반영되었다. 북부출신이나 흑인의 공직후보 진출에 철저히 저항했던 남부의 민주당 세력과 이를 비판하는 북부의 공화당 세력 간의 경쟁이 다시 치열해지면서 하원의 선거결과는 전국정당 간의 경쟁이 아니라 두 개의 강력한 지역정당이 자신의 지지기반(지역)을 중심으로 경쟁구도를 형성했다. 이 시기 유권자의 충성도, 특히 남부지역 유권자의 정당(민주당)에 대한 충성도는 대단히 높았다.

노예문제가 전쟁을 통해 봉합된 이후, 이제 논쟁은 경제문제(산업화 논쟁)로 전환된다. 전쟁 이후 자유로운 노예출신의 풍부한 비숙련 노동자들을 확보한 북부는 이른바 '카네기 시대'로 상징되는 급속한 도시화와 산업화의 길을 걸었던 반면, 남부는 공장 유치에 실패하면서 빈곤과 낙후의 지대로 방치되었다. 지역적으로 편중된 경제발전과 성장제일주의는 지역적 문제를 전국적인 문제로 전환시켰다.

아래의 표는 남북전쟁 이후 산업화의 과정에서 남부와 북부지역의 경제력 차이가 얼마나 심했는가를 단적으로 보여준다. 미국 전체 국민의 1인당 개인소득 평균을 100으로 했을 때, 1860년에는 북동부지역 139, 남부지역 72였으나 1880년에는 북동부지역 141, 남부지역 51로 격차가 더 벌어지고, 1900년에는 북동부지역 137, 남부지역 51로 북동부지역이 남부지역에 비해 약 3배 가까이 소득이 높았다. 지역별 소득격차의 심화는 지역 정당에 대한 지지도에도 영향을 미쳐, 산업화와 경제성장의 혜택을 보는 지역에서는 공화당을, 산업화와 경제성장의 혜택으로부터 소외된 지역에서는 민주당을 지지하는 경향을 보인다.[68)]

〈표 5〉 미국의 1인당 개인소득의 변화

	1860	1880	1900
북동부	139	141	137
서북 중앙주	66	90	97
남 부	72	51	51
전 체	100	100	100

* 출처: 래드(1994, 134)

대통령 선거의 경우 1884년과 1892년 근소한 차이로 민주당의 클리블랜드(Grover Cleveland)가 당선된 것을 제외하고, 1864년 링컨(Abraham Lincoln)부터 1900년 맥킨리(William McKinley)에 이르기까지 거의 모든 선거에서 공화당이 승리했다. 그러나 하원선거의 경우 민주당이 거의 모든 하원선거에서 다수파를 형성함으로써 "공화당-대통령, 민주당-하원"이라는 구도가 본격적으로 형성된다.

정당별 지지 세력의 대립은 정부정책에도 그대로 반영되었다. 민주당과 공화당은 정부개혁문제, 농업문제, 인종문제(흑인처우문제), 이민문제로 대립했으며, 이러한 쟁점들에 대한 의회의 표결에서는

68) 산업화에서 소외된 중부 서북지역과 남부의 백인세력이 연합하고, 동부와 북부의 산업화 세력은 공화당과 연대함으로써 정당 간의 대립이 나타난다. 산업화를 대변하는 공화당과 남부의 농업세력 대(對) 산업화 소외세력을 대변하는 민주당이라는 구도는 대통령선거와 의회 선거에서도 그대로 반영되었다.

호명투표(roll-call voting)를 했기 때문에 '당론'을 이탈하는 의원은 적었다.[69] 정부의 정책결정과정에서 민주당과 공화당이 날카롭게 대립하던 이 시기를 피오리나는 비결정의 시기(period of indecision)라고 했다(Fiorina 1992a, 9).[70] 또한 이 시기는 '1896년 체제'가 등장할 수 있는 사회적 배경이 무르익는 시기이기도 했다.

1896년 체제는 크게 경제적인 측면과 정치적인 측면으로 나누어 살펴볼 수 있다. 경제적인 측면에서 1896년 체제는 남북전쟁 이후 안정된 산업기반과 산업화 정책의 가속화에 따라 보호무역주의에 입각한 내수산업 중심의 일국 자본주의 노선의 완성을 상징한다. 이는 미국의 경제체제가 노동집약적인 철강과 기계, 자동차산업 등 제조업 위주의 산업구조가 중심이 되었다는 것을 의미한다. 남북전쟁 전까지만 하더라도 미국의 산업구조는 북부의 공업과 남부의 농업이 경쟁하는 체제였다. 남북전쟁은 노예해방이라는 숭고한 이념의 실현을 위한 불가피한 내전이라기보다는 공업세력과 농업세력의 경제적 헤게모니 쟁탈전이 노예문제를 통해 내전으로 확대된 사건이었을 뿐이다.[71]

당시 공화당은 주로 북동부지역에 위치한 노동집약적인 내수자본을 대변하는 정당이었고, 민주당은 주로 남부지역에 위치한 농업세

---

69) 래드에 따르면(래드 1994, 165), 당시 하원의 모든 표결에서 호명투표를 한 결과 민주당 의원들은 평균 80% 정도가 당론(당 이념과 정책)에 따라 표결에 참여한 반면, 공화당의원은 70%를 넘은 적이 거의 없었다고 한다. 최근에는 이러한 수치가 증가추세에 있다(Cox & Poole 2002; Balla et al. 2002).

70) 피오리나는 또한 이 시기를 경기침체와 유권자의 분파적 재편이 동시에 이루어지던 시기로 부르고 있다(Fiorina 1992a, 9).

71) 노예해방론자로 알려진 링컨(Abraham Lincoln)도 사실은 적극적인 노예해방론자가 아니라, 전(前) 농민당(Rural Party) 출신으로서 더 이상의 노예 확대만을 반대했던 정치인에 불과했다(래드 1994, 97).

력과 산업화 소외세력을 대변하는 정당이었다. 남북전쟁은 외형상 노예해방을 내건 북부의 승리였지만, 경제적인 의미에서는 노동집약적인 자본분파가 농업세력과의 대결에서 승리함으로써 미국 경제의 헤게모니를 최종적으로 장악한 계기였다. 전쟁 이후 급속한 산업화 정책이 추진됐고, 이것이 1896년 체제로 완성되었다.

정치적인 측면에서 1896년 체제는 북부 공업세력의 이해관계를 대변하는 공화당과 남북 농업세력을 대변하는 민주당의 헤게모니 쟁탈전에서 일단 공화당이 승리를 확인하는 것이었지만, 여기서는 또 다른 측면의 변화를 주목해야 한다. 즉 1896년 체제는 정치적인 측면에서 민중주의 운동과 긴밀하게 연관되어 있다.

남북전쟁은 북부와 남부지역의 지역균열구조는 물론 복잡한 사회적 갈등을 가져왔다. 특히 남북전쟁 이후 급속한 산업화로 미국 경제는 성장을 거듭했으나 농민들은 전혀 경제성장의 혜택을 받지 못하고 있었다. 오히려 노예노동의 폐지, 정부의 금융긴축정책, 농산물의 가격하락, 철도운임의 인상 등으로 해를 거듭할수록 농민들의 부채만 늘어났다. 그러나 기성정당인 민주당과 공화당이 적절한 대책을 강구하지 못하자 서부와 남부의 농민이 중심이 되어 1892년 새로운 제3당으로서 민중당(The People's Party)을 창당하여 민주당과 공화당의 양당체제에 도전했다. 민중당은 1892년의 대통령 선거전에서 위버(James Baird Weaver) 후보가 선거인단(Electoral Votes) 22명, 총유권자득표(Popular Vote) 1,041,028표(8.6%)를 얻는 성과를 거두었지만(http://www.presidentelect.org/e1892.html), 1894년 하원선거에서의 패배를 계기로 미국 정당정치의 전통적인 방식을 선택했다.[72]

---

72) 여기서 미국 정당정치의 전통적인 방식이란 "적을 이길 수 없다면 적

민중당에 대한 민주당의 입장은 전향적인 것이었다. 민주당도 대통령 선거 때마다 공화당에 패배하자 새로운 지지기반으로 민중주의자들의 지지를 얻기 위해 이들의 이념과 주장을 민주당 강령에 반영했다. 1896년 대통령선거에서는 민중주의자인 브라이언(William Jennings Bryan)이 민주당의 대통령 후보로 지명되어 공화당의 맥킨리(William McKinley) 후보와 대결했다. 이 선거에서 브라이언은 근소한 차이로 맥킨리에 패배했다.[73] 그러나 이 선거를 계기로 미국 유권자들은 물론 민주당과 공화당이 이념적으로 재편되는데, 이것이 정치적 측면에서 '1896년 체제'가 중요한 이유 중의 하나다. 민중주의 세력이 민주당에 편입되면서 공화당과 민주당 정당체제의 재편은 물론 지지 유권자들의 재편(realignment)을 가져오게 된다(Caughey & May 1964, 382-384; Tindall 1973, 1723-1730; Olson 1994, 113-114). 즉 민주당은 남서부-농민-동부의 도시빈민(실업자)-비숙련노동자(산업노동자)의 유권자 연합을 구축한 반면, 공화당은 동북부-내수산업 자본가(기업가)-상인-도시 중산층의 유권자 연합을 구축하게 된다(래드 1994, 113-133). 당시의 헤게모니는 록펠러(John Davidson Rockefeller)와 카네기(Andrew Carnegie)로 대표되는 철저한 산업자

에게 편입하라"는 격언을 따른다는 의미이다. 다시 말해 자신의 힘으로 승리할 수 없을 경우 자신과 가장 가까운 쪽에 편입하여 자신의 목표를 실현하는 방식이다. 미국의 하원선거에서 무당파 후보가 거의 없이 민주당과 공화당 후보가 주로 경쟁하는 이유도 정치에 입문하는 사람들이 바로 이러한 전통적인 방식을 따르기 때문이다.

73) 당시 공화당의 맥킨리 후보는 선거인단 271명, 총유권자득표 7,104,779표(50.2%)를 획득하여 당선됐고, 민주당의 브라이언 후보는 선거인단 176명, 총유권자득표 6,502,925표(46.0%)를 획득했으나 맥킨리에 패배했다(http://www.presidentelect.org/e1896.html 통계 참조).

본가의 수중에 있었고, 공화당은 정치적으로 이들을 대변했다.[74]

1896년 체제의 완성은 곧 공업세력의 경제적 헤게모니, 공화당의 정치적 헤게모니가 확립된 것을 의미했다. 1900년 선거에서 공화당의 맥킨리,[75] 1904년 공화당 루스벨트(Theodore Roosevelt, 1901-1909), 1908년 선거에서 공화당 태프트(William H. Taft, 1909-1913), 1920년 선거에서 공화당의 하딩(Warren Harding, 1921-23), 1924년 선거에서 공화당의 쿨리지(Calvin Coolidge, 1923-29), 1928년 선거에서 공화당 후버(Herbert Hoover, 1929-33)가 대통령으로 선출되었다. 윌슨(Woodrow Wilson, 1913-1921) 민주당 대통령이 등장한 잠깐의 시기를 제외하면, 1900-1933년까지 공화당 천하가 계속되었다. 대통령만 그런 것은 아니었다. 의회의 상원과 하원도 윌슨 시기를 제외하면 거의 모든 시기에 걸쳐 공화당이 상원과 하원의 패권을 장악하고 있었다(O'Connor & Sabato 1999, 826). 그러나 1896년 체제는 1929년 대공황과 함께 붕괴하기 시작했고, 이를 대체하여 등장한 것이 민주당 루스벨트(Franklin D. Roosevelt, 1933-1945) 대통령이 구축한 '뉴딜 체제'였다(Ferguson 1984, 41-94). 뉴딜 체제의 완성은 공화당에서 민주당으로의 정치적 헤게모니 이동을 의미했고, 1933년-1953년까지 20년 동안 민주당이 대통령과 의회의 패권을 장악하는 계기가 되었다.

뉴딜 체제는 20세기 세계 자본주의 체제의 변화, 미국의 산업구조

74) 역사가 호프스태터(Richard Hofstadter)는 "정치가 경제적 변화로 인하여 완전히 위축된 경우는 미국의 역사에서 일찍이 없었으며, 국가의 모든 분야가 그처럼 기업가들에게 완전히 좌우된 적도 없었다"는 말로 이 시기를 묘사했다(래드 1994, 117).

75) 맥킨리는 취임 후 1년도 안 돼 사망하여 부통령인 루스벨트(T. Roosevelt)가 대통령직을 승계했다.

변화 그리고 노동문제와 밀접하게 연관되어 있다. 특히 1929년의 대공황은 국제주의를 옹호하는 자본집약적 첨단산업 중심의 자본분파와 내수산업 중심의 일국 자본주의 분파 간의 대립으로 1896년 체제를 해체하고, 뉴딜연합으로 미국의 정당체계를 재편한다(손호철 2002, 108).

여기서 주목할 것은 노동운동의 성장이다. 1920년대 들어 급성장한 미국의 노동운동에 대한 공화당의 대응은 철저히 탄압 일변도의 강경 노선이었다. 왜냐하면 당시 공화당은 1896년 체제하에서 내수산업 중심의 노동집약적 자본분파를 대변하고 있었는데, 이들 자본은 자본집약적 자본분파나 국제주의적 금융자본분파에 비해 파업으로 인해 발생하는 손실의 규모가 상대적으로 컸다. 반면 자본집약적인 첨단산업의 경우 기업비용에서 임금이 차지하는 비중이 상대적으로 낮았기 때문에 노동자계급의 요구를 어느 정도 수용해줄 수 있는 '물적 토대'를 갖추고 있었다.[76]

따라서 노동문제에서 민주당과 국제주의적 금융자본 간의 자본분파연합은 노동운동을 체제에 통합시키려 했던 반면, 공화당과 노동집약적 자본분파는 노동운동을 체제에 통합시킬 물적 토대가 없었기 때문에 노동운동세력과 공화당은 대립할 수밖에 없었다.[77] 민주당과 국제주의적 금융자본분파가 노동통합적인 개량주의노선을 지지하게 되면서 자본집약적이고 국제주의적인 첨단산업과 금융자본의 주도 아래 노동조합이 그 하위파트너로 결합하는 독특한 연합

---

76) 쉐보르스키(Adam Przeworski)의 표현을 빌리자면, 당시 국제주의 및 자본집약적 자본분파는 '동의의 물적 토대'를 갖추고 있었다(Przeworski 1988).

77) 이러한 이유로 미국 최대의 노동조직인 '미국노동총연맹산업별회의'(AFL-CIO)는 선거에서 민주당 후보를 지지하게 된다.

체, 즉 뉴딜연합이 등장한 것이다(손호철 2002, 109).

뉴딜연합의 핵심선거였던 1936년 대통령선거에서 공화당은 공화당 내에서도 비교적 자유주의적인 랜던(Alfred Mossman Landon) 캔사스 주지사를 대통령 후보로 지명했다. 그러나 선거결과는 민주당 루스벨트(Franklin Delano Roosevelt) 후보의 승리였다.[78] 그는 유권자의 60% 지지를 얻었으며, 메인 주와 버몬트 주를 제외하고 모든 주를 석권했다. 민주당과 제휴한 광범위한 새로운 연합세력, 즉 노동자계급, 대부분의 농민들 그리고 동유럽 및 남유럽 출신의 이민들과 도시 소수민족그룹들, 아프리카계 미국인(흑인)들로 구성된 새로운 연합이 구축된 결과였다. 공화당은 노동집약적 자본분파의 지지와 소도시 및 교외 중류층의 지지를 받았지만 뉴딜연합에 맞서기에는 역부족이었다. 이러한 정치적 제휴는 약간의 변동은 있었지만 1950년대 초반까지 유지되었다.

아래의 〈표 6〉은 1936년 선거에서 유권자의 정당일체감과 후보자에 대한 지지도를 조사한 것으로서 뉴딜연합의 윤곽을 이해하는 데 도움이 된다.[79]

우선 직업별 정당일체감을 보면 전문직업자의 공화당에 대한 정당일체감이 높고 비숙련노동자, 실업자의 민주당에 대한 정당일체감이

78) 이 선거는 뉴딜연합의 완성을 보여준 선거였는데, 당시 대통령선거에서 민주당과 공화당에 정치자금을 기부한 기업들은 국제주의-민주당, 일국주의-공화당, 자본집약적 기업-민주당, 노동집약적 기업-공화당 등으로 분할되면서 뉴딜에 의한 자본분파의 재편이 확실하게 이루어졌다(Ferguson 1995, 225).

79) 아래의 표에서 아쉬운 점은 인구학적 지표 중 성별 지표가 없다는 것이다. 일반적으로 여성의 경우 민주당, 남성의 경우 공화당에 대한 정당일체감이 높은 것으로 알려져 있다.

높다. 후보자에 대한 지지도에서는 전문직과 경영인(기업가)들의 공화당 랜던 후보에 대한 지지도가 다른 직업군에 비해 상대적으로 높은 반면, 민주당 루스벨트의 경우 전 직종에서 랜던 후보를 압도했고, 특히 비숙련노동자와 실업자의 80%가 루스벨트를 지지했다.

지역별로는 북부지역, 그중에서도 동부와 중부의 북부지역에서 공화당에 대한 정당일체감이 높았던 반면, 남부지역, 그중에서도 남서부 지역의 민주당에 대한 정당일체감이 높게 나타났다. 후보자에 대한 지지의 경우, 전체적으로 루스벨트가 우세를 보인 가운데, 북부지역에서 랜던 후보에 대한 지지가 남부와 서부 지역에 비해 상대적으로 높았던 반면, 남부지역, 특히 남서부와 태평양연안 주에서 루스벨트 지지가 상당히 높게 나타났다.

〈표 6〉 1936년 선거의 정당일체감과 투표

	정당일체감		후보자투표	
	민주당	공화당	루스벨트	랜 던
직업				
전문직	39	44	54	44
경영인(기업인)	44	38	54	45
숙련노동자	47	31	65	33
비숙련노동자	66	18	78	20
실업자	66	15	84	14
지역				
뉴잉글랜드	35	38	54	43
중동부주	50	30	65	34
중부 동북지역	46	38	59	40
중부 서북지역	44	40	62	35
남부와 남서부	78	15	83	17
록키산맥 인근 주	52	30	67	32
태평양 연안 주	51	31	68	30
연령				
18-20	52	29	-	-
21-24	60	19	69	29
25-34	53	28	70	28
35-44	53	30	68	30
45-54	52	33	64	35
55 이상	46	40	57	41
인종, 종교, 지역				
백인, 비남부인, 카톨릭	62	26	81	17
백인, 비남부인, 프로테스탄트	31	58	52	46
백인, 남부인, 프로테스탄트	81	10	83	15
흑인	-	-	76	23

* 출처: Ladd(1985, 444)

연령별로는 18-20세의 정당일체감은 민주당이 압도적으로 높았으나 당시에는 투표권이 없었던 관계로 후보자에 대한 지지로 이어지지는 않았다. 전체적으로 20-30대가 민주당에 대한 정당일체감이 높게 나타난 반면, 40대 중반 이상의 연령층은 공화당에 대한 정당일체감이 다른 연령층에 비해 상대적으로 높았다. 후보자에 대한 지지의 경우, 20대 중반과 30대 중반 사이의 연령층에서 루스벨트에 대한 지지도가 가장 높았고, 55세 이상이 가장 낮았다. 반면 공화당 랜던에 대한 지지의 경우 20대 초반 연령층의 지지가 가장 낮았고, 55세 이상의 연령층이 랜던 후보에 대한 지지도가 가장 높았다.

인종-종교-지역의 변수를 결합한 교차분석에서는 백인-남부인-프로테스탄트는 민주당에 대한 정당일체감이 압도적으로 높았고, 백인-비남부인-프로테스탄트가 가장 낮았다. 민주당에 대한 정당일체감이 가장 높을 것으로 예상되는 흑인의 경우 당시 조사된 자료가 없어 정확한 수치를 파악할 수는 없지만, 후보자에 대한 지지를 통해 추론해볼 때, 백인-남부인-프로테스탄트, 백인-비남부인-카톨릭에 근접한 정당일체감을 보였을 것으로 보인다. 반면 공화당에 대한 정당일체감은 백인-비남부인-프로테스탄트가 가장 높았고, 백인-남부인-프로테스탄트가 가장 낮았다. 후보자에 대한 지지에 있어서도 백인-남부인-프로테스탄트는 루스벨트에 대한 지지도가 가장 높았고, 백인-비남부인-프로테스탄트가 가장 낮았다. 반면 랜던 후보의 경우 백인-비남부인-프로테스탄트가 상대적으로 가장 높았던 반면, 백인-남부인-프로테스탄트가 가장 낮았다.

이상의 결과를 종합해 볼 때, 뉴딜 체제는 정당일체감과 후보자에 대한 지지성향을 재편시킴으로써 뉴딜 유권자 연합을 결성했다. 뉴딜연합의 형성으로 민주당은 직업적으로는 비숙련노동자와 실업자, 지역별로는 남부와 남서부, 연령별로는 20대 초반, 인종-종교

-지역별로는 백인-남부인-프로테스탄트의 정당일체감과 후보자에 대한 지지가 가장 높았던 반면, 공화당은 직업별로는 경영인(기업인), 지역별로는 북부지역과 중부 서북지역, 연령별로는 55세 이상, 인종-종교-지역별로는 백인-비남부인-프로테스탄트의 정당일체감과 후보자에 대한 지지를 확보했다. 이러한 유권자의 인구통계학적 속성별 정당일체감과 후보자에 대한 지지 성향은 뉴딜연합의 참여세력들이 어떻게 구성되었는가를 가늠할 수 있는 중요한 자료라고 할 수 있다.

마지막으로 세 번째 시기(1952년-2003년)는 2차대전 이후 현재까지의 시기로서, 단점정부가 9번 출현한 반면, 분점정부는 17회 출현하여 분점정부의 일상화가 이루어지고 있는 현재 진행형의 시기다. 이 시기 분점정부가 집중적으로 출현하게 된 배경을 파악하기 위해서는 '뉴딜연합'의 해체과정을 이해해야 한다.[80] 민주당의 뉴딜연합이 해체되었던 이유는 무엇일까?

첫 번째로 지적할 수 있는 것은, 민주당의 뉴딜연합 구축이 공화당의 적극적인 대응을 초래했다는 점이다. 1960년대에 접어들면서 공화당은 뉴딜연합하에서의 열세를 만회하기 위해 당의 재건(rebuilding)을 시도한다. 특히 닉슨(Richard Nixon) 대통령 당시 발생한 워터게이트(Watergate) 스캔들은 공화당의 정당혁신을 가속화했다. 1960년대부터 시작된 공화당의 변신은 1970년대 중반에 절정에 도달했다. 공

80) 1896년 체제가 공화당의 독주를 가능하게 했다면, 대공황 이후 등장한 뉴딜연합은 민주당의 독주를 가능하게 함으로써, 1900-1952년 사이에는 분점정부가 거의 출현하지 않았다. 그러나 1952년 이후 뉴딜연합의 이완 혹은 해체는 공화당 대통령과 민주당 하원이라는 구도를 재정립했으며, 분점정부의 잦은 출현을 가져오게 된다.

화당 재건의 핵심은 중산층을 집중적으로 공략하는 것이었는데, 감세정책과 강한 미국, 강력한 리더십이 공화당의 핵심 구호였다. 뉴딜 이후 비약적인 경제성장의 혜택을 누리던 중산층은 이러한 공화당의 주장을 수용하기 시작했고, 공화당에 대한 중산층의 지지가 민주당을 추월하게 된다(Ladd 1985, 448).

두 번째 요인으로, 공화당의 재건보다 더 눈여겨봐야 할 것은 민주당의 분열이다. 뉴딜연합 이후 민주당은 점차 모든 사람의 정당을 지향했다. 부유층을 제외한 모든 사회집단과 계층을 망라하는 인중정당(catch all party)으로 변화를 시도했다. 이러한 시도는 중산층과 더 많은 자본분파를 민주당 지지연합으로 편입시키는 것을 목표로 했기 때문에, 민주당이 의도하지는 않았겠지만, 뉴딜연합의 와해를 가져올 수밖에 없었다. 민주당의 인중정당화는 민주당의 지지기반을 내부에서 잠식했다.

세 번째 요인으로, 전후 유례없는 빠른 경제성장과 복지국가의 등장으로 대부분의 사람들이 그 이전 세대에서는 찾아볼 수 없었던 경제적 안정을 누리게 되면서 이른바 탈물질주의적(post-materialist) 욕구를 공유하게 되었다는 주장을 주목할 필요가 있다. 탈물질주의적 욕구란 생존과 안정을 추구하는 물질주의적 욕구를 넘어, 자아존중과 자아표현, 미적인 것을 추구하는 욕구를 말한다. 탈물질주의적 욕구는 특히 정당체계와 관련하여 중요한 변화를 초래한다. 즉 탈물질주의 세대는 전통적으로 부모세대가 지지했던 정당에 대한 충성에서 벗어나 자아의 인식능력을 바탕으로 구속됨이 없이 스스로 판단하고 행동하려 한다. 이는 정치적으로 정당일체감의 약화와 이로 인한 무당파의 증가를 가져왔다(Inglehart 1971, 991-1017; 정진민

1998, 23). 뉴딜 체제가 민주당 중심의 유권자 연합을 구축하여 민주당의 패권을 가능하게 했다면, 동시에 뉴딜 체제는 민주당 중심의 유권자 연합을 와해시키는 숨겨진 동력이었다. 뉴딜정책이 가져온 경제성장과 복지정책이 탈물질주의적 욕구 경향과 함께 전후 세대의 민주당 이탈을 촉진시키는 원인이었기 때문이다.[81)]

넷째, 민주당 지지연합의 다양성과 이를 통합하지 못한 민주당의 전략적 오류를 들 수 있다. 민주당의 지지연합은 전통적으로 남부지역의 지지를 기반으로 농민세력, 노동계급, 이민 집단, 흑인, 여성 등으로 구성된 대단히 이질적인 블럭이다. 이러한 이질성은 이질적인 집단들을 하나로 결집시킬 수 있는 공동의 목표와 이념이 있었을 때 안정되고, 장기적으로 유지될 수 있었음에도 민주당은 뉴딜연합의 이념을 자신의 손으로 포기함으로써 이질성의 융합이 아니라, 분화를 촉진시켰다. 무엇보다도 민주당 지지연합의 이탈을 가속화시키고 있는 것은 신자유주의 이념에 기초한 민주당의 우경화다. 보다 정확히 이야기하면 뉴딜연합으로부터 자본의 이탈을 막기 위한 민주당의 친자본적 정책 및 노동조합과의 거리 두기는 민주당 지지연합의 붕괴를 가져온 결정적 원인이었다.

이러한 민주당의 노선변화는 남부지역의 경제발전과도 관련되어 있다. 남부지역은 전통적으로 민주당의 견고한 지지 지역이었지만, 경제성장과 함께 내부 지지기반의 분화도 동반되었다. 미항공우주국(NASA)으로 대표되는 항공우주산업과 북동부지역 공장의 남부 이전으로 남부지역의 급속한 공업화가 이루어졌다. 남부지역의 경제성

81) 전통적으로 공화당의 지지연령층은 중장년층이기 때문에 탈물질주의 경향에 따른 손실이 민주당에 비해 공화당이 상대적으로 적다고 할 수 있다.

장은 민주당을 친자본적 경향으로 우경화시켰다. 자신들의 지지지역에 산업기반을 유치하기 위한 민주당의 노력이 성과를 거둬, '선벨트'(Sunbelt) 혹은 '서던 림'(Southern Rim)으로 상징되는 남부 6개 주(노스캐롤라이나, 테네시, 아칸소, 오클라호마, 뉴멕시코, 애리조나)의 공업화를 이루어내긴 했지만,[82] 다른 한편으로는 그것이 결국 민주당의 우경화, 지지연합의 분열과 상실을 동시에 초래했다는 것은 아이러니라면 아이러니다(Berman 1994; Black & Black 2002).

1950년대부터 시작된 이러한 사회경제적·정치적 지형 변화는 공화당의 재건 프로그램 성공이라는 측면과 민주당 지지연합의 분열과 쇠퇴라는 이중적 과정이 결합되면서 이전 역사에서 유례를 찾아보기 힘들 정도로 분점정부가 자주 등장하는 결과를 초래했다.[83] 그런데 1952년 이후 출현한 분점정부는 이전의 분점정부와 비교할 때 몇 가지 비교되는 점이 있다.

첫째, 이전의 분점정부들이 주로 중간선거의 결과로 등장했음에

82) 선벨트라는 개념은 1970년에 출간된 정치학자 케빈 필립스(Kevin P Phillips)의 저서에서 처음 등장했다(Phillips 1970). 1976년 카터가 대통령으로 선출되면서 이 말은 점차 일반화되었다. 세일(Kirkpatrick Sale)은 서던 림 개념을 사용하며 이 지역의 경제력에는 여섯 가지의 버팀목이 있다고 주장했는데(Sale 1976), 농업, 방위산업, 테크놀로지, 석유, 부동산, 그리고 레저가 그것이다. 선벨트와 서던 림 모두 북위 37도 이남 지역을 가리키는 경우가 많다. 미국 정치에서 선벨트의 영향력 증가는 1940년 37도 이남 출신 의원은 121명이었지만, 1980년에는 145명으로 증가한 사실에서 단적으로 확인할 수 있다. 선벨트와 서던 림은 오랫동안 농업지대로 인식되었던 남부가 미국에서 가장 산업화된 지역으로 바뀌고 있음을 상징하는 개념이다.

83) 최근에는 '레이건 혁명'을 거치면서 다시 공화당 단점정부 시대로 돌입하고 있다는 분석이 제기되고 있는데, 이 부분은 다른 공간을 통해 심도 있게 논의할 대상이다.

비해 닉슨 대통령 이후의 분점정부는 이와 무관하고, 대통령선거 해의 선거에서도 자주 나타났다(Ware 2001, 22). 19세기의 분점정부들과 20세기 전반의 분점정부들(1911-13, 1919-1921, 1931-1933) 대다수는 중간선거에서 대통령의 정당이 의석을 잃음으로써 출현했다. 중간선거가 대통령의 과업수행에 대한 중간평가의 성격을 지니고 있었기 때문이다.[84] 이 같은 현상은 유권자들이 '줄투표'가 아니라 '분리투표'를 하기 때문에 나타난다. 이에 따라 분리투표는 분점정부의 직접적인 원인으로 거론되었다.[85] 분리투표가 나타난다는 것은 결국 유권자의 정당일체감과 정당에 대한 투표 충성도가 약화되고 있다는 것을 보여준다. 민주당의 뉴딜연합 붕괴, 정치적 무관심의 증대, 선거기술과 선거전략의 발전으로 이제 유권자의 투표결정요인으로서 정당변수가 다른 변수, 특히 후보자와 이슈 변수로 대체되는 경향이 나타나고 있다(Cain, Ferejohn, and Fiorina 1987; 백창재 1998, 124).

둘째, 최소한 1990년대 초반까지 하원에서 민주당의 장기패권이 유지되었다. 클린턴 행정부하의 1994년 중간선거에서 공화당이 하원 다수당을 차지하기까지 민주당은 40년 동안 하원의 패권을 장악하고 있었다. 다시 말해 이 기간 동안 치러진 대부분의 대통령선거에서는 공화당이 승리한 반면(1960-1968년, 1976년-1980년 제외),

84) 이러한 경향은 미국 정치의 일반적 경향으로까지 인정됐고, 통상 중간선거에서 대통령의 당이 20석에서 40석의 하원의석을 잃어왔다(백창재 1998, 124-125).

85) 그러나 실제 분리투표를 하는 유권자가 전체 유권자에서 차지하는 비중을 고려할 때, 이것이 분점정부의 직접적인 원인인가에 대해서는 보다 많은 논의가 필요하다.

하원선거와 상원선거에서는 대부분 민주당이 승리했다. 이처럼 대통령-공화당, 의회-민주당의 장기패권은 미국의 정치과정에도 중대한 영향을 미쳤다. 공화당은 행정부의 역할(강력한 리더십, 강한 미국)에 충실해지고, 민주당은 의회의 역할(지역구 이해관계, 국내문제)에 충실해진다(Jacobson 1990; 백창재 1998, 125).

분점정부는 미국사회의 역사적 변화를 반영하는 현상이다. 특히 미국사회의 변화에 조응하는 정당-유권자 연합의 변화과정은 단점정부 혹은 분점정부의 집중적인 출현과 밀접하게 연관되어 있다. 미국의 경험을 놓고 보면, 정당-유권자 연합이 굳건하게 형성될수록 단점정부가, 정당-유권자 연합이 이완될수록 분점정부의 출현 가능성이 높다.[86] 분리투표가 분점정부의 직접적인 원인으로 거론되지만, 왜 유권자들이 분리투표를 하게 되었는가를 해명하기 위해서는 결국 정당-유권자 연합의 문제를 살펴보아야 한다.

2. 미국 분점정부의 등장 요인

지금까지 미국 분점정부의 등장 요인은 크게 행태적 요인과 제도적 요인을 중심으로 설명해왔다.[87] 행태적 요인을 통한 설명은 미

86) 물론 이것은 양당제에 적용될 때 설명력이 높다.

87) 행태적 요인을 정치적 요인으로 부르는 학자도 있고, 제도적 요인을 구조적 요인이라고 부르는 학자도 있다. 따라서 여기서 채택하고 있는 행태적 요인은 정치적 요인을, 제도적 요인은 구조적 요인을 모두 포괄하는 명칭이다(Jacobson 1990; Thurber 1991; Cox and Kernell, 1991; Fiorina 1992a; Fiorina 1992b; Alesina and Rosenthal, 1995; Jones 1995; Jacobson 1996; Ju and Pak 1998; Elgie 2001a).

국의 선거가 정당 중심의 동원 선거에서 후보자와 이슈 중심의 미디어 선거로 전환되면서 유권자의 후보자 선택도 정당과의 일체감이 아니라 자신의 선호에 따라 이루어진다고 본다.

반면 제도적 요인을 중심에 두는 설명은 합리적 행위자로서 유권자의 선호는 경험적으로 쉽게 확인할 수 없다고 보기 때문에 분점정부가 등장할 수밖에 없는 제도적·구조적 요인을 강조한다. 즉 선거제도(당선자 결정방식, 선거주기, 선거구재조정 등), 현직의 이점, 선거자금 모금제도 등 제도적 요인이 분점정부의 등장에 영향을 미친다고 본다.

여기서는 미국 분점정부의 등장원인을 설명하고 있는 다양한 시각들을 소개하면서 그러한 시각들이 갖는 이론적 함의는 무엇인지 검토해보고자 한다.

1) 행태적 요인

분점정부의 등장을 설명하는 첫 번째 시각은 유권자의 행태적 측면 내지 선거 정치적 측면에서 분점정부의 등장을 설명한다. 선거과정에서 유권자 투표행태의 변화와 변화하고 있는 미국의 선거정치(후보자, 이슈 등)적 특성이야말로 분점정부의 등장을 설명할 수 있는 유효한 근거다. 여기서 말하는 유권자의 투표행태 변화란 줄투표에서 분리투표 경향으로의 변화를 지칭한다. 과거 미국 유권자들은 정당일체감에 따른 정당본위(party-based) 투표를 했다. 그러나 2차대전 이후에는 유권자의 투표행태가 변화하기 시작했다.

이와 관련하여, 제이콥슨(Gary Jacobson)은 2차대전 이후 미국 유권자의 변화를 '분리된 유권자'(divided voters)라는 개념으로 설명하고 있다. 미국의 유권자는 정당일체감에 따라 투표하는 전통적인 유권자와, 정당 일체감 없이 후보자의 자질과 정책, 이슈에 따라 지지후보와 정당을 결정하는 유권자(swing voters)로 분할되었다. 분리투표는 무당파 유권자들에 의해 주로 나타난다. 그런데 전통적인 유권자들은 갈수록 감소하고 있는 반면, 새로운 유권자(무당파)는 갈수록 증가하는 경향을 보이고 있다(Jacobson 1990, 7-8; Ansolabehere et al. 2000, 17-34). 또한 정당 일체감을 표명하는 유권자의 경우도 자신이 지지하는 정당의 후보에게 투표할 가능성이 높은 것은 사실이지만, 그렇다고 반드시 지지하는 정당에게 투표하지는 않는다.[88]

미시건 대학의 연구(The Center for Political Studies, Survey Research Center of the University of Michigan)에 따르면, 자신을 스스로 무당파라고 밝힌 유권자가 1958년에는 19% 이하였지만, 1978년에는 38%를 차지하고 있고(O'Connor & Sabato 1999, 500), 2000년에는 36%에 이르고 있다(Gallup Poll Releases, 2000. 10. 27). 이는 뉴딜연합의 붕괴 이후 양당을 중심으로 한 유권자 연합이 점차 약화되고, "지지기반 없는"(base-less) 정당체계가 도래하고 있다는 징후로 받아들일 수 있다(Shea 1999, 33-57). 유권자의 변화(정당-유권자 연합 이완)가 가속화되면서 분리투표 경향도 증

---

88) 이 때문에 정당일체감을 '심정적 일체감'(emotional id)이나(Campbell 1960), 자신의 이익 극대화를 위한 계산적 일체감(calculative id)으로 해석한다(Fiorina 1981). 정당일체감만으로 유권자의 투표성향을 설명하거나나 선거결과를 예측하는 것이 갈수록 힘들어진다. 결국 정당일체감에 대한 기존의 일차원적인 개념화(unidimensional conceptualization)를 넘어서야 한다(Alvarez 1990, 476-491).

가하고 있고, 분리투표 경향이 증가할수록 분점정부의 출현도 빈번해진다고 할 수 있다. 문제는 대통령의 소속당과 의회 다수당의 분리를 초래하는 분리투표가 왜 발생하는가에 있다.

(1) 균형투표자모델

균형투표자모델(balancing voter model)은 특히 2차대전 이후 민주당의 장기적인 하원 지배현상을 유권자 선호의 관점에서 해석하는 이론이다. 균형투표자모델의 대표적인 이론가인 제이콥슨(Gary Jacobson)은 2차 대전 이후에 출현한 분점정부들이 대통령은 공화당이, 하원은 민주당이 패권을 차지하는 특성을 보이는 이유에 주목한다. 보다 직접적으로 제이콥슨의 관심사는 왜 공화당이 하원의 패권을 차지하지 못하는가에 있다.[89]

이를 설명하기 위해 제이콥슨은 우선 분점정부가 구조적인 요인에 의해 등장하는 것으로 보는 여러 이론들을 비판한 후(Jacobson 1990, 75-103), 분점정부는 구조적 요인이 아니라 정치적 요인에 의해 등장하는 것이라고 수상한다. 공화당이 대통령선거에서 승리하고 있음에도 불구하고, 민주당의 장기적인 하원지배가 가능한 것은 후보자, 이슈, 선거연합 그리고 이에 대한 유권자의 반응이라는 선거정치의 결과에서 비롯된다(Jacobson 1990, 105). 공화당이 하원에서 의석 증가에 실패하고 있는 이유는 유권자들이 하원선거에서 중요하게 고려하는 후보자와 이슈문제에 적절히 대응하지 못했기 때

89) 이에 반해, 뒤에서 언급할 피오리나의 관심사는 왜 민주당이 하원 패권을 차지하고 있음에도 불구하고 대통령을 차지하지 못하는가에 있다.

문이다. 즉 공화당은 하원선거에서 열등한 후보, 이슈에 대한 그릇된 접근 때문에 하원의석의 증가가 이루어지고 있지 않다.[90)]

제이콥슨에 따르면, 미국의 선거결과는 유권자의 선호가 반영된 것이며, 그렇기 때문에 대통령선거 결과와 의회선거 결과의 괴리는 전적으로 유권자에게 책임이 있고, 유권자가 그것을 원했기 때문에 그러한 결과가 나타났다. 그렇다면 미국 유권자들은 무엇을 원하고 있는가?

이에 대해 제이콥슨은 미국 유권자들은 대통령과 의원에 대해 서로 다른 모순적인 기대를 갖고 있다고 답한다. 정책균형모델의 설명처럼 미국의 유권자들이 사려 깊은 계산을 통해 양당의 정책에 균형을 맞추는 것이 아니라, 자기 모순적인 정책선호를 가지고 있을 뿐이며, 이러한 선호에 따라 투표할 뿐이다.[91)] 미국의 유권자들은 단지 정부에 대해 상호 모순적인 것을 요구할 뿐이다. 정부가 부여하는 혜택은 최대한 누리려 하면서도 그것에 대한 대가를 지불하는 것은 싫어한다. 유권자들은 국가적 차원에서는 대통령의 강력한 리더십, 지역적 수준에서는 자기 지역에 대한 의원들의 정치적 배려(pork-barrel)를 원한다. 또한 유권자들은 균형재정, 감세, 지출증대, 낮은 인플레이션, 높은 취업률, 경제적 안정도 원한다(Jacobson 1996, 62).

정부의 재정문제와 관련된 모순적인 태도는 이의 대표적 사례다.

---

90) 물론 제이콥슨이 분점정부하에서는 유권자들이 어느 정당에게 책임을 묻고 지지를 표명해야 하는지 결정하기가 쉽지 않다는 것을 간과하는 것은 아니다(Jacobson 1990, 105).

91) 제이콥슨은 미국의 유권자들이 사려 깊은 계산에 의해 이데올로기적 균형을 맞춘다는 정책균형모델은 경험적 증거가 빈약할 뿐만 아니라 유권자에게 비범한 전략적 사고를 요구하기 때문에 문제가 있다고 비판한다(Jacobson 1990, 106).

유권자들은 정부가 재정확충을 통해 제공하는 서비스를 증대시킬 것을 요구하지만, 어느 누구도 재정확충을 위해 세금을 많이 내려고 하지는 않는다. 민주당의 사회보장정책에 지지를 보내면서도, 공화당의 재정지출 삭감과 감세정책에도 지지를 보내는 모순적인 행태를 보인다(Petrocik 1991, 20).

또한 유권자들은 정부뿐만 아니라 정당에 대해서도 서로 다른 기대를 갖고 있다. 전통적으로 공화당은 국가 경제의 운영에 관해 유권자들에게 긍정적으로 평가됐고, 이는 민주당이 갖지 못한 공화당의 강점이다. 유권자들은 공화당에게 효율적인 경제운영을 기대한다. 효율적인 경제운영에는 국가의 번영, 튼튼한 경제, 인플레이션 해결, 연방정부의 재정적자 감소, 감세정책 등이 포함된다. 반면 민주당은 특수이익정치에 강해서 선거구민들에게 특별한 혜택을 제공하곤 했기 때문에 의회선거에서 공화당에 비해 강점을 갖는다. 유권자들은 민주당에 대해 자신들의 생활과 밀접히 연관된 혜택을 기대한다. 실업문제 해결, 사회보장체계 확충, 소수자 보호, 농업문제 해결, 환경보호 등이 여기에 포함된다(Petrocik 1991, 21).

그렇다면 유권자들의 정부와 정당에 대한 이러한 모순적인 기대들이 서로 충돌하지 않고 원만하게 충족될 수 있는 방법은 무엇인가? 유권자들의 자기 모순적인 기대를 해소할 수 있는 유력한 방법은 분리투표라는 것이 제이콥슨의 설명이다. 즉 유권자들은 한 정당으로부터는 모순적인 요구와 기대들을 충족시킬 수 없기 때문에 양 정당으로부터 기대되는 혜택들만을 선택한다.

유권자들은 낮은 세금, 경제적 효율성, 강력한 국가방어를 위해 공화당 대통령을 지지하고, 이로 인해 보류된 혜택의 최대화를 위해 민주당 (하원)의원을 지지하게 된다(Jacobson 1990, 112; Petrocik 1991, 16). 분리투표는 유권자들의 모순적인 기대를 충족시킬 수 있는 방법이다. 분리투표는 유권자들에게 냉소주의도, 사려 깊은 계산도 필요치 않다. 그것은 단지 합리적인 투표의 결과일 뿐이다(Jacobson 1996, 63). 이러한 이유로 미국의 유권자들은 분점정부에 대해서도 점차 긍정적인 인식으로 바뀌고 있다(Grofman et al. 2000, 36).[92]

〈표 7〉 분점정부에 대한 여론, 1981-1989

당신은 한 정당이 대통령과 의회를 통제하는 것이 더 좋다고 생각하십니까, 아니면 한 정당이 대통령을 통제하면 다른 정당은 의회를 통제하는 것이 더 좋다고 생각하십니까? (단위: %)

	1989. 9	1981. 11
동일 정당	35	47
다른 정당	45	34
모르겠음	20	19

* 출처: Jacobson(1990, 119)

유권자는 자신에게 돌아오는 혜택은 확대하고, 부담은 최소화하려는 성향이 있고, 이는 유권자가 합리적 행위자이기 때문에 당연하다. 공화당을 선택함으로써 얻는 이익과, 민주당을 선택함으로써 얻는 이익을 결합시킬 수 있는 분리투표는 유권자에게 가장 합리적인 선택이며, 그렇기 때문에 분점정부를 선호할 수밖에 없다.[93]

92) "공화당은 좋은 아버지, 민주당은 좋은 어머니가 된다. 우리 모두는 이러한 가족을 지지한다"라는 말은 미국의 유권자들이 공화당 대통령과 민주당 의원에 대해 갖는 사고의 일면을 보여준다(Grofman et al. 2000, 35).

93) 이에 대해 웨어(Alan Ware)는 단순히 유권자들이 분점정부를 선호한

그러나 균형투표자모델은 몇 가지 문제점이 있는 것도 사실이다. 우선, 이 모델은 연방정부를 국방, 고속도로 건설, 의료, 사회보장 등과 관련된 '공공재'로 인식한다(Alvarez & Schousen 1993, 421). 그래서 유권자들은 그들의 대표를 워싱턴에 보내는 대가로 그러한 서비스를 제공받기를 희망하는 것처럼 주장하지만,[94] 공공재 제공을 담당한다고 해서 연방정부가 공공재는 아니다(Olson 1971). 또한 유권자의 투표행위를 공공재의 교환과 등치시키는 것 역시 잘못된 것이다. 연방정부는 공공재의 분배를 결정하는 최고의 의사결정 기관일 뿐이다.

둘째, 이 모델은 국가적 이슈와 지역적 이슈가 선거과정에서 분리될 수 있는가에 대한 해답을 제공하지 않는다. 실제로 알바레스와 쇼슨(Michael Alvarez and Matthew Schousen)의 조사에 따르면, 공화당 대통령의 패권시대인 1966년부터 1988년까지 대통령선거에서 첨예한 논쟁이 되었던 것은, 월남전의 경우를 제외하면, 인플레이션, 실업, 재정적자, 사회보장, 세금 등 주로 국내문제에 한정되었다. 제이콥슨의 주장대로라면 국내문제에서 취약한 공화당 후보보다는 국내문제와 관련하여 강점을 가진 민주당 대통령 후보가 당선되어야 함에도 선거결과는 대부분 공화당 후보가 당선되었다. 유권자들이 민주당에 대해 기대하고 있는 선호가 정작 투표결과에는 반영되지 않았다. 이는 제이콥슨의 가설과 들어맞지 않는 부분이다.

다는 여론과 실제로 분점정부를 선호해서 투표를 하는 것과는 다르며, 이에 대한 경험적 증거도 없다고 주장한다(Ware 2001, 28).

94) 즉, 자신의 부담은 최소화하면서 연방정부가 제공하는 서비스의 혜택은 최대화하려는 유권자의 갈등적 선호가 분점정부를 통해 균형-공화당 대통령, 민주당 의원-을 찾는 것으로 설명한다.

셋째, 이 모델은 합리적 선택이론을 이론적 기반으로 삼다 보니 유권자의 선호와 기대라는 문제의식에 지나치게 집착한다. 제이콥슨뿐만 아니라 뒤에서 살펴볼 피오리나, 그로프만의 이론들이 공통적으로 갖는 문제점은 유권자의 선호 개념을 경험적으로 명확하게 증명할 수 있는가에 있다. 유권자가 어떠한 대상에 대하여 선호를 갖고 있다는 것과 그러한 선호가 실제로 실현되었는가의 문제는 별개의 문제일 수 있다. 또 그러한 선호가 유권자의 투표행위를 결정하는 절대적 기준인가에 대해서도 의문을 가질 수밖에 없다.

일례로, 유권자의 선호로만 따진다면 민주당과 공화당의 후보보다는 제3당의 후보 내지 무소속 후보에 대한 유권자의 선호도 결코 무시할 수 없는 수준이다. 그럼에도 불구하고 이들의 제3당에 대한 선호가 투표행위로 연결되지 않는 것은 유권자의 전략적 투표 때문이다. 즉 제3당 후보에게 투표해도 당선 가능성이 의심스럽게 때문에, 자신의 표가 사표가 되는 것을 우려하여 당선 가능한 후보에게 투표를 한다. 결국 선호를 중심으로 유권자의 투표행위를 설명하는 이론들이 공통적으로 범하는 오류는 선호가 투명하게 투표행위로 연결된다는 믿음에 있다. 전략적 투표의 현실을 간과하고 있다(Karp et al. 2002; Knight & Marsh 2002).

넷째, 제이콥슨은 분리투표를 누가 왜 하는가를 설명하려다 보니 분리투표의 효과를 과장하여 선거결과에 적용시키고 있다. 즉 1952년부터 1968년까지 분리투표율은 전체 유권자의 15% 정도에 불과했고, 1968년부터 1972년 시기에는 10% 정도에 불과했다(Alvarez & Schousen 1993, 429). 나머지 80% 이상의 유권자가 어떻게 투표했는지에 대해서는 관심사항이 아니다.

따라서 전체 유권자의 10%대에 불과한 분리투표자의 투표결과가 공화당의 대통령 당선과 민주당의 하원패권을 좌우했다고 설명한 제이콥슨의 균형투표자모델은 분리투표자를 실행에 옮긴 10%대의 유권자 투표행태를 설명할 수 있을지는 몰라도, 전체 유권자의 투표행태를 설명하기에는 한계가 있다.

다섯째, 제이콥슨의 균형투표자모델은 미국식의 양당체제에 국한된 논의라는 한계가 있다. 즉 유권자의 갈등적이고 모순적인 이중적 선호를 양당체제에 투영시킨 모델이다. 미국은 양당체제이기 때문에 이러한 이중적 선호를 정당의 정책과 이념 속에 투영시킬 수 있었다. 그러나 문제는 유권자의 갈등적 선호가 반드시 정당의 이념 및 정책과 일치하는 것은 아니며, 정당의 이념적·정책적 거리가 좁혀질 경우 이 모델은 설명력을 잃게 된다. 미국식의 양당제가 아닌 다당제 국가에게는 이 모델을 적용할 수 없는 이유가 여기에 있다.

위와 같은 이론적 문제점 외에도, 이 모델은 뉴딜연합 이후 민주당의 장기간의 행정부 장악(프랭클린 루스벨트 대통령 시기), 부시 이후 클린턴의 재선 성공, 그리고 클린턴 이후 하원에서 공화당이 다수당 확보(1994년 이후) 등 현실에서 나타나는 반대의 상황을 설명하지 못한다는 문제점이 있다(Aldrich & Rohde 1997, 541-567).

결론적으로 균형투표자모델은 소수의 분리투표자의 투표행태를 과잉 일반화했다 점, 유권자의 모순적 기대가 정당에 고정적으로 투영되지 않는다는 점, 대통령선거에서 국가적 이슈와 지역적 이슈가 분리되지 않는다는 점, 유권자의 선호가 투명하게 투표결과에 반영되지 않는다는 점, 연방정부는 공공재가 아니라는 점 그리고 모델의 설명과 반대되는 현실의 사례가 계속 등장하고 있다는 사실 등을 고려할 때 설명력의 한계가 있으며, 오직 분리투표를 하는 유권자들의 투표행태만을 설명할 수 있는 모델이라고 할 수 있다.

(2) 정책균형모델

균형투표자모델과 함께 분리투표를 설명하는 경쟁적 모델이 정책균형모델(policy-balancing model)이다.[95] 정책균형모델은 피오리나에 의해 정립되었는데, 피오리나의 문제의식은 간단하다. 미국의 선거가 동시선거로 치러짐에도 불구하고, 미국의 선거를 연구하는 학자들이 대통령선거와 의회선거를 분석하는 개념은 각각 다르다. 대통령선거는 정당, 이슈, 이데올로기, 후보자의 특성 등의 개념을 통해 분석하는 반면, 의회선거는 현직의 이점, 선거비용지출, 도전자의 자질 등의 개념으로 분석함으로써 동시적으로 치러지는 다양한 공직선거를 설명할 수 있는 일관된 이론적 모델이 없다. 그나마 거의 유일하게 대통령선거와 의회선거를 연관시켜 설명하는 개념인 대통령의 후광효과(presidential coattails)도 분점정부의 등장을 포괄적으로 설명하기에는 부족하다고 지적한다(Fiorina 1992a, 64).[96]

따라서 미국의 유권자들이 동시선거에서 각각의 공직후보에 대하

95) 이를 정당균형(party-balancing) 모델로 부르는 학자도 있다(Smith et al. 1999, 737-767).

96) 대통령의 후광효과란 대중성 있는 대통령 후보나 성공한 현직 대통령의 명성이 의원후보의 당선에 영향을 미치는 현상을 말한다. 그러나 최근에는 이러한 대통령의 후광효과도 점차 쇠퇴하고 있는 것으로 분석되고 있다(Edwards 1980, 70-78).

여 서로 다른 정당의 후보에게 투표하는 현상, 즉 분리투표를 설명할 모델이 필요하다. 이를 위해 피오리나는 분점정부를 균형(balancing)의 관점에서 설명한다. 균형론적 설명에 따르면, 미국의 시민들은 미국의 정부제도를 잘 이해하고 있고, 그러한 제도에 대한 유권자의 통찰이 그들의 투표를 결정하는 데 영향을 미친다(Fiorina 1992a, 65). 여기서 전통적으로 미국 유권자의 투표행태를 설명해왔던 정당일체감이나 정당에 대한 충성도는 중요하게 고려하지 않는다. 유권자의 정책과 후보자에 대한 선호를 보다 중요하게 고려한다.[97]

그런데 여론조사 결과를 보면, 미국의 유권자들은 대통령은 공화당 후보를 지지하는 데 반해, (하원)의원은 민주당 후보를 지지하는 경향이 높고, 이의 결과로 나타나는 분점정부에 대해서도 선호의견이 높다.[98] 피오리나는 이러한 선호가 어디에서 기인하는가를 추적한다. 이를 설명하기 위해 피오리나는 제이콥슨의 균형모델과는 다른 방향에서 접근한다. 제이콥슨이 공화당과 민주당에 대한 유권자들의 모순적 기대가 분리투표로 나타나고 그 결과 분점정부가 출현하고 있다고 보는 것에 반해, 피오리나는 제이콥슨의 주장이 그럴듯하기는 하지만, 정당에 대해 매우 정통한 인식을 갖고 있는 유권자들의 분리투표 경향을 설명하지는 못한다고 비판한다. 또한 민주당 지향적인 주들(North Dakota, Wyoming, Colorado, Idaho

97) 균형투표자모델과 마찬가지로 정책균형모델도 유권자가 합리적이고, 선거결과는 유권자의 선호가 반영된 것이라는 가정에서 출발하고 있다.

98) 피오리나가 인용하고 있는 NBC/Wall Street Journal(WSJ) 여론조사를 보면, 1988년 선거에서 54%의 유권자는 서로 다른 정당이 대통령과 의회를 통제하는 것을 선호하고 있었고, 32%의 유권자만이 단점정부를 선호했다. 1990년의 NBC/WSJ 여론조사를 보면, 분점정부와 단점정부의 선호비율은 3:1(67%:23%)로 나타나고 있다(Fiorina 1992a, 66).

등)에서는 유권자들의 기대가 정당에 따라 모순적이지 않아서 대통령-공화당, 의원-민주당이라는 설명이 맞지 않는다. 실제로 이들 주에서는 민주당에 대한 줄투표 경향이 강하다(Fiorina 1992a, 67).

물론 피오리나도 다른 연구자들처럼 현직의 이점이나 정당의 이데올로기, 정당의 쇠퇴, 입법전문가의 등장, 가치가 부여된(value-laden) 이슈에 대한 민주당 표의 분리 등이 분점정부의 발생을 증대시키는데 일조하고 있다는 것을 부정하지는 않지만(Fiorina 1992a, 85; Fiorina 1992b, 393-396), 분점정부의 패턴을 이런 요인들로는 설명할 수 없다고 본다. 특히 민주당의 경우 연방하원의 패권, 주지사의 ⅔, 주 의회의 ⅔, 대부분의 대도시 시장직을 장악하고 있음에도 불구하고 왜 유독 대통령만은 민주당이 패권을 장악하지 못했는가를 질문한다(Fiorina 1992b, 396).

피오리나에 따르면, 이를 이해하기 위해서는 뉴딜연합 이후 민주당의 노선을 살펴볼 필요가 있다. 1960년대 중반 이후 민주당은 유권자들이 중요하게 생각하는 국가적 이슈들, 예컨대 인종문제, 마약문제, 성문제, 학교에서의 기도, 낙태 등의 이슈에 대해 항상 부적절한 대응을 해왔다(Fiorina 1992b, 396; Scammon & Wattenberg 1970).[99]

국가적 이슈에 대한 이러한 부적절한 대응은 결국 대통령을 공화당이 주로 장악하는 공화당 주도적 분점정부의 양상으로 전개된다. 공화당 주도적 분점정부가 나타나게 된 이유, 바꾸어 말하면 민주당이 의회나 주차원에서는 거의 승리해왔지만, 대통령만은 장악하

99) 이러한 주장은 제이콥슨과 페트로식의 주장과는 정반대다. 제이콥슨이나 페트로식은 오히려 공화당의 후보들이 이슈에 적절하게 대응하지 못했다고 평가하고 있다(Jacobson 1990, 105-106; 29-30; Petrocik 1991, 24-28).

지 못했던 이유는 국가적 이슈에 대한 잘못된 대응과 이에 대한 유권자의 인식과 통찰에 있었다. 미국의 유권자들은 민주당의 국가적 이슈에 대한 잘못된 대응을 인식하고, 이러한 이슈선점을 견제하고, 민주당과 공화당 정책의 균형을 추구하기 위한 수단으로 분리투표를 선택했으며, 그 결과 분점정부가 등장했다는 설명이다.[100)]

그렇다면 정책균형을 구체적으로 어떻게 이루어지는가? 우선 피오리나는 정책을 다음과 같은 공식으로 정의한다.

정책=q(행정부 집권당)+(1−q)(의회 다수당)

이 공식에 따르면, 국가적 정책은 결국 행정부 집권당의 역할이 중요해진다. 왜냐하면 의회 다수당의 정책은 전체에서 행정부 집권당의 정책을 제외한 잔여부분이기 때문이다.[101)] 이러한 공식에 따라 산출되는 정책을 유권자가 이해하기 위해서는 상당한 수준의 통찰력과 정책에 대한 전문성을 요구할 수밖에 없다. 왜냐하면 양당의 정책을 이해해야 균형도 가능하기 때문이다.[102)]

---

100) 피오리나는 정책균형 외에도 양당의 강점과 약점의 보완, 그리고 정치불신(a pox on both your houses)에 의해 분리투표가 나타나는 것으로 보고 있다(Fiorina 1992b, 399).

101) 수학적으로는 q와 (1−q)의 관계는 세 가지 경우가 가능하다. 즉 q〉(1−q), q=(1−q), q〈(1−q)가 그것이다. 이중 대통령제 정부형태에서 가장 출현빈도가 높은 것은 q〉(1−q)의 경우일 것이다. 왜냐하면 q〉(1−q)는 행정부 주도, q=(1−q)는 완전하고 평등한 권력분리, q〈(1−q)는 의회 주도를 의미하는데, 두 번째 경우는 이념형일 뿐이고, 세 번째 경우도 의회제라면 모를까 대통령제에서는 거의 존재하지 않는다.

102) 피오리나에 따르면, 통찰력 있는 유권자는 이를 인식하고 있기 때문

이러한 정책에 대한 공식화에 기초하여, 그는 정책균형이 어떻게 이루어지는가를 공간적 배치를 통해 설명한다.

〈그림 2〉 **정책균형모델**[103)]

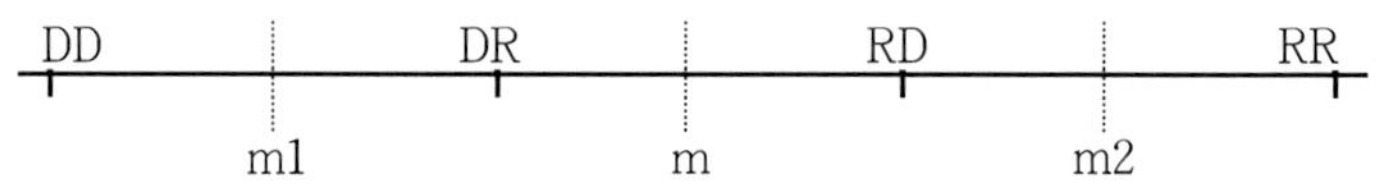

* 출처: Fiorina(1992b, 400).

여기서 DD는 민주당 단점정부, DR은 민주당 대통령-공화당 의회, RD는 공화당 대통령-민주당 의회, RR은 공화당 단점정부를 말한다. 유권자들이 자신과 가장 가까운 정책을 선택하고자 할 때, 대부분의 유권자들은 분리투표를 할 것이다(그림의 m1과 m2). 즉 m1은 DR, m2는 RD로 분리투표를 한다. 유권자들은 대통령 후보를 선택할 때는 자신과 가장 가까운 당의 후보를 대통령으로 지지하지만, 의원선거에서는 자신과 가장 멀리 있는 후보를 지지한다. 그래서 m1은 DR이 되는 것이고, m2는 RD로 분리투표를 하는 것이다. 이렇게 해야만 양당의 정책을 견제하고 균형을 맞출 수 있기 때문이다(Fiorina 1992a, 73-78).

이를 통해 다음과 같은 세 가지 결론이 도출된다(Fiorina 1992b, 400).

첫째, 분리투표자는 양당의 정책 스펙트럼 사이에 위치하고 있는 유권자들 사이에서 많이 나타난다.

에 대체로 자신과 가장 근접한 정책을 갖고 있는 공화당의 대통령 후보를 지지하는 경향을 보인다.

103) 원래 피오리나는 m1과 m2를 m*으로 표시하고 있지만, 이해의 편의를 위해 여기서는 m*을 m1과 m2로 바꾸었다.

둘째, 정당이 양극화될수록 분리투표는 더 많이 나타난다.

셋째, 유권자들이 민주당보다는 공화당의 이슈에 대한 대응이 자신과 가장 가깝다고 생각하는 한, 분리투표는 DR보다는 RD가 더 우세하다.

정책균형모델은 공화당과 민주당의 정책과 이데올로기 사이에 존재하는 다수의 온건 중도적인 유권자들의 분리투표의 결과로 분점정부가 나타난다고 주장한다. 다수의 온건 중도적인 유권자들이 양당의 정책에 균형을 맞춘다. 공화당 대통령을 지지함으로써 민주당의 국가이슈에 대한 잘못된 대응을 견제하고, 아울러 민주당의 하원패권도 견제한다.[104] 또한 민주당 의원을 지지함으로써 정책의 나머지 구성요소(1－q)를 완성한다. 결국 분리투표는 공화당과 민주당 정책의 극단성을 중화시키고, 합리적인 정책의 균형을 통해 중용을 지향하게 한다.

투표행위를 통한 유권자들의 정치적 개입의 산물이 바로 분점정부이고(Alesina & Rosenthal 1995; Fiorina 1992b, 400), 이러한 선택이 양당간의 정책균형을 통해 정책결정자들이 유권자의 선호에 가장 근접한 결정을 내릴 수 있도록 강제할 수 있기 때문에 미국의

104) 이는 주지사 선거의 경우도 마찬가지다. 예를 들어 전통적으로 매사추세츠 주는 하원의원의 경우 민주당의 강세가 두드러지지만, 주지사는 공화당이 장악하고 있었다. 1974년 민주당 주지사가 등장하면서 '매사추세츠의 기적'(Massachusetts Miracle)이라 불리기도 했지만, 잇따른 정책실패로 주정부의 재정손실만 가중시킴으로써 민주당 주지사의 정책실패에 대한 불신과 분노가 극에 달하게 된다. 이후 유권자들의 선택은 극적으로 변한다. 민주당의 잘못된 정책에 대한 불신과 견제가 매사추세츠 주지사 선거에서 민주당을 정치적 부랑자(pariah) 신세로 전락시키고 말았다(Fiorina 1992a, 69).

유권자들은 단점보다는 분점정부를 더 선호한다.[105)]

그러나 정책균형모델 역시 몇 가지 문제점이 있다.

우선, 앞에서 언급한 피오리나의 세 가지 결론은 대부분의 미국 유권자들이 민주당보다는 공화당과 정당일체감을 갖고 있다는 것을 의미하게 된다. 유권자들이 대통령의 경우 자신의 견해와 가장 가깝다고 생각하는 정당의 후보를 지지한다고 밝히고 있기 때문이다. 그러나 정당일체감에 관한 연구 자료를 보면, 미국 유권자들의 정당일체감은 1952년 이후 평균 10% 이상의 격차를 두고 공화당보다는 민주당에게 일체감을 표현하는 유권자가 더 많다(O'Connor & Sabato 1999, 498). 민주당에 정당일체감을 갖는 유권자가 통계적으로 더 많음에도 불구하고, 정책에 대한 선호만으로 공화당 대통령을 지지한다는 것은 쉽게 납득하기 힘든 주장이다. 정당일체감은 투표행위를 함에 있어 정책에 대한 인식뿐만 아니라 관습적인 정당 충성으로 발현되는 경우가 많다는 점에서 더욱 그렇다.

둘째, 이 모델에 따르면 민주당의 하원 패권은 공화당을 지지하는 혹은 지지성향을 갖고 있는 유권자들의 분리투표 결과라는 기이한 주장으로 이어질 수밖에 없고, 이는 애초 피오리나의 문제의식과 정면으로 배치된다. 피오리나는 민주당이 연방의회(특히 하원), 주지사, 주 의회, 대도시 시장 등의 패권을 장악하고 있음에도 불구

---

105) 여기서 피오리나와 제이콥슨의 주장은 비슷하면서도 문제설정이 다르다. 피오리나는 민주당의 하원 패권을 견제(큰 정부의 폐해 견제)하기 위해 유권자들이 공화당 대통령을 선택한다는 주장인 반면, 제이콥슨은 공화당의 패권을 견제하기 위해, 즉 유권자들은 공화당의 대외정책은 지지하지만 국내정책(특히 주에 대한 연방정부의 정책)에 대해서는 기대를 충족시키지 못하기 때문에 민주당의 하원 패권을 지지한다고 본다.

하고 대통령을 공화당이 장악하는 이유를 탐색하는 것이었다. 그러나 정책균형모델은 연방의회, 주지사, 주 의회, 대도시 시장직의 민주당 패권은 모두 공화당에 정책적 선호를 갖는 유권자들의 분리투표 결과로 설명할 수밖에 없는 딜레마에 빠지게 된다.

셋째, 피오리나의 세 가지 결론이 성립하기 위해서는 유권자가 민주당과 공화당의 정책과 후보자에 대해 잘 이해하고 있고, 전체 유권자들이 항상 자유주의적 민주당과 보수주의적 공화당 사이에 존재해야 한다는 사실을 입증해야 한다. 다시 말해 대부분의 미국 유권자들은 항상 중도적 성향을 갖고 있고, 또 이러한 성향에 맞게 투표를 한다. 그러나 이 문제도 전체 유권자 중에서 양당의 정책을 이해하는 집단이 얼마나 되는가에 대해서는 회의적이고,[106] 정책이나 이슈를 떠나 정당일체감에 따라 투표하는 유권자들은 어떻게 설명할 것인가에 대한 해답이 준비되어 있지 않다.[107]

넷째, 스스로 특정 정당과 일체감을 갖는다고 대답하는 유권자의 수가 줄어들고, 무당파 유권자가 증가하고 있다지만, 여전히 양당에

---

106) 왜냐하면 피오리나도 인정하듯이 유권자들은 정당의 세부적인 정책의 내용을 인식하기보단 특정 정책에 대한 정당의 이미지를 통해 투표를 하는 경우가 많기 때문이다. 예컨대 민주당의 낙태 허용과 공화당의 낙태 반대정책이 대립할 때, 민주당의 정책이 모든 낙태를 허용하는 것은 아니며, 개인의 인권보호 차원에서 불가피한 낙태를 허용하는 것이다. 그러나 민주당이 어떤 취지에서, 어느 범위까지 낙태를 허용하는지 인식하는 유권자는 그리 많지 않다.

107) 마타이와 하우(France Mattei and John Howe)에 따르면, 매우 소규모 집단만이 정책균형을 추구할 수 있다. 모든 유권자들이 정책균형을 할 수 있는 고도의 교양(sophistication)을 갖추고 있다고 할 수 없기 때문에 정책균형모델은 문제가 있다(Mattei & Howe 2000, 379-380).

일체감을 표시하는 유권자가 무당파 수보다 많기 때문에 대부분의 유권자들이 공화당과 민주당 정책의 사이(중간)에 존재한다는 주장은 맞지 않는다. 반드시 그렇지만은 않겠지만, 민주당과 공화당 사이의 중도적 유권자는 대체로 무당파 유권자가 해당되기 때문이다. 물론 전체 미국의 유권자들이 좌-우의 이념적 스펙트럼에서 중간적 혹은 중도적 성향을 갖고 있다는 주장은 맞을지 모른다. 그러나 대부분의 미국 유권자들이 민주당과 공화당의 정책적·이념적 스펙트럼의 사이에 존재한다는 주장은 또 다른 문제다.

다섯째, 미국정당이 양극화되었다는 주장도 잘못되었다. 피오리나는 미국의 정당이 1960년대 이후 양극화되었기 때문에 양당 사이에 위치하고 있는 유권자들이 분리투표를 더 선호한다고 설명하고 있다. 그러나 오히려 그 반대다. 특히 민주당의 경우 뉴딜연합의 붕괴 이후 극심한 우경화로 공화당과 민주당의 정책적 거리 내지 이데올로기적 차이는 멀어지는 것이 아니라 근접하고 있다. 또한 미국의 선거가 후보자 중심의 선거로 변하면서 "공화당-작은 정부, 민주당-큰 정부, 공화당-재정지출 축소/감세, 민주당-재정지출 확대/증세"로 상징되던 정책적 차별성은 최근 들어 크게 희석되었다.[108)]

결론적으로, 유권자가 양당간의 정책적 차이에 대한 정확한 지식을 갖고 이를 합리적으로 판단함으로써 정책의 균형을 이룰 수 있고, 이를 유권자가 선호한다는 피오리나의 주장은 현실정치에서는 입증하기가 쉽지 않다. 민주당의 우경화로 인해 민주당과 공화당의 정책적 차이나 이념적 거리가 크게 줄어들고 있기 때문이다.

---

108) 또한 이 모델 역시 균형투표자모델과 마찬가지로 다당제에는 적용할 수 없고, 미국식 양당제에 대해서만 부분적 설명력을 갖는다는 한계가 있다.

(3) 중앙투표자모델

원래 중앙투표자모델(median voter model)은 일반 유권자들의 평균적 정치의식에 가장 부합하는 정당이나 후보가 유권자의 지지를 받는다는 가설에서 출발한다. 이 모델에 따르면, 정당의 선거정치는 중앙투표자들에 의해 좌우된다. 여기서 평균적 정치의식이란 양대 정당인 민주당과 공화당의 이데올로기의 중앙(medium), 즉 양당의 이념적 스펙트럼의 중간지점이다. 그러나 여기서의 중앙은 고정된 것이 아니다. 왜냐하면 민주당과 공화당의 이데올로기가 시대, 지역, 정당의 목표, 지도자에 따라 조금씩 달라졌기 때문이다.

중앙투표자론은 피오리나의 정책균형모델이나 제이콥슨의 균형투표자모델과 유사한 부분이 많고, 유권자가 합리적이라는 이론적 전제도 공유하고 있다. 그로프만과 그의 동료들에 따르면(Grofman et al. 2000, 34-50), 보수적인 선거구일수록 대통령은 공화당, 하원은 민주당을 지지하고, 자유주의적 선거구일수록 대통령은 민주당, 하원은 공화당을 지지한다고 한다. 이들 선거구에서 이러한 분리투표가 나타나는 것은 이데올로기적 차이가 가장 핵심적인 원인이다.[109] 정당 충성도의 약화나 현직의 이점으로는 집합적인 수준에서 분리투표(하원/대통령, 상원/대통령)를 설명할 수 없다. 왜냐하면 분리투표는 지역(region), 이데올로기에 따라 조직된 선거구의 유형에 따라 다르게 나타나기 때문이다.

이들의 조사결과에 따르면, 오히려 가장 보수적이고, 가장 자유주

109) 이밖에도 저명한 현직(대통령/의원), 별 볼일 없는 도전자, 얼마나 대통령선거에서 크게 승리했는가, 지역-특수적 재편효과 등도 분리투표에 영향을 미치는 요인으로 간주한다(Grofman et al. 2000, 34).

의적인 선거구에서 분리투표율이 높고, 중도적 선거구일수록 분리투표율이 낮다. 따라서 분리투표는 개인적 수준의 기대와 균형을 통해 설명되어서는 안 되고 집합적인 수준에 초점을 맞춰 설명해야 한다.

이 모델은 다음의 세 가지 경험적 사실에 기초하고 있다.

첫째, 상대당의 후보는 해당 선거구에서 동일한 정책을 제시하지 않는다. 통상 민주당은 공화당의 좌측에 위치해 있고, 공화당은 민주당의 우측에 위치해 있다(Poole & Rosenthal 1984; Alesina & Rosenthal 1995).

둘째, 선거구는 유권자의 이데올로기적 선호의 분포에 따라 다르다. 특히 중앙투표자들의 이데올로기적 위치는 선거구에 따라 다르다(Erikson et al. 1989). 즉 어떤 선거구는 중앙투표자가 중도 좌파적 이데올로기를 갖는 반면, 어떤 선거구는 중도 우파적 이데올로기를 갖는다.[110]

셋째, 설사 동일정당의 후보자가 다른 선거구에서 출마할 경우에도 이들은 동일한 정책적 입장을 갖지 않는다. 정당 후보자의 이데올로기적 위치는 해당 선거구의 이데올로기적 구성과 위치에 따라 다르기 때문이다. 전체적인 중앙투표자와 해당 선거구의 중앙투표자의 이데올로기적 위치는 일치하지 않는다(Aranson & Ordeshook 1972; Coleman 1972).

따라서 민주당 후보는 보수적인 선거구에서 평균적인 민주당 후보보다 더 보수적이고, 공화당 후보는 자유주의적인 선거구에서 평

110) 이때의 기준은 좌측의 민주당과 우측의 공화당 이데올로기이지 일반적인 의미의 좌파와 우파를 지칭하는 것은 아니다.

균적인 공화당 후보보다 더 자유주의적인 입장을 취하게 된다. 그러나 보수적인 선거구에서 당선된 민주당의원은 공화당 후보만큼 보수적이지는 않으며, 자유주의적인 선거구에서 당선된 공화당의원은 민주당 후보만큼 자유주의적이지는 않다(Grofman et al. 2000, 37; Brady & Lynn 1973, 523-524).

하나의 선거구에 존재하는 중앙투표자는 전국적인 중앙투표자와 같지 않으며, 그것보다는 좌나 우측에 존재하는 경우가 많다. 대통령선거나 하원의원 선거에서 공화당 쪽 지형(terrain)에 중앙투표자가 있다면, 민주당 쪽 지형에 속한 중앙투표자도 존재한다(아래 그림 참조). 그런데 일반적으로 분점정부의 원인으로 간주되는 분리투표는 바로 이러한 선거구에서 주로 발생한다.

이를 도식화하면 아래와 같다.

〈그림 3〉 중앙투표자모델

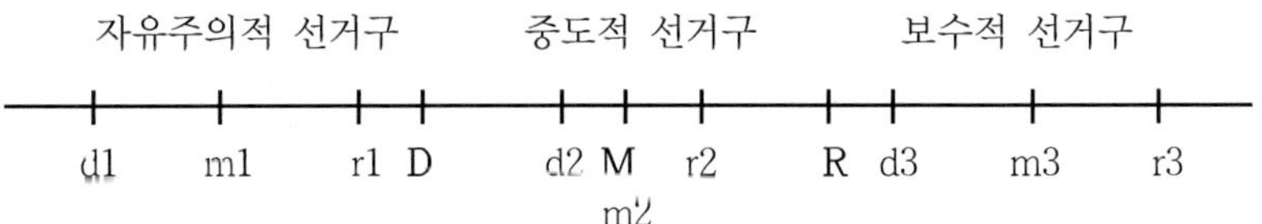

* 출처: Grofman et al.(2000, 38)

이 그림에서 D와 R은 통상적인 민주당과 공화당 대통령후보의 이데올로기 위치를 말하고, M은 전국적인 이데올로기의 중앙이며, d1~d3, r1~r3은 각각의 선거구에 출마한 정당후보자의 정책적 입장 혹은 이데올로기적 위치를 말한다. m1~m3은 각 선거구 유권자 이데올로기의 중앙이다.

예컨대 자유주의적 선거구에서 m1의 중앙투표자가 대통령 D를 지지한다면, 하원은 D와 가장 가까운 r1을 지지하는 경향이 높다. 보수주의적 선거구에서 m3의 중앙투표자가 대통령 R을 지지한다면, 하원은 R과 가장 가까운 d3을 지지하는 경향이 있다. 물론 전국적인 수준에서 m2의 중간치 유권자가 분리투표를 하지 않는 이유는 d2는 D에 비해 우측으로 치우쳐 있고, r2는 R에 비해 좌측으로 치우쳐 있기 때문에 사실상 d2와 r2의 차이가 별로 없어서 분리투표가 드물게 나타난다.

각 지점 간의 간격을 보더라도 이데올로기적 거리를 확인할 수 있다. d2-m2-r2의 간격은 다른 선거구에 비해 좁다. 즉 이데올로기적 차이가 적다. r1-D의 간격과 R-d3의 간격이 좁은 이유는 그만큼 이데올로기적 차이가 적다는 것을 의미한다. 같은 공화당 후보지만 r1과 r2, r3의 이데올로기적 위치는 완전히 다르다. r1의 이데올로기적 위치는 민주당 후보인 d2의 이데올로기적 위치보다 더 좌측에 있고, 민주당 후보인 d3는 공화당 후보인 r2의 이데올로기적 위치보다 더 우측에 있다. 따라서 상대적으로 자유주의적이고, 보수적인 선거구에서 분리투표가 나타나고, 중도적 선거구에서는 분리투표가 별로 나타나지 않는다. 이는 구체적인 통계자료를 통해서도 확인되고 있다.

〈표 8〉 하원선거에서의 분리투표 비율, 1964-1992

	V-L	L	M	C	V-C
민주당 당선자					
줄투표	498	250	161	97	112
분리투표	170	249	190	129	168
줄투표 비율	74.6	50.1	45.9	42.9	40.0
공화당 당선자					
줄투표	5	31	81	200	797
분리투표	3	22	20	50	142
줄투표 비율	62.5	58.5	80.2	80.0	84.9

* V-L: 매우 자유주의적, L: 자유주의적, M: 중도적, C: 보수적, V-C: 매우 보수적

** 출처: Grofman et al.(2000, 42)의 표를 요약

위의 표를 보면 민주당 당선자의 경우 매우 자유주의적 선거구에서 줄투표 비율이 높고, 매우 보수적 선거구일수록 줄투표 비율이 낮음으로써 분리투표가 많이 나타나고 있다는 것을 알 수 있다. 즉 V-L에서 V-C로 갈수록 분리투표율이 높아지고 있다. 공화당 당선자의 경우 매우 보수적 선거구에서 줄투표 비율이 높음을 알 수 있다. 반면 매우 자유주의적 선거구일수록 줄두표 비율이 낮아 그만큼 분리투표가 많았다는 것을 알 수 있다. 즉 V-C에서 V-L로 갈수록 줄투표 비율은 낮아지고 분리투표율은 높아지고 있다.111)

이를 다시 설명하면, 가장 보수적이거나 가장 자유주의적인 선거구일수록 분리투표율이 높고, 온건한 중도적 성향의 선거구일수록

111) 다소 주변적인 이야기지만 위의 〈표 8〉을 보면 공화당 지지자의 정당 충성도가 민주당 지지자의 정당 충성도보다 높다는 것을 알 수 있다. 즉 자유주의적인 선거구에서 민주당에 대한 줄투표율보다 보수적인 선거구에서 공화당에 대한 줄투표율이 높다.

분리투표율이 낮다. 보수적 선거구는 대통령-공화당, 하원-민주당, 자유주의적 선거구는 대통령-민주당, 하원-공화당의 분리투표가 나타나고, 이러한 분리투표의 결과로 분점정부가 출현한다. 또한 각 정당의 후보들이 선거구의 이데올로기적 성향에 따라 자신의 정책을 선거구의 이데올로기적 성향에 근접시키고, 유권자들은 이러한 이데올로기적 차이를 고려하여 양 정당 후보의 이데올로기적 거리의 중간지점(midpoint)을 선택하게 된다(Grofman et al. 2000, 37-39).

결론적으로 후보자의 이데올로기적 위치는 선거구의 이데올로기에 의해 좌우되고, 이러한 이데올로기의 차이를 인식하는 중앙투표자에 의해 분리투표가 나타난다는 것이 중앙투표자론의 핵심 주장이다.이 모델은 다른 대부분의 학자들이 분리투표의 원인으로 이데올로기적 차이의 소멸을 거론하고 있음에 비해(Born 1994; Kimball 1997; Soss & Canon 1995), 이 모델은 유독 이데올로기적 차이의 중요성을 강조하고 있다는 점이 특이하다.[112]

그러나 중앙투표자모델은 유권자들의 투표행태에 관한 이론이면서도 오히려 다른 부분, 즉 일반 유권자들이 정당정치에 결정적 역할을 한다는 것을 강조하기 위한 이데올로기를 이론화한 것이다. 즉 민주당과 공화당의 이데올로기를 중시하는 이데올로기다. 대부분의 유권자들은 이데올로기적 스펙트럼의 중간지점에 위치하기 때문에 중간지점에 있는 일반 유권자들이 결국 미국의 정당정치를 좌우하고, 미국은 다수 유권자들의 중용의 선택을 따른다는 논리다. 이 때문에 중앙투표자모델은 기업이나 상층 엘리트집단에 의해 좌우되는 미국정

112) 최근 들어 미국 선거연구에서 사라진 이데올로기가 유권자의 투표행태를 설명하는 기준으로 다시 부각되고 있다(Niemi & Weisberg 1993; Levine et al. 1997; Jenkins 2000).

치의 현실을 은폐하는 이론이라는 비판을 받는다(Olson 1971).

또한 매우 자유주의적 선거구나 매우 보수적인 선거구에서 분리투표의 비율이 높다고 이야기하지만, 민주당은 매우 자유주의적 선거구에서, 공화당은 매우 보수적인 선거구에서 줄투표의 비율이 다른 경우보다 압도적으로 더 높게 나타나고 있다(〈표 8〉 참조). 실제로 선거구의 이데올로기적 성격에 따라 분리투표가 나타나는 것은 공화당과는 별 관련이 없고, 민주당에만 해당된다. 즉 민주당은 선거구의 이데올로기적 성격과 무관하게 거의 모든 선거구에서 분리투표가 많이 나타나고 있지만, 공화당 당선자의 경우 매우 보수적인 선거구에서 분리투표가 나타나야 함에도 불구하고 분리투표 비율은 가장 낮게 나타나고 있다(〈표 8〉 참조). 자유주의적 선거구에서 공화당-대통령, 민주당-하원의 분리투표가 나타난다는 주장은 맞을지 몰라도, 보수적 선거구에서 민주당-대통령, 공화당-하원의 분리투표가 나타난다는 주장은 자신들의 통계에서도 입증되지 않고 있다.

따라서 이 모델은 실제 분리투표가 나타나는 것은, 민주당 당선자들에게 집중되고 있음에도 불구하고, 공화당 당선자의 소수 사례를 과잉 해석하여 이를 전체적 경향으로 확대해석하고 있다는 점에서 문제가 있다. 이는 이데올로기의 이론화에서 발생하는 어쩔 수 없는 한계다.

(4) 후보자의 자질

후보자의 자질은 제도적 요인에서 언급할 현직이점과 비교되곤 한다. 후보자의 자질 때문에 분점정부가 등장한다는 주장을 후보자 개인의 자질 문제로 한정할 경우에는 약간의 오해가 생길 수 있다. 여기서 이야기하는 후보자의 자질은 개별 후보자의 자질이라기보다는 민주당과 공화당 후보자의 평균적인 자질이라고 해석해야 한다.

후보자의 자질을 언급하는 학자들은 연방하원의 경우 민주당 후보들이 공화당 도전자들에 비해 정치적 경험이나 지역사정을 폭넓게 이해하고 있기 때문에 하원에서 공화당 후보에 비해 당선되는 경우가 많고, 그 결과로 다수 의석을 차지하고 있는 것이라는 설명이다. 반면 공화당 후보들은 민주당 후보들에 비해 선거에서 당선경험도 없고, 자금규모도 적을 뿐만 아니라 현직이 아닌 후보들이 현직과 경쟁하기 때문에 민주당에 비해 성공적이지 못했다(Jacobson 1990, 72).

원론적인 수준에서 후보자의 자질이 중요하다는 점을 부정할 사람은 없을 것이다. 다만 후보자의 자질이 민주당의 하원패권을 설명할 수 있는 요인인가에 대해서는 조금 더 생각해보아야 한다. 후보자의 특성이 정치구조를 좌우한다는 것은 정확한 이야기는 아니다. 선거구 차원에서 후보자의 특성 발현은 충분히 설득력이 있지만, 정당정치와 전국적인 정치구도를 설명하는 데 있어 후보자의 자질이나 특성을 통한 설명은 대상과 범위의 수준이 적합하지 않다.

여기서 후보자의 자질이 부각되는 것은 근본적으로 미국 정당의 지지연합 해체(dealignment)와 연관된다는 사실을 간과해서는 안 된다. 최소한 최근의 경향으로만 본다면, 유권자들은 이전의 정당 지향적 투표행태에서 후보 지향적 투표행태로 바뀌고 있다. 이는 정당일체감의 약화를 반영하는 것이고, 보다 근본적으로는 정당의 기반 약화를 의미한다. 정당의 투표 규정력이 약화됨으로써 유권자들은 후보자의 개인적 특성－현직, 리더십, 자질 등－에 보다 주목하게 된다. 바로 이러한 이유 때문에 후보자의 자질이 문제가 아니라, 후보자의 자질이 부각될 수밖에 없는 보다 거시적인 정당정치의 변화, 미국 정당의 지지연합의 변화가 중요하고, 이에 대한 분석을 통해서만 분점정부의 등장을 보다 충실하게 설명할 수 있다.

(5) 후광효과

유력한 대통령후보의 후광효과가 감소함으로써 그것이 분점정부를 등장시켰다는 주장을 살펴보자. 유력한 대통령후보에 의한 후광 효과의 경우, 1940년대를 기점으로 지속적으로 그 효과가 감소하고 있음을 여러 문헌을 통해 확인할 수 있다(Jacobson 1990, 80).[113] 이전에는 분점정부가 중간선거에서 주로 많이 발생했지만, 1950년대 이후에는 대통령선거에서도 분점정부가 자주 출현하고 있다는 사실도 대통령의 후광효과가 감소하고 있다는 점을 확인해준다.

그런데 문제는 이러한 후광효과의 감소경향과는 별도로 그것이 분점정부의 빈번한 출현의 요인인가에 있다.[114] 만약 그것이 분점정부를 출현시키는 요인이라면, 그것은 '대통령선거의 해'에 의해 그럴

113) 캠벨은 1940년 당시 대통령 후보의 득표 1%는 4.25석의 가치를 갖는 것이었지만, 1980년에는 3.22석의 가치로 전환될 수 있다고 보았고(Campbell 1986, 175), 제이콥슨은 양당후보 간의 경쟁이라는 매개변수분석을 추가하여 1948-1964년 양당대통령후보의 1% 득표는 5.04석이었지만, 그 이후로는 3.51석으로 감소한 것으로 분석했다(Jacobson 1990, 81).

114) 피오리나의 통계에 따르면, 1900-1952년까지 분점정부는 모두 중간선거에서 나타났고(4회), 1952년 이후에는 대통령선거에서 6회, 중간선거에서 7회가 나타나고 있다(Fiorina 1992b, 390). 하지만 그것은 민주당의 장기적인 하원패권으로 인한 분점정부의 등장과는 무관한 이야기다(Fiorina 1992a, 11).

수 있다. 그러나 중간선거는 대통령의 후광효과가 존재하기 힘들다. 이 경우 설명의 일관성이 없다. 최소한 분점정부의 등장을 가져온 요인이라면 대통령선거와 중간선거에서 모두 적용될 수 있어야 하기 때문이다. 다만 최근 들어 대통령선거의 해에도 분점정부가 자주 등장하는 경향이 있기 때문에 이에 대한 제한적 설명요인으로 후광효과의 감소를 논의할 수는 있을 것이다. 그럴 경우에도 후광효과는 분점정부의 등장 요인이 아니라 분점정부의 등장과 함께 나타난 선거정치의 주변적 경향 중의 하나다.

2) 제도적 요인

분점정부가 유권자 선호의 결과라는 설명이 비판을 받으면서 등장한 설명은 제도적 해석이다. 즉 경험적으로 대통령은 공화당이, 하원은 민주당이 다수의석을 확보함으로써 등장한 분점정부는 유권자의 선호에 의한 것이라기보다는 제도적·구조적 요인에 의해서 등장했다. 그러나 제도적 요인에서 분점정부의 등장을 설명하는 이들은 일관된 이론적 틀을 갖추지 못했고, 각각의 사례를 과잉 일반화시키는 문제점이 있다. 여기서는 선거제도, 현직의 이점, 선거자금 모금 등을 중심으로 제도적 요인을 살펴보고자 한다.

(1) 선거제도의 영향

선거제도의 영향은 다차원적으로 연관된 문제다. 선거주기의 문제, 당선자결정방식(단순다수대표제)의 편의(bias) 문제, 선거구 재획정 문제 등이 그것이다.

우선 선거주기의 문제부터 살펴보자.[115] 웨어는 단일요인 중에서 선거주기의 불일치야말로 분점정부를 설명하는 가장 중요한 요인으로 보고 있다. 그에 따르면(Ware 2001, 23-24), 하원(2년)과 상원(6년), 대통령(4년)의 임기가 일치하지 않기 때문에 분점정부가 출현한다. 만일 세 선거가 한꺼번에 실시된다면 유권자들이 한 정당의 후보에게 투표하는 경향(줄투표)이 중간선거와 같이 서로 다른 시기에 선거를 치를 때보다 훨씬 높을 것이라고 추론한다. 웨어가 이러한 추론을 하는 것은 기존의 분점정부가 주로 중간선거 결과에 의해 많이 나타났기 때문이다. 웨어는 중간선거에서 대통령당이 패배하는 요인 중의 하나는 정당일체감이 더 이상 유권자의 투표행위를 설명하는 출발점이 되지 못하기 때문이라고 본다(Ware 2001, 27).

선거주기를 분점정부 등장의 가장 중요한 요인으로 보는 학자들은 선거주기를 조정해야만 분점정부의 등장을 막을 수 있다고 본다(Sundquist 1986, 133; Ware 2001, 24). 이를 위해서는 공직(대통령, 상원의원, 하원의원)의 임기조정이 필요한데, 하원의 임기를 현행 2년에서 4년으로 확대하여 대통령의 임기와 일치시킬 경우 대통령선거의 해에 대통령과 하원 선거가 동시에 치러지고, 중간선거가 없어지면 자연스럽게 분점정부의 출현도 억제될 것으로 본다. 또한 상원의 임기도 6년에서 8년으로 확장시켜, 현행 4(대통령)-6(상원)-2(하원)체제를 4(대통령)-8(상원)-4(하원)체제로 개혁할 것을 주장한다. 이렇게 되면 대통령, 상원, 하원을 동시선거로 치르는 것은

115) 우리나라의 경우도 선거주기의 불일치 때문에 분점정부가 발생하는 것으로 보는 학자도 있다(장훈 2001a; 2001b).

현행과 같지만, 대통령과 하원의 임기를 동일하게 함으로써 대통령의 국정운영을 보다 효율적으로 지원할 수 있다고 본다(Sundquist 1986, 119).

그러나 앞에서도 살펴보았듯이, 1952년 이후 분점정부가 중간선거에서만 나타나는 것이 아니라 대통령선거가 있는 해에 집중적으로 등장하고 있다는 점에서 이러한 주장은 한계가 있다. 또한 유권자의 투표결과가 선거주기에 전혀 영향을 받지 않는 것은 아니겠지만, 보다 근본적인 문제, 즉 왜 유권자들이 분리투표를 하는가에 대한 설명 없이 선거주기만을 문제 삼는 것은 피상적인 접근방식이라고 할 수 있다.[116] 선거주기는 분점정부의 등장을 설명하는 중요한 요인 중의 하나지만, 선거주기 조정만으로 분점정부의 출현을 억제할 수 있다는 주장은 발본적인 주장이 아니다. 선거주기를 조정하더라도 유권자의 투표행태를 변경하는 사회적·정치적 변화가 수반되지 않으면 의미 있는 효과를 기대할 수 없다.

선거제도와 관련된 또 다른 주장은, 공화당이 실제 얻는 표보다 의석수에서 손해를 보고 있다는 주장이다(Jacobson 1990, 93-94). 특히 선거구 문제와 관련하여 다수파를 장악하고 있는 민주당 하원에서의 선거구 재획정(redistricting)이 민주당에 일방적으로 유리한

---

116) 상당히 많은 분점정부 연구자들이 범하는 오류가 바로 이것이다. 즉 그들은 분점정부가 문제가 있다면 왜 문제이고, 어떻게 그 문제를 해결할 것인가를 논의하기보다는 분점정부는 무조건 집권당의 통치력을 저하시키기 때문에 바람직하지 않은 것이고, 때문에 그 출현을 제도적으로 억제시킬 수 있는 방안을 찾아야 한다는 식으로 논리를 전개한다. 이런 접근은 결코 분점정부에 관한 논의의 진전에 도움이 되지 않는다(Sundquist 1986; Sundquist 1988; Weaver & Rockman 1993c; Herzberg 1996; Ware 2001).

게리맨더링(gerrymandering)이라는 것이다(Fiorina 1992a, 14-15).

실제로 공화당은 1968년 이후 한 번의 예외를 제외하고 1992년까지 대통령직을 차지했다.[117] 심지어 1984년 레이건 후보는 무려 49개 주에서 선거인단을 장악하였지만, 하원의 선거결과 민주당이 원내 다수의석을 차지했다. 대통령선거에서는 압승을 거뒀는데 왜 하원에서는 민주당이 패권을 장악하는가? 이에 대해 공화당 일부에서는 이러한 선거결과가 민주당이 추진했던 선거구 재획정 탓이라고 공격했다(Fiorina 1992a, 15).

그러나 조사결과, 공화당 후보가 하원선거의 유권자투표(popular vote)에서 획득한 표들은 단순다수대표제로 인해 대부분 사표 처리된 경우가 많았다. 왜냐하면 공화당이 1984년 당시 획득했던 47%의 득표는 실제 의석 전환율에서는 42%이었는데, 이는 선거구 재획정의 결과가 아니라 단순다수대표제의 불가피한 영향이었다.

오히려 대통령선거에서 실제 득표보다 이득이 많았던 정당은 공화당이었다. 당시 공화당 레이건 후보는 유권자투표에서 54,451,521표(58.8%)를 얻었지만, 선거인단은 전체 538명 중 525명(97.6%)을 차지했다. 반면 민주당 먼데일 후보(Walter Frederick Mondale)는 전체 유권자투표에서 37,565,334표를 획득하여 40.5%를 득표했지만, 선거인단 배정은 13명으로 2.4%만을 차지했다(http://www.presidentelect.org/e1984.html). 레이건은 득표에 비해 선거인단 이득이 압도적으로 많았다. 단순다수대표제의 '승자독식제도'가 만들어낸 기형적인 선거결과다.

따라서 실제 득표보다 이득을 본 정당은 민주당이 아니라 공화당

117) 단 한번의 예외는 워터게이트 스캔들의 영향으로 카터가 집권한 경우다(Fiorina 1992a, 15).

이다. 득표수의 의석 전환율 곡선은 보통 50%를 넘어설 때 이득비가 커지는 S자 곡선을 그린다는 점에서 공화당이 많은 득표에도 불구하고 의석을 손해 봤다는 주장은 단순다수제에서 불가피하게 발생하는 사표를 고려하지 않은 탓이며(Jacobson 1990, 95),[118] 오히려 공화당은 선거구에 대한 서비스에서 민주당 의원에 비해 뒤떨어졌고, 현직의 이점을 충분히 살리지 못했다는 역비판이 설득력을 얻었다(Fiorina 1992a, 20).

결국 58%의 득표로 약 98%의 선거인단을 휩쓸었던 1984년 공화당 레이건 후보의 사례에서처럼, 미국의 선거구나 선거제도(단순다수대표제)는 대통령과 상하원을 통틀어 민주당보다는 공화당, 특히 공화당 대통령후보에게 유리하게 작용해 왔다. 킹과 겔먼(Gary King and Andrew Gelman)은 2차대전 이후 1986년까지 미국의 선거제도는 공화당에게 유리했다는 것을 경험적으로 입증했으며(King and Gelman, 1991, 130-131),[119] 피오리나와 제이콥슨도 현행 미국의 선거제도는 일부를 제외하곤 오히려 공화당에게 유리하게 작용하고 있다고 밝히고 있다(Jacobson 1990, 93-94; Fiorina 1992b, 391-392). 연방하원에서 민주당의 우위가 게리맨더링의 효과라는 공화당의 주장은 사실이 아

118) 단순다수대표제가 50% 득표를 기준으로 득표율보다 의석 전환율이 급상승하는 S자 곡선임에 반해, 비례대표제는 득표율과 의석률이 정비례 관계를 나타내는 직선이다(King & Gelman 1991, 117).

119) 킹과 겔먼의 연구에 따르면(King & Gelman 1991), 오히려 미국의 선거제도는 민주당이 아니라 공화당에 유리하다(Republican Bias). 킹과 겔먼의 연구결과는 정식으로 저널에 게재되기 이전인 1988년부터 미국 정치학계에 논란을 불러 일으켰고, 미국 선거에서 정당의 편의(partisan bias)에 관한 가장 중요한 연구로 인정되고 있다. 킹과 겔먼의 연구결과는 1991년 *American Journal of Political Science*에 게재되었다.

니며, 실제 게리맨더링과 하원에서의 공화당의 고전과는 별 관계가 없고, 오히려 단순다수대표제의 영향이라는 설명이 더 정확하다(Jacobson 1990; Cox & Kernell 1991; Fiorina 1992b).[120)]

(2) 현직의 이점

다음으로 살펴볼 것은 현직의 이점(incumbency advantage)이다. 현직의 이점은 특히 2차대전 이후 하원선거에서 강하게 나타났다(Gelman & King 1990; King & Gelman 1991; Cox & Katz 1996; Ansolabehere et al. 2000, 17-34).[121)]

일반적으로 현직이 갖고 있는 자원의 가치는 현직의원이 누리는 의원으로서의 제도적 혜택을 말한다. 현직은 홍보메일 발송 시 연방정부에서 보조금이 지급되고, 참모나 사무직원들이 제공되기 때문에 더 많은 지역구 서비스가 가능하며, 하원 상임위원회에서의 지위로 인해 선거자금 모금에 유리하다. 또한 현직의원에게는 하원은행(The House Bank)에서 다양한 대출지원이 이루어지기 때문에 도전자에 비해 동원할 수 있는 자원의 우위에 선다. 선행연구를 보면, 1940년대와 1950년대 선거에서는 전체 투표에서 대략 1-3% 정도 현직이

120) 순수 가정으로, 만일 하원에서 공화당의 고전이 게리맨더링 때문이었다면 1994년 이후 공화당의 하원 패권을 설명할 방법이 없다(Aldrich & Rohde 1997, 541-567).

121) 현직이점에 대한 경험연구의 결과를 보면, 현직의 이점이 가장 강하게 나타나는 것은 재선의원(sophomore surge)이며, 은퇴를 앞둔 의원의 현직 효과는 낮게 나타난다. 또 비경쟁적 선거구보다는 경쟁적 선거구에서 현직효과가 높게 나타나는 것으로 조사되고 있다(Gelman & King 1990, 1156-1160).

유리했으나, 1980년대와 1990년대에는 7-10% 정도 현직의 이점이 있는 것으로 나타나고 있다(Ansolabehere et al. 2000, 17).[122]

제도적으로 현직의 이점이 나타나는 것은 크게 세 가지 이유에서다.

첫째는, 하원의원들의 선거구 활동(homestyle)이다. 하원의원들은 자신의 선거구를 수시로 방문하면서 유권자들과의 접촉면을 넓힐 수 있다. 또한 현직의원은 선거구민의 입장을 정책에 반영하며, 연방정부가 제공하는 각종 서비스를 유치함으로써 제도적으로 선거구민들에게 혜택을 부여할 수 있는 위치에 있다. 제도적으로 우월한 위치가 선거경쟁에서 현직에게 유리한 여건을 제공한다.

둘째, 후보자의 자질이다. 현직은 출마한 후보 중에서는 가장 우수한 후보자이기 때문에 선거에서 승리한다.[123] 선거에서 당선경험이 많다는 것은 그만큼 후보자의 자질을 검증 받았다는 것을 의미한다. 그렇기 때문에 현직은 선거경쟁에서 당선 경험이 없는 후보자에 비해 유리하다. 그러나 현직 하원의원이라 할지라도 종종 주의원이나 당선 경력이 있는 도전자와 선거에서 경쟁할 경우에는 패배하기도 한다. 왜냐하면 그들 역시 현직이거나 현직의 경험이 있는 후보로서 유권자에게 이미 검증을 받았기 때문이다.

콕스와 카츠(Gary Cox and Jonathan Katz)도 하원선거에서 현직이 유리한 것은 후보자의 자질 변수로부터 기인한다는 것으로 본

---

122) 이와는 반대로 현직의 이점이라는 것이 존재하지 않거나, 현직의 이점이라고 제시한 경험적 증거들이 잘못되었다는 주장도 있다(Alford & Brady 1989; Ferejohn 1977). 제이콥슨 역시 현직의 이점이 존재했지만 갈수록 현직 이점이 사라지고 있다고 밝히고 있다(Jacobson 1990, 32).

123) 물론 이것은 형식논리상 그렇다는 것이지 현직이 반드시 다른 도전자들과 비교할 때 실제 질적으로 우수하다는 이야기는 아니다.

다(Cox & Katz 1996, 494). 콕스와 카츠에 따르면, 현직의 이점은 크게 두 가지 맥락에서 존재하는데, 하나는 현직(legislative office)이 갖고 있는 자원의 가치가 반영되기 때문이며, 다른 하나는 강력한 도전자일수록 현직이 장악하고 있는 선거구에서 경쟁을 꺼려한다. 이것이 바로 강력한 도전자를 쫓아내는 현직의 효과(scare-off)다.[124] 콕스와 카츠에 따르면(Cox & Katz 1996, 486), 현직이 갖는 자원의 가치는 상대후보를 쫓아낼 수 있는 현직의 효과에 의해 증폭되며, 이러한 효과는 후보자의 자질로부터 나온다. 결국 무엇보다도 후보자의 자질이 중요해진다.

셋째, 정당이 얻는 현직효과다. 두 번째 이유가 후보자 개인이 갖는 현직 이점이라면, 이것은 정당이 갖는 현직 이점으로, 특히 전직 의원의 은퇴로 생긴 공석(open seats) 선거구에서 많이 나타난다. 즉 은퇴한 의원이 소속되었던 정당의 후보가 은퇴한 의원을 대신하여 현직의 이점을 누린다(Gelman & King 1990, 1153).

현직의 이점이 존재한다는 사실을 부정할 사람은 없을 것이다. 현직의원은 도전자에 비해 지역구 활동이 자유롭고, 특히 지역구에 다양한 혜택을 제공할 수 있다. 또한 선거자금 모금에 있어 도전자보다 현직의원이 훨씬 유리하다. 도전자에 비해 현직이 유리하다는 것은 곧 하원에서 다수 의석을 점하고 있는 민주당에 유리하다는

124) 이것은 후보자 개인의 효과이면서 또한 정당의 효과이기도하다. 왜냐하면 투표행위는 근본적으로 후보자 개인에 대한 선택 이전에 정당에 대한 선택의 의미가 강하기 때문이다(Cox & Katz 1996, 483). 또한 후보자의 강력한 자질은 표를 모으는 역할을 한다. 대중 앞에서 효과적으로 발언하고, TV에 좋은 이미지로 비춰지며, 선거구민이 원하는 적절한 이슈를 채택할 수 있는 인사가 좋은 후보, 자질이 우수한 후보다.

것이 현직의 이점을 강조하는 논자들의 주장이다. 현직의 이점이 민주당의 하원패권, 나아가 공화당 대통령, 민주당 의회패권의 분점 정부를 설명하는 요인이다.

그러나 현직이 유리하다는 것이 현직이 꼭 당선된다는 의미는 아니며, 더 나아가 그것이 민주당의 하원 패권의 요인이 될 수는 없다. 우리가 여기서 짚고 넘어가야 할 것은 현직이 유리하다는 것의 정당 정치적 의미다. 현직의 이점이 작동되기 위해서는 현직 의원의 선거구민에 대한 반응성이 전제되어야 한다(King & Gelman 1991, 116-117). 그런데 지금까지의 선거연구에서는 이 부분을 간과하여, 단지 가시적으로 파악되는 현직에게 유리한 제도적 여건만을 거론해왔다.

이 부분을 정확히 이해하기 위해서는 현직의 이점을 제거하고 선거결과를 테스트해보아야 한다. 만약 현직의 이점을 제거한 후에도 후보자의 당선율에 변화가 없을 경우 현직의 이점은 당선에 결정적인 요인이 되지 않지만, 현직의 이점을 제거했을 경우 당선율에 심하게 변화가 나타난다면 현직의 이점이 결정적인 요인이라고 할 수 있다.

킹과 겔먼(Gary King and Andrew Gelman)은 1946년-1986년까지의 선거결과를 검증해본 결과 현직이라는 변수의 영향이 있음에도 불구하고, 시민의 투표에 결정적인 영향을 미친 변수는 의원의 선거구민에 대한 반응성이었다는 연구결과를 제시하고 있다(King & Gelman 1991, 130). 또한 현직의 이점은 해당 선거구에서 정당 활동의 강도(party strength)에 반비례한다(Ansolabehere et al. 2000, 111). 미국 정당은 연방정부나 주 정부 모두 정당활동이 정당조직보다는 현직 의원(연방의원, 주의원 등)을 중심으로 이루어진다. 정당 조직이 지역 선거구의 유권자들과 직접적으로 연결되어 있지 않다. 따라서 정당의 조직활동이 약한 지역일수록 후보자가 정당의 역할을 대신함으로써 현직의 이점을 더 많이 누리는 반면, 정당의 조직활동이 그나마 활발한 곳일수록 현직의 이점이 그만큼 약해진다는 역설적인 현상이 나타난다(Ansolabehere et al. 2000, 112).

이를 달리 표현하면, 현직이 정당을 대신하여 유권자의 투표 기준이 된다는 의미다. 유권자의 입장에서는 현직이기 때문에 지지하는 것이라기보다는 정당을 대표하는 현직의원에게 투표한다. 즉 유권자는 현직의원을 자신이 지지하는 정당으로 인식한다. 현직의 이점에는 사실상 정당에 대한 지지가 전제되어 있다는 것을 의미한다. 후보자 개인에 대한 지지도 있겠지만, 정당과의 일체감 혹은 당파적 투표의 또 다른 표현이 바로 현직 이점이다. 따라서 현직의 이점이 민주당의 하원패권과 관련이 있다면, 그것은 민주당에 대한 유권자의 당파적 투표의 결과가 현직의 이점으로 나타나고 있다는 주장으로 바뀌어야 한다.

결론적으로, 미국뿐만 아니라 다른 어느 나라에서도 현직이 도전자에 비해 유리한 것은 자명하다. 그러나 바로 이 사실 때문에 그것이 특별하게 분점정부의 원인이 될 수 있는가에 대해서는 회의적이다. 또한 이러한 설명은 원인은 없고 결과만 있는 설명이다. 즉 현직이 도전자에 비해 유리하기 때문에 하원을 민주당이 장악하고 있다는 설명은 민주당이 다수 의석을 차지하고 있기 때문에 다시 민주당이 다수 의석을 차지한다는 순환논법이자, 애초 민주당이 의회(상원과 하원)의 다수 의석을 얻을 수 있었던 원인에 대한 설명이 누락되었다.

또한 현직의 이점이 분점정부의 원인이라는 주장은 현직이 유리함에도 불구하고 1994년 이후 나타나기 시작한 하원에서의 공화당 우위 경향을 설명할 길이 없고, 공화당 주도의 분점정부에서 민주당 주도의 분점정부로 전환된 상황을 설명할 수 없다. 현직이 유리하기 때문에 분점정부가 유지되어왔다면 클린턴 시기는 당연히 단점정부가 되어야 했음에도 불구하고 공화당이 원내 다수의석을 차지하면서 분점정부가 다시 시작되었다는 것은 이 설명이 갖는 한계를 그대로 드러내고 있다.[125)]

(3) 선거자금 모금제도

다음으로 선거자금 모금제도를 보자. 1973년 연방선거법은 선거와 관련하여 노조나 기업, 이익단체가 정당의 선거자금을 기부하기 위해서는 반드시 정치활동위원회(PAC)를 통하도록 규정하고 있다(O'Connor & Sabato 1999, 571). 정치활동위원회는 반드시 복수의 후보에게 기금을 지원해야 한다. 공화당은 이 규정이 공화당에게 불리하고, 민주당에게 유리하게 작용하고 있다고 주장했다(Jacobson 1990, 96-102). 그러나 그럼에도 불구하고 실제 공화당은 민주당에

125) 주목할 사실은 현직이 유리함에도 불구하고 전통적인 민주당 지지기반인 남부지역에서 더 이상 민주당 강세가 유지되고 있지 않다. 이제 더 이상 'solid south'는 최소한 하원선거에서는 선거의 지배적 경향이 아니다. 오히려 전통적인 민주당 강세지역에서 공화당 후보가 당선되고 있고, 이는 대통령후보에 대한 투표에서도 그대로 반영되고 있다(Jacobson 19990, 131; 최선근 1998; 백창재 1998, 130-134; 손호철 2002, 125).

비해 더 많은 선거자금을 모금하고 있고(O'Connor & Sabato 1999, 573, 특히 Figure 14.1 참조), 공화당 도전자들이 민주당 현직에 비해 더 많은 자금을 선거에서 지출하고 있다.

일례로 공화당 후보는 민주당 후보에 비해 1980년에는 평균 56% 이상을 지출하고 있고, 1984년에는 45% 이상, 1988년에는 31% 이상의 선거자금을 더 지출하고 있다(Jacobson 1990, 97). 오히려 공화당의 주장은 정치활동위원회를 통한 선거자금 기부가 복수의 정당에게 기부해야 한다는 연방선거법의 규정 때문에 공화당에 더 집중될 수 있음에도 불구하고, 민주당으로 분산되는 것을 지적한 것에 불과하다.

3) 소 결

이상의 논의를 통해 분점정부를 출현시키는 주요 요인으로서 행태적 요인과 제도적 요인을 살펴보았다. 분점정부의 등장을 유권자의 행태적 요인에서 찾는 균형투표자모델, 정책균형모델, 중앙투표자모델 등은 유권자가 합리적인 행위자라는 가정에서 출발하여 개인의 선호에 따른 합리적인 선택의 결과가 분점정부라고 보고 있다.

반면 행태적 요인보다는 제도적 요인을 강조하는 이들은 개별적 수준(idiosyncratic level)이라면 몰라도 집합적 수준에서 선호는 경험적으로 입증하기 힘들기 때문에 보다 구체적인 현실의 제도적 장치가 분점정부를 등장시키는 요인이라고 본다.

두 가지 입장 모두 진실의 일면을 담고 있는 것만은 사실이다. 그러나 총체적으로 분점정부의 등장을 설명하기에는 부족하다. 이러한 현실은 곧 미국 정당정치의 발전궤적과 현재성에 대한 연구가 부족하기 때문에 나타난다. 따라서 정당정치의 재편과정과 선거정치의 변화라는 두 가지 측면에서 동시에 접근할 때 분점정부를 등장시킨 요인에 대한 정확한 이해가 가능하다. 다시 말해 1952년 이후 몇몇 예외상황을 제외하면 공화당이 지속적으로 대통령 선거에 승리하고 있음에도 불구하고 민주당이 하원을 장악하는 것은 특히 선거정치의 결과라는 주장에 주목할 필요가 있다(Jacobson 1990, 105).

여기서 선거정치의 결과에 대한 해석이 중요하다. 공화당이 대통령에 지속적으로 당선된다는 것이 곧 공화당에 대한 유권자의 지지가 민주당보다 훨씬 높다는 것을 의미하는 것은 아니다. 왜냐하면 미국의 대통령선거는 승자독식의 선거인단제도 때문에 실제 유권자 투표와 대통령선거결과가 다르거나 왜곡될 수 있기 때문이다. 또한 그렇기 때문에 민주당이 하원에서 패권을 차지하는 것도 승자독식의 단순다수대표제라는 미국 선거제도의 변수와 하원선거에서 공화당의 현실적인 한계(민주당에 비해 열등한 후보, 이슈선점의 실패) 등을 고려할 필요가 있다.

따라서 분점정부의 반복적인 출현 등 현재 나타나고 있는 선거정치의 다양한 측면들에 대한 종합적인 분석도 필요할 것이다. 다만, 하원에서 민주당의 오랜 패권이 민주주의의 종언이라고 선언하는 공화당의 주장은 근거가 없고, 오히려 하원에서의 민주당 패권은 공화당 후보의 감세정책을 더욱 호소력 있게 만드는 요인이며, 민주당의 하원 패권은 유권자들이 지지하는 정책(예컨대 사회보장체계, 소수자보호 등)을 공화당 행정부로부터 지켜주는 역할을 한다.

성공적인 공화당 행정부에 의해 현직 민주당의원들이 위협받지는 않는다. 역사적 사례를 볼 때 오히려 현직 민주당의원들에 대한 가장 심각한 위협은 공화당 행정부가 아니라 실패한 민주당 행정부에 있다는 경고는 의미심장하다(Jacobson 1990, 135).

3. 미국 분점정부와 정부운영

이 절에서는 분점정부가 실제로 등장했을 때의 정부운영, 보다 구체적으로는 대통령의 통치력이 저하되는가의 여부를 살펴보고자 한다. 이에 대해서는 크게 세 가지 입장이 존재하는데, 분점정부가 통치력을 저하시킨다는 입장, 분점정부는 미국 헌법의 정신에 근접한 정부로서 위협보다는 기회요인이 더 많다고 보는 입장, 분점정부하의 입법과정분석을 통해 볼 때 분점정부와 통치력과는 무관하다고 보는 입장이 그것이다.

다음으로, 분점정부에 대한 대응을 비판적으로 평가해보고자 한다. 특히 제도개혁이라는 이름으로 진행되는 이 논의는 분점정부가 통치력에 영향을 미치는가의 여부와 상관없이, 분점정부가 정부운영에 악영향을 미칠 수 없도록 대응할 필요성을 강조한다. 따라서 이 절에서는 분점정부와 함께 부상하고 있는 제도개혁 논의를 비판적으로 평가해보고자 한다.

1) 분점정부와 통치력

(1) 부정적 인식

먼저 분점정부의 통치력을 부정적으로 보는 입장을 살펴보자. 제2장에서 언급했듯이 정당정부론의 입장에서 분점정부는 존재 자체가 부정적이다. 분점정부는 서로 다른 정당이 행정부와 입법부를 독자적으로 장악하고 있어 어느 쪽에도 책임을 부과할 수 없기 때문에 정부운영의 책임성이 실종된다고 본다. 이러한 문제는 선출된 대표들의 문제가 아니라 정부기관의 분리성을 촉진시키고, 진정으로 책임 있는 국가정책을 입안하기 어렵게 만드는 대통령제 자체의 문제다. 이는 미국 헌법의 권력분리 규정으로부터 기인하는 것이지만, 다른 한편으로는 유럽의 이념정당과는 다른 약한 정당조직과 이에 따른 책임정당의 부재에도 원인이 있다(Kirkpatrick 1971, 966-967).

따라서 분점정부는 이러한 문제점들이 극대화되어 서로 정치적 책임을 전가하는 현상, 즉 대통령은 의회를 비난하고, 의회는 대통령을 비난하는 상황을 발생시킨다. 이로 인해 대중은 혼란스러워지고, 정부를 혐오하게 되며, 책임정치는 불가능하게 된다(Pfiffner 1991, 45). 정당조직의 약화와 책임정당의 부재로 인해 단점정부하에서도 정부의 일관된 정책추진이 힘든데, 하물며 정부기관의 분리성이 극대화되는 분점정부에서는 그런 기대 자체가 불가능하다.[126]

---

126) 선키스트는 분점정부가 출현하면, "정당 간의 건전한 경쟁이 정부제도 간의 불건전한 경쟁으로 전환된다"고 본다(Sundquist 1988, 629).

그런데 백창재가 지적하듯이(백창재 1998, 141-142), 이러한 인식에는 논리적 모순이 있다. 즉 정당의 조직이 약화되고, 그로 인해 책임정당이 부재한 상황이 미국정치의 현실이라면, 이러한 현실의 제약요인은 단점정부인가 분점정부인가와 상관없이 나타날 수밖에 없다. 만약 정당조직의 약화와 책임정당의 부재가 단점정부에서도 문제가 된다면 동일하게 분점정부에서도 문제가 될 수밖에 없으며, 역으로 그렇기 때문에 분점정부이기 때문에 정부운영이 마비된다는 주장은 논리모순이라는 것이다. 정당의 약화가 단점정부에서도 문제가 되고 있기 때문에 분점정부에서만 이러한 문제점이 특별히 극대화된다고 주장할 수는 없다.(백창재 1998, 142).

물론 분점정부 상황에서는 행정부와 입법부 간의 분리성이 엄격해지기 때문에 단점정부에서 나타나는 문제점이 증폭될 수 있을지 모른다. 그러나 논리상 정당의 조직이 강화되고, 정당의 책임정치가 정착된다면 분점정부에서도 문제점은 그리 크게 나타나지 않을 것이다. 결국 미국 정치의 비효율성과 통치력 저하가 정부유형이 아니라 정당변수에 의해 좌우되는 것이라면, 단점정부라고 해서 정부의 효율성이 제고되고, 분점정부라고 해서 정부의 통치력이 저하되는 것은 아니다.

또한 이들의 논리대로라면 단점정부하에서 정부의 효율성과 통치력이 제고된다는 것을 경험적으로 입증해야 한다. 그래야 정부유형변수, 즉 단점정부인가 분점정부인가의 여부가 정부의 통치력과 효율성을 좌우하는 것으로 볼 수 있기 때문이다(Price 1996, 567-580; 백창재 1998, 142-143). 그러나 경험적 연구를 통해 알 수 있듯이, 성공적인 대통령과 의회 다수당과의 관계는 별다른 상관관계가 없는 것으로 나타나고 있다. 정부유형변수는 정부의 통치력이나 효율성과 무관하지는 않겠지만, 인과관계는 아니다.

프라이스(Matthew Price)의 조사에 따르면(Price 1996, 567), 성공적인 대통령으로 평가되는 워싱턴, 링컨(공화당), 씨어도어 루스벨트(공화당), 프랭클린 루스벨트(민주당) 등은 단점정부하에서 국정을 운영했다. 반면 실패한 대통령으로 평가되는 앤드류 존슨(공화당), 하딩(공화당), 후버(공화당), 카터(민주당) 대통령도 단점정부하에서 국정을 운영했다. 이는 곧 단점정부일 경우 대통령의 성공적인 정부운영이 가능할 수도 있지만, 그렇지 않을 수도 있다는 것을 보여주는 사례다.

결론적으로, 단점정부는 성공적인 정부운영의 필요조건일지는 몰라도, 충분조건은 아니다. 또한 분점정부이기 때문에 실패한 정부가 나타나는 것은 아니며, 트루먼과 아이젠하워, 레이건, 클린턴에 이르기까지 분점정부임에도 불구하고 성공한 정부는 많았다. 분점정부에 대한 경험적 분석의 결여야말로 분점정부에 대한 부정론이 해결해야할 과제다(오승용 2004a, 170).

(2) 긍정적 인식

분점정부를 긍정적으로 인식하는 부류는 미국의 헌법정신을 강조한다. 즉 미국 헌법의 기초자들은 결코 효율적인 정부를 원했던 것이 아니라 개인의 자유에 대한 침해와 다수파의 소수파에 대한 전제를 우려했다.[127] 수백 년 동안 헌법의 정신은 수정되지 않았고,

127) 이 때문에 나이(Joseph Nye, Jr.)는 미국의 정부는 불신(mistrust)에

이러한 헌법에 기초하여 미국은 별다른 문제없이 안정과 번영을 누려왔다.

이들에 따르면(Pfiffner 1991, 46), 미국 헌법의 기본정신은 분리주의(separatism)에 입각한 정부기관 간의 평등한 분리에 있으며, 분점정부는 이러한 헌법의 정신에 가장 근접한 정부유형이다. 지금까지 미국 역사상 수많은 분점정부가 등장했음에도 불구하고 헌정체계가 유지되고 있는 것은 이러한 분리주의에 근본적인 결함이 있는 것이 결코 아니라는 것을 보여준다. 대통령과 의회의 관계에 있어서도 중요한 법안은 공화당과 민주당의 타협 이전에 사회의 광범위한 합의에 기초하여 처리되어왔고, 만약 이러한 합의 없이 통과된 법이 있다면 그 법은 집행되기 어렵다.

이들은 분점정부가 출현할 경우 오히려 '기회'의 측면이 더 많다고 주장한다(오승용 2004a, 171). 대표적인 예가 1986년의 조세개혁법(Tax Reform Act)이다. 이 법은 책임정당이론으로는 효과적으로 설명할 수 없는데, 당시 레이건은 조세개혁법 입법과정에서 제한적인 역할만을 수행했고, 입법 당시 의회의 지지를 동원하지도 않았다. 조세개혁법은 민주당의 압력이나 공화당의 주도에 의해서 이루어진 것이 아니라, 양당 의원들의 국민에 대한 신임 경쟁에 의해 산출된 법이다. 즉 민주당과 공화당은 경쟁적으로 조세개혁법 입법에 나섬으로써 대중의 신뢰를 확보한 후, 이를 상대방에 대한 공격의 빌미로 삼고자 했다(Conlan et al. 1990, 237).

1981년의 경제회복을 위한 세법개정(Economic Recovery Tax Act)도 마찬가지다. 이 법안은 민주당과 공화당의 국민에 대한 신뢰경쟁

기초한 정부라고 이야기하고 있다(Nye 1997, 2).

이 세제개혁을 통한 세금감소로 이어진 대표적인 사례였다. 헌법이 보장한 권력분리가 양당간의 경쟁을 조장함으로써 긍정적인 효과를 발휘했던 또 하나의 사례였다.

따라서 분점정부는 미국 헌법의 분리주의 원칙에 부합하는 정부 유형으로서 책임정치가 실종되어 정부운영이 마비되는 것이 아니며, 오히려 양당간의 경쟁관계를 자극함으로써 단점정부의 정부운영과는 다른 새로운 정부운영의 모델을 구축할 수 있는 기회의 측면도 있다(오승용 2004a, 171).

(3) 정부유형과 무관

다원주의자들은 분점정부든 단점정부든 통치력에서 큰 차이를 보이지 않는다고 본다. 분점정부 상황에서도 단점정부와 마찬가지로 핵심 법안은 의회에서 통과되어 집행되어 왔기 때문에 단점정부인가 분점정부인가의 문제는 중요하지 않다. 긍정론과 마찬가지로, 정부유형이 통치력을 좌우하는 변수가 아니라고 본다.

메이휴에 따르면, 최근 들어 단점정부라 할지라도 분점정부와 비교할 때 통치력의 차이가 나타나지 않는데, 의회 상임위에서는 공공성에 입각하여 행정부의 오류를 철저하게 밝혀내고 있고, 핵심 법안의 경우에는 단점정부인가 분점정부인가에 상관없이 입법화에 성공하고 있기 때문이다(Mayhew 1991, 7).

메이휴는 1947년부터 1988년까지 의회에서 통과된 주요 법안을 포괄적으로 검토하면서 정부유형(단점정부/분점정부)과 법안산출 간의 상관관계를 추적한다. 메이휴의 분석을 보면(Mayhew 1991, 34-50),

1947년에서 1988년까지 입법화된 핵심 법안을 분점정부와 단점정부 상황으로 구분하여 살펴본 결과, 분점정부 시기에는 평균 11.7개의 핵심 법안들이 통과됨으로써 단점정부 시기의 평균 12.8개와 큰 차이를 보이지 않았다. 80대 의회에서 101대 의회까지 각 의회별로 나누어 보면, 입법산출의 차이는 특정 시기에 따라 나타날 뿐 정부유형과는 무관하게 핵심 법안들이 입법에 성공했음을 알 수 있다.

〈표 9〉 각 의회의 정부구성과 주요 입법의 수

의 회	80	81	82	83	84	85	86	87	88	89	90
행정부	트루먼(D)			아이젠하워(R)				케네디(D)	케네디/존슨(D)	존슨(D)	
의 회	R	D		R	D						
정부유형	DG	UG	UG	UG	DG	DG	DG	UG	UG	UG	DG
주요입법수	10	12	6	9	6	11	5	15	13	22	16
의 회	91	92	93	94	95	96	97	98	99	100	101
행정부	닉슨(R)		닉슨/포드(R)	포드(R)	카터(D)		레이건(R)				부시(R)
의 회	D						상원-R, 하원-D				D
정부유형	DG	DG	DG	DG	UG	UG	DG	DG	DG	DG	DG
주요입법수	22	16	22	14	12	10	9	7	9	12	9

* 출처: 백창재(1998, 138)
** R: 공화당, D: 민주당, DG: 분점정부, UG: 단점정부

이는 특정한 문제를 해결해야 한다는 여론이 비등해질 경우 양당과 양부간의 대립에도 불구하고 정책이 입법화된다는 것을 의미한다. 요컨대 분점정부의 상황에서도 정부의 무능력이나 비효율은 나타나지 않았다. 또한 그는 '이데올로기의 물결'(ideological waves)이 정책결정을 지배하는 시기의 경우에는 정부유형과는 상관없이 특정

한 이데올로기적 정향을 갖는 법안들이 집중적으로 입법화되었다고 주장한다. 즉 미국정치에서 중요한 자유주의적 입법들은 특정한 정당(민주당)이 지배하던 시기에만 국한된 것은 아니었다.[128] 그에 따르면, 이러한 물결이 정치질서를 지배하면 정당의 이념적 지향을 넘어서는 입법이 가능한데, 예컨대 닉슨 대통령 시기의 자유주의적 입법들은 트루먼, 케네디, 존슨, 심지어 카터시기를 능가할 정도로 많았다(Mayhew 1991, 63-64). 또한 성공한 대통령과 책임정당정부(대통령 소속당의 의회 통제)와는 상관관계가 존재하지 않는다고 주장한다. 1946년부터 1988년까지 단점정부는 대통령의 성공에 필요조건도 충분조건도 아니었다(Mayhew 1991, 75).

그러나 메이휴가 단점정부와 분점정부가 아무런 차이도 없다고 주장하는 것은 아니다. 그에 따르면 단점정부와 분점정부는 아주 작은 차이가 있다. 그러나 그러한 차이는 정부유형에서 유래하는 것이 아니라, 선거정치의 특성에서 연유한다. 예컨대, 대통령 출마를 염두에 둔 많은 상원의원들은 의정활동 실적을 쌓기 위해 문제를 해결하기 위한 광범위한 연합을 구축할 필요가 있다. 그렇기 때문에 분점정부라 할지라도 의회의 입법산출이 특별히 저하되지 않는다. 또한 의회 의원들에게 여론은 정당의 노선보다 우선하며, 특정 사안(법안)에 대한 대중의 태도는 의회에서의 입법을 촉발시키는 가장 중요한 기준이 된다. 그래서 분점정부가 행정부를 난처하게 하는 것은 사실이지만, 그렇다고 그 자체가 정책산출 저하의 원인이 되지는 않는 것으로 본다(Mayhew 1991, 122 & 134).

---

128) 예컨대 존슨의 위대한 사회(Great Society) 프로그램을 위시한 다양한 민권법 제정 등이 이에 해당한다.

(4) 평 가

앞에서의 논의를 통해, 분점정부라고 해서 반드시 정부의 비효율성과 정부운영의 마비로 이어지는 것은 아니고, 단점정부라고 해서 정부가 효율적으로 운영되고, 정책산출이 제고되어 통치력이 향상되는 것은 아니라는 점을 확인했다. 그러나 이러한 사례들에 대한 접근만으로는 단점정부와 분점정부의 차이에 대한 정확한 분석이 어렵다.[129)]

우선 분점정부와 재정적자의 관계에 대해 상반되는 경험적 연구들이 제시되고 있다. 민주당은 지출증대가 최우선 목표이고, 공화당은 세금감소나 군비지출 증대가 최우선 목표이기 때문에 분점정부의 상황에서는 양당의 타협으로 인해 지출증대와 감세(減稅) 혹은 국내지출과 군비지출이 동시에 추구되는 경향이 있다는 분석이 있다(Cutler 1988; McCubbins 1991; Cox & McCubbins 1991). 반면 재정수지와 분점정부 간에는 아무런 관계가 없다는 발견도 있다(Alt & Stewart 1990). 또한 분점정부에서 예산 책정을 둘러싸고 예산국(Office of Management and Budget)과 의회 간의 충돌과 갈등이 증대되었다는 분석이 있는가 하면, 분점정부는 행정부 관료들의 정책에 대한 책임성을 감소시키는 경향이 있다는 주장도 있다.

지금까지 수행된 경험적 연구 중 가장 포괄적인 메이휴의 연구는 분점정부와 입법산출 간에 별다른 관계가 없음을 발견했다. 메이휴는 지난 수십 년간 의회에서 통과된 주요 법안에 대한 재분석을 통해 분점정부하에서도 의회에서 통과된 법안의 수가 단점정부와 비

129) 이하의 논의는 백창재(1998)의 정리에 많이 의존했음을 밝혀둔다.

교할 때 결코 줄어들지 않았다는 사실을 발견했다(Mayhew 1991). 그러나 최근에는 분점정부가 의회에서 통과된 핵심 법안의 수에 영향을 미치고 있다는 연구결과도 있다(Krehbiel 1988; Edwards et al. 1997; Binder 1999; Coleman 1999).

메이휴의 분석과 최근의 연구들이 서로 상반되는 결과가 도출되는 이유는 의회의 생산성을 바라보는 시각과 분석방법의 차이가 존재하기 때문이다. 즉 의회에서 통과되거나 부결된 주요 법안들을 측정하는 방법과 분점정부의 독립변수를 무엇으로 보는가의 차이에서 기인한다. 메이휴는 전후(戰後) 의회에서 통과된 법안들만을 분석대상으로 했기 때문에 분점정부와 단점정부의 차이가 거의 없다는 결론에 도달할 수 있었으나, 그러한 사후적 평가에 기초한 분석은 사후적 평가의 기준(핵심 법안의 기준)이 정확하지 않을 경우 대상에서 누락되는 사례가 발생할 수 있고, 대상에 포함된 자료의 경우도 그에 대한 해석의 문제가 발생한다. 즉 메이휴는 전후 모든 법안을 대상으로 하고 있는 것이 아니라, 핵심 법안들만을 선별하여 분석하고 있기 때문에 핵심 법안 선정기준의 모호성이 존재할 수밖에 없고, 분석자의 시각에 따라 핵심 법안은 얼마든지 달라질 수 있다(오승용 2004a, 172).

또한 메이휴는 1948년 이후 의회에서 통과된 법안의 수를 분석자료로 삼고 있기 때문에 법안 내용의 변질과정이나 차이에 대해서는 단점정부와 분점정부 간의 차이를 알 수 없다는 문제가 있다. 설사 법안이 통과되었다할지라도 어떤 내용으로 통과되었는가는 대단히 중요한 문제다. 예컨대 행정부의 견해와 의회 다수당의 견해가 상치되는 정책이나 법안의 경우, 양자의 타협으로 애초 행정부의 의도와는 거리가 있는 정책이나 법안이 통과될 가능성이 있다. 입법에 성공한 법안을 반드시 정부의 통치력의 제고로 볼 수 없고, 입법에 실패한 법안을 반드시 정부의 통치력의 저하로 볼 수는 없는 이유가 여기에 있다.

지금까지 검토한 바와 같이, 분점정부의 영향은 한 방향으로 확실한 결론을 내리기 힘들다. 상반된 사례들과 경험적 증거들이 제시되고 있기 때문이다. 어떤 경우에는 분점정부가 정책산출과 통치력의 저하를 가져오고, 어떤 경우에는 그렇지 않다고 결론을 내려야 한다. 이는 곧 구체상황에 대한 구체분석의 문제라는 의미다. 다시 말해 분점정부의 영향을 증대시키거나 혹은 상쇄시키는 다양한 변수들이 작동하고 있다는 것을 의미한다.[130)]

지금까지 검토한 논의들을 종합해볼 때, 미국에서 분점정부가 정부의 통치력에 미치는 영향은 일관되게 부정적인 것은 아니라고 결론지을 수 있다. 분점정부 상황에서 정부의 교착상태가 초래되는 경우도 있지만, 그렇지 않은 경우도 빈번하고, 또 이에 대한 다른 해석도 가능하다.

2) 분점정부의 대통령-의회관계

분점정부가 통치력에 미치는 영향이 일관되게 부정적인 것이 아니라고 했을 때 우리에게 주어진 보다 중요한 과제는 분점정부에서 정부의 마비와 무능력과 비효율이 초래되는 과정과 논리를 밝히고, 분점정부에서도 정책산출이 순조롭고 정상적인 정부운영이 이루어

130) 사실 그것을 밝혀내야 분점정부 연구의 진정한 진전을 가져올 수 있다.

지는 이유를 규명하는 것이다. 이는 일차적으로 대통령과 의회의 관계에서 시작할 수 있다. 몇 가지 예외를 제외하면, 역사적으로 볼 때 의회 내 다수당 소속 대통령이 보다 성공할 가능성이 높다는 주장은 설득력을 가지고 있다. 더욱이 위기상황에서 문제해결과 위기타결을 위해 대통령이 리더십을 발휘하는데 의회 내의 유리한 의석분포가 필요하다고 할 수 있다. 정당정부론의 주장처럼 정당은 행정부와 의회를 연계해주고 통합하는 수단이며, 따라서 의회를 장악한 대통령의 정당이 대통령의 통치권 행사를 지원해준다면 말이다. 그러나 가장 이상적이고 강력한 대통령의 표상인 프랭클린 루스벨트도 정당정부론의 이상처럼 정당이 지원하고 지지하는 대통령은 아니었다.

프랭클린 루스벨트는 백악관과 행정부를 통해 통치권을 행사했고, 원내 민주당보다는 여론에 직접 호소함으로써 의회를 움직였다(go public). 이 같은 전략은 강력한 대통령의 권한이 일정하게 유지되던 존슨이나 닉슨 시기에도 계속되었다. 레이건의 경우, 초기에는 공화당의 부활을 시도하기도 했으나, 우파정책에 대한 폭넓은 지지를 확보하기 위해 결국 백악관을 중심으로 우파 집단들을 동원하는 방식으로 변화함으로써 정당의 강화에는 한계가 있을 수밖에 없었다. 당내 내분에 시달린 부시나 클린턴 역시 백악관 중심의 통치권 행사방식으로 회귀했다.

요컨대, 미국의 경우 루스벨트 이후 대통령의 성공적인 리더십은 정당이 기여하는 바는 크게 줄어든 반면, 여론에 대한 직접 호소의 방식이나 의회 내 양당공조를 이루는 방식이 보다 중요해졌다. 행정부의 기능이 대폭 확대되고 정치과정에 참여하는 행위자들의 수가 크게 증대된 상황에서 대통령이 강력한 리더십을 발휘하기 위해서는 단순한 원내 다수당의 범위를 넘어선 폭넓은 지지기반을 필요로 했기 때문이다.

물론 분점정부의 상황이 이 같은 과제수행을 더욱 어렵게 만들 수는 있다. 그러나 성공적인 대통령의 리더십 행사에 있어 보다 중요한 것은 의회에서 다수 의석 이상의 광범위한 대중적 지지를 동원하는 것이다. 이렇게 폭넓은 지지기반을 이룬 경우에는 분점정부의 상황이 크게 문제가 되지 않을 수 있고, 다수당인 것이 오히려 의회 내의 양당공조를 어렵게 만들거나, 유리한 여론의 획득에 불리하게 작용할 수도 있다. 분점정부 비판론자들은 통치권 행사에 있어 정당의 역할이 축소되고 있는 최근의 현상을 간과함으로써 분점정부의 문제점을 과장하게 된 셈이다.

이와 관련하여, 미국정치체계의 성격을 둘러싼 보다 규범적인 논쟁과 관련하여 분점정부의 영향에 대한 평가들을 검토해볼 필요가 있다. 분점정부 비판론자들은 분점정부 상황에서는 양당간의 대립이 양부간의 대립으로 전이되고 확대되어 정부가 교착과 마비 상태에 빠짐으로써 정책수립이 이루어지지 않거나 비효율적이고 무책임한 정책이 수립·집행된다고 비판한다. 그러나 존스(Charles Jones)나 메이휴와 같은 다원론자들은 이 주장에 회의를 표시하고 있다(Mayhew 1991; Jones 1995). 우선 양당간 혹은 양부간 대립 때문에 정책이 이루어지지 않는다면, 이는 공유된 정책목표가 존재하지 않았기 때문이다. 물론 공유된 정책목표가 있는 경우에도 다른 차원에서의 정당대립 때문에 정책이 이루어지지 못하거나 비효율적인 경우가 있을 수 있고, 이는 당연히 분점정부의 비용이다. 그러나 이 같은 비용 역시 정도의 문제이며, 분점정부는 장점 역시 지니고 있다.

우선 분점정부 상황이라도 주어진 이슈가 정말 긴급히 필요한 것이라면 대개 양부간, 양당간 타협이 이루어진다. 그리고 어느 일방이 독주할 수 없는 분점정부 상황에서는 대개 중도노선으로 정책이 수립되는데, 이는 유권자들의 선호에 가장 가까운 것 일수도 있다. 이러한 장점이라면 그 비용을 상쇄할 수 있다고 다원론자들은 주장한다. 이와 관련하여 다원론자들은 분점정부 비판론자들이 정당정부론과 책임정당론, 그리고 강력한 대통령제를 동경함으로써 정부의 통치력을 대통령 중심으로만 바라보고 있음을 비판한다. 중요한 것은 대통령이 원하는 것을 입법화하는 데 성공하느냐의 여부가 아니라 체제 전체의 산출능력이며, 의회 역시 체제의 한 부분이다. 예컨대 닉슨 시기 후반, 대통령과 행정부는 헌정의 위기를 초래했지만 의회는 많은 주요 정책들을 입법화하는 데 성공했고, 이는 분점정부 상황이었기에 가능했다.

3) 미국 분점정부: 진단과 처방

분점정부의 정부운영에 대한 진단과 평가가 다르듯, 그 처방도 다르다. 분점정부가 정부(대통령)의 통치력에 영향을 미치는가에 대한 논쟁과 별개로, 분점정부의 현실에 대한 대응의 필요성은 꾸준히 제기되어 왔다. 지금까지 분점정부의 대안과 관련하여 크게 네 가지 처방이 제출되었다.[131]

131) 이하의 논의는 피프너(James Pfiffner)의 정리에 일정 부분 의존하고 있다. 다만 세부적인 내용은 다른 논자들의 주장을 많이 추가했다

첫째, 별다른 대안이 필요 없다(Do Nothing)는 입장이다. 분점정부가 문제라고는 하지만, 미국의 정치체계는 중요한 정책을 추진할 만큼 충분히 합의가 이루어지고 있으며, 분점정부의 잦은 출현에도 불구하고 정부의 기능이 마비된 적은 없었다. 더구나 정부가 일치된 행동을 할 경우 체제의 능력을 향상시킬 수 있을지는 몰라도, 압제의 위험이 도사리고 있기 때문에 분점정부의 출현을 억제시키기 위한 대안은 불필요하다는 입장이다(Pfiffner 1991, 49). 특히 이 입장은 정책산출을 증대시키기 위한 어설픈 구조개편은 바람직하지 않은 것으로 본다. 이와 관련하여 슐레진저는(Schlesinger 1986, 277), 미국의 역사는 일정한 주기로 진보해왔다고 주장한다. 미국의 정치체계를 의회제에 가깝게 변화시키려는 시도는 편협한 시각이며, 만약 교착상태를 원하지 않는다면 보다 나은 대통령, 보다 나은 의원을 선출하면 된다고 주장한다.

이러한 시각에 따르면, 정책방향의 일관성이 결여되어 있다는 것은 유권자가 분리되어 있다는 의미를 내포하고 있으며, 대통령과 의회가 정책에 대한 일관된 합의가 이루어질 수 없는 것은 유권자들 사이의 불일치를 반영한 것에 불과하다. 한쪽을 받아들이기 위해 다른 한쪽의 포기를 강요하는 것은 정당한 해결책이 아니다. 이것은 보다 많은 갈등만을 유발시킬 뿐이며, 정부를 일치된 행동으로 나아가게 하는 것도 아니다(Pfiffner 1991, 49).

(Pfiffner 1991, 49-54). 참고로 피프너의 글은 써버(James Thurber)가 편집한 *Divided Democracy: Cooperation and Conflict Between the President and Congress*(1991)에 수록되어 있는데, 이 책은 대통령과 의회와의 관계를 중심으로 분점정부의 정부운영을 서술하고 있는 중요한 책이다.

둘째, 책임정당정부의 복구를 주장하는 입장이다. 분점정부의 문제점을 극복하기 위한 가장 전통적인 방식으로 이러한 시도는 이미 1950년대 미국정치학회 정당분과위원회의 정당개혁방안에서도 제시된바 있다. 1960년대 정치학자들의 주된 관심사는 어떻게 미국의 헌정체계가 운영되어야 하는가에 있었다. 당시까지도 정당은 분리된 정부기관을 통합하는 제도이며, 일관된 정책결정이 가능하도록 하는 수단으로 인식되었다. 대통령은 이러한 정당의 지도자이자, 정부의 최고 정책결정자로서 행정부를 직접 통할하고, 의회에 대해서는 소속 정당에서의 리더십을 통해 간접적으로 관여할 수 있어야 한다고 보았다. 그러기 위해서는 중요한 전제가 필요한데, 행정부와 입법부를 다수당이 통제해야 한다(Sundquist 1988, 623-624).

이과 관련하여 선키스트는 분점정부의 문제점을 극복하기 위한 몇 가지 구체적인 대안을 제시한다. 우선 그는 팀티켓(team ticket) 제도를 도입할 것을 주장하는데, 팀티켓이란 대통령-부통령, 상원, 하원으로 분리되어 있는 투표용지를 한 장으로 통합하되, 대통령-부통령-상원-하원을 정당별로 기재하여 한 정당에게 투표하면 대통령-부통령-상원의원-하원의원까지 일괄 지지하도록 하는 방법이다. 분리투표 자체를 원천봉쇄하려는 시도이다. 또한 상원과 하원의원의 임기를 조정하여 현행 '4-6-2' 시스템을 '4-8-4' 시스템으로 바꾸자고 주장한다. 그렇게 되면 중간선거가 사라지기 때문에 대통령의 임기 중에는 분점정부가 나타날 수 없다. 다만 실패한 정부가 등장할 경우를 대비하여 특별선거(special elections)가 가능하도록 헌법을 개정하여 정부를 재구성할 수 있도록 하자고 주장하고 있다 (Sundquist 1986, 240-241).

미국에서는 1982년 '헌정개혁위원회'(Committee on the Constitutional System)가 구성됐고, 1985년에는 근본적인 구조개혁이 필요하다는 데 합의를 했지만, 개혁의 필요성에 대한 광범위한 합의에 비해 실제로 변한 것은 거의 없었다. 헌법에 규정된 헌법수정절차가 너무 복잡하고, 까다로웠기 때문이다(Pfiffner 1991, 50-51).

셋째, 양당위원회나 정기적으로 구성되는 자동적인 기구를 만들자는 입장이다. 즉 분점정부의 출현은 정치적 갈등과 정책의 마비 등으로 정책결정의 교착에 이를 수 있기 때문에, 분점정부 상황이 되면 자동적으로 양당이 참여하는 위원회를 구성하여 중요 정책을 위원회를 통해 결정하자는 주장이다. 이렇게 될 경우 서로 상대방에게 책임을 전가하는 경향도 사라질 것이며, 정책결정이 마비되는 일도 없다.

양당위원회는 대통령과 의회에서 일정수를 임명하여 타협이 필요한 문제들을 해결하는 임무를 갖게 된다. 이 모델은 책임정당 모델과는 맥락이 다른 대안이다. 왜냐하면 단일 정당이 국정운영의 책임을 지고 정부를 이끌어 가는 것이 아니라 현실적인 힘의 한계를 인정하고, 타협을 통해 정부를 운영하는 것이기 때문이다. 이러한 양당 위원회의 가장 큰 장점은 어느 정당도 어려운 정책결정에 대한 지문(fingerprint)을 남기지 않아도 된다. 즉 책임성으로부터 면죄부를 부여받을 수 있다.

또한 몇 년을 주기로 정기적으로 구성되는 기구를 통해 정책결정을 하는 방법 역시 대통령과 의회가 책임성으로부터 면죄부를 부여받는 방법 중의 하나다. 예컨대 1998년 매 4년마다 구성되는 연방위원회는 연방고위공직자의 임금을 인상했는데, 이는 관료들의 요구를 수용한 측면이 있었지만, 대중들의 정서와는 반대되는 정책이었다. 행정부와 의회로서는 자신들의 손으로 처리하기에는 부담이 되는 '지저분한 사안들'을 정치적 책임을 지지 않고 손쉽게 해결하는 방법으로 정기적으로 소집되는 비상설 기구들을 활용했다. 세 번째의 대안은 근본적인 해결책이라기보다는 직면한 문제를 해결하기 위한 임시방편적 대안이다.

마지막으로, 대통령에게 보다 많은 권한을 부여하는 방법이다. 선키스트는 분점정부에서 등장할 수 있는 정치적 교착상태를 해결하는 방법은 대통령에게 더 많은 권한을 부여하고, 의회의 권한을 축소함으로써 힘의 평형상태를 무너뜨려야 한다고 주장한다(Sundquist 1986; 1988). 이렇게 될 경우 분점정부이든 단점정부이든 행정부의 통치력이나 정책산출의 효율성에 있어 전혀 문제될 것이 없다.

이러한 주장이 개진되는 배경은 크게 두 가지다. 하나는 대통령제의 특성상 대통령에게 권력이 집중되는 것은 당연한데, 특히 대통령과 의회의 완전한 권력균형이란 사실상 존재하기 힘들고, 그렇게 될 경우 대통령 중심제의 취지와도 맞지 않는다. 분점정부의 문제점을 해결하기 위해서는 대통령 중심제의 특성을 보다 강화하는 방향으로 변화시켜야 한다는 주장이다. 다른 하나는, 의회는 원래 약점을 갖고 있는 제도이기 때문에 의회의 권한을 축소해야 한다는 신념에 기초하고 있다. 대표제도는 개인주의와 연고주의를 만들 수밖에 없고, 개인주의는 의회의 권위를 파편화시키고, 분산시킨다. 이러한 경향은 결국 의회의 통치의지와 정국 주도능력을 침해함으로써 권력을 표류하게 만들며, 이것이 의회가 갖는 약점이다(Sundquist 1986, 657). 그러나 이러한 주장은 대통령에 대한 신화와 의회에 대한 뿌리 깊은 오해가 결합된 주장에 불과하다.

분점정부의 대안과 관련하여 네 가지 방향에서의 변화가 시도되고 있지만, 문제를 해결하는 완벽한 대안은 아직 없다. 왜냐하면 미국의 헌법상 행정부와 입법부의 균형은 근본적으로 헌법의 개혁 없이는 불가능한 것이기 때문이다. 분점정부가 헌법의 기획에서부터 출발하는 것이기 때문에 근본적으로 분점정부의 출현을 억제시키려는 인위적인 노력은 헌법의 문제를 해결하지 않고는 풀릴 수 없다.

문제는 이러한 시도들의 유의미성 혹은 바람직성이다. 누차 강조했듯이, 분점정부가 반드시 극복해야 할 대상인가에 대해서는 동의할 수 없고, 설사 분점정부를 극복하려 하더라도 헌법이 규정한 권력분리의 원칙이 바뀌지 않는 한 그리고 대통령제라는 정부형태를 바꾸지 않는 한 분점정부의 문제로부터 결코 자유로울 수 없기 때문이다.

따라서 제도개혁의 이름으로 진행되는 분점정부에 대한 대안적 논의들이 자칫 통치의 효율성 논리에 매몰될 경우, 하나를 얻으면 또 하나를 잃게 되는 악순환을 되풀이할 수밖에 없다. 그럴 경우 정치지형 전체의 변화를 수반하지 않으면 안 되고, 새로운 제도적 환경에서 발생하는 새로운 모험 내지 위험요인 역시 고려하지 않으면 안 된다. 이것이 바로 제도개혁론자들의 개혁논의가 갖는 딜레마이자 한계다.

Ⅳ. 한국 분점정부와 대통령-의회관계

이 장에서는 한국 분점정부에 대한 종합적인 접근을 시도한다. 이를 위해 먼저 한국 분점정부의 현황과 기원 그리고 1988년 이후 정부유형의 변화과정을 주요 선거를 중심으로 살펴본다. 이어 한국 분점정부의 등장 요인을 밝히고자 하는데, 여기서는 미국의 사례를 참조하여 분점정부의 등장 요인을 크게 구조적·제도적 요인과 정치적 요인으로 구분했다. 다음으로, 입법과정에 대한 분석을 통해 한국 분점정부의 대통령-의회관계의 변화를 추적한다. 이를 위해 13대 국회부터 16대 국회까지 국회의 입법산출 결과를 비교·분석하고, 김대중정부 시기의 중요법안 처리결과를 분석하여 분점정부의 통치력을 평가하고, 이를 통해 대통령의 정책의지가 의회에서 얼마나 실현되었는가를 살펴본다. 또한 대통령에 대한 의회의 견제 조치 발의, 국회의 집회현황 분석을 통해 한국 분점정부의 대통령-의회관계를 종합적으로 평가해보고자 한다.

1. 한국 분점정부의 기원과 전개과정

1) 한국 분점정부 논의의 현재성

미국은 분점정부가 일상적으로 출현하고 있고, 미국의 유권자들은 오히려 단점정부보다 분점정부를 선호한다는 연구결과가 나올 정도로 분점정부에 대한 인식은 보편화되어 있다. 그렇지만 우리의 경우는 사정이 좀 다르다. 분점정부는 무엇이고, 정치적으로 분점정부가 어떤 의미를 갖는 것인지에 대한 이론적 논의가 아직 부족하다. 뿐만 아니라 분점정부에 대한 인식도 대단히 부정적이다. 우리의 정부형태가 미국과 같은 대통령제 국가이면서도 분점정부에 대한 인식의 차이가 존재하는 이유는 무엇일까? 여러 가지 요인이 있겠지만, 주로 다음의 이유에서 기인한다고 할 수 있다.

우선, 분점정부에 대한 접촉빈도의 차이를 지적할 수 있다. 미국의 경우 1827년 이후 약 200년 동안 36회의 분점정부를 경험했기 때문에 미국 유권자들은 분점정부 상황에 상당히 익숙하다. 그러나 한국의 경우는 정부 수립 이후 약 40년 만에 분점정부가 등장했고, 1988년부터 현재의 노무현 정부까지(2005년 9월 기준) 총 7차례밖에 분점정부가 등장하지 않아서 아직 분점정부 상황이 낯설다고 이야기할 수 있다.

물론 시야를 1987년 민주화 선언 이후로 좁히면 상황은 달라진다. 비록 분점정부가 등장한 것은 현재까지 7차례이지만, 제14대 총선과 제15대 총선 결과까지 포함하면 분점정부는 이보다 더 많이 등장할 수 있었다. 특히 1987년 이후 치러진 국회의원 선거결과(13대 총선-16대 총선)는 모두 분점정부가 등장할 상황이었다. 이중 14대 총선과 15대 총선의 경우에는 선거 후 집권당이 의원영입을 통해 분점정부의 출현을 억제시켰을 뿐이다. 따라서 1987년 민주화 선언 이후 시기만 본다면 거의 모든 선거, 특히 국회의원 선거는 행정부 집권당이 패배하거나 과반수 의석 확보에 실패하여 분점정부가 등장할 상황이었다. 그럼에도 불구하고 분점정부의 역사보다 단점정부의 역사가 더 오래 지속됐고, 익숙하다는 것만은 틀림없는 사실이다.

둘째, 분점정부라는 용어의 대중화가 이루어지지 않았다. 분점정부라는 용어는 미국정치에서 개발됐고, 우리 사회에서는 분점정부보다 '여소야대'라는 용어가 더 빈번하게 사용된 관계로 분점정부라는 용어가 아직 생소하다. 그러나 이것은 단순히 용어의 취사선택 문제는 아니다. 분점정부에 대한 인식이 여소야대라는 용어를 통해 투영되고 있다는 데 문제가 있다.

분점정부라는 용어와 여소야대라는 용어는 뉘앙스에서 분명한 차이가 있다. 분점정부는 대통령과 의회가 서로 다른 정당에 의해 장악되어 통제되는 상황을 표현하는 용어라면, 여소야대는 대(大)이어야할 여(與)가 소(小)가 되고, 소(小)이어야할 야(野)가 대(大)가 되어버림으로써 정상적인 상황에서 일탈한 상황이라는 뉘앙스가 있는 용어다. 이러한 정확하지 못한 용어의 빈번한 사용도 분점정부에 대한 과학적 인식에 장애가 된다.

셋째, 분점정부에 대한 연구 성과의 차이다. 약 40년간의 권위주의 통치시기를 제외하고, 민주화가 진전되기 시작하면서 한국의 정부유형은 단점정부보다 분점정부가 더 빈번하게 출현하였거나 출현할 상황이었고, 앞으로도 이러한 상황이 지속될 가능성이 높다. 그럼에도 불구하고 분점정부에 대한 연구는 아직 소수에 불과하고, 그것도 미국의 사례를 부분적으로 소개하는 수준에 머물고 있다.[132]

132) 이론적 자원의 축적을 위해 미국 분점정부 경험에 대한 연구가 선행될 필요가 있고, 이를 근거로 한국 분점정부와의 비교연구가 수행되어야 한다. 또한 한국 분점정부의 등장 요인과 분점정부에서의 대통령-의회관계에 대한 경험적 연구도 축적되어야 한다. 분점정부에 대

그런데 분점정부에 대한 연구가 저조하다는 사실 못지않게 심각한 문제는 대부분의 연구가 분점정부에 대한 정서적 거부감 이상을 넘어서지 못하고 있다는 데 있다. 서론에서 필자는 통치의 효율성만을 기준으로 삼아 분점정부에 접근해서는 안 된다는 점을 지적한바 있다. 국내의 몇 안 되는 분점정부 연구자들이 범하고 있는 가장 큰 오류 중의 하나는 부지불식간에 '통치의 효율성 논리'에 빠져있다는 데 있다.

통치의 효율성이라는 논리로 판단할 경우 분점정부는 단점정부에 비해 제도적 여건이 행정부 집권당에게 불리하고, 이러한 불리한 제도적 여건으로 인해 대통령의 통치력이나 정책산출이 단점정부에 비해 저하될 가능성이 있는 것도 사실이다. 그렇기 때문에 분점정부의 문제를 통치의 효율성으로만 바라볼 경우, 사실 분점정부는 당연히 극복해야 할 현상이라는 피상적 결론 이상을 끌어낼 수 없다. 물론 통치의 효율성이 정부성공을 결정하는 요인 중의 하나지만, 그것만이 좋은 정부를 평가하는 유일한 기준은 아니라는 사실을 기억할 필요가 있다.[133)]

마지막으로 분점정부 상황을 극복하기 위한 비정상적인 방법들의 사용과 이로 인한 대립의 역사를 들 수 있다. 한국 분점정부에 관한 부정적 인식이 생기게 된 결정적 이유는 유권자의 선택으로 형

한 가치판단의 문제는 이후의 문제다. 그런데 분점정부에 대한 국내에서의 몇 안 되는 연구들은 분점정부에 대한 사실의 조사보다는 가치판단부터 하는 경향이 있다(함성득 1998; 양동훈 1999; 강원택 2001; 장훈 2001a; 2001b).

133) 통치의 효율성만을 지나치게 강조할 경우 '지배논리'에서 벗어나지 못한다.

성된 분점정부를 행정부 집권당이 안정적인 정국운영을 명분으로 '3당 합당', 무소속 영입, '의원 빼오기' 등의 무리한 방법을 동원하여 원내 의석수를 확대하던 관행에서 비롯된다. 선거결과를 뒤집는 무리한 정계개편은 대통령과 의회, 다수당과 소수당 간의 대화와 협상의 정치를 어렵게 만들었다.[134] 이는 분점정부에 관한 연구에도 반영되어 연구자들 사이에서 분점정부는 단점정부에 비해 대통령과 의회 간 긴장과 경쟁, 대립의 여지가 많은 정치현상으로 인식하게 만들었다. 심지어 분점정부를 정치적 교착과 제도적 파행을 초래하는 원인이며, 대통령제의 구조적 취약성으로까지 언급하기도 한다(양동훈 1999; 강원택 2001; 장훈 2001a; 장훈 2001b).

민주화 이후 자주 등장한 분점정부 상황을 극복하기 위한 집권당의 무리한 정계개편은 대통령과 의회의 대립상황 그리고 의회 내 다수당과 소수당 간 대립을 가져온 원인이었다. 다수당과 소수당 간 잦은 대립상황 출현은 분점정부를 국정마비의 원흉으로 간주하게 만들었고, 통치력이나 대통령-의회관계에 대한 충분한 조사·분석·검증 없이 일단 분점정부를 부정적인 것으로 낙인찍는 관행을 초래했다.

그러나 우리의 일반적인 인식과는 달리 분점정부의 부정적 현상들은 분점정부 그 자체에 의해서 발생한 것이라는 증거가 별로 없다. 오히려 분점정부 상황을 인위적으로 단점정부 상황으로 개편하는 과정, 그리고 단점정부로 개편된 이후 대치상황이 더 심각했다. 집권당과 반대당 간 대립과 갈등, 이로 인한 정국의 교착상태는 어

134) 분점정부의 문제로 거론되는 것들의 진정한 원인이 이러한 인위적 정계개편이라는 사실을 기억할 필요가 있다.

제오늘의 이야기가 아니며, 한국정치의 일상적 현상이다. 결국 분점정부가 국정운영의 마비와 파행적 의회운영을 가져온다는 가설은 분석적 가설이라기보다는 다분히 '인상주의적 가설'로서 구체적이고 정밀한 검증이 필요하다. 다만, 최근 들어 분점정부에 대한 관심이 이전보다 늘어나고 있는 것은 다행스런 일이다. 우리나라에서 분점정부에 대한 관심이 증가하게 된 데는 크게 두 가지 요인이 작용했다고 할 수 있다.

첫째, 13대 총선 이후 주기적으로 등장하고 있는 분점정부가 더 이상 예외적이고, 제한적인 상황이 아니라 점점 보편적이고 일상적 현상이라는 인식이 확산되고 있다. 이러한 이유로 분점정부의 등장과 전개에 대한 체계적인 연구의 필요성과 그동안 분점정부 상황에서 발생한 부정적인 현상들을 극복하기 위한 현실적 필요성이 결합되면서 분점정부에 대한 관심이 늘어나고 있다.

둘째, 1990년대 후반부터 '권력구조 개편'이라는 이름으로 진행된 대안적 정부형태 논의의 결과다.[135] 특히 한국 정부형태 개편론자들은 제왕적 대통령의 폐해, 즉 한 사람에게 과도하게 권력이 집중된 탓에 부패하고 실패한 대통령이 연속적으로 출현하면서, 사실상 한국사회에서 대통령제의 실효성은 사라졌다고 본다. 대통령제로는

135) 그동안 진행된 이른바 '권력구조 논쟁'은 권력구조 재편에 관한 논쟁이라기보다 정부형태 개편논쟁이었다(국제평화전략연구원 1997; 박호성·이종찬 외 2000). 물론 정부형태가 바뀔 경우 일정하게 정부기관간의 권력관계가 변하는 것은 사실이지만, 그렇다고 정부형태 개편을 권력구조 재편으로 치환(置換)하는 것은 잘못된 것이다. 권력구조란 말 그대로 권력의 거점(locus)을 변경하는 것으로 한 사회를 누가 지배하는가, 그리고 누가 지배하게 할 것인가와 관련된 근본적인 문제이지, 단순히 권력의 벡터(vector)만을 재조정하는 것이 아니다.

해결할 수 없는 정치적 혼란과 무기력을 극복하기 위해, 이의 대안적 정부형태로 프랑스식 중간형 대통령제나 유럽식 의회제를 채택해야 한다는 주장이 힘을 얻고 있다. 이들은 한결같이 대통령제가 실패했다는 논리적 근거 중의 하나로 분점정부의 폐해를 지적한다(국제평화전략연구원 1997; 이종찬 외 2000).

물론 이러한 주장에 대해서는 대통령제에서 분점정부가 나타날 수밖에 없음에도 불구하고, 그러한 현상이 대통령제를 폐기하고 의회제로 이행해야 할 만큼 치명적인 것인가라는 반론이 가능하다. 즉 대통령제 그 자체가 아니라 '한국의' 대통령제가 문제의 근원이라는 반론이다. 아쉬운 것은 대통령제 자체가 문제인지 아니면 한국의 대통령제가 문제인지에 대한 충분한 토론이 이루어지지 않은 채 논의가 대안적 정부형태 논의로 이행했다는 점이다. 그러나 이유나 목적은 어찌되었건, 정부형태 이행에 관심을 갖는 학자들이 분점정부에 대해 이전보다 많은 관심을 갖는 것만은 분명한 사실이다.

따라서 한국 분점정부 연구는 분점정부의 미래보다 분점정부의 과거와 현재에 초점을 맞춰야 한다. 분점정부에서 도대체 어떤 일이 일어났는가에 대한 규명이 일차적으로 이루어져야 분점정부의 미래, 예컨대 제도개혁이나 정부형태 개편논의도 가능하다. 이러한 과정 없이 분점정부는 국정의 마비와 정국운영의 교착을 가져오기 때문에 무조건 억제·극복되어야 하고, 분점정부가 등장할 수 없도록 원천봉쇄하자는 주장이나 아예 분점정부가 등장하지 않는 의회제로 정부형태를 변경해야 한다고 주장하는 것은 성급하다.[136]

136) 물론 의회제를 옹호하는 학자들이 단순히 분점정부의 폐해 때문에 대통령제에서 의회제로 정부형태 변경을 주장하는 것은 아니지만, 한국 대통령제의 가장 대표적인 문제점으로 지적하는 것이 분점정부

분점정부의 현존은 우리에게 다시 한번 대통령제 전반의 문제, 그중에서도 특히 '한국의' 대통령제에 대해서 생각하도록 한다. 다만 다시 생각하는 한국의 대통령제가 그것을 정확하게 평가하기 위한 것이어야지 부정을 전제로 하는 것이어서는 곤란하다. 또한 대통령제 정부형태에 관한 재평가가 어떻게 하면 정부의 통치효율성을 제고시킬 것인가에만 초점이 맞춰져서는 안 되며, 통치의 효율성과 유권자에 대한 대표성 및 반응성을 동시에 만족시킬 수 있는 방법을 함께 고민해야 한다.

2) 한국 분점정부의 기원

(1) 분점정부의 출현 시점

한국 분점정부는 언제, 어떻게 등장하였는가? 우선 이 질문에 답하기 위해서는 상당히 복잡한 검토가 필요하다. 미국과 마찬가지로 한국 분점정부의 출현 시점을 규명하기 위해서는 분점정부의 개념 정의를 어떻게 적용할 것인가의 문제에 직면한다. 즉 대통령과 의회가 분리된 상황만을 분점정부의 출현 시점으로 볼 것인가, 아니면 정당체제 내지 정당정치의 정착이라는 실제적인 맥락에서 접근할 것인가를 결정해야 한다. 다시 말해 한국 분점정부의 출현 시점을 행정부의 집권당이 의회에 대한 통제에 실패한 상황(과반수 의석 확보 실패)만을 기준으로 살펴볼 것인가, 아니면 이러한 조건을 충족시키면서도 정당체제의 정착이라는 또 다른 변수를 고려하여

임은 부인할 수 없는 사실이다.

탄력적으로 적용할 것인가의 문제가 해결되어야 한다. 미국의 사례는 약간의 해석 차이가 존재했지만, 전자와 후자의 차이가 크지 않았기 때문에 필자는 피오리나의 구분보다 실비의 구분이 보다 타당하다고 주장한바 있다.137)

그런데 한국의 상황은 미국의 상황보다 복잡하다. 우선 한국은 정부 수립과 동시에 우리가 흔히 분점정부라고 이야기할 수 있는 상황이 출현했다. 1948년 제헌국회나 1950년 제2대 국회는 대통령과 의회의 분리 현상이 나타났기 때문이다. 집권당이라는 명칭을 부여하기가 애매하기는 하지만, 당시 대통령이었던 이승만이 이끌던 대한독립촉성국민회의는 제헌국회나 제2대 국회에서 원내 과반수 의석을 확보하지 못했다. 행정부(국무원) 집권당이 의회를 통제하지 못하는(원내 과반수 의석 확보에 실패한) 상황이다.

제헌국회에서 대통령으로 당선된 이승만이 이끌었던 대한독립촉성국민회의는 비례대표를 포함하여 55석에 그쳤고, 한국민주당은 29석을 차지했다. 문제는 85석에 달한 무소속의원이었다. 무소속 의원들의 상당수는 한민당계로 분류될 수 있었고, 민족청년단의 6명은 이승만계로 분류되었다. 또한 무소속 의원 일부와 대동청년단은

137) 피오리나의 경우 본격적으로 각 정당의 전당대회에서 대통령후보를 선출하기 시작하고, 실질적인 양당 경쟁체제가 시작된 시기였던 1832년을 최초의 분점정부가 출현한 시기로 보고 있다(Fiorina 1992a, 6). 반면 실비는 피오리나의 구분보다 조금 앞선 1827년 민주공화파의 아담스가 대통령에 당선된 후 중간선거에서 잭슨파 민주당이 상원과 하원을 장악하며 아담스와 대립하던 시기를 최초로 분점정부가 출현한 시점으로 보고 있다(Silbey 1996, 13). 피오리나의 구분이 정당체제의 정착이라는 측면을 부각시킨 반면, 실비의 구분은 대통령과 의회의 당파적 통제에 초점을 맞춘 것이다. 물론 그렇다고 실비가 정당체제의 정착이라는 문제를 전혀 고려하지 않은 것은 아니다.

상해임시정부와 연관된 사람들이었기 때문에 실제적인 의석분포는 한민당계 80석, 대한독립촉성국민회의 계열(이승만계) 61석, 임시정부계열 57석이었다(이태일 1989, 195).

대한독립촉성국민회의는 비록 이승만이 이끌었던 정당이기는 했지만, 이승만 본인이 정당에 대해 지극히 회의적이었고, 실질적인 의미의 대통령 소속당 혹은 집권당이라고 하기에는 문제가 있는 것이 사실이다.[138] 그런 의미에서 제헌국회는 행정부 집권당이 없었다고 보는 것이 정확하다. 오히려 당시의 정당정치는 정당에 기초한 정치라기보다는 정당의 이름으로 분열된 파벌들 간의 권력경쟁으로 보는 것이 타당하다. 헌법제정을 둘러싼 표결이나 제헌국회에서의 대통령 선출에서도 알 수 있듯이 원내 표결도 정당에 기초한 표결이 아니라 명망가를 중심으로 일종의 블럭투표가 이루어졌다.[139]

---

138) 이승만과 미국 연방주의자들은 초기에는 정당을 극도로 혐오하다가 집권 후 정당의 필요성을 인식하고, 이를 적극 활용했다는 점에서 유사하다.

139) 제헌국회에서 대통령선출과정을 보면 이를 정확하게 확인할 수 있다. 제헌국회에서 이승만 계열로 분류할 수 있는 의원은 61명, 임시정부 계열은 57명이었으나, 실제 표결결과를 보면 이승만이 180표로 대통령에, 임정계열의 이시영이 133표로 부통령에 선출되었다(한국정치학회 1987, 138).

〈표 10〉 제헌국회와 2대국회의 의석분포

국회(임기)	대통령	집권당	정당/단체	득표율	의석수(비례대표)
제헌국회 (1948. 5. 31-50. 5. 30)	이승만	대한독립촉성국민회의	무소속	38.0	85
			대한독립촉성국민회의	24.6	55
			한국민주당	12.7	29
			대동청년단	9.1	12
			조선민족청년단	2.1	6
			대한독립촉성농민총연맹	0.7	2
			대한노동총연맹	1.5	1
			기 타	11.3	10
			계		200석
2대국회 (1950. 5. 31-54. 5. 30	이승만	대한독립촉성국민회의	무소속	62.9	126
			민주국민당	9.8	24
			대한국민당	9.7	24
			대한독립촉성국민회의	6.8	14
			대한청년당	3.3	10
			대한노동총연맹	1.7	3
			일민구락부	1.0	3
			사회당	1.3	2
			민족자주연맹	0.5	1
			독립노동당	0.6	-
			한국독립당	0.2	-
			기 타	2.0	3
			계		210석

* 출처: 국회 홈페이지(http://www.assembly.go.kr)

이는 본격적인 4년 임기로 선출된 제2대 국회에서도 마찬가지였다. 1950년 치러진 제2대 국회의원 선거는 제헌국회에서 구축된 이승만 정권의 의회 지지기반이 거의 붕괴된 선거였다. 제2대 국회의원선거는 제헌국회에 불참했던 세력이 대거 참여함으로써, 제헌의원 가운데 재선에 성공한 의원은 불과 34명에 불과했다(지병문 외

2001, 129). 선거결과 대한독립촉성국민회의 14석, 대한국민당 24석, 민주국민당 24석, 대한청년단 10석을 획득한 반면, 무소속은 무려 126석이나 되었다.[140] 이중 이승만계로 분류될 수 있는 의석수는 50여 석 정도로 추산할 수 있다.[141] 따라서 선거결과만 놓고 보면 제2대 국회는 제헌국회와 마찬가지로 무다수당 분점정부 형태를 띠고 있다.

또한 제헌국회와 마찬가지로 제2대 국회도 실질적인 행정부의 집권당이 없었다는 특징이 있다.[142] 우선 명목상 집권당이라고 할 수 있는 대한독립촉성국민회의가 전체 210석 중 14석에 불과하여 집권당이라고 하기에는 의석수가 턱없이 적었고, 실제 이승만은 대한독립촉성국민회의에 기반을 두었다기보다는 이를 중심으로 다양한 정당, 단체, 파벌들과의 개별적인 연대에 기초하고 있었다. 또한 이승

140) 제2대 국회의원 선거결과는 자료에 따라 정당별 의석수가 다르다. 대한독립촉성국민회의를 12석, 민주국민당을 23석으로 정리한 자료도 있는데(이기하 1961, 200-203), 국회의 공식적인 자료를 확인한 결과 이는 잘못된 자료이다(http://www.assembly.go.kr). 여기서는 국회의 공식적인 자료를 채택했다. 국회의 자료는 국회 홈페이지의 입법부 소개 메뉴에서 "국회의 어제와 오늘"이라는 하위메뉴의 "정당별 의석 및 득표현황"을 클릭하면 제헌의회에서 17대 국회까지 정당별 득표수(득표율) 및 의석수가 정리되어 있다.

141) 이승만계열의 세력규모에 대한 정확한 산출근거는 없다. 그러나 대체로 제헌국회에서 이승만을 지지했던 그룹들을 중심으로 산출할 경우 무소속 일부, 대한국민당, 대한독립촉성국민회의, 대한청년당 등을 중심으로 대략 50여 석 정도로 추론할 수는 있다(지병문 외 2001, 129).

142) 당시 행정부는 국무원이었다. 국무원은 국회에서 선출되는 대통령(국무원 의장), 역시 국회에서 승인을 얻어 임명하는 국무총리(부의장), 그리고 대통령이 임명하는 국무의원(각료)으로 구성되었다(한국정치학회 1987, 138; 지병문 외 2001, 93).

만은 자신의 장기집권을 위해 1951년 자유당을 결성하기 전까지 정당의 존재에 대단히 회의적이었기 때문에, 정당정치가 활성화된 근대적 정당국가의 정부에서 볼 수 있는 집권당의 개념을 적용하기에는 무리가 있다. 그럼에도 불구하고, 제헌국회와 제2대 국회가 분점정부 상황이었음은 사실이다. 그러나 그것을 본격적인 의미의 분점정부라고 보지 않는 것은 다음과 같은 이유 때문이다.

첫째, 초기의 정당과 정당 지도자들은 정당정치의 경험이 없었고, 미국식 제도가 이식되어 정당정치의 첫발을 내딛는 시기였기 때문에 집권당의 원내 과반수 의석 확보나 근대적인 정당정치의 특성을 기대할 수 없었다. 특히 제헌국회의 경우 헌법제정이라는 특수목적을 위해 구성됐고, 그에 따른 임기도 2년에 불과했다.

둘째, 정부 수립 당시 난립했던 수많은 정당을 근대적인 의미의 대중정당이라고 할 수 없기 때문이다. 근대적 대중정당의 조건이라 할 수 있는 정당의 이념 및 강령이 없었던 것은 아니지만 임시변통적이었고, 전국적인 정당조직, 당료(黨僚) 및 당원의 충원구조를 제대로 갖춘 정당은 별로 없었다. 또한 전국정당보다 각 지역의 명망가가 중심이 되어 결성한 군소정당들이 많았다.[143]

당시 정당정치의 현실을 보면, 제헌국회에서 선거에 참여한 정당수는 12개에 이르렀고, 의회에 진입한 정당수는 10개에 이르렀다. 제2대 국회에서 선거에 참여한 정당의 수는 40개에 가까웠으며, 의회에 진입한 정당의 수만도 약 30개 정당에 이르고 있다(강명세 2001, 7). 특히 무소속이 제헌국회에서 85석으로 전체 의석수의 42.5%, 제

143) 대체로 이 시기의 정당들은 정당으로 등록하여 활동하긴 했지만, 실제 활동은 아직 임의단체 수준을 벗어나지 못했다.

2대 국회에서는 126석으로 전체 의석수의 60.0%를 차지하는 상황이었기 때문에 이러한 비정상적인 의석분포구조에서는 근대적 의미의 정당정치를 언급하는 것 자체가 힘들다(강명세 2001, 8).[144] 선거정당과 의회정당이 난립하고, 무소속이 50%대에 육박하거나 이를 초과하는 상황은 우리나라에서 아직 정당체제가 뿌리내리지 못했다는 것을 보여주는 결정적 증거라고 할 수 있다.[145]

셋째, 행정부의 구성방식을 볼 때 이원적 민주 정통성이 부재했기 때문에 분점정부로 보기에는 한계가 있다. 제헌국회는 헌법제정을 목적으로 구성됐고, 헌법 초안에 대한 논의과정에서 애초 의회제 정부형태를 채택하려 했던 헌법이 이승만의 적극적인 반대로 형식은 미국식의 대통령제, 내용은 의회제라는 기이한 정부형태가 채택되었다. 대표적인 것이 대통령의 선출방식이다. 대통령의 선출방

---

144) 강명세(2001)의 통계는 이를 생생하게 보여준다. 선거에서의 득표율과 의석수에 따라 계산한 정당수를 보면, 제헌국회에서 선거정당수는 11.68, 의회정당수는 9.87이었으며, 제2대 국회에서는 선거정당수가 39.44, 의회정당수는 29.98로 나타나 16대 국회의 선거정당수 3.52, 의회정당수 2.37과 비교해보면 실로 엄청난 수치라고 할 수 있다(강명세 2001, 8. 특히 〈표 1〉 참조).

145) 물론 이처럼 정당이 아직 뿌리를 내리기 이전에 나타나는 정당의 난립과 유동성 증가는 비단 우리나라에서만 나타나는 현상은 아니지만(Bennet 1998), 우리의 경우는 그 정도가 좀 심했다. 정당의 난립은 의회정치의 불안정성을 가져왔다. 특히 문제가 되었던 것은 사회균열구조와 정당의 괴리현상이다. 당시의 사회적 균열구조는 좌우의 이념적 균열구조가 지배적이었음에도, 정당은 명망가의 영향력하에서 결성·운영되었다. 사회균열구조를 반영하지도 못하고 정당체제의 미정착으로 정당 간 이합집산이 극심해진 상황에서는 정당이 정당으로서의 기능을 제대로 수행하지 못하고, 유권자의 정당에 대한 신뢰와 지지도 생길 수 없게 된다(강명세 2001, 11).

식은 의회제의 수상 선출과 유사한 간선제였다. 즉 대통령을 국민이 직접 선출하는 것이 아니라 의회에서 선출했기 때문에, 대통령제임에도 불구하고 제헌국회와 제2대 국회는 이원적 민주 정통성이 존재하지 않았다.[146] 따라서 대통령제이면서 명목상의 행정부 집권당이었던 대한독립촉성국민회의가 원내 과반수 의석 확보에 실패한 분점정부 상황이었지만, 제헌국회와 제2대 국회는 '이원적 민주 정통성'이 없었기 때문에 이를 분점정부라고 할 수 없다.

결론적으로 제헌국회와 제2대 국회는 비록 행정부의 집권당인 대한독립촉성국민회의가 의회를 통제하지 못했기 때문에 정의상 분점정부라고 할 수도 있지만, 실제 정당정치의 정착이라는 기준을 통해 살펴볼 경우, 이를 분점정부라고 하기에는 무리가 있다.[147] 수많은 정당이 난립하였지만, 이러한 정당들 중에서 근대적 의미의 정당은 거의 없었기 때문에 정당을 기반으로 하는 의회정치도 나타나지 않았다. 또한 대통령을 의회에서 간접 선출한 관계로 이원적 민주 정통성도 존재하지 않았다. 따라서 이 시기의 선거결과만을 놓고 이를 본격적인 정당정치에 기초한 분점정부의 출현이라고 볼 수는 없다.

여기서 또 하나의 특이 사례를 검토할 필요가 있다. 그것은 바로

146) 제헌헌법은 대통령의 임기를 4년으로, 1차에 한해 중임할 수 있도록 했다(김호섭 2001, 79).

147) 미국의 경우도 마찬가지다. 1827년 최초로 분점정부가 등장하기 이전에는 정당에 대해 악의적이었던 연방주의자들이 행정부와 의회를 장악하고 있었다. 물론 연방주의자 조직이 정당의 기능을 담당했고, 연방주의자들 사이에 대립과 '파벌'이 없었던 것은 아니지만, 정당정치의 정착을 기준으로 봤을 때, 1827년을 미국에서 최초로 분점정부가 등장한 시기로 간주하는 것이 타당하다.

제10대 국회다. 1978년 12월 12일 제10대 국회의원총선거에서는 신민당이 32.8%를 득표하여 31.7%를 얻은 행정부 집권당인 민주공화당을 앞섰다.148) 선거결과 총 231석 중 민주공화당 68석, 신민당 61석, 무소속 22석, 민주통일당 3석, 유신정우회 77석으로 행정부 집권당인 민주공화당이 과반수인 116석에서 48석이 부족한 68석만을 얻어 29.4%의 의석률을 보이고 있다(중앙선거관리위원회 1989, 1075).

제10대 국회의 특징은 득표율에서는 신민당이 공화당을 앞섰으나, 정당별 의석수에서는 지역구 국회의원 선거 득표율에서 앞선 신민당이 전체의석의 3분의 1에 미치지 못하는 기현상이 나타났다. 이는 하나의 선거구에서 2인을 선출하는 중선거구제와 국회의원 3분의 1을 대통령이 추천하고 통일주체국민회의에서 선출하는 선거제도 때문에 나타난 결과다(정대화 1995, 176).149) 즉 유신헌법에 따라 제9대 국회부터 '유신정우회'가 새로이 구성되어 국회의원 정원의 ⅓ 의석이 유신정우회에 할당되었다. 유신정우회 국회의원은 대통령이 일괄 추천한 후보자를 대상으로 통일주체국민회의에서 선출했다.150) 10대 국회에서 공화당은 단독으로 원내 과반수 의석 확보에 실패한 것은 사실이지만, 유신정우회가 대통령이 임명하는 통일주체국민회의에서 선출되었기 때문에 집권당과 조금도 다를 바가 없다.

---

148) 제10대 국회의원선거는 1950년 5월 30일 치러진 제2대 국회의원선거에 이어 헌정사상 두 번째로 반대당의 득표율이 행정부 집권당의 득표율을 앞서는 선거결과를 가져왔다(정대화 1995, 176).

149) 만약 순수가정으로, 당시 유신정우회 제도가 없었고, 공정한 선거경쟁이 이루어졌다면 신민당의 득표율을 고려할 때 헌정사상 최초의 분점정부가 등장했을지도 모른다.

150) 유신정우회 국회의원의 임기는 3년이며, 1980년 10월 27일 통일주체국민회의와 함께 해체되었다.

따라서 실제 집권당 의석은 민주공화당과 유신정우회를 합한 145석이 되는 것이다. 이는 원내 과반수인 116석을 훨씬 초과하는 의석으로서 사실상 개헌의석에 근접하는 의석이다. 결국 10대 국회는 집권당이 의회를 완전히 통제하는 상황이었다. 10대 국회도 외관상 분점정부의 형태를 띠는 것으로 보이지만, 실제로는 대통령의 반대당이 의회를 통제하거나 어느 정당도 원내 다수당을 형성하지 못하는 무다수당 분점정부와는 거리가 있고, 실제로는 의회에서 행정부 집권당이 개헌 선에 육박하는 압도적인 세력을 형성하였던 특이사례다.

제헌국회나 제2대 국회, 제10대 국회가 외견상 행정부 집권당이 의회의 다수파를 형성하지 못하거나 이에 실패하고 있음에도 불구하고, 이원적 정통성의 부재, 정당정치의 미활성화, 정당체제의 미정착, 유신헌법의 영향 등으로 이러한 사례들을 분점정부라고 할 수는 없다. 이러한 복합적인 요인이 오랜 권위주의 통치의 영향을 받으며, 정부 수립 이후 40년 동안 단점정부의 시대가 지속되도록 만들었다(아래 참조).

결국 본격적인 의미의 분점정부가 등장한 시점은 1988년 제13대 총선 이후라고 할 수 있다. 1987년 민주화 선언 이후 치러진 1988년의 제13대 총선의 결과 당시 행정부 집권당이던 민주정의당이 원내 과반수 의석 확보에 실패함으로써 무다수당 분점정부가 최초로 등장했다.

(2) 분점정부의 부재: 정부수립-1988년 이전

그렇다면 1988년 이전까지 분점정부가 등장하지 않았던 이유는 무엇인가?[151)]

첫째, 초기 국회(제헌국회-4대 국회)의 경우 정당체제의 미정착으로 정당정치가 본격화되지 않았기 때문에 분점정부의 개념적용이 어렵다.[152)] 이러한 이유로 선거에서 유권자의 투표행태도 '정당 기반 투표'(party-based voting)라기보다는 후보자 기반 투표의 성격이 강했다. 제헌국회에서 무소속은 전체 득표 중 2,745,483표, 38.0%의 득표율로 원내 의석 중 85석을 차지하고 있었고, 제2대 국회에서는 4,397,287표, 62.9%의 득표율로 126석을 차지했다. 제2대 국회에서 원내 제1당인 민주국민당과 대한국민당이 똑같이 24석이었던 것에 비하면, 당시 무소속의 비중이 얼마나 컸는가를 알 수 있다.

1951년 자유당 창당으로 본격적인 정당정치가 출범한 이후에도 국회의원 선거에서 무소속의 비중은 상당히 컸는데, 제3대 국회에서는 전체 득표의 47.9%인 3,591,617표를 무소속 후보가 획득하여 전체 203석 중 68석이 무소속 의원이었다. 제4대 국회에서는 이전의 선거보다 무소속의 비율이 줄어들기는 했지만, 전체 득표의 21.5%인 1,839,884표로 전체 233석 중 27석이 무소속 의원이었다 (http://www.assembly.go.kr).[153)]

---

151) 여기서 5대국회의 경우 제2공화국의 출범과 함께 정부형태를 대통령제에서 의회제로 개편했기 때문에 이하의 논의에서는 제외한다.

152) 물론 제헌국회와 제2대 국회는 분점정부와 유사한 상황이었지만, 이원적 민주 정통성의 결여, 근대적 정당의 부재, 정당정치의 미정착, 정당체제의 미비로 본격적인 의미의 분점정부라고 할 수는 없다.

153) 무소속의원이 전체 의석에서 차지하는 비율을 보면, 제헌국회는 85석/200석(42.5%), 제2대 국회는 126석/210석(60.0%), 제3대 국회는 68석/203석(33.5%), 제4대 국회는 27석/233석(11.6%), 그리고 제5대 국회는 참의원의 경우 20석/58석(34.5%), 민의원의 경우 49석/233석(21.0%)으로 나타나고 있다. 위에 제시된 무소속의 의석점유율은 국회 홈페이지의

6대 국회 이후 무소속의 원내 의석점유율이 평균 5.1%이었고, 가장 높았을 때가 10대 국회의 9.5%로 10%를 넘지 않았다. 이러한 수치는 당시 정당정치의 미성숙을 가늠할 수 있고,[154] 유권자의 투표도 근대적인 정당 기반 투표가 완전히 확립되지 않았었다는 사실을 확인할 수 있다.

결국 초기 국회는 정당정치의 미성숙으로 인해 분점정부가 나타날 수 없었다. 근대적 정당의 등장과 정당정치의 활성화가 전제될 때 정당에 의한 정부기관의 당파적 통제도 가능하다. 당시에는 집권당인 자유당을 제외하고, 사실상 정부기관을 당파적으로 통제할 수 있는 정당이 없었다. 오히려 이 시기는 정당정치의 정착이 더 시급한 과제였다.

둘째, 오랜 군부 권위주의 통치의 영향을 들 수 있다. 이승만으로부터 노태우에 이르기까지 한국은 약 40년 동안 권위주의 통치하에 있었다.[155] 권위주의적 통치의 가장 큰 특징은 공정한 선거경쟁이 보장되지 않는다는 점이다. 이승만 정권은 온갖 부정선거의 원조였고,[156] 제3공화국에서는 정부에 반대하는 인사들에 대한 정치활동

"역대 정당별 의석 및 득표현황"에 제시된 무소속 당선자의 득표, 의석 수를 참조하여 필자가 계산한 것이다(http://www.assembly.go.kr).

154) 6대-8대 국회의 경우 무소속 의원이 없었다. 9대 국회의 경우 무소속은 19석/219석(8.7%), 10대 국회는 22석/231석(9.5%), 11대 국회는 10석/276석(3.6%), 12대 국회는 4석/276석(1.4%), 13대 국회는 9석/299석(3.0%), 14대 국회는 21석/299석(7.0%), 15대 국회는 16석/299석(5.4%), 16대 국회는 5석/273석(1.8%)으로 3공화국 이후 무소속의 의석점유율은 평균 5.1%이다(http://www.assembly.go.kr/).

155) 물론 제2공화국은 잠깐 동안의 예외 기간이다. 제1공화국에서 제6공화국(노태우 정권) 시기까지 한국은 권위주의적 통치를 벗어나지 못했다.

규제가 일상적으로 이루어졌으며, 집권당 후원 정당들까지 난립하여 반대세력의 표를 분산시켰다. 특히 유신시대에 이르면 원내 의석수의 ⅓이 유신정우회에 자동으로 할당되었기 때문에 공정한 경쟁 자체가 봉쇄되었다. 유신정우회는 유신헌법에 의해 치러진 제9대 총선에서 73석, 제10대 총선에서 77석을 할당받아 대통령의 거수기 역할을 충실히 수행했다. 10대 국회의 경우 집권 민주공화당의 반대당인 신민당이 전국적으로 4,861,204표를 얻어 32.8%의 득표율로 민주공화당이 얻은 4,695,995표, 31.7%의 득표율보다 높았지만, 의석수는 민주공화당이 68석, 신민당이 61석으로 오히려 적었다. 전국 득표율에서 신민당이 높았음에도 불구하고 의석수는 민주공화당이 많았던 것은 선거제도의 왜곡효과 때문이다. 중선거구제도와 다수대표제가 결합된 선거제도에서 민주공화당은 신민당에 비해 보너스율(bonus rate)과 이득비(advantage ratio)가 훨씬 높았다.[157]

---

156) 초대 제헌국회 선거의 경우, 선거 기간 내내 곳곳에서 테러와 불법이 자행됐고, 한국전쟁 중에는 부산정치파동과 불법적인 발췌개헌이 이루어졌다. 1952년 정·부통령선거, 희대의 사사오입 개헌, 진보당에 대한 탄압, 3·15 부정선거 등 1공화국하에서 치러진 어떤 선거도 공정한 게임의 룰을 통해 치러진 선거는 없었다(한국정치연구회 1990).

157) 보너스율과 이득비는 선거제도의 왜곡효과를 설명하는 방법 중 하나로 보너스율이란 각 정당이 얻은 득표율과 의석률 간의 차이를 말한다. 예컨대 9대 국회에서 민주공화당(유신정우회 포함)의 득표율이 38.7%이었음에 반해 의석률은 66.7%로 보너스율은 28.0%가 된다. 이득비란 타게페라와 슈가트(Rein Taagepera & Matthew Soberg Shugart)가 고안한 것으로서(Taagepera & Shugart 1989, 68), 의석률을 득표율로 나눈 값이다[이득비=(%seats)/(%votes)]. 이득률이 1일 때 의석률과 득표율이 완전 비례하는 것을 의미하고(ideal PR), 1보다 높을 경우 이득을 본 것이고, 1보다 낮을 경우 손해를 본 것이다. 타게페라와 슈가트의 계산법에 따라 9대 국회에서 민주공화당의

셋째, 1988년 이전까지 한국의 정당체계는 수권능력이 있는 하나의 정당과 주변정당으로 구성된 '1.5정당체계'였다. 이러한 정당체계의 특성상 행정부 집권당 이외의 정당이 정부기관을 통제할 수 있는 가능성은 거의 없었다. 특히 원내 제2당이나 3당이 대통령이나 집권당의 반대당인 경우보다, 오히려 집권당과 친화력이 높은 정당인 경우가 많았다.[158] 한 가지 특이한 것은 1.5 정당체계에서는 분점정부의 출현이 어려운 반면, 1988년 이후 사례에서 볼 수 있듯이 다당제는 오히려 분점정부의 출현을 촉진하는 경향이 있다는 점이다. 따라서 정당체계는 분점정부의 출현과 밀접한 관련을 맺고 있다고 할 수 있다.

넷째, 선거제도의 왜곡 효과로 인해 분점정부가 출현하기 힘들었다. 여기서 선거제도는 2석 중선거구제도와 비례대표의석의 배분방식과 관련된다. 제9대 국회부터 12대 국회까지는 2석 중선거구제를 채택했다.[159] 권위주의 통치하의 중선거구 제도의 정치적 효과로

이득비를 계산해보면, 공식에 따라 의석률 66.7%를 실제 득표율 38.7%로 나눌 경우 1.72가 나오는데 이것이 민주공화당의 이득비다. 민주주의 국가에서 정당의 이득비는 통상 1.2를 넘지 않는 것을 감안하면 9대 국회에서 민주공화당은 득표율에 비해 의석수에서 엄청난 이득을 본 것이다. 그러나 이것도 10대 국회에서 민주공화당의 이득비 1.98에 비하면 낮은 것이다. 10대 국회에서 민주공화당의 이득비는 헌정사상 최고의 이득비다(김용호 2001, 360).

158) 특히 5공화국 시기 11대 국회와 12대 국회의 민주한국당과 한국국민당은 집권당의 2중대니 3중대니 하는 세간의 표현처럼 대통령의 반대당이 아니라 '지원당'이었다.

159) 제9대와 10대 국회는 유신헌법에 따라 2석 중선거구제와 의원정수의 ⅓을 대통령의 추천으로 통일주체국민회의에서 선출하는 제도(유신정우회)를 채택했다. 전두환 정부는 유신정우회를 없애는 대신 2석 중선거구제와 전국구 제도를 결합한 혼합선거구제로 복귀하였지만,

인해 분점정부의 출현이 억제되었음은 주지의 사실이다. 우리나라에서 채택된 중선거구 제도는 한 선거구에서 2명의 의원을 선출하는 제도로서 이 선거제도는 집권당에게 유리한 선거제도다. 특히 우리나라의 선거정치는 공정한 선거경쟁을 저해하는 요소가 많았다. 관권, 금권, 조직력에서 압도적 우위를 보이는 집권당은 한 선거구에서 적어도 1명의 당선자를 배출할 수 있는 유리한 지위를 점하고 있다. 1.5정당체계와 결합된 중선거구제도는 집권당에 반대하는 진정한 반대당의 원내 의석을 축소시키는 효과도 동반했다.

제9대 국회와 10대 국회의 경우 2석 중선거구제에 유신정우회 제도를 채택했기 때문에 집권당이었던 민주공화당은 원내 과반수 의석은 물론 개헌가능선인 원내 의석의 ⅔까지 확보할 수 있었다. 9대 국회에서 민주공화당은 전체 득표수 4,251,754표, 득표율 38.7%로 73석을 얻었지만, 유신정우회 73석을 포함하면, 원내 개헌 가능 의석인 146석을 차지했다. 반면 신민당은 전체 득표수 3,577,300표, 32.6%의 득표율로 52석만을 차지하고 있을 뿐이다. 득표율과 득표수에서 민주공화당과 신민당은 674,454표(6.1%) 차이지만 의석수 차이는 무려 112석이나 된다.[160]

10대 국회에서는 민주공화당이 전제 득표 4,695,995표, 31.7%의 득표율로 68석을 차지했고, 유신정우회 77석을 합하면 145석을 원

전국구 의원의 배분방식은 제1당에 일방적으로 유리한 것이었다(김광수 2002, 117).

160) 물론 이것은 유신정우회의 의석을 민주공화당과 합산할 경우다. 유신정우회를 공화당과 합산한 이유는 유신정우회 의원은 대통령에 의해 임명되는 것이나 마찬가지이기 때문이다. 유신정우회 제도야말로 대통령 거수기 내지 통법부로서의 국회를 상징한다.

내에서 확보했다. 반면 신민당은 전제 득표 4,861,204표, 32.8%의 득표율에도 불구하고 61석에 그치고 있다. 10대 국회에서 신민당은 민주공화당과 비교할 때 득표수와 득표율에서 모두 앞섰지만 정작 의석수는 7석이나 적었다. 이는 2석 중선거구제하에서 공화당이 신민당의 강세지역에서 2위로 당선된 경우가 많았다는 것을 의미한다. 따라서 10대 국회는 2석 중선거구제의 폐해가 가장 극심하게 드러난 선거였다고 할 수 있다.

중선거구제의 폐해는 비단 9대 국회와 10대 국회에만 한정되는 것은 아니다. 5공화국에서 치러진 11대와 12대 선거도 2석 중선거구제의 폐해가 그대로 드러난 선거였다. 우선 11대 국회의 경우 민주정의당은 전체 득표 5,776,624표, 35.6%의 득표율로 지역구 90석, 전국구 61석으로 총 151석을 차지했다. 반면 민주한국당은 전체 득표 3,495,829표, 21.6%의 득표율로 지역구 58석, 전국구 24석으로 총 82석을 얻었으며, 한국국민당은 전체 득표 2,147,293표, 13.3%의 득표율로 지역구 18석, 전국구 7석으로 총 25석을 얻었다.[161]

그런데 문제는 민주정의당의 경우 유권자로부터 얻은 득표수와 득표율에 비해 의석수가 지나치게 많다는 사실이다.[162] 민주정의당

161) 무소속은 1,734,224표, 10.7%의 득표율로 10석, 민권당은 1,088,847표, 6.7%의 득표율로 2석, 신정당은 676,921표, 4.2% 득표율로 2석, 민주사회당은 524,361표, 3.2% 득표율로 2석, 민주농민당은 227,715표, 1.4% 득표율로 1석, 안민당은 144,000표, 0.9% 득표율로 1석을 차지했다(http://www.assembly.go.kr/).

162) 민주정의당은 35.6%의 득표율로 지역구 전체 의석 184석 중 90석을 얻어 48.9%의 의석점유율을 보이고 있고, 전국구까지 포함하면 전체 276석 중 151석으로 54.7%의 의석점유율을 보이고 있다. 득표율과 의석전환율의 차가 너무 심하다는 것을 알 수 있다. 그만큼 선거제도로 인해 민주정의당이 얻는 이득비가 높았다.

은 5,776,624표, 35.6%의 득표율로 지역구 90석을 얻었는데, 민주한국당과 한국국민당의 득표수와 득표율을 합할 경우 5,643,122표, 34.9%의 득표율에도 불구하고 양당의 지역구 의석은 76석에 불과하다. 민주정의당과 비교할 때 득표수는 133,502표, 득표율은 0.7% 차이임에도 불구하고 의석수 차이는 14석이나 된다. 이러한 차이는 전국구 의석을 합산할 경우 더 커진다. 민주정의당이 지역구와 전국구를 합해 151석임에 비해 민주한국당과 한국국민당은 107석으로 의석수의 차이는 무려 44석이나 된다. 전국구 의석배분방식이 제1당에게 일방적으로 유리하게 되어 있었기 때문에 득표율의 차이는 0.7%이었지만, 의석수의 차이는 14석에서 44석으로 오히려 더 늘어나고 있다.

12대 국회의 경우도 마찬가지다. 민주정의당은 전체 득표 7,040,811표, 35.2%의 득표율로 지역구 87석, 전국구 61석으로 총 148석을 얻은 반면, 신한민주당은 전체 득표 5,843,827표, 29.3%의 득표율로 지역구 50석, 전국구 17석으로 총 67석을 얻었고, 민주한국당은 전체 득표 3,930,966표, 19.7% 득표율로 지역구 26석, 전국구 9석으로 총 35석을 얻었으며, 한국국민당은 전체 득표 1,828,744표, 9.2% 득표율로 지역구 15석, 전국구 5석으로 총 20석을 얻었다.[163] 민주정의당은 7,040,811표, 35.2%의 득표율로 지역구 87석을 얻었는데, 신한민주당과 민주한국당, 한국국민당의 득표수와 득표율을 합할 경우 11,603,537표, 58.2%의 득표율에도 불구하고 3당의 지역구 의석은 91석에 불과하다. 민주정의당과 비교할 때 득표수는 4,562,726표가 많고, 득표율은 23.0%나 높

163) 이밖에 무소속이 전체 득표 650,028표, 3.2% 득표율로 총 4석, 신정사회당이 전체 득표 288,863표, 1.4% 득표율로 1석, 신민주당이 전체 득표 112,654표, 0.6% 득표율로 1석을 얻었다(http://www.assembly.go.kr/).

음에도 불구하고 의석수는 4석밖에 많지 않다.

이러한 차이는 전국구 의석을 합산할 경우 더 심해진다. 민주정의당이 지역구와 전국구를 합해 148석임에 비해 신한민주당, 민주한국당, 한국국민당 3당의 의석합계는 122석으로 의석수의 차이는 무려 26석이나 된다. 지역구에서는 3당이 민주정의당보다 4석이 많았는데, 전국구를 합산하면 오히려 민주정의당보다 26석이 적다. 물론 당선자 결정방식(electoral formula)으로 비례대표제가 아닌 다수대표제를 채택할 경우 원내 제1당 혹은 집권당의 보너스율과 이득비가 어느 정도 존재할 수밖에 없다는 것은 상식에 속한다. 그러나 문제는 집권당의 보너스율과 이득비가 터무니없이 크다는 데 있다. 9대 국회의 경우 민주공화당의 보너스율이 28.0%, 이득비가 1.72, 10대 국회에서 민주공화당의 보너스율이 31.1%, 이득비가 무려 1.98, 11대 국회에서 민주정의당의 보너스율이 18.9%, 이득비가 1.53, 12대 국회에서 민주정의당의 보너스율이 18.3%, 이득비가 1.52였음을 볼 때 이러한 비판은 더욱 설득력을 갖는다(김용호 2001, 360).

〈표 11〉 전국구 의석배분방식의 변화

연 도	배분대상	배분방법	배분방법
71년 이전 (제8대까지)	*5석 이상 획득(제7대까지는 3석) *100분의 5 이상 득표	각 당 득표비율	*제1당이 100분의 50 이상 득표할 경우 정당의 득표비율에 의함⇒⅔ 초과할 수 없음. *제1당이 100분의 50 미만 득표할 경우 제1당에 의석의 ½ 배분 *제2당의 득표가 제3당 이하 정당의 득표총수의 2배 미초과시: 잔여의석의 ⅔ 배분
72년-80년 (제9·10대)	*전국구제도 없음. *유신정우회에 전체 의석수의 ⅓ 할당(9대 146석-73석, 10대 154석-77석)		
81년-87년 (제11-12대)	5석 이상 획득	지역구 의석수비율	*1위인 정당에 ⅔ 배분
88년 (제13대)	〃	〃	*제1당의 지역구 의석수가 100분의 50 미만시 전국구의석수의 ½배분
92년 (제14대)	〃	〃	*각 당의 지역구의석수비율에 의함. *5석 미만 정당이라도 득표수가 유효투표총수의 100분의 3 이상인 정당이 있는 때에는 우선 1석씩 배분
96년 (제15대)	〃	지역구 득표비율	*각 당의 지역구의 득표비율에 의함. *유효투표총수의 100분의 3 이상 100분의 5 미만을 득표한 각 정당에 1석씩 배분
2000년 (제16대)	15대와 동일		

여기에 비례대표의석(전국구 의원)의 배분방식도 집권당에게 일방적으로 유리한 것이었다. 전국구 의석배분방식이 여러 차례 바뀌긴 했지만, 최소한 12대 국회까지 제1당은 전국구 의석의 ⅔를 독점하여 왔다. 특히 9대 국회와 10대 국회는 사실상 전국구 의석이라 할 수 있는 유신정우회의 의석을 100% 독점함으로써 1당의 보너스율과 이득비를 극대화했다. 이는 직능대표의 원내 진출로 의정활동의 전문

성을 강화한다는 취지에서 출발한 전국구 제도가 원래의 취지와는 무관하게 원내 제1당의 안정 의석을 확보하기 위한 수단으로 악용되어 왔다는 것을 보여준다. 다만 14대 총선부터 전국구 의석의 배분이 각 정당이 선거에서 획득한 득표율에 비례하여 배분됨으로써 이러한 전국구 제도의 악용이 억제되었다는 것은 다행스런 일이다.[164]

결론적으로 정당의 실제 득표수와 득표율에 비례하여 의석수가 전환되지 않는 선거제도하에서는 유권자의 선택결과도 왜곡될 수밖에 없다. 이럴 경우 원내 제1당의 지배체제는 더욱 공고해지고, 결과적으로 분점정부의 출현은 거의 불가능하게 된다.

이상에서 1988년 이전의 시기에 분점정부가 출현하지 않았던 이유를 살펴보았다. 초기 국회에서 분점정부가 출현하지 않았던 이유는 정당체제의 미정착으로 유권자들의 정당 기반 투표가 이루어지지 않았기 때문이다. 무소속의 대거 출현은 초기 국회의 가장 큰 특징 중의 하나다. 결국 분점정부는 정당이 정부기관을 당파적으로 통제하는 것이기 때문에 정당정치의 활성화를 전제로 한다. 1951년 자유당의 출범 이후 시작된 한국 정당정치는 선거정당과 의회정당의 난립현상이 나타났지만, 정식 수권능력이 있는 정당은 집권당을 제외하고는 없었다. 이러한 1.5 정당체계의 장기지속으로 정부기관에 대한 당파적 통제도 이루어질 수 없었다.

한국에서 군부 권위주의 통치의 장기화는 정부운영은 물론 정당

164) 전국구 의석이 원내 제1당에게 일방적으로 유리하게 배분될 당시에는 단점정부의 출현을 촉진하였음에 비해, 전국구 의석배분방식이 각 정당이 선거에서 획득한 실제 득표율에 비례하여 배분되면서 이것이 분점정부 출현에 어느 정도 영향을 미치게 되었다는 점도 주목할 필요가 있다.

정치에도 악영향을 미쳤다. 행정부가 정부운영의 중심이 됐고, 입법부는 통법부에 불과했으며, 선거과정에서의 공정한 경쟁도 보장되지 않았다. 불합리한 선거제도로 인해 의석배분도 불공정하게 이루어졌다. 단점정부 이외의 정부유형을 상상할 수 없었던 것이다.

특히 선거제도, 보다 구체적으로는 2석 중선거구제와 다수대표제의 결합으로 집권당은 실제 득표보다 훨씬 많은 의석을 점유하게 되었는데, 보너스율과 이득비에서 집권당은 엄청난 이익을, 반대당은 엄청난 손해를 볼 수밖에 없는 불합리한 선거제도는 전국구(비례대표) 의석의 배분방식에서 더욱 극대화되었다. 결국 정당정치의 미성숙, 장기간의 권위주의 통치, 선거제도의 영향으로 분점정부의 출현이 억제되고 단점정부의 시대가 유지되었다.

분점정부가 민주화의 산물이라는 주장은 바로 이러한 맥락에서 제기된다. 권위주의 통치하에서는 분점정부가 출현할 수 있는 제도적 여건 자체가 봉쇄되었다. 그러한 불합리한 제도들이 개선되었기 때문에 분점정부가 출현할 수 있었다. 따라서 분점정부는 민주화의 효과에 의해 나타난 것이고, 민주화를 촉진시키는 데 일정 부분 기여했다고 주장할 수 있다.165)

(3) 분점정부 현황

앞에서 우리는 제헌국회와 제2대 국회, 제10대 국회가 분점정부 상황으로 볼 수 있는 여지가 있음에도 불구하고, 이를 본격적인 분점정부로 볼 수 없는 이유를 살펴보았다. 그렇다면 이제 1988년 최

165) 이와 관련된 상세한 내용은 제5장의 논의를 참조하라.

초의 분점정부가 등장한 이래로 지금까지 한국 분점정부가 얼마나 자주 출현했는가를 살펴보도록 하겠다.

1988년 최초로 분점정부가 출현한 이래 지금까지 총 7차례의 분점정부가 등장했다. 물론 제14대 총선과 제15대 총선결과는 분점정부가 출현할 수 있는 상황이었지만, 당시 행정부 집권당이었던 민주자유당(대통령 노태우)과 신한국당(대통령 김영삼)은 의원영입 등으로 총선에서 나타난 유권자의 선택결과를 뒤집는 인위적인 정계개편을 통해 분점정부의 출현을 억제시켰다. 따라서 선거결과는 분점정부가 출현할 상황이었지만 실제 국회 개원 당시에는 행정부 집권당이 원내 과반수 의석을 확보하여 분점정부가 출현하지 않았다.[166] 분점정부의 출현 현황을 정리하면 아래 표와 같다.

〈표 12〉 한국 분점정부 현황

	연 도	대통령	의회(원내1당)	비 고
제1기	1988. 5-1990. 1	노태우(민주정의당)	민주정의당	무다수당
제2기	1998. 2-1998. 8	김대중(새정치국민회의)	한나라당	
제3기	2000. 5-2001. 4	김대중(새천년민주당)	한나라당	무다수당
제4기	2001. 9-2003. 2	김대중(새천년민주당)	한나라당	
제5기	2003. 2-2003. 9	노무현(새천년민주당)	한나라당	
제6기	2003. 9-2004. 5	노무현(열린우리당)	한나라당	
제7기	2005. 4-2005. 9현재	노무현(열린우리당)	열린우리당	무다수당

166) 김용호는(김용호 2001, 477), 국회의원 선거결과를 기준으로 14대 총선과 15대 총선결과가 행정부 집권당이 원내 과반수 의석 확보에 실패했기 때문에 이를 분점정부의 출현 횟수에 포함시키고 있는데, 선거결과가 분점정부가 출현할 상황이라는 것과 실제 새로운 국회의 임기가 시작되는 시점에서 분점정부였는가는 다른 것이기 때문에 이러한 계산은 잘못되었다.

위의 표에서 알 수 있듯이 우리나라의 분점정부는 의회를 기준으로 볼 때 반대당이 원내 과반수 의석을 확보하여 의회를 통제하는 경우와 어떤 정당도 원내 과반수 의석 확보에 실패한 '무다수당' 분점정부의 두 가지 형태로 나타나고 있다. 미국의 경우 양당제이기 때문에 분점정부가 등장하더라도 단일 정당에 의해 의회가 통제되지만, 우리나라의 경우 다당제이기 때문에 분점정부가 등장하더라도 단일 정당에 의해 의회가 통제되는 경우도 있지만, 어느 정당도 원내 과반수 의석을 확보하지 못하여 무다수당 분점정부가 나타나고 있다(Shugart 1995, 327-328).

의회에 원내 과반수 의석을 확보한 다수당이 없을 경우 행정부의 집권당과 원내 제1당은 정당연합 등 의결정족수를 확보하기 위한 다양한 연합정치를 시도한다. 제1기 분점정부가 '3당 합당'을, 제2기 분점정부가 'DJP 연합'을, 제3기 분점정부가 원내 제2당인 새천년민주당, 자유민주연합, 민주국민당 간의 '3당 정책공조'를 추진한 것도 이러한 맥락에서다.

따라서 분점정부에서 연합정치는 불가피한 측면이 있다. 그러나 문제는 이러한 연합정치가 유권자의 선택을 유지하고 존중하는 기본 전제에서 출발하는 것이 아니었다는 데 있다. 우리나라에서 나타난 연합정치는 분점정부 상황에서 국정을 원만하게 운영하기 위한 정책연합이 중심이 되기보다는 오로지 분점정부를 단점정부로 전환시키기 위한 인위적인 정계개편의 수단이거나, 권력유지연합 혹은 이권연합인 경우였다.

이처럼 잘못된 연합정치의 경험 때문에 분점정부를 정치적 혼란과 대립의 상징으로 낙인찍는 결과를 초래했다. 미국의 의회정치가 분점정부 상황에서도 효과적인 정부운영을 통해 지지를 확대하는 것이었다면, 한국의 경우는 정당 간 연합을 통해 분점정부를 단점정부로 전환시키려고만 했기 때문에 효과적인 정부운영이 불가능할 수밖에 없었다(오승용 2002, 54).

1988년 이후 현재까지 분점정부가 7차례 출현했지만, 이 시기 동안 등장했던 단점정부와 분점정부는 미국의 정부유형과는 다른 형태를 띠고 있다. 그렇다면 민주화 선언 이후 우리나라에 등장한 단점정부와 분점정부가 어떤 형태를 띠고 있는지 구체적으로 살펴보자.

김용호는(김용호 2001, 480), 민주화 이후 등장한 단점정부와 분점정부의 형태를 행정부 집권당의 의회 내 위상을 중심으로 구분한다. 단점정부는 원내 제1당이 과반수 의석을 확보한 단일정당 단점정부와 행정부 집권당이 원내 과반수 의석 확보에 실패하여 다른 정당과의 연합을 통해 정부를 운영하는 정당연합 단점정부로 구분하고 있다. 반면 분점정부는 행정부 집권당이 원내 제1당인 제1당 분점정부, 행정부 집권당이 원내 제2당인 제2당 분점정부로 구분하고 있다.

이러한 구분은 민주화 선언 이후 지금까지 나타난 단점정부와 분점정부의 형태를 분석적으로 접근한다는 점에서 긍정적이지만, 대통령 소속당의 원내 지위를 기준으로 단점정부와 분점정부의 형태를 구분하는 것은 단점정부의 형태를 구분할 때는 몰라도 분점정부의 형태를 구분할 때는 만족스럽지 못한 방식이다.

분점정부는 일차적으로 행정부와 의회가 서로 다른 정당에 의해 통제되는 상황을 지칭한다. 다당제국가의 경우 단일 정당이 의회를 통제하기도 하지만 어느 정당도 의회를 통제하지 못하는 경우도 있다. 이럴 경우 분점정부 여부를 판단하는 기준은 행정부의 집권당이 의회를 통제하는가, 즉 행정부의 집권당이 원내 과반수 의석을 확보하였는가에 달려 있다. 따라서 과반수 의석을 확보한 정당이 반대당이거나 어느 정당도 과반수를 확보하지 못할 경우 분점정부가 된다. 집권당이 원내 제1당인가 제2당인가의 문제는 다음 문제다.

분점정부의 형태를 구분하는 보다 정확한 기준은 해당 정부유형을 판단하는 기준에 맞춰야 한다. 그럴 경우 분점정부의 형태는 크게 반대당이 단독으로 원내 과반수 의석을 확보하는 형태(양당제 및 다당제)와 어느 정당도 의회에서 과반수 의석을 확보하지 못한 형태(다당제)로 구분할 수 있으며, 이러한 구분이 분점정부의 형태를 인식하는 데 더 좋은 구분이라는 것이 필자의 생각이다.[167)]

따라서 단점정부의 형태는 크게 단일 정당이 독자적으로 선거를 통해 집권하는 경우와 정당연합이 선거 혹은 선거 이후 연합정치를 통해 공동정부를 구성하는 경우로 구분할 수 있고, 분점정부의 형태는 대통령의 반대당이 원내 과반수 의석을 확보한 다수당 분점정부와 어느 정당도 원내 과반수 의석 확보에 실패한 무다수당 분점정부의 두 가지로 구분할 수 있다.[168)]

---

167) 이와 관련하여 슈가트는(Shugart 1995, 328), 다수당 분점정부의 경우 반대당이 존재하지만, 무다수당 (분점)정부의 경우에는 반대당이 존재하지 않는 상황이라고 주장한다. 슈가트는 분점정부에서 반대당 개념을 집권당을 대신하여 원내 과반수 의석을 확보한 정당으로 해석하고 있다.

168) 이를 더 정확하게 이해하기 위해서는 이 연구의 제2장의 〈표 1〉 분점정부의 출현 경우를 참조하라. 제2장의 〈표 1〉에 제시되어 있듯이 양원제가 아닌 단원제 정부인 경우 분점정부는 양당제와 다당제를

이를 정리하면 아래와 같다.

〈표 13〉 민주화 이후 한국 단점·분점정부의 형태

정부유형	형 태	사 례
단점정부	단일정당	민주자유당(1990. 1-1996. 4) 신한국당(1996. 5-1997. 11)
	정당연합	새정치국민회의+자유민주연합(1998. 8-2000. 5) 새천년민주당+자유민주연합+민주국민당(2001. 4-2001. 9)
분점정부	다수당	한나라당(1998. 2-1998. 8/2001. 9-2003. 2/2003. 2-2003. 9/2003. 9-2004. 5)
	무다수당	민주정의당(1988. 5-1990. 1) 새천년민주당(2000. 5-2001. 4) 열린우리당(2005. 4-2005. 9 현재)

위의 표는 앞에서 제시한 분점정부의 현황을 보다 분석적으로 살펴볼 수 있도록 정리한 것이다. 이를 통해 단점정부와 분점정부의 형태를 보다 정확하게 인식할 수 있다. 단점정부는 크게 단일정당 단점정부와 정당연합 단점정부로 구분할 수 있는데, 노태우, 김영삼 정부 시기의 단점정부가 단일정당 단점정부라면, 김대중 정부 시기의 단점정부는 정당연합 단점정부다.

김대중 정부 시기의 단점정부가 이전 정부처럼 단일 정당 단점정

막론하고 한 정당이 행정부를 장악하고, 다른 정당이 의회를 통제하는 경우(과반수 의석 확보)와 어느 정당도 의회 과반수를 확보하지 못한 무다수당 분점정부의 두 가지다. 양당제 국가의 경우 전자의 경우만 출현하지만, 다당제 국가에서는 전자와 후자가 모두 출현할 수 있다. 두 경우 모두 행정부 집권당이 연합정치를 필요로 한다는 점에서는 동일하지만, 연합정치의 패턴은 다르다.

부가 아닌 정당연합 단점정부인 이유는 연합의 조건이 이전의 정부에 비해 제한적이던 태생적 한계 때문이다. 즉 이전의 정부가 기득권 세력인 영남(TK, PK)을 중심으로 충청권을 편입시킨 비호남연합(민주자유당)이었던 데 반해, 호남을 중심으로 한 비영남연합은 중심세력이 소수파라는 한계 때문에 구심력이 영남중심의 비호남연합에 비해 약했다. 비록 새천년민주당과 자유민주연합 간의 합당논의가 없었던 것은 아니지만, 양당간의 합당이 실현되지 못했던 것은 양당간의 이념적 차이(정치적 지향성)가 상대적으로 컸고, 이념적 차이를 극복할 수 있는 정치적 지분과 선거정치의 기대효과가 높지 않았기 때문이다. 특히 의회제(내각제)로의 개헌문제에 대해 새천년민주당과 자유민주연합 간에는 좁힐 수 없는 입장 차이가 존재했다.[169] 이러한 제약요인들이 김대중 정부의 연합정치를 제약시킨 요인이었다. 그래서 정책공조 수준의 정당연합까지는 진전되었지만, 단일정당으로의 통합은 이루어지지 않았고, 정당연합도 대단히 불안정한 형태로 지속되었다.

다음으로 분점정부의 형태는 다수당 분점정부와 무다수당 분점정부의 두 가지 형태로 나타났는데, 다수당 분점정부는 한나라당이 원내 과반수 의석을 확보하여 의회를 통제했던 분점정부였고, 무다수당 분점정부는 13대 총선 이후 민주정의당과 16대 총선 직후 새천년민주당의 분점정부, 17대 국회의 열린우리당 분점정부가 이에

169) 한국의 정당은 이념적 거리가 다른 유럽 정당에 비해 가깝다는 특징이 있다. 1990년 3당 합당이 가능했던 것도, 그리고 당시 평화민주당이 3답 합당에서 배제된 것도 그러한 특성이 반영되었다. 그러나 새천년민주당과 자유민주연합은 그중에서도 이념적 거리가 상대적으로 먼 경우다.

해당한다. 민주정의당과 열린우리당이 원내 제1당이었던 데 반해, 새천년민주당은 원내 제2당이었다는 차이가 있다.

무다수당 분점정부는 의회 내에서의 세력구도를 재편하기 위한 연합정치를 필요로 하는데, 정당 간 정책연합(지지정당 확보)부터 정당통합(합당)에 이르기까지 다양한 선택이 가능하다. 민주정의당은 정당통합을 선택한 반면, 새천년민주당은 정당연합을 시도했다. 새천년민주당 역시 정당통합을 시도하지 않았던 것은 아니지만, 이러한 계획이 실현 불가능했기 때문에 정당 간 정책연합 내지 공조 수준의 연합정치가 이루어졌다. 무다수당 분점정부의 출현은 미국에서는 찾아볼 수 없는 한국 분점정부의 독특한 형태로서, 특히 제3당의 정치적 역할이 증대되고 다수당 분점정부와는 다른 연합정치(합당, 정당연합, 정책공조 등) 패턴이 종종 나타난다.

3) 한국 분점정부의 전개과정

여기서는 민주화 선언 이후 한국 분점정부의 전개과정을 중요한 사건과 국회의원 및 대통령 선거를 중심으로 살펴보고자 한다. 한국 분점정부는 세 시기로 구분할 수 있는데, 최초의 분점정부가 등장했던 1988년-1990년 시기, 분점정부가 억제되었던 1992년-1998년, 분점정부가 재등장했던 1998년부터 2005년 현재까지의 시기가 그것이다.

1988년 제13대 총선 결과에 따라 최초의 분점정부가 등장한 이래, 매 선거마다 대통령 소속 당은 원내 과반수 의석 점유에 실패하고 있다. 2004년 17대 총선을 제외하고, 민주화 이후 선거결과는 언제나 분점정부 상황이었고 그런 의미에서 본다면 분점정부는 한국에서 보다 보편적이고, 일상적인 현상이 되고 있다. 그러나 선거결과와 분점정부의 등장이 반드시 일치하는 것은 아니었다. 14대에서 분점정부를 경험했던 노태우 대통령과 집권당이었던 민주자유당은 국회가 개원하기 전에 정계개편을 통해 분점정부 상황을 미리 극복했다. 14대 총선결과 민주자유당은 149석을 확보해 과반수 의석에 1석이 모자랐지만 21명의 무소속 당선자 영입을 통해 과반수를 확보했고, 14대 대통령선거 이후 와해된 통일국민당의원들에 대한 개별영입을 통해 14대 국회 내내 집권당의 의석 우위를 확보했다.

무소속 영입을 통한 원내 과반수 의석 확보는 15대 총선 직후에도 반복되었다. 제15대 총선에서 신한국당은 전체 299석의 과반수에 11석이 모자란 139석을 확보했다. 그러나 선거 직후 선거사범 소환 및 표적수사라는 사법적 수단과 당직 및 향후 공천 보장이라는 정치적 회유책을 동원하여 무소속 및 타당의원을 영입하여 158석의 의석을 확보함으로써 분점정부는 나타나지 않았다.

따라서 선거결과만 놓고 보면 9차례의 분점정부가 등장해야 했지만, 실제 분점정부가 등장한 것은 앞에서도 언급했듯이 총 7차례다. 그럼에도 불구하고, 행정부 집권당이 총선에서 원내 과반수 의석 확보에 실패한 모든 선거결과를 분점정부의 출현 횟수에 포함하는 논자들도 있는데(김용호 2001, 479; 장훈 2001a, 110-111), 이는 잘못된 방식이다. 왜냐하면 선거결과가 분점정부 상황이라고 해서, 반드시 분점정부가 나타나는 것은 아니다. 특히 분점정부는 실제 선거결과에 따라 새로운 국회의 임기가 시작될 때의 상황을 보고 판단해야 한다.

아래의 표는 민주화 선언 이후 현재까지(2005. 9 현재) 한국의 정부유형을 정리한 것인데, 13대 국회부터 17대 국회에 이르기까지 단점정부와 분점정부가 등장한 시점, 당시 행정부의 집권당과 대통령, 입법부의 원내의석분포 등을 정부유형 구분에 따라 정리했다.

〈표 14〉 민주화 선언 이후 한국의 정부유형

국회 (임기)	시 점	정부 유형	행정부		입법부				비 고
			집권당	대통령	제1당	제2당	제3당	총의석	
13대 (88. 5. 30- 92. 5. 29)	총선 (88. 4. 26)- 90. 1	**분점** **(1)**	민정당	노태우	민정당 (125석) (41.8%)	평민당 (70석) (23.4%)	통일민주당 (59석) (19.7%)	299석	신민주공화당 35석, 기타 10석
	*정계개편 (90. 1. 22)- 92. 3	단점	민자당	노태우	민자당 (216석) (72.7%)	평민당 (70석) (23.6%)	무소속 (11석) (3.7%)	297석	*1990. 2. 16 현재
	14대 총선결과 (92. 3. 24)		민자당	노태우	민자당 (149석) (49.8%)	민주당 (97석) (32.4%)	통일국민당 (31석) (10.4%)	299석	신정치 개혁당 1, 무소속21
14대 (92. 5. 30- 96. 5. 29)	*정계개편 (92. 5)- 96. 4	단점	민자당	노태우 김영삼	민자당 (165석) (55.2%)	민주당 (97석) (32.4%)	통일국민당 (31석) (10.4%)	299석	총선 직후 무소속 16명 영입
	15대 총선결과 (96. 4. 11)		신한국당	김영삼	신한국당 (139석) (46.5%)	국민회의 (79석) (26.4%)	자민련 (50석) (16.7%)	299석	민주당 15, 무소속 16
15대 (96. 5. 30- 02. 5. 29)	*정계개편 96. 5- 98. 2	단점	신한국당	김영삼	신한국당 (157석) (52.5%)	국민회의 (79석) (26.4%)	자민련 (46석) (15.4%)	299석	*무소속 및 민주당의원 영입
	정부출범 (98. 2. 26- 98. 8	**분점** **(2)**	국민회의	김대중	한나라당 (161석) (53.8%)	국민회의 (78석) (26.1%)	자민련 (43석) (14.4%)	299석	무소속 12
	*정계개편 (98. 9)	단점	국민회의	김대중	한나라당 (140석) (46.8%)	국민회의 (101석) (33.8%)	자민련 (52석) (17.4%)	299석	*DJP 연합 (153석) (51.3%)

국회(임기)	시 점	정부유형	행정부		입법부				비 고
			집권당	대통령	제1당	제2당	제3당	총의석	
16대 (00. 5. 30-04. 5. 29)	16대 총선 (00. 4. 13) -01. 4	**분점** (3)	새천년 민주당	김대중	한나라당 (133석) (48.7%)	새천년 민주당 (115석) (42.1%)	자민련 (17석) (6.2%)	273석	민국당2 무소속5
	*정계개편 (01. 4)- 01. 9)	단점	새천년 민주당	김대중	한나라당 (133석) (48.7%)	새천년 민주당 (115석) (42.1%)	자민련 (20석) (7.3%)	273석	*3당정책 공조 (민+자+민국):115+20+2=137
	공조파기-재보선 (01. 9-03. 2)	**분점** (4)	새천년 민주당	김대중	한나라당 (139석) (50.9%)	새천년 민주당 (113석) (41.4%)	자민련 (14석) (5.1%)	273석	민국당 1 미래연합1 무소속 4
	정부출범 (03. 2- 03. 9)	**분점** (5)	새천년 민주당	노무현	한나라당 (151석) (55.3%)	새천년 민주당 (102석) (37.4%)	자민련 (12석) (4.4%)	273석	무소속 및 기타 6석
	03. 9-04. 5	**분점** (6)	열린 우리당	노무현	한나라당 (149석) (54.8%)	새천년 민주당 (60석) (22.1%)	열린우리당 (47석) (17.3%)	272석	자민련 및 기타 16석
17대 (04. 5. 30-08. 5. 29	17대총선 (04. 4. 15)- 05. 4	단점	열린 우리당	노무현	열린 우리당 (152석) (50.8%)	한나라당 (121석) (40.5%)	민주노동당 (10석) (2.9%)	299석	민주당 및 기타 16석
	05. 4- 05. 9현재	**분점** (7)	열린 우리당	노무현	열린 우리당 (146석) (49.8%)	한나라당 (125석) (41.8%)	민주노동당 (10석) (2.9%)	299석	민주당 및 기타 18석

* 출처: 김용호(2001, 479)의 표를 기초로 재구성.

(1) 최초의 분점정부, 1988-1990

1987년 '6·29선언' 이후 치러진 13대 국회의원 선거에서는 행정부 집권당이 원내 과반수의석 확보에 실패했다. 당시 민주정의당은 전체 299석 중 지역구 87석과 전국구 38석을 합해 125석(41.8%)만을 획득한 반면, 평화민주당은 지역구 54석, 전국구 16석을 합해 70석을 획득했고, 통일민주당은 지역구 46석, 전국구 13석을 합해 59석을 획득했으며, 신민주공화당은 지역구 27석, 전국구 8석을 합해 35석을 획득했다. 이중 반대당인 평화민주당, 통일민주당, 신민주공화당의 의석은 164석으로 54.8%의 의석점유율을 기록했다(중앙선거관리위원회 1988, 92-93).

특히 평화민주당이 통일민주당에 비해 득표율이 낮았음에도 불구하고 통일민주당보다 많은 의석을 확보한 것은, 영남지역에서 민주정의당과 통일민주당의 표가 분산된 반면, 호남지역에서는 평화민주당에게 유권자의 지지가 집중되었기 때문이다. 여기에 서울지역에서 17석을 확보함으로써 평화민주당은 원내 제2당이자, '제1야당'으로서 '5공청산'과 노태우 대통령의 중간평가 등 민감한 정치적 사안들에 대한 정국운영의 주도권을 확보할 수 있었다. 반면 통일민주당은 원내 제3당으로 전락했고, 신민주공화당은 충남권을 기반으로 정치적으로 재기하면서 통일민주당을 제치고 캐스팅 보트를 차지했다(지병문 외 2001, 384).

그렇다면 이처럼 분점정부가 헌정사상 최초로 등장하게 된 정치적 배경은 무엇일까? 이를 세 가지로 요약하면 다음과 같다.

첫째, 1987년 6월 항쟁에서 표출된 국민들의 민주화 열망과 13대 총선의 결과는 밀접하게 연관되어 있다. 비록 1987년 대통령선거에서 군부 권위주의정권의 계승자인 노태우 후보가 당선되었지만, 유권자의 63.4%는 세칭 '야당후보'를 지지했다. 특히 전체 유권자의 55.1%가 '양김(김대중 · 김영삼)'을 지지했다는 사실도 간과해서는 안 된다. 우리나라의 선거제도는 결선투표제가 아니라 최다득표자가 당선되는 단순다수대표제를 채택하고 있기 때문에 노태우 후보가 대통령에 당선되었지만, 이미 대통령선거에서 유권자들은 분점정부를 암시하고 있었다.[170] 13대 총선의 결과는 민주화에 대한 국민들의 열망이 행정부 집권당인 민주정의당과 경쟁하는 반대당들에 대한 지지로 표출된 것으로 평가할 수 있다. 이것은 13대 총선에서 나타난 결과가 민주 대 반민주의 대립구도에서 민주 지향적 정치의식이 표출된 것이라는 설명과도 맞닿아 있다(한국사회연구소 정치연구부 1988, 82).

둘째, 13대 총선은 대통령선거와 마찬가지로 지역몰표현상 혹은 지역주의 투표행태가 선거결과에 가장 큰 영향을 미쳤다. 4개 정당은 당 최고지도자의 연고지역에서 현저하게 높은 지지를 받았다. 유권자들이 후보자를 선택하는 데 있어 지역연고가 가장 중요한 기준이 되었다.[171] 평화민주당은 전남과 전북의 37개 의석을 전부 석권했으며, 민주정의당은 대구의 8석을 모두 차지했고, 통일민주당은 경남과 부산의 37석 중 23석을, 신민주공화당은 충남의 18개 의석 중 13개 의석을 차지했다(지병문 외 2001, 384).

셋째, 13대 총선 결과는 지역주의 투표행태와 소선거구제가 맞물리면서 민주정의당이 원내 과반수 의석 확보에 실패하는 결과로 나

---

170) 정대화는(정대화 1995, 177), "야당이 대통령선거에서 패배했음에도 불구하고 총선에서 승리했다는 평가는 잘못"이라고 주장하는데 이는 민주화 과정에서 13대 총선이 차지하는 역사적 의미를 너무 축소한다는 느낌이 든다.

171) 이러한 일반적 해석과는 다르게, 13대 총선에서 지역주의 투표행태가 선거결과에 단지 보조적 역할만을 수행한 것으로 해석하는 주장도 있다(정대화 1995, 177).

타났다. 다시 말해 13대 총선 결과는 선거제도의 효과가 크게 나타난 선거였다. 특히 선거법 협상과정에서 평화민주당만이 완전 소선거구제를 주장한 반면, 민주정의당은 초기에 통일민주당과 더불어 중선거구제 개정(1선거구 2석에서 1선거구 1-4석)을 주장하다 승리를 과신한 나머지 오히려 완전 소선거구제를 날치기 통과시킴으로써 스스로 패배를 자초했다.172)

주지하듯이 소선거구제는 군소 정당보다는 거대 정당에게 유리한 선거제도이고, 지역적 이해관계가 전국적 이슈보다 우선할 수 있어 지역균열구조가 지배적인 사회에서는 지역정당의 출현을 촉진하는 선거제도라고 할 수 있다. 민주정의당은 관권과 금권, 조직의 우위를 과신하여 자신들에게 유리할 것으로 생각했던 소선거구제를 날치기로 통과시켰다가, 국민들의 민주화 열망과 지역주의 투표행태로 인해 헌정사상 최초의 분점정부 등장이라는 결과에 직면해야만 했다.173)

---

172) 민주정의당은 1988년 3월 7일 국회 내무위원회 단독처리에 이어 3월 8일에는 본회의 단독처리를 강행했다(중앙일보, 1988. 3. 8). 당시 통일민주당은 초기에는 소선거구제를 지지했는데, 이는 1선거구 2석제가 유신체제의 산물이라는 점 때문이었다. 그러나 13대 대통령선거에서의 득표상황을 고려할 때 소선거구제에 불리하다고 판단하여, 1선거구 2-4석의 중선거구제로 당론을 변경했다가 다시 민주정의당과의 협상과정에서 1선거구 1-3석제로 수정하여 합의각서까지 교환했지만, 기존 당론과 어긋난다는 당내 반발로 인해 합의되지 못했다. 그 후 김영삼과 김대중의 협상과정에서 야권통합을 전제로 소선거구제로 환원했다(공보처 1992, 257-260).

173) 앞에서 중선거구제가 분점정부보다는 단점정부의 출현을 촉진하는 경향이 있다고 했는데, 그것은 유신정우회와 같은 추가의석제도에 의해 더욱 확실해진다. 반면 소선거구제는 지역정당의 '할거체제'에서는 원내 제1당의 과반수 의석 확보가 쉽지 않다. 특히 한국과 같이 3-4

그런데 13대 총선의 결과는 그 자체에 대한 평가와는 별개로 절묘한 '황금분할'이 될 수 있는 여지도 있었다.[174] 즉 평화민주당과 통일민주당이 연합하더라도 원내 과반수인 150석에 미치지 못하는 129석이었기 때문에 상대적으로 신민주공화당의 정치적 역할이 의석수에 비해 크게 증대되었다. 즉 신민주공화당이 어느 정당과 연합하느냐에 따라 원내 과반수 의석 확보를 위한 정치적 연합이 완성될 수 있었다. 그러나 결과만을 놓고 평가해볼 때, 13대 총선은 절묘한 황금분할이 아니라 3당 통합이라는 반민주적·반역사적 정당통합으로 귀결되고 말았다.

그러나 13대 총선 이후 등장한 최초의 분점정부는 한국의 정치지형 변화에 많은 영향을 미쳤다. 분점정부의 등장은 의회 내에서 집권당에 대한 반대당의 주도권이 최초로 관철됨으로써 대통령에 대한 의회의 견제, 구체적으로는 행정부 각 기관에 대한 반대당의 견제와 감시가 가능하게 했다.[175]

분점정부의 출현은 정당정치의 맥락에서도 중요한 변화를 가져왔

개 지역권으로 분할된 지역정당체제에서는 더욱 그렇다.

174) 13대 국회 개원식에서 국회의장 김재순은 "4당 병립의 판도야말로 한국 정치사에서 대화정치·타협정치의 확고한 전통을 세우게 된 황금분할이었다고 기록될 수 있도록 우리 모두 지혜와 정성을 다 바치기로 국민 앞에 겸허하게 서약"할 것을 개회사에서 언급하고 있다(공보처 1992, 521).

175) 그러나 이것을 정대화의 경우처럼(정대화 1995), 국가에 대항하는 정치사회의 힘이 커졌다는 의미로 받아들여서는 안 된다. 정치사회에는 과거 정부의 집권당까지 포함되기 때문이다. 여기서 필자가 의회의 대통령에 대한 견제가 강화되었다는 것은 결국 반대당들이 집권당의 들러리 역할에서 벗어나, 독자적인 목소리를 낼 수 있게 됐고, 그것이 의회라는 공간을 통해 실행되었다는 의미에서다.

다. 분점정부의 등장을 계기로 의회 반대당의 역할이 강화됐고, 더불어 대통령과의 관계에서 의회의 역할이 증대되어 의회가 기존의 통법부에서 진정한 입법부로 거듭날 수 있었고,[176] 대통령선거 패배로 정치적 퇴진압력을 받던 두 '야당총재'의 정치적 부활은 물론 정국을 주도하는 위치에 복귀하는 계기가 되었다.

분점정부는 특히 반대당의 역할이라는 문제와 관련하여 이중적인 의미를 갖는다. 한편으로 분점정부는 의회의 반대당이 주도적으로 노태우 정부의 개혁을 요구하면서 전두환 정부와 노태우 정부의 단절을 강제했다. 이는 분점정부의 긍정적 측면으로서 그러한 개혁요구에 따라 13대 국회 초기부터 5공 청산과 더불어 상당수의 개혁입법이 가능했다. 다른 한편으로, 분점정부의 등장은 민주화의 관심영역을 정치사회(제도정치)에 한정시키는 결과를 초래했다. 6월 항쟁 등 주로 거리에서 이루어지던 민주화의 과정이 제6공화국하에서 의회의 민주화과정으로 이전되면서 민주화운동의 방향과 목표를 변경시키는 계기가 되었다. 특히 분점정부의 등장과 함께 의회정치를 통한 개혁의 가능성에 대한 관심이 증폭됨으로써 정치투쟁의 방향도 민중민주주의와 일반민주주의로 분화하게 된다.

분명한 사실은, 당시 민주화 운동의 고조기라는 시대적 상황과 맞물리며 등장한 분점정부가 민주화의 진전에 일정 정도 기여했다는 점이다. 특히 분점정부는 3당 합당을 통해 단점정부로 전환되기 전까지 우리의 의회정치나 정당정치에 많은 긍정적인 영향을 미쳤다. 그러나 분점정부가 가져온 이러한 긍정적 효과는 1990년 1월

176) 물론 이러한 계기는 3당 통합으로 일단 좌절되었으나, 김대중 정부시기에 연속적으로 등장한 분점정부와 현 노무현 정부에서의 분점정부는 대통령에 대한 의회의 견제기능이 역대 어느 정부 때보다 강력하다.

22일 민정당, 민주당, 공화당이 3당 합당을 통해 민주자유당을 창당하면서 종식된다.

당시 민주정의당과 통일민주당, 신민주공화당 3당이 합당의 명문으로 내세운 것은 4당 구조에 의한 정치적, 경제적 불안정이었다. 그들은 〈새로운 역사 창조를 위한 공동선언〉에서 다음과 같이 주장한다.

> "4당으로 갈라진 현재의 구조로는 나라 안팎의 도전을 효율적으로 헤쳐 나라의 밝은 앞날을 개척할 수 없다는 것입니다. 현재의 4당 체제는 지난 총선거의 결과임이 분명합니다. 4분된 정당체제는 사회·경제적 갈등구조를 개선하고 국민적 여망을 구현하는 데 무력했습니다. 정치적 안정이 이루어지지 않음에 따라 국민의 불안은 가중됐고, 우리 경제도 위기상황으로 치닫게 되었습니다. …… 이제 당파적 이해로 분열, 대결하는 정치에 종지부를 찍기 위해 3당의 합당을 추진하고자 합니다(동아일보, 1990. 1. 23)."

세칭 '3당 합당 선언문'은 당시 정당과 정치인들이 분점정부에 대해 갖고 있던 인식을 그대로 보여준다. 그것은 대통령제에서 정당의 통합기능, 보다 정확히는 행정부 집권당이 주도하는 정부운영을 강조하는 정당정부론의 문제의식과 정확히 일치한다. 즉 비효율성과 정치적 안정의 저해, 당파적 이해라는 말로 표현되었듯이, 행정부 집권당이 의회를 통제하지 못하는 상황에 대해 대통령과 집권당은 정당통합방식의 연합정치로 대응했다. 3당 합당은 평화민주당 주도의 평민-민주-공화의 세칭 '야당연합'을 깨뜨리기 위한 민주정의당 주도의 공세적인 연합정치였다. 다만 이것이 단순한 정당

간의 정책연합이 아니라 합당의 형식을 취하게 된 이유는 3당 합당 직전의 정치 상황을 좀 더 구체적으로 살펴볼 필요가 있다.

주지하듯이, 3당 합당이 이루어지게 된 직접적인 배경은 '5공 청산'문제와 '중간평가'문제였다. 이 문제들로 인해 당시 정국은 노태우 대통령과 집권당인 민주정의당이 수세에 몰린 상황이었다. 노태우 정권은 잔여임기 동안 정국을 안정적으로 운영해 나가기 위해서는 일차적으로 평민－민주－공화의 '야당연합'을 깨뜨리고, 적어도 의회 내에서 안정 과반수를 확보해야 할 필요성을 인식하고 있었다. 또한 노태우 대통령이 임기 만료 후 자신의 신변보장과 차기 대통령선거에서의 재집권을 위한 방안이 필요했다.177) 이를 위해 집권세력은 '내각제 개헌'을 최선의 전략으로 보았으며, 국회에서 개헌안 통과에 필요한 의석수의 확보가 절대적으로 필요했다(지병문 외 2001, 400).

3당 합당의 또 다른 파트너였던 통일민주당은 분점정부하의 '야당연합'에서 평화민주당에게 주도권을 빼앗긴 상태였고, 동해 보궐선거에서 후보자 매수사건 및 영등포 보궐선거에서의 패배 등으로 정치적 전망이 불투명하던 상황이었다. 뿐만 아니라 신민주공화당이 민주정의당과 합당하는 경우 통일민주당은 최하위정당으로 전락하게 될 운명이었기 때문에 당 내외의 위기감이 고조되고 있었다.

여기에 정치적 경쟁과 대권에 대한 집착으로 요약되는 김영삼과 김대중의 오랜 정치적 경쟁관계도 중요한 영향을 미쳤다. 특히 1987년 대통령선거에서 후보단일화 실패와 대선 후 양당 통합 실패

177) 이것은 5공 청산을 통해 자신의 손으로 전두환을 백담사로 보낸 후, 뼈저린 자기성찰을 통해 노태우가 습득한 교훈이었다.

로 인해 양자 간에는 깊은 불신이 자리하고 있었다. 당시 김영삼은 차기대권 경쟁에서 제3당의 위치에서 도전해야 하는 불리한 입장에 있었다. 김영삼은 불리한 정치적 상황을 돌파하기 위한 전략으로 민주정의당과의 합당을 긍정적으로 고려했다. 민주정의당 내에 차기 대권에 도전할 전국적 명성을 가진 인물이 부재한 까닭에 김영삼은 민주정의당과 합당할 경우보다 유리한 정치세력을 배경으로 차기 대권에 도전할 수 있다고 판단한 것으로 보인다.

한편 신민주공화당은 원내 제4당이라는 정치적 열세를 극복할 필요가 있었다. 자생적으로 집권이 불가능한 상황에서 민주정의당의 '내각제 개헌카드'는 김종필에게 매력적인 것이었다. 권력공유가 가능한 의회제가 실현될 경우, 통합 신당 내의 정치적 역할을 최대한 활용하여 자신의 정치적 입지를 넓힐 수 있을 것으로 전망했다. 특히 과거 박정희 정권하에서 정치 및 관료 경력을 쌓은 인사들이 많은 공화당은 민정계 인사들과 쉽게 융합할 수 있어 경우에 따라서는 민정계열의 지지를 획득할 수 있는 가능성을 포기할 수 없었다.

이러한 복합적인 이유로 인해 3당 합당은 연합정치의 일반적인 패턴인 '과반수' 최소승리연합(minimal majority coalition)이 아니라 '⅔' 최소승리연합이 되었다(김희민 1994, 62-63). 민주정의당이 5공청산과 중간평가 문제만을 해결하기 위한 목적으로 연합정치를 시도했다면, 과반수 최소승리연합을 추구했겠지만, 잔여 임기와 퇴임 이후 신변보장, 원만한 재집권을 위해 '내각제 개헌카드'를 염두에 두고 있었기 때문에 개헌이 가능한 원내 안정의석의 확보가 필요했다. 이를 위해 민주정의당이 선택 가능한 대안은 원내 ⅔의석인 200석 이상을 확보할 수 있는 연합이어야 한다.[178] 그럴 경우 실현

가능한 조합(feasible set)은 민정(125석)－평민(70석)－공화(35석)의 연합을 통해 230석을 확보하는 경우, 민정－민주－공화의 연합을 통해 219석을 확보하는 경우의 두 가지다.[179] 이중 최저규모연합(minimum size coalition)에 따르면 정당들이 자신의 몫을 최대화하기 위하여 불필요한 동반자를 연합에서 제외시키기를 원하기 때문에 가능한 가장 근소한 승리연합을 선택하게 된다. 그럴 경우 민정－평민－공화보다는 민정－민주－공화의 연합이 각각의 파트너들이 수용할 수 있는 합리적 선택이 된다(레입하트 1985, 59).

반면 최소연결승리연합(minimal connected winning coalition) 모델에 따르면, 연합은 정책의 범위가 인접한 정당끼리 구성됨과 동시에 불필요한 파트너를 제외하면서 형성되는데(레입하트 1985, 61),[180] 이 경우 실현 가능성을 중심으로 가능한 연합의 조합은 민

---

178) 김재한의 경우 민주정의당－평화민주당 연합도 ⅔를 확보하는 최소승리연합이라고 주장하고 있으나(김재한 1994, 19), 당시 민주정의당(125석), 평화민주당(70석) 연합은 195석으로서 개헌 가능 의석수인 재적의원 ⅔에 5석이 부족하다. 이는 당시 보궐선거로 인한 결원을 고려한 것으로 보이나, 결원을 고려하더라도 ⅔의석이 되기 위해서는 198석이 필요하나 두 정당의 의석을 합해도 재적의원 ⅔에는 미달한다. 따라서 민주정의당－평화민주당 연합은 '⅔ 최소승리연합'이 될 수 없다.

179) 여기서 무소속 변수는 제외했다. 또한 실현 가능한 조합은 합당을 거부하고 이탈하는 의원들은 고려하지 않고, 말 그대로 실현 가능한 최적의 경우만을 고려했다.

180) 다시 말해 정당들은 연합이 형성될 때까지 자신과 인접한 정당들을 차례로 끌어들인다. 이에 따르면 민주정의당은 자신과 가장 인접한 신민주공화당을 가장 먼저 연합의 대상으로 삼게 되고, 다음으로 통일민주당 그리고 평화민주당 순으로 연합의 대상을 모색하게 된다. 평화민주당이 연합의 파트너로서 참여 가능성이 희박한 것은 사실이지만, 그렇다고 애초에 연합의 파트너에서 제외된 것은 아니다. 3당

정-공화-민주, 민정-공화-평민, 민정-민주-평민의 3가지 경우를 상정할 수 있다. 그러나 민정-민주-평민의 조합은 논리적으로는 가능할지 모르나 현실적으로 가장 친화력이 높은 연계정당이 연합에서 배제되는 것이므로 현실성이 거의 없다.

이러한 연합정치 모델에 입각해서 볼 때 민주정의당은 과반수 최소승리연합이 아닌 ⅔ 최소승리연합을 애초에 의도했기 때문에 민정-평민, 민정-민주, 민정-공화 조합은 연합의 조합에서 배제된다. 3당 합당은 자연스럽게 민정-민주-공화 3당 간의 연합으로 귀결된다. 물론 연합이 이러한 논리적 가능성만으로 이루어지는 것은 아니며, 연합의 실현과정에서 정당 간 이해관계 충돌, 자당 소속 의원들의 이념과 노선 차이에 따라 논리적으로 가능한 연합과 실현된 연합이 차이가 날 수 있다. 예컨대, 민정-민주-공화의 정당연합이 완벽하게 실현되었다면, 민주자유당의 원내 의석수는 219석이어야 했지만, 실제 통합정당의 의석수는 216석으로서 3석의 오차가 발생했다(1990년 2월 16일 기준).

여기서 3당이 정당연합이 아닌 합당으로 간 이유는 민정당은 확실한 야당지지를 확보하기 위해, 민주당은 당시 열세에서 벗어나고 차기 대통령선거에서 집권당 후보로 출마하기 위해, 공화당은 약세에서 탈피하여 지속적 정부참여를 위해서였다(김재한 1994, 19). 이러한 3당 간의 이해관계가 합의되면서 연합은 가능성에서 현실이 됐고, 그 결과 민정당, 민주당, 공화당의 3개 정당이 연합정치를 통해 민주자유당이라는 거대정당으로 합당했다.

합당 이전에 박철언 주도로 민주정의당과 평화민주당 간의 연합이 전략적으로 논의된 적이 있다는 사실을 상기할 필요가 있다.

(2) 억제된 분점정부, 1992-1998

최초의 분점정부는 민정당, 민주당, 공화당 3당 간의 연합정치에 의해 단점정부로 전환되었다. 그러나 3당 합당과 함께 분점정부에서 단점정부로의 전환이 이루어졌지만, 1992년 3월 24일 실시된 제14대 총선결과는 다시 한번 분점정부가 출현할 상황을 창출한다. 14대 총선은 당초 민주자유당과 민주당 간 경쟁이 될 것으로 예상했다.[181] 그러나 예상을 뒤엎고, 선거경쟁에서 정주영의 통일국민당이 선전한다. 민주자유당은 원내 과반수 의석인 150석에서 1석이 부족한 149석을 얻었다(〈표 14〉 참조).

당시 민주자유당은 '야당바람'을 차단할 수 있다면 14대 총선에서 자신들의 목표로 공표한 의석 60%를 쉽게 확보할 수 있는 유리한 위치에 있었다. 민주자유당은 야당바람을 불러올 수 있는 선거과열을 방지하기 위해 정당차원의 대대적인 선거운동을 자제하고, 인물과 조직을 기반으로 한 지역구 차원의 개별적 선거운동을 강화했

181) 민주자유당으로의 3당 합당 이후 평화민주당은 재야의 야권통합추진위원회와 함께 '통합추진위원회'를 구성한 후 민주당 잔류세력과의 통합을 시도하였으나, 지도체제 및 지구당 조직책 지분비율 협상결렬로 통합협상이 지지부진했다. 이에 1991년 평화민주당이 신민주연합과 합당하여 신민주연합당(신민당)을 발족시켜 지방의원선거에 임하게 된다. 그러나 지방의원선거에서 민주자유당이 압승하자 신민당과 민주당은 다시 야권통합논의를 시작한다. 1991년 9월 10일 신민당과 민주당이 합당하여 명칭을 민주당으로, 김대중과 이기택을 공동대표로 추대하고, 지도체제는 최고의원 10명의 집단지도체제로 하되 양측 5명씩 동수로 구성하며, 중앙당의 당직 배분은 신민 6, 민주 4의 비율로 하며, 재야인사는 각 지분 내에서 영입할 것을 발표하게 된다(동아일보, 1991. 9. 6).

다.[182] 그리고 '여당' 비판적 성향이 강한 수도권과 민주당 지지기반인 호남지역을 겨냥하여 '수도권 대책위원회'와 '호남대책 특별위원회'를 구성했으며, 친여 성향의 보수적 유권자를 겨냥해 정치안정을 강조하는 한편, 제6공화국 기간 동안의 민주화 추진성과, 주택 200만 호 건설, 남북합의서 체결 등의 정책적 성과를 부각시켜 이를 미래지향적 비전으로 연결시키려 했다(정영국 1992, 113-114).

민주자유당에 비해 조직 면에서 현저하게 불리한 위치에 있던 민주당은 '야당바람' 재연과 야당지지성향이 높지만 정치참여에 소극적인 20-30대 젊은 유권자 층의 선거참여를 적극 유도한다는 총선 기본구도를 설정했다. 이를 위해 민주당은 '3당 통합의 부도덕성', 최악의 물가고, 민생치안 부재, 자치단체장 선거 연기, '수서비리사건' 등을 중심으로 행정부 집권당의 실정을 집중 공략했다. 또한 지역구 출마후보자들의 약 40%를 상대적으로 개혁적이고, 참신한 30-40대의 젊은 인물들로 공천하여 젊은 층의 지지확보에 주력하고, 이들 젊은 세대들을 겨냥한 공약을 제시했다(정영국 1992, 114).

통일국민당은 모든 지역에서 민주자유당을 우선 경쟁상대로 삼고 있었기 때문에 민주당의 입장에서 통일국민당의 부상은 민주자유당 지지기반을 침식시키는 것으로 인식했다. 따라서 민주당은 중앙당 차원에서 통일국민당을 공격목표로 설정하지 않았다. 신생 정당인 통일국민당은 조직구축, 인지도 제고, 지지확보라는 선거과정의 3가지 핵심과제를 단기간 내에 동시에 성취해야 하는 상황에 처해 있었다. 나아가 통일국민당은 현대그룹이라는 재벌기업을 배경으로

182) 이를 위해 민주자유당은 대규모 정당집회와 같이 선거분위기를 과열시킬 수 있는 선거운동을 억제하고, 지역구 차원에서의 인물 및 공약 대결을 유도하는 선거전술을 채택한다(정영국 1992, 114).

하는 '재벌당'이란 비판적 여론을 극복해야 하는 부담을 안고 있었다. 통일국민당은 당 대표인 정주영의 고향인 강원도와 현대계열 기업들이 집중되어 있는 지역을 일차적인 지역 연고로 삼았으며, 계층적으로는 일반 직장인, 중소기업인, 자영업자, 주부 등 경제현안에 민감한 층을 주 공략대상으로 삼았다.

영호남 지역주의에 대한 불만층으로부터 반사이익을 얻고, 물가불안 및 경제침체에 불만을 지닌 계층을 대상으로 기업경영에 성공한 인물이 이끄는 경제를 아는 정당임을 부각시켜 지지를 획득한다는 것이 기본적인 선거 전략이었다. '아파트 반값 공급'이나 '금리인하' 등은 그 내용의 파격성에서뿐만 아니라, 그러한 공약을 통해 지지획득을 겨냥하는 계층들이 실제적으로 체감하고 있는 문제들을 대상으로 하고 있다는 점에서 여타 정당들의 공약들과는 체감지수의 차이가 있었다(정영국 1992, 117).

3월 24일 실시된 14대 총선결과는 민주자유당 149석(49.8%), 민주당 97석(32.4%), 통일국민당 31석(10.4%), 신정당 1석, 무소속 21석(7.0%)으로 나타났다. 민주자유당의 의석은 약 70석이나 줄어들었으며, 민주당은 약 30석 가까이 늘어났다. 나머지 약 40여 석을 통일국민당과 무소속이 당선되었다(정영국 1992; 박찬욱 1993).

민주당의 약진은 서울과 호남지역에서의 압도적 지지에 힘입은바 크다. 민주당은 수도권, 특히 서울 지역에서 민주자유당에 상대적인 승리를 거두었다. 민주자유당이 서울에서 16석을 획득한 반면, 민주당은 25석을 획득했고, 경기지역에서도 민주자유당이 18석에 그친 반면, 민주당은 8석을 확보했다. 결과적으로 서울·경기지역에서 민주자유당이 34석 획득에 그친 반면, 민주당은 33석을 확보하여 한나라당의 패배에 결정적 영향을 미쳤다. 이는 13대 총선에서 민주정의당과 통일민주당, 신민주공화당이 서울에서 23석, 경기도에서 24석을 획득하고, 평화민주당이 서울 17석, 경기 1석을 획득했던 것과 비교하면, 민주자유당은 서울·경기지역에서 13대에 비해 13석을 잃었지만 민주당은 15석을 더 얻었다. 여기에 통일국민당이 서울에서 2석, 경기도에서 5석을 얻음으로써, 민주자유당은 이전 선거와 비교할 때 수도권에서 상당수의 의석을 상실함으로써 결국 총선 전체에서도 과반수 의석 확보에 실패하고 말았다.

경상도 지역에서의 패배는 민주자유당에게는 더 뼈아팠다. 민주정의당-통일민주당-신민주공화당 3당의 의석수를 합산할 경우, 13대 총선 당시 부산에서 15석, 경남에서 21석, 대구에서 8석, 경북에서 21석이었다. 반면 평화민주당은 부산·경남, 대구·경북에서 단 1석도 없었다. 그러나 14대 총선에서 민주자유당은 부산에서 15석, 경남에서 16석, 대구에서 8석, 경북에서 14석을 획득했다. 부산과 대구에서는 13대와 동일한 의석을 얻었으나, 경남에서 5석이 줄어들었고, 경북에서는 7석이 줄어들었다. 경상도 지역에서 민주당은 13대 총선과 같이 1석도 얻지 못했지만, 경남과 경북지역에서 통일국민당이 민주자유당의 의석을 잠식했다.

통일국민당은 14대 총선 결과 경남에서 3석, 대구에서 2석, 경북에서 2석을 얻었다. 강원도의 경우 13대에서 민정-통일민주-공화 3당은 12석을 얻었으나, 민주자유당으로 바뀐 14대에서는 8석에 그치고 통일국민당이 4석을 얻어, 강원도 지역에서도 민주자유당의 지지기반을 통일국민당이 잠식했다(중앙선거관리위원회 1992, 110-112).

여기서의 관심사항은 통일국민당의 선전 요인을 분석하는 것이 아니다. 오히려 민주자유당이 왜 패배했는가에 있다.[183] 선거 이후 연구를 보면, 민주자유당의 패배는 3당 합당과 이후 당내 계파 간의 파벌싸움, 인사편중과 파벌안배에 따른 공천, 경제시책의 비일관성, 수서사건을 비롯한 공직자 비리와 사회기강의 해이, 국민경제의 불안정과 경제침체, 그리고 장래의 희망적 비전의 부재 등 거대여당의 횡포와 정책부재에 대한 국민들의 실망에서 기인한다(이남영 1993; 박찬욱 1993). 14대 총선결과는 13대 총선결과를 인위적으로 뒤바꾼 3당 합당과 3당 합당 이후 거대 집권당의 부패와 정책실패에 대한 유권자의 심판(회고적 투표)의 성격이 강하다(구범모 1992, 9).[184]

그럼에도 불구하고 문제는 집권당에 대한 유권자의 심판이 다시 한번 정계개편으로 왜곡되어버렸다는 데 있다. 총선 이후 민주자유당은 또 다시 분점정부가 출현할 상황에 처하자, 무소속 의원 16명을 선거법 위반 수사와 차기 선거에서의 공천을 대가로 영입했다. 무소속 의원의 영입으로 민주자유당은 149석(49.8%)에서 165석(55.2%)으로 의석수가 증가하여 원내 과반수 의석을 확보하게 된다. 이로써 두 번째 분점정부가 등장할 수 있었던 상황이었지만, 정계개편의 과정을 통해 14대 국회가 개원할 당시에는 단점정부 상황

183) 이는 뒤에서 언급할 분점정부의 등장 요인 중 정치적 요인을 해명하는 데 있어 중요한 문제다. 한국의 선거사(選擧史)를 보면 대통령의 임기 중 치러지는 선거에서 행정부 집권당이 승리하는 경우가 거의 없었다.

184) 조기숙은(조기숙 1993, 426), 14대 총선과정에서 유권자의 제1의 관심은 경제문제의 해결이었다고 본다. 이는 곧 민주자유당의 안정과 민주당의 여당견제 논리가 유권자에게 호소력 있게 다가가지 못하고, 통일국민당의 아파트 반값 구호가 반향을 일으켰던 이유를 어느 정도 설명해줄 수 있다고 본다.

이 지속되게 된다.

물론 이러한 상황에 대한 다른 해석도 가능하다. 즉 산술적인 측면에서 선거결과는 민주자유당의 원내 과반수 의석 확보 실패로 나타났지만, 어차피 당시 무소속 당선자들의 대부분이 5공 세력과 민주자유당의 계파갈등과정에서 공천에 탈락한 인사들이 대부분이었기 때문에 이들의 민주자유당 입당은 예정된 순서였고, 통일국민당 역시 선거과정에서는 민주자유당과 직접적인 경쟁관계였지만, 민주당과는 이념적으로나 정책적으로 거리가 멀기 때문에, 설사 분점정부가 등장했더라도 실질적인 의미의 분점정부와는 거리가 먼 것이라는 해석이다(손호철 1993, 201).

이는 14대 총선 결과가 애초에 민주자유당이 원내 과반수 의석에 1석이 부족했고, 무소속이 21명이었기 때문에 민주자유당은 정당연합을 통한 지분의 손실을 감수하지 않고도 얼마든지 개별적인 무소속 영입을 통해 원내 과반수 의석을 확보할 수 있는 상황이었기 때문에 더욱 설득력을 갖는 해석이다. 그럼에도 불구하고 14대 총선이 집권당인 민주자유당에 대한 유권자의 심판의 성격이 강하다는 것은 부정할 수 없는 사실이고, 13대 총선에서 나타난 분점정부적 투표행태가 14대 총선에서 지속되었다는 것도 사실이다.[185]

13대 총선결과와 14대 총선결과를 비교할 때 민주자유당은 216석에서 149석으로 67석이 줄었고, 무소속 영입파 16명을 합산한다 해도 151석으로 무려 51석이 줄었다. 반면 민주당은 호남지역을 포함

185) 이는 13대 국회의 의석수에 비해 현저하게 줄어든 민주자유당의 의석을 보면 알 수 있다. 즉 원내 과반수에서 1석 모자란다는 사실이 아니라, 3당 합당 당시의 의석에 비해 67석이나 줄어든 14대 총선의 결과를 주목해야 한다.

하여 특히 수도권 지역에서 13대 당시보다 훨씬 많은 의석을 확보함으로써 민주자유당의 원내 과반수 의석 확보 실패에 영향을 미쳤다. 다시 말해 원내 과반수 의석 확보라는 측면이 아니라, 13대 국회의 의석수에서 줄어든 수치(의석수의 변동)를 따질 경우 민주자유당은 분명 14대 총선에서 패배했다.186) 특히 통일국민당은 비록 이념적으로나 정책적으로 민주당보다는 민주자유당과 친화력이 있었지만, 지역주의 투표행태가 지배하는 한국의 선거정치하에서, 특히 경상남북도 지역과 강원도 지역에서 행정부 집권당인 민주자유당의 표를 잠식함으로써 14대 총선결과를 좌우한 핵심요인이었다. 지역주의가 지배하는 한국의 정치구조에서 행정부 집권당(민자당)을 반대하는 경상도 지역 유권자들은 호남지역을 기반으로 하는 민주당을 선택하지는 않았지만, 제3의 정당, 예컨대 통일국민당을 선택했다.

따라서 비록 산술적인 측면에서 분점정부상황이었던 14대 총선의 결과를 통해 우리가 주목해야 할 사실은 민주자유당 의석수의 엄청난 축소가 갖는 정치적 의미이다. 유권자의 선택을 인위적으로 바꾸어 놓은 3당 합당에 대한 유권자의 심판이 14대 총선에서 민주자유당의 패배, 민주당의 약진, 통일국민당의 성공이라는 선거결과로

186) 물론 민주자유당이 패배했다고 해서 민주당이 승리한 것은 아니었다. 민주당의 경우 이전보다 선전한 것은 사실이지만 승리했다고 평가할 수는 없다. 또한 일부에서는 통일국민당의 선전을 근거로 상대적으로 승리한 정당은 통일국민당이었다고 평가하지만, 사실 진정한 승자는 유권자였다. 왜냐하면 어느 정당에게도 원내 과반수를 확보할 수 없도록 했기 때문이다. 대구·경북 지역과 수도권 지역에서의 민주자유당 패배와 경상도 및 강원도 지역에서의 통일국민당 약진은 민주자유당에 대한 심판의식의 표출이었기 때문이다.

나타났다. 분점정부 상황에서 매번 등장하는 인위적인 정계개편의 한계는 이미 14대 총선결과에서 나타났던 것이다. 그럼에도 불구하고 의회에서 연합정치보다 의원영입을 통해 집권당의 몸집을 불림으로써 분점정부의 현실을 극복하려 하는 집권당의 정치적 선택을 문제 삼지 않을 수 없다. 16대 총선에서도 다시 나타나지만, 이러한 일차원적인 문제해결방식은 결코 바람직하지 않다.[187)]

1996년 4월 11일 실시된 15대 총선은 14대 총선결과를 보다 확장시킨 것이다. 다만 민주자유당을 계승한 신한국당 의석이 좀 더 줄어들었고, 14대 총선에서 통일국민당의 역할을 자유민주연합이 대체했고, 민주당으로부터 새정치국민회의가 분리되면서 과거 14대에서 민주당이 장악하고 있던 의석을 새정치국민회의와 민주당 잔류파가 분할한 것이 차이라면 차이다.

이제 15대 총선의 결과와 그것이 분점정부와 관련하여 갖는 의미를 살펴보자. 우선 14대 총선에서는 민주자유당과 민주당, 통일국민당의 3당이 경쟁하는 선거구도였지만, 15대 총선은 14대 총선에 비해 좀 더 복잡해진다. 신한국당에서 이탈한 김종필이 중심이 된 자유민주연합(자민련)이 창당되어 선거에 참여했고, 민주당은 새정치국민회의(국민회의)와 통합민주당(민주당)으로 분할되었다. 이로 인해 15대 총선은 신한국당, 국민회의, 자민련, 민주당의 4당 경쟁구도하에서 선거가 치러지게 된다.

총선결과를 보면, 신한국당은 139석, 국민회의는 79석, 자민련은 50석, 민주당은 15석, 무소속은 16석이었다(〈표 14〉 참조). 선거직

---

187) 분점정부 상황에서 대통령과 집권당의 선택 대안에 대해서는 제5장을 참조하라.

전 각 당의 원내 의석수는 신한국당 147석, 국민회의 52석, 민주당 37석, 자민련 31석이었다. 한편 각 정당이 확보하리라고 예상했던 최소의석 내지 양보할 수 없는 최저의 목표로 설정한 의석수는 신한국당 120석, 국민회의 90석, 자민련 45석, 그리고 민주당 20석이었다(박찬욱 1996, 20).

선거 직전의 의석수와 각 당의 최저 목표의석수라는 2가지 기준을 통해 선거결과를 평가해볼 때, 신한국당은 과반수는 물론 선거 직전 수준의 의석을 확보하지 못했지만, 다당 대결구도에서는 표의 지역별 분산이 이루어질 것이라는 지배적인 예측 속에서도 최소한의 목표는 달성했다. 국민회의는 선거 직전보다 의석수를 증가시켰지만, 국민회의가 선거에 임하면서 설정했던 목표의석수에는 11석이 부족했다. 자민련은 선거 직전 의석 31석은 물론 목표의석수인 45석을 초과하는 50석을 획득하여 15대 총선에서 그래도 성공한 정당이었다. 민주당은 선거직전 37석, 15대 총선 목표의석수 20석에도 미달하는 15석으로 정당존립의 위기에 직면하게 된다. 결과적으로 민주당이 정당 간 경쟁구도에서 탈락함으로써 이후 정계개편의 핵심으로 부상한다(박찬욱 1996, 21-22).

15대 총선결과를 논의하면서 빠뜨릴 수 없는 것이 바로 '3김의 전쟁'이다(박찬욱 1996, 33). 3김의 전쟁은 유권자의 지역주의 투표행태를 자극했다. 15대 총선에서는 부산·경남권을 기반으로 하는 신한국당, 호남권을 기반으로 하는 국민회의, 충청권을 기반으로 하는 자민련의 3당 할거구도가 나타났다. 신한국당이 부산(55.8%)과 경남(46.5%)에서 얻은 득표율은 14대 총선 당시 민주자유당이 이 지역에서 각각 얻은 득표율을 상회했다. 국민회의도 광주(86.2%),

전북(63.7%), 전남(71.0%)에서 14대 총선 때보다 강세를 보였다. 자민련도 충청권 유권자를 대상으로 '중부역할론'을 호소한 결과 대전(49.8%), 충남(51.2%), 충북(39.4%)에서 14대 총선 당시 민주자유당의 득표율을 능가하는 결과를 얻었다(박찬욱 1996, 32-33).

특이한 것은 자민련이 대구에서 35.8%를 득표하여 1위로 부상하고, 경북에서는 신한국당에 이어 득표율 2위(20.6%)를 기록했다는 점이다. 이 지역의 유권자들은 14대 총선에서는 물론 14대 대선에서도 민주자유당을 압도적으로 지지했었다. 그런데 1995년 지방선거에서부터는 동일한 영남에 속하는 부산, 경남 유권자들과는 달리 무소속 후보를 대거 지지하는 등 민주자유당으로부터 이탈하는 경향을 보여 왔고, 이는 15대 총선에서 정점에 달했다.

그러나 이러한 선거결과가 영남권의 유권자들이 충청지역을 기반으로 하는 자민련을 지지함으로써 최소한 영남지역에서 지역주의 투표행태가 완화되기 시작했다고 해석할 수는 없다. 그것은 노태우 대통령 집권 당시 강력한 정치적 영향력을 행사했던 일군의 정치인들이 집권당에서 이탈하여 자민련으로 결집하면서 나타난 예외적 현상이다. 이들은 대체로 김영삼 정부 출범 이후 권력투쟁에서 밀려난 인사들이 대부분이었다. 노태우 정부 당시 실권을 장악하고 있던 세력의 배제와 전직 대통령 사법처리로 신한국당에 대한 배반감과 좌절, 소외의식이 확산된 결과, 15대 총선에서 자민련 후보들이 신한국당 후보들을 누르고 'TK 지역'에서 의석을 확보할 수 있었다. 신한국당, 국민회의, 자민련 3당의 연고지역에 대한 지역주의 투표행태는 14대 총선에서보다 15대 총선에서 더 심화되었다. 그렇다면 서울지역에서도 지역주의 투표행태는 심화되었는가? 이에 대해 한 조사는 의미 있는 결과를 보여주고 있다(박찬욱 1996, 36-37).

서울에 거주하는 충청출신 유권자들은 14대 총선에서 당시 김종필 최고위원이 소속된 민주자유당을 민주당이나 다름없는 비율로 지지했지만, 지역주의 투표가 현저하지는 않았다. 15대 총선에서 충청출신 유권자들은 서울시 유권자 전체의 경우보다 다소 높은 비율로 자민련을 지지했으나, 훨씬 더 높은 비율로 신한국당 후보에 표를 주었다. 다시 말해 서울시 거주 충청출신 유권자들 사이에는 지역주의 투표가 현저하게 나타나지 않고 있다. 서울에 거주하는 충청출신 유권자들은 충청권에 실제로 거주하는 유권자들과 다른 투표행태를 보이고 있다. 이것은 왜 자민련이 서울에서 4당 중 유일하게 1석도 얻지 못했으며, 신한국당이 왜 서울지역에서 강세를 보였는가를 추론할 수 있는 자료이다(박찬욱 1996 37-38).

반면 호남출신 유권자들은 14대 총선에서 민주당에 응집력이 강한 지지를 보냈다(83.3%). 그리고 15대 총선에서도 그들은 국민회의를 강력하게 지지했다(72.4%). 그런데 여기서 흥미로운 것은 호남출신 유권자들의 지역주의적 투표 응집력이 14대 총선에 비하여 15대 총선에서 10% 정도 낮아졌다는 사실이다. 이러한 경향은 15대 총선 당시 서울지역에서 국민회의의 패배를 설명하는 데 있어 매우 중요한 자료가 된다.

영남출신 서울시 거주자들은 14대 총선에서 호남출신의 경우처럼 압도적이지는 않지만, 그래도 강한 결속력을 보이며 연고정당을 지지했다. 그리고 15대 총선에서도 경남과 경북 출신을 막론하고 다수가 신한국당을 지지했다. 서울의 대구·경북출신들에게는 김영삼 정부에서의 'TK의 소외감'이 표현되지 않았다.

요약하면, 서울에 거주하는 영호남출신 유권자들 역시 뚜렷한 지역주의 투표성향을 보이는데, 15대 총선은 이전의 총선과는 그 강도가 달랐다. 호남출신의 경우에는 약화된 조짐이 있었으나, 영남출신의 경우에는 경남과 경북의 분열 없이 유지되고 강화되었다.

이러한 3당의 지역할거구도는 '3김 정치'의 직접적인 결과다. 15대 총선은 현실적으로 선거 이후 정국운영과 차기 대권창출의 주도권을 놓고 3김이 벌인 전쟁이었다. 유권자 다수는 누가 자신과 같은 지역출신인가, 또는 누구에게 호감을 갖는가에 따라 그 지도자의 정당에 지지표를 행사했다. 때문에 '꼬마 민주당'이 내세운 '반(反) 3김'과 '탈지역주의' 호소는 유권자들의 실제 투표행위를 변화시키기에는 역부족이었다.[188)]

그렇다면 행정부 집권당인 신한국당이 수도권 지역에서 14대 총선에 비해 상대적으로 선전했음에도 불구하고, 15대 총선에서 원내 과반수 의석 확보에 실패한 이유는 무엇인가?

주지하듯이 15대 총선은 김영삼 대통령의 임기 중반에 치러진 선거로서 집권당에 대한 중간평가의 성격을 띠고 있는 선거였다. 14대 총선에서는 정치체제의 민주화와 3당 통합의 도덕적 정당성, 그리고 경제정책의 공과가 쟁점이 되었다. 14대 총선 후에 실시된 유권자 면접조사 결과에 의하면, 한국의 정치체제가 민주적이라고 응

---

188) 꼬마 민주당이 비록 반3김을 내세우고, 반지역주의를 내세웠지만, 이들이 탈지역주의세력은 아니었다. 이들의 탈지역주의 구호는 3김에 포위된 상황에서 자신들의 생존을 위한 선택에 불과했고, 15대 대통령선거를 앞두고, 이들 대부분이 한나라당에 투항한 것을 보더라도 이들 역시 3김의 또 다른 포로, 즉 반김대중의 포로였다는 것을 알 수 있다.

답한 사람일수록 압도적으로 민주자유당을 지지했고, 반대로 비민주적이라고 평가하는 응답자일수록 민주당을 지지했다. 그리고 3당 통합에 긍정적일수록 민주자유당을 지지했고, 이에 부정적일수록 민주당을 지지하는 경향이 뚜렷했다(이남영 1993; 박찬욱 1993).

15대 총선 직후에 실시된 조사를 보면, 당시 유권자들이 15대 총선의 주요 쟁점을 무엇으로 인식했는가를 잘 알 수 있다. 대체로 물가안정, 중소기업 대책과 같은 경제문제를 지적한 응답이 많았다. 세대교체와 3김 청산, 대선지원금 및 공천헌금 등 정치자금문제, 지역할거주의 극복에 대한 지적이 다음으로 많았으며, 마지막으로 대통령의 국정운영 실적과 스타일, 권력구조 개편, 이념 및 색깔논쟁이 비교적 낮은 비율로 지적되었다(박찬욱 1996, 41).

국민회의와 자민련 등은 15대 총선을 김영삼 정부에 대한 중간평가로 규정하여, 정부와 정부정책에 대한 강력한 비판을 전개했다. 국민회의는 현 정부를 "독단 · 독주 · 독선"의 폐단에 빠져 여야대화 실종, 편협한 인사정책, 일관성 없는 외교 및 대북정책, 중소기업 몰락 등 총체적인 정책실패를 가져왔다고 비판하면서, 집권당을 견제하기 위해서는 국민회의가 ⅓의석을 확보해야 한다고 역설했다.[189]

자민련은 대통령의 무소불위의 절대 권력을 사회전반에 불안을 초래한 근본원인으로 지적하면서, 선거를 통해 문민독재를 심판하고 동시에 '내각책임제' 도입의 세력 확보를 위해 자민련을 지지해 줄 것을 호소했다. 민주당은 김영삼 정부의 개혁 및 부패정치청산의 실패는 기본적으로 구조화된 3김의 부패사슬에서 비롯되었다고

189) 15대 총선 당시 국민회의의 선거전략 역시 유권자의 여당견제 심리를 자극했다는 점에서 14대 총선과 달라진 것이 별로 없다(조기숙 1993; 박찬욱 1996).

주장하면서, 3김 정치를 청산하고 깨끗한 정치를 이루기 위해서는 민주당 후보가 당선되어야 한다고 강조했다.

이에 대해 신한국당은 15대 총선이 단순히 현 정부에 대한 중간 평가 차원을 넘어 한국정치의 고질적인 병폐로 남아 있는 지역주의, 붕당정치를 조장하는 양김(김대중, 김종필)에 대한 최종적 심판이 되어야 할 것임을 역설했다. 동시에 문민정부 개혁의 중단 없는 진행과 정국안정을 위해 집권당의 국회 과반수 의석 확보가 필수적임을 역설하면서 신한국당 후보들에 대한 지지를 호소했다.

선거결과는 대체로 신한국당의 선전, 자민련의 약진, 개헌저지선 확보를 달성하지 못한 국민회의의 상대적 패배로 평가되고 있다. 앞에서도 언급했듯이 신한국당의 선전은 '수도권 대반란'에 힘입은 바 크다. 전통적으로 서울과 수도권은 독재정치에 저항하는 비판의식과 민주화 운동의 활동공간이었지만, 15대 총선에서 신한국당은 수도권에서 압승을 거두었다. 서울의 총 47개 지역구에서 신한국당은 과반수인 27석을 얻었는데, 이는 신한국당의 전신인 민주자유당이 1992년 제14대 총선에서 획득한 16석보다 무려 11석이 증가한 것이다. 반면 전통적으로 강세를 보여 왔던 국민회의는 18석을 얻는데 그쳤다. 수도권에서 신한국당의 승리는 대체로 '야당 지지성향'이 비교적 높은 20-30대 연령층의 낮은 투표율과 통합민주당과 국민회의 후보의 병립에 기인했던 것으로 평가되고 있다(정대화·안상종 1996, 102-108).

그러나 신한국당이 수도권에서의 약진을 발판으로 15대 총선에서 선전했지만 선거결과는 분점정부 상황이었다는 것을 간과해서는 안 된다. 왜 유권자들은 15대 총선에서도 분점정부적 투표행태를 보였는가? 15대 총선에서 분점정부가 출현할 상황에 이르게 된 배경에는 자민련의 충청권 약진과 대구·경북지역에서의 선전에 기반을 둔 지역주의 투표행태에 기인한다. 다시 말해 지역주의 투표행태의 구조화가 분점정부가 출현할 여건을 만들었다.

14대 총선과 달리 집권당에 대한 심판의식이 분점정부를 가져오는 직접적인 원인이 되지 못했던 것은 무엇보다도 국민회의와 민주당의 분열이 원인이 되었던 것으로 보인다. 국민회의와 민주당의 분열은 특히 수도권에서 국민회의의 패배를 가져왔다. 하지만 한국의 선거에서 전통적으로 나타나는 행정부 집권당에 대한 유권자의 견제심리는 표출되었다. 다만 국민회의와 민주당의 분열로 투표참여율이 저조했고, 국민회의와 민주당이 상대방의 표를 잠식하는 선거경쟁으로 인해 신한국당이 수도권에서 약진하는 결과를 초래했다.

비록 수도권 지역에서는 국민회의와 민주당이 분열됨으로써 대통령과 집권당에 대한 유권자의 심판 심리가 표출되지 못했지만, 다른 지역에서는 그렇지 않았다. 특히 충청권에서는 국민회의가 아닌 자민련을 통해 유권자의 견제심리가 표출됐고, ‘TK지역’에서 자민련이 성공을 거둔 것은 집권당에 대한 TK지역 유권자의 소외심리의 대표적인 사례라고 할 수 있다. 따라서 15대 총선은 14대 총선과 같은 집권당에 대한 유권자의 심판의식은 약화되었지만,[190] 지역주의 투표행태를 통해 부분적으로 표출됐다. 특히 지역할거주의

---

190) 15대 총선 직후 유권자 투표행태 조사를 보면, 김영삼 대통령의 업무수행에 대해 응답자의 46.2%가 그저 그렇다고 답했으며, 잘한다는 응답은 36.3%, 잘못한다는 응답은 17.5%로 나타났다(박찬욱 1996, 46). 따라서 15대 총선에서 행정부 집권당에 대한 심판이나 견제 심리는 이전 선거보다 높지 않았다고 할 수 있다.

에 기초한 다당제는 15대 총선에서 분점정부 상황을 초래한 직접적인 요인이었다고 평가할 수 있다.

14대 총선 직후와 마찬가지로 한나라당은 인위적인 정계개편을 통해 분점정부의 출현을 억제시킨다. 통합민주당과의 합당을 통해 상당수의 민주당 의원이 한나라당에 합류했다. 1997년 1월, 15대 대통령선거를 앞두고 박찬종, 이회창, 이홍구 등이 신한국당에 입당했고, 1997년 11월 24일 제15대 대통령선거를 앞두고 신한국당은 민주당과 합당하여 당명을 한나라당으로 바꾸기까지 했다. 결국 민주당이 주창하던 3김 정치 청산과 지역할거구도 타파는 진정한 3김 청산과는 거리가 있는 정치적 수사에 불과했고 실제로는 反김대중 노선이었다(박상훈 2003; 오승용 2004c).

1992년과 1998년까지의 시기는 분점정부의 등장을 인위적으로 억제한 시기였다. 14대 총선과 15대 총선은 유권자의 '분점정부적 투표행태'가 나타났지만, 실제 분점정부가 출현하지는 않았다. 그러나 분점정부가 등장할 수 있는 모든 요인들이 작동하던 시기였다. 14대 총선에서는 3당 경쟁구도, 15대 총선에서는 4당 경쟁구도, 다시 16대 총선에서는 3당 경쟁구도처럼 한국 선거의 특징인 다당 경쟁구도는 여전히 나타났으며, 이러한 다당경쟁구도가 지역주의가 결합되어 지역정당의 지역할거구도가 구축되었으며, 유권자의 지역주의 투표행태는 지역균열구조에 기초한 다당제를 온존·강화시켰다.[191)]

14대 총선과 15대 총선으로 상징되는 이 시기는 비록 분점정부가 출현할 상황이었음에도 인위적인 정계개편으로 단점정부로 전환했

---

191) 다당제에서 행정부 집권당은 원내 과반수 의석 확보가 양당제의 경우보다 힘들고, 분점정부가 등장할 가능성도 그만큼 높아진다.

다는 피상적인 사실뿐만이 아니라 지역정당의 지역할거구도, 다당 경쟁구도, 유권자의 지역주의 투표행태, 정당 간 선거연합의 부족, 행정부 실패의 정치와 이에 대한 유권자의 심판 심리 등 한국에서 분점정부를 출현시킨 모든 요인들이 나타났던 시기였다. 다만 그것을 인위적으로 대통령과 집권당이 억제시켰을 뿐이다.

(3) 분점정부의 재등장, 1998-2005

13대 총선에서 15대 총선 이후까지 등장했던 단점정부 및 분점정부는 중간에 정계개편의 과정이 있었지만, 상대적으로 장기 지속적이었던 데 반해, 김대중 정부 시기 등장한 정부유형은 상당히 불안정하고, 단기적이었다는 특징이 있다. 1998년 김대중 정부의 등장으로 헌정사상 두 번째 분점정부가 나타났지만, 5년의 임기 동안 단점정부와 분점정부를 수시로 오가며, 불안한 정부운영이 이루어졌다.

1998년 2월 김대중 대통령의 취임과 함께 헌정사상 두 번째의 분점정부가 출현하게 된다. 그런데 김대중 정부의 등장과 외환위기는 떼려야 뗄 수 없는 관계다. 1997년 1월 한보철강의 부도사태로 촉발된 외환위기는 기아자동차의 부도, 은행 및 종합금융사(종금사)의 연쇄 부도로 최악의 상황에 직면한다. 외환위기는 김영삼 정부의 경제정책 실패의 결과였고, 대통령은 물론 당시 집권당이었던 신한국당(한나라당)은 외환위기 사태에 대한 정치적 책임을 면할 수 없었다. 따라서 외환위기는 불가능하게만 여겨졌던 김대중의 당선을 가능하게 했고, 결과적으로 '수평적 정권교체'를 이루었다. 그러나 정치 공학적으로 본다면 국민회의와 자민련 간의 선거연합이야말로 당선 가능한 표의 집결을 이끌어낸 원동력이었다. 양당의 선거연합은 지역주의 투표행태가 지배적인 한국의 선거정치에서 지역의 고정적인 지지표를 결합함으로써 건국 이후 최초의 '수평적 정권교체'를 가능하게 했다.[192] 이것의 의미는 1988년 이후 두 번째 분점정부 출현이었다.

사실 'DJP 선거연합'은 분점정부와 관련하여 중요한 역사적 의의를 갖는다. 그것은 한국의 선거제도(단순다수대표제)와 선거정치의 특성(다당 경쟁구도, 지역주의 투표행태) 때문에 원내 제2당이나 3당의 후보는 대통령선거에서 당선되기 힘들고, 국회의원 선거에서도 집권당이 원내 과반수 의석 확보가 쉽지 않은 현실을 고려할 때 더욱 그렇다.

제15대 대통령선거를 앞두고 각 당은 대통령 후보 경선에 돌입했다. 국민회의는 1997년 5월 당내 대통령후보 경선을 통해 김대중 총재를 대통령후보로 선출했고, 자민련은 같은 해 6월 김종필 총재

---

192) 여기서 15대 대통령선거에서 김대중 후보의 당선요인을 설명하는 데 있어 크게 'DJP 연합'이 결정적이었다는 평가와 외환위기가 결정적이었다는 평가가 있는데(손호철 2001, 128-149), 경험연구를 통해 어느 정도 밝혀졌듯이(이현우 1998), 15대 대통령선거결과에 결정적 영향을 미친 요인은 지역주의 투표행태였다. 다시 말해 15대 대통령선거는 'DJP 연합'이 선거결과에 결정적 영향을 미친것은 사실이다. 다만 지역주의의 영향력이 상대적으로 약한 지역에서는 회고적 투표를 통해 경제투표(외환위기에 대한 책임추궁)가 이루어짐으로써, 외환위기도 선거결과에 영향을 미쳤다고 할 수 있다. 그러나 영남지역에서 경제적 영향에 의해 후보자를 결정했다고 답한 유권자의 경우, 후보자의 문제해결능력에서는 김대중 후보보다 이회창 후보를 지지했다. 이는 경제투표가 이루어졌지만, 지역주의와 중첩된 경제투표였기에 최종적으로 후보자를 결정한 변인은 지역주의였다고 이야기할 수 있다.

를 대통령후보로 선출했다. 신한국당의 경선과정은 복잡했는데, 경선과정에서 이회창 후보의 당 대표직 사퇴문제를 둘러싸고 내분이 지속되었다. 신한국당의 경선 주자들은 이회창 후보가 당 대표직을 이용하여 불공정한 경선을 하고 있다고 주장했다. 특히 구 민주계 인사들은 '정치발전협의회'를 구성하여 이회창 후보를 견제했다. 경선과정에서 계파 간의 갈등이 첨예화되고, 이러한 갈등이 급기야 당 내분으로 번지자, 이회창 후보는 결국 당 대표직을 사퇴했다(지병문 외 2001, 444).

신한국당은 전당대회를 통해 참석 대의원들의 60%의 지지를 획득한 이회창 후보를 신한국당의 대통령후보로 선출했다. 그러나 경선과정에서 노출된 당내갈등의 여파가 사라지지 않은 상태에서 이회창 후보 아들의 병역기피 의혹이 쟁점이 되자 이회창 후보의 지지율은 급속히 하락했다. 그러자 신한국당 경선에서 패배했던 이인제 후보는 후보교체의 필요성을 제기하며 신한국당을 탈당했다. 이인제는 그 해 11월 국민신당을 창당하여 대통령선거에 출마한다.

대선 후보들이 결정되자 각 당은 대선승리를 위한 '합종연횡'(合縱聯橫)에 착수하게 된다. 국민회의는 자민련과의 후보단일화 협상을 비밀리에 진행한다. 양당은 1997년 7월 22일 단일화협상을 위한 소위원회를 구성하고, 10월 26일 내각제를 매개로 한 후보단일화 협상을 사실상 매듭짓고, "대통령후보 김대중, 국무총리 김종필"이라는 원칙에 합의했다. 그리고 11월 3일 자민련에 입당한 박태준과 함께 정권교체와 내각제 개헌을 위한 'DJT연대'를 공식 선언한다(한겨레신문, 1997. 11. 4; 동아일보, 1997. 11. 5).

신한국당은 우선 '꼬마 민주당'과의 합당방식으로 연대를 시작한다. 민주당 대통령 후보였던 조순의 지지율이 정체상태를 벗어나지 못하자, 10월 14일 조순 후보는 후보사퇴의 가능성을 언급했고, 이에 이회창 후보는 3김 청산의 원칙에 뜻을 같이 하는 세력이라면 합당도 고려할 수 있다고 화답했다(중앙일보, 1997. 10. 16). 11월 5일 민주당은 이회창 후보와 연대의사를 공식 표명했고, 11월 7일 양당 후보는 신한국당-민주당의 통합에 합의했다(한겨레신문, 1997. 11. 8). 그리고 최종적으로 11월 21일 양당은 합동대회를 개최하여 당명을 한나라당으로 하고, 합당을 의결한 후 이회창을 대통후보로, 조순을 총재로 선출했다(한겨레신문, 1997. 11. 22). 이로써 15대 대통령선거의 경쟁구도는 국민회의 김대중, 한나라당 이회창, 국민신당 이인제를 주요 축으로 하는 3자 경쟁구도가 형성되었다.

1997년 12월 18일 실시된 대통령선거는 마지막 순간까지 예측을 불허하는 경합을 벌였다. 선거결과 국민회의의 김대중 후보가 유효투표의 40.3%를 획득하여 38.7%를 얻은 한나라당의 이회창 후보를 39만여 표 차이로 누르고 대통령에 당선되었다.

(http://home.nec.go.kr:7070/sinfo/sinfo.htm).

김대중의 당선은 호남에서의 압도적인 지지를 기반으로 자민련과의 지역연합을 성사시킴으로써 충청지역(특히 충남)의 유권자들을 흡수했기에 가능했다. 여기에 국민신당 이인제 후보의 선전으로 이회창 후보의 지지지역과 기반을 상당 부분 잠식한 것도 김대중의 당선에 영향을 미쳤다. 물론 김영삼 정권의 실정, 특히 외환위기는 김대중 당선에 지대한 공헌을 했다. 15대 대통령선거는 외환위기의 영향으로 한국 선거사상 거의 유례없는 유권자의 경제투표(economic voting)가 나타난 선거라는 특징이 있다(이현우 1998, 99-150).[193]

15대 대통령선거는 여러 측면에서 선거정치사에서 갖는 의미가 남다르다. 15대 대선은 무엇보다도 선거의 경쟁성과 공정성이 과거에 비해 증대되어 헌정사상 처음으로 정당 간의 수평적 정권교체가 이루어졌다. 그러나 동시에 새로운 정치적 과제도 남겼다. 특히 국민회의와 자민련의 선거연합이 국회 의석에서 과반수가 되지 못함으로써 소수파가 행정부를 장악하는 분점정부 상황이 도래했다.

그러나 한나라당에 비해 열세에 있는 원내의석분포와 연합정치를 주도할 이념적, 지역적 한계로 인해 김대중 정부는 단점정부와 분점정부를 오가며, 불안정한 정부운영이 이루어지게 된다.[194] 최초의

193) 경제투표에 대한 경험연구에 따르면, 15대 대통령선거에서 유권자들은 개인의 경제사정보다는 국가적 경제사정을 보다 고려했고, 특히 외환위기의 책임에 관해서 한나라당에 책임을 물었던 것으로 나타났다. 다만 한나라당에 외환위기의 책임이 있다고 본 유권자들 중에서도 이회창 후보를 지지한 유권자들은 이회창 후보가 김대중 후보에 비해 미래의 문제해결능력이 높다고 판단하고 있는 것으로 나타났다(전망 투표). 김대중 후보를 지지한 유권자들은 외환위기에 대한 책임추궁을 더 중시한 것으로 나타나고 있다(회고적 투표). 하지만 이러한 경제투표도 지역주의 투표행태와 결합되어 나타나고 있다. 영남에서는 김대중 후보의 문제해결능력에 대한 평가가 투표결정에 영향을 미치지 못하고 있는 것으로 나타났지만, 지역주의가 약한 지역에서는 모든 후보에 대한 문제해결능력 평가가 강하게 투표결정에 영향을 미치는 것으로 나타났다. 따라서 15대 대통령선거의 경우, 지역주의의 영향력이 강한 지역에서는 지역주의 투표행태가 유권자의 투표결정에 결정적 영향을 미쳤지만, 지역주의의 영향력이 상대적으로 약한 지역에서는 유권자의 경제투표가 이루어졌다고 볼 수 있다(이현우 1998, 142).

194) 15대 대통령선거를 통해 국민회의와 자민련이 선거연합을 통해 새로운 정권을 탄생시켰으나, 이러한 연합의 지속성을 강제할 수 있는 유인요인(incentives)이 많지 않았던 것도 김대중 정부가 단점정부와 분점정부를 여러 차례 반복할 수밖에 없는 이유였다.

분점정부가 등장했던 노태우 정부 시기는 3당 합당 후 단점상황이 붕괴되지 않고, 13대 국회가 종료될 때까지 유지되었다.[195] 그런데 김대중 정부는 분점→단점→분점→단점→분점을 여러 차례 반복하며 대단히 불안정한 모습을 보였다. 이처럼 정부운영이 안정화되지 못했던 것은 소수파 세력의 집권이라는 한계도 있었지만, 김대중 정부에 대한 중간평가의 성격을 갖는 16대 총선에서 국민회의가 원내 과반수 의석 확보에 실패했기 때문이다. 특히 16대 총선은 시민단체의 낙천·낙선운동의 영향으로 집권당인 새천년민주당에게 유리한 상황으로 예측되었지만, 막상 나타난 선거결과는 시종일관 선거정국에서 밀렸던 한나라당이 상대적으로 승리한 '이상한 선거'였다(김도종·김형준 2000, 1).

16대 총선을 앞두고 김대중 정부는 원내의 협소한 연합세력의 한계를 극복하기 위해 원외세력, 그중에서도 시민단체와의 적극적인 제휴를 시도한다. 시민단체에게는 제도정치의 활동공간과 자원을 제공하고, 시민단체의 적극적인 선거개입(낙천·낙선운동)을 통해 한나라당을 견제하려고 했던 것이다(오승용 2001). 시민단체의 낙천·낙선운동은 낙선운동 대상자들의 당락에 어느 정도 영향을 미친 것은 사실이었지만, 유권자들의 정치혐오를 증대시켜 결과적으로 유권자들이 투표를 외면하게 했다. 오히려 낙천·낙선운동은 경상도 지역에서 한나라당이 15대 총선에 비해 의석수를 확대하는 결

195) 연합정치 그 자체가 비판받을 것은 아니지만, 한국의 정당정치에서 분점정부 상황을 극복하기 위한 연합정치는 1987년 민주화 선언 이후 계속되는 정당과 정치인의 이합집산에 기초한 것으로서, 정당정치의 안정과 민주주의의 공고화에 역기능을 했다고밖에 평가할 수 없다(김용호 2001, 447).

과를 초래했다.[196]

이러한 선거결과는 특히 쟁점 없는 선거와 전체 유권자들의 절반 가량을 차지하는 20-30대의 투표율이 저조한 것에서 기인하는 것이다(정용대 2000, 12; 김도종·김형준 2000, 108; 최영진 2001, 151-154). 그렇기 때문에 마땅히 선택할만한 후보를 찾지 못한 유권자들은 선거 불참의 방식으로 대응했고, 그 결과 사상 최저의 투표율이 나타났다(한국갤럽 2000, 138-140).

16대 총선은 정책적·이념적 쟁점이 빈곤했고, 낙천·낙선운동과 후보자 정보공개로 인해 그나마 존재했던 정책쟁점마저 소실되어 인물검증 선거로 전락하고 말았다. 선거에서 쟁점이 빈약해지고 인물검증이 중심이 되자, 선거는 '지역집단 간 권력투쟁'으로 변질된다(최영진 2001, 152). 권력투쟁의 쟁점은 영호남 지역에 대한 정치적 정체성을 갖고 있는 유권자들 사이에 공유되었던 것으로, 특히 영남 지역 유권자들에게 가장 호소력 있는 선거구호는 "전라도에 빼앗긴 정권을 되찾자"는 것이었다(조성대 2000, 139).[197] 쟁점 없는 선거는 극단적인 투표율의 하락을 가져왔다. 선거 후 조사에 따르면, 20대의 경우 39.5%, 30대 56.5%, 40대 67.7%, 50대 73.1%, 60대 이상 66.9%로서 전체 투표율은 57.2%로 총선 사상 최저 투표율을

196) 자민련의 몰락은 'DJP 연합'을 통해 가장 혜택을 보았던 자민련에 대한 유권자의 외면이면서, 충청권에서의 'JP의 영향력'감소의 결과다. 15대 총선에서는 충청권을 중심으로 대구와 경북지역에 자민련 후보의 약진이 뚜렷했지만, 16대 총선에서는 한나라당에 밀려 충청권 사수도 힘겨웠고, 결국 원내 교섭단체구성에도 실패했다.

197) 전국적 지명도를 갖고 있던 노무현 후보가 부산에서 패배하고, 집중적인 낙선 대상자였던 정형근 후보의 압승은 지역 유권자들의 선택 기준이 무엇이었는가를 극명하게 보여준다.

기록하고 있다(김도종 · 김형준 2000, 3).

결국 원내 연합에 한계를 느꼈던 김대중 정부가 원외세력과 제휴하여 치렀던 16대 총선은 유리한 선거정국에서 집권당이 패배한 선거였다. 시민단체의 낙천 · 낙선운동을 통해 낙천 · 낙선 대상자와의 전투에서 승리했는지는 몰라도, 16대 총선이라는 전쟁에서는 패배한 선거다.[198] 16대 총선은 지역주의에 기초한 유권자의 투표로, DJP 연합을 통해 구축한 단점정부를 다시 분점정부로 되돌려 놓는 결과를 가져왔다. 16대 총선에서의 패배와 분점정부로의 회귀는 집권당인 민주당으로 하여금 다시 연합정치를 모색하도록 했고, 결국 3당 정책공조가 나타났다. 이번에는 민주국민당까지 연합의 파트너로 참여하는 것이었으나 집권당인 민주당의 원내 의석 열세와 연합의 파트너였던 자민련의 몰락으로 불안정한 정부운영이 이루어질 수밖에 없었다. 연합 파트너 간의 이념적 · 정책적 차이, 특히 대북정책과 개헌론에 대한 근본적인 입장 차이로 인해 연합은 오래 지속될 수 없었다.[199]

김대중은 애초에 소수파 정당(원내 제2당)의 후보로서 당선되었기 때문에 출범 당시 분점정부 상황에 직면할 수밖에 없었다. 이러한 분점상황을 극복하기 위해 DJP 연합을 성사시키고, 무소속 영입

---

198) 다시 말해 상대적으로 지역주의 투표행태로부터 자유로운 젊은 층이 선거에 불참하고, 가장 지역주의 투표행태에 민감한 중장년층이 대거 선거에 참여함으로써 16대 총선은 지역주의 투표행태가 가장 극대화되었던 선거가 되고 말았다.

199) 결국 임동원 통일부장관 해임건의안이 국회에서 가결됨과 동시에 불안정한 3당 공조도 붕괴되고 말았다. 16대 총선 패배 이후 '3당 정책공조'를 통해 가까스로 단점정부로 전환 된지 5개월 만에 다시 분점정부로 회귀한 것이다(오승용 2002, 66).

과 한나라당 의원 빼오기를 통해 단점정부로 전환하지만, 다시 16대 총선 패배로 분점정부로 회귀한다. 이후 민주당과 자민련, 민주국민당 3당 간의 정책공조를 통해 일시적으로 분점정부 상태를 극복했으나, 임동원 통일부장관 해임건의안 가결 이후 3당 공조는 붕괴되어 김대중 정부가 끝날 때까지 지속되었다.

이처럼 김대중 정부가 분점과 단점상황을 반복할 수밖에 없었던 이유는 무엇일까?

첫째, 여러 차례 자민련과의 합당설이 거론되었지만, 노태우 정부 때와 같이 합당을 통해 의석수를 안정시킬 수 있는 파트너와의 공통분모가 별로 없었다. 자민련과는 정부형태('내각제')에 대한 근본적인 의견 차이를 좁히지 못했고, 햇볕정책으로 상징되는 대북정책에 대한 이견 등 자민련과의 이데올로기 차이도 존재했다. 또한 임기 말로 갈수록 보수적 성향의 자민련이 오히려 한나라당과 친화적인 관계를 유지한 것도 원인이 될 수 있다.

둘째, 주로 호남지역에 지지기반을 두고 있는 지역정당이라는 한계와 원내 제1당이 아닌 제2당 분점정부라는 한계 때문이었다(김용호 2001, 487). 즉 'DJP 연합'의 와해, 자민련의 몰락 등으로 의회 내에서 국정운영을 안정적으로 유지시킬 수 있는 연합의 파트너가 사라졌고, 계속되는 정책혼란과 부패스캔들로 인한 선거참패도 집권당의 운신의 폭을 좁게 만든 요인이었다.

셋째, 보다 근본적으로 김대중 정부는 분점정부임에도 불구하고, 한나라당이 국정의 발목을 잡고 있다는 말만 되풀이할 뿐, 보다 적극적인 분점정부의 정치를 실천하지 못했다. 비록 소수파 정권의 냉혹한 한계가 존재했다는 사실은 인정하지만, 소수파 정권의 생존을 위해 필수적인 다양한 연합의 가능성을 열어두어야 했음에도 과거 집권당이 누리던 특권에만 집착하여 반대당과의 정책적 제휴나 협상이 아니라 대결 중심의 제로섬(zero sum)적 국정운영을 고수했다. DJP 연합, 3당 정책공조 등 연합정치의 정착에 실패함으로써 국정운영이 다른 정부와 비교할 때 불안정했고, 한국정치의 고질병인 대결중심의 상극정치를 극복하지 못했다.

김대중 정부에 이어 집권한 노무현 정부 역시 분점정부에서 출발하였지만 17대 총선 승리로 단점정부로 전환했다. 그러나 집권당 의원들의 연이은 의석상실과 재보선 참패로 다시 분점정부로 회귀했다. 문제는 분점정부로의 회귀에 있는 것이 아니라 사상 초유의 탄핵을 자초한 대통령의 탄력적인 리더십 부재와 정책 및 이슈를 매개로 이루어지는 다양한 연합정치의 가능성을 타진하지 않고, 여전히 정부가 경험하는 모든 어려움의 원인을 분점정부에 돌리는 구태에 있다. 지금의 한국정치는 분점정부가 문제가 아니라 분점정부에 적응하지 못하는 대통령과 집권당의 미숙한 국정운영이 더 큰 문제다.

2. 한국 분점정부의 등장 요인

미국의 분점정부의 등장 요인에 관한 분석에서 언급했듯이 분점정부는 분리투표의 '직접적인' 결과이다. 그런데 한국의 선거는 미국의 선거와 같은 동시선거가 아니기 때문에 동일한 선거에서 분리투표 경향을 파악할 수 없다.[200] 물론 분리투표는 대통령의 임기

중 치러지는 선거에서 집권당이 패배하거나 국회의원 선거의 경우 원내 과반수 의석 확보에 실패할 경우에 나타난 유권자의 투표행태를 설명하기도 한다. 그렇기 때문에 우리나라에서도 분리투표가 분점정부의 요인이라는 주장이 틀린 것은 아니다. 그러나 미국의 중간선거는 대통령선거를 제외한 거의 모든 선거가 이루어지는 것에 비해 우리나라는 국회의원 선거와 지방선거가 비동시적으로 치러지고, 선거 시기도 유동적이기 때문에 유권자의 투표행태와 선거결과를 분석하는 데 어려움이 많다.[201]

특히 우리나라는 대통령 임기 중 치러지는 선거(국회의원선거, 지방선거)가 일정하지 않기 때문에 동시선거로 치러지는 미국과 같이 미시적이고 경험적인 연구를 진전시키는 데 어려움이 있다. 따라서 분점정부가 등장하는 이유에 대한 연구도, 선거 당시 유권자의 투표결정에 영향을 미친 요인을 직접적으로 분석하는 경험연구보다는, 상대적으로 거시적이고, 구조적이며, 제도적인 요인에 대한 설명이 중심이 될 수밖에 없다.[202] 우리나라의 경우 대통령의 임기 중 치러지는 국회의원 선거나 지방선거가 대통령의 임기 초반인 경우도 있고, 중반인 경우도 있고, 임기 말에 치러지기도 하기 때문에 어느 요인이 지배적인지를 알기 위해서는 이전 선거와의 연계 속에

200) 물론 지방선거의 경우 광역/기초자치단체장, 광역/기초의회의원선거가 동시에 치러지기 때문에 줄투표 현상이나 분리투표 현상이 나타날 수 있지만, 대통령선거나 국회의원선거는 지방선거와 같은 동시선거가 아니기 때문에 한 선거에서 분리투표현상이 나타날 수는 없다.

201) 선거시기가 유동적이라는 말은 대통령의 임기 중 치러지는 선거가 대통령의 임기 중 특정 시기에 고정된 것이 아니라는 의미다.

202) 따라서 이 연구에서도 미시적인 요인보다는 구조적·제도적 요인에 대한 설명이 많은 부분을 차지하고 있다.

서 분석해야 한다.

이런 이유로 분점정부가 왜 등장하는가 혹은 어떤 조건에서 분점정부가 등장하는가에 대한 선행연구가 부족할 수밖에 없다. 한국 분점정부가 등장하는 요인에 대한 연구를 종합하면, 지역주의와 연계된 다당제, 선거제도, 선거주기, 취약한 선거연합 등이 분점정부의 등장 요인으로 제시된바 있다(Ju & Pak 1998, 453-455; 김용호 2001, 481-482; 장훈 2001a, 13-16; 장훈 2001b, 111-124). 그래서 분점정부에 대한 선행연구는 크게 구조적·제도적 측면을 중심으로 분점정부의 등장을 설명하고 있을 뿐 유권자의 투표행태와 관련된 설명은 찾아보기가 쉽지 않다.[203] 따라서 분점정부가 왜 등장하는가에 대한 설명은 기존의 연구를 중심으로 이를 비판적으로 재구성하고자 한다.

1) 구조적·제도적 요인

(1) 지역균열구조

분점정부가 등장하게 된 요인으로 가장 먼저 지적할 수 있는 것은 지역균열구조(regional cleavage structure)다. 민주화 이후 한국

203) 지역주의 투표행태도 유권자의 투표행태를 설명하는 것이긴 하지만, 이는 지역균열구조라는 거시적 차원에서 비롯되는 것이고, 미시적이고 단기적인 차원에서 유권자의 투표행위를 결정하는 데 영향을 미친 요인에 관한 연구는 거의 없다. 14대 총선에서 민주자유당의 선거패배는 유권자들의 세력편승(bandwagoning)이 아니라 견제심리(balancing)에 의한 것이었다는 주장이 그나마 유권자의 투표행태를 중심으로 분점정부의 등장을 설명하고 있다(김용호 2001, 481).

의 선거정치를 지배해온 사회적 균열구조가 지역균열구조라는 것은 이미 상식에 속한다(장훈 2001b, 112). 지역균열구조에 기초한 정당-유권자 지지연합의 형성으로 1987년 이후 모든 선거에서 지역주의 투표행태가 표출되었다.[204] 1987년 민주화 선언이 한국정치, 특히 선거정치에 미친 가장 중요한 영향중의 하나는 지역주의가 유권자의 투표행위를 결정하는 요인이라는 것이고, 이는 달리 말하면 유권자의 의식 속에 지역주의가 내재화되었음을 의미한다(이갑윤 1998, 76-83).

이러한 지역주의 투표행태의 기원에 대해서는 이견이 많다. 1987년을 기준으로 이전에도 지역주의 투표행태가 있었지만(예컨대, 1971년 대통령선거) 군부정권하에서 억제되었는가, 아니면 지역주의 투표행태는 87년 이후 새롭게 조성·증폭되었는가를 둘러싸고 해석의 차이가 존재한다(조기숙 2000, 57-91). 선거정치에서 지역주의 논쟁은 한국에서 지역균열구조가 언제 구조화되었는가 혹은 지역균열구조에 입각한 지역주의 투표행태가 언제부터 본격화되었는가의 논쟁이다. 그러나 지역주의가 투표행태로 표출된 시기가 언제인가로 논쟁의 범위를 좁히면, 지역주의 투표행태가 선거를 통해 표출된 것은 1987년 제13대 대통령선거에서부터였다고 할 수 있다. 당시 대통령선거는 대통령 후보의 출신 지역별로 유권자의 지지가 극심하게 집중되는 현상을 보였다.[205]

---

204) 여기서 지역주의 투표행태란 해당 지역에 기반을 둔 정당에게 지역의 유권자들이 압도적 지지를 보이고, 다른 지역에 기반을 둔 정당에게는 배타적 태도를 보이는 경향을 말한다.

205) 제13대 대통령선거에서 민주정의당 노태우 후보는 대구·경북지역에서 68.1%의 지지를 얻었고, 김영삼 후보는 부산·경남지역에서 53.7%,

한국에서 지역주의 투표행태는 소외된 지역으로서의 호남과 비호남 간의 갈등구조, 영남패권주의와 이에 대한 저항적 지역주의가 중첩된 이분적 지역주의로 전개되고 있다. 물론 13대 총선에서 신민주공화당, 15대 총선에서 자유민주연합을 통해 표출된 충청지역의 지역주의까지 포함할 경우 한국의 지역주의는 이분적 지역주의가 아니라 분절화된 지역주의(fragmented regionalism)라는 평가도 가능하다. 그러나 16대 총선에서 자유민주연합의 몰락으로 상징되듯, 충청지역의 지역주의는 호남이나 영남지역에서의 지역주의에 비해 강력하지 못하고, 지역균열의 한 축이 아니며, 특히 소외된 지역으로서의 호남의 지역주의, 패권적 성격으로서의 영남의 지역주의와 같은 자기 정체성이 미흡한 관계로 충청 지역주의의 장기지속 가능성은 높지 않다. 충청지역의 지역주의는 독자적 재생산구조를 갖는 지역주의라기보다는 호남 대 비호남의 지역구도, 영남패권주의 대 비영남 지역주의가 어떻게 해당 선거에서 표출되는가에 따라 유동적으로 표출되는 것으로 보아야 한다.[206)]

이러한 이유로 한국의 지역주의가 어느 정도 분절화된(moderately fragmented) 지역주의라는 표현이 틀린 것은 아니지만(장훈 2001b,

---

김대중 후보는 호남지역에서 88.4%, 김종필 후보는 충청지역에서 34.6%로 가장 많은 득표율을 보이고 있다(중앙선거관리위원회 1988, 94-95).

206) 일부에서는 16대 총선에서 충청지역의 지역주의가 약화된 것은 지역주의 자체가 소멸한 것이 아니라 지역 맹주의 교체, 예컨대 김종필에서 이회창과 이인제로 충청지역의 맹주가 교체되는 과정에서 나타난 과도기적 현상으로 이해하는데, 지역주의는 지역 변수가 투표결정요인으로 작용한다는 측면도 있지만, 특정 지역이 자기 지역 출신 정치지도자나 그의 정당에 의해 독점된다는 의미도 있기 때문에 세칭 '지역 맹주 교체론'은 문제가 있다(정대화 2000, 53).

112), 16대 총선과 16대 대통령선거의 경우를 볼 때 한국 지역주의의 주요 구도는 호남 대 비호남, 영남패권주의 대 비영남 저항적 지역주의가 중첩된 이분적 균열구조라고 보는 것이 보다 정확하다고 생각한다.[207)]

그런데 지역균열구조에 입각한 지역주의 투표행태에 관한 기존의 지배적인 설명 모델은 '합리성/비합리성'에 기초하고 있다. 예컨대 정당과 정치인들이 지역주의를 조장하는 발언과 행동을 통해 유권자의 지역주의를 동원해왔고, 유권자들은 지역주의를 동원하는 정치인들에 종속된 비합리적인 유권자라는 것이다. 물론 이를 다른 방향에서 해석하는 경향도 있다. 지역주의 자체가 결코 비합리적인 것은 아니라는 주장이 그것이다. 이에 따르면, 지역주의는 단순히 지역민의 정치인에 대한 감정의 표출은 아니며, 지역의 유권자들이 자신과 지역에 가장 이익이 되는 후보와 정당을 선택한 결과라는 것이다. 따라서 이러한 유권자의 선택은 자기 이익의 최대화를 위한 합리적인 선택이다(조기숙 2000, 46).

그러나 이러한 합리성에 기초한 지역주의 투표행태에 대한 접근은 합리적 소수와 비합리적 다수의 존재가능성을 외면하거나, 다수의 행위를 합리적으로 정당화시켜주는 사후 결과론적 설명(post hoc explanation)이라는 한계가 있다(최진영 2001, 155; Green & Shapiro 1994, 47-51). 또한 특정 지역(호남이나 영남)만을 한정하여 해당지역에서 유권자들이 특정 정당에게 압도적인 지지를 표출한 경우만을 분석할 경우에는 문제가 안 되지만, 전국적인 수준에서 접근할 경우 지역주의가 표출된 지역도 합리적이고, 지역주의가 표출되지 않은 지역도 합리적이며, 한 지역에서 지역주의 투표행태와 비지

207) 지역주의 논쟁에 대한 회고적 정리는 오승용(2004c) 참조.

역주의 투표행태가 공존하는 것도 합리적이다. 이렇게 될 경우 모든 유권자의 선택은 무조건 합리적이라는 순환논법에 빠진다.[208]

지역균열구조는 한국 정치 전반에 영향을 미치지만 특히 분점정부의 등장에도 결정적 영향을 미치는 요인이라고 할 수 있다. 1987년 민주화 선언 이후 선거의 가장 큰 특징은 노동자-자본가, 진보-보수와 같은 이념적·계급적 균열이 아니라 지역균열구조에 기반을 둔 정당-유권자 연합을 통해 지역패권 정당의 등장이다(장훈 2001b, 112). 정당의 최고지도자가 자기 지역출신인 정당에 대해서는 압도적 지지를 보내지만, 타 지역 출신인 정당에 대해서는 배타적인 태도를 보이게 됨으로써 전국적인 지지를 받는 정당의 출현이 힘들어진다. 전국적인 지지를 받는 정당의 출현이 억제됨으로써 정당체계는 다당제 형태를 띠게 된다.[209]

또한 지역정당체제에서는 설사 집권당의 국정 수행이 효율적으로 이루어진다고 하더라도 지역 유권자들의 지지성향이 쉽게 바뀌지 않는다. 특히 지역정당체제하에서 유권자들은 정부의 성공한 과업에 대해서는 더디게 반응하지만, 실패한 과업에 대해서는 엄격하게 반응한다는 특징이 있다.[210] 지역주의 정당-유권자 지지연합으로 인해 민주화 이후 치러진 모든 선거에서(13대-16대 총선) 집권당이 한 번도 원내 과반수 의석을 확보하지 못했다는 사실은 이를 웅변적으로 보여준다. 지역균열구조는 분점정부를 등장시킨 근원적

208) 이렇게 될 경우 유권자의 투표행태를 설명하기 위한 합리성이라는 분석개념의 유용성은 사라지게 되는 것이다.

209) 일반적으로 지역적으로 분절화된 정당체계하에서는 한 정당이 원내 과반수 의석을 확보하기가 쉽지 않다.

210) 그런 의미에서 한국에서의 회고적 투표란 오직 행정부의 실패에 대한 책임추궁 이상이 아니다.

요인이다.

문제는 지역주의 투표행태 그 자체가 아니라, 특정 지역에서만 배타적인 지지를 받는 지역할거적 정당체제다. 한국의 지역정당체제는 정당의 비민주적 운영, 하향식 동원체제와 결합되면서 정당발전을 왜곡하고 있다. 예컨대 전국적 지지기반을 갖는 정당체제하에서 나타나는 분점정부와 비교할 때, 지역정당체제에서 나타나는 분점정부는 분점정부하의 대통령-의회관계는 물론 대통령의 국정수행에 심각한 악영향을 미친다.

(2) 선거제도

선거제도는 선거구, 전국구 의석 할당방식의 변화가 해당된다. 우선 선거구제도의 변화, 보다 정확히 표현하면 2석 중선거구제에서 소선거구제로의 선거구제도 개편이 분점정부 등장에 미친 영향을 보자. 1987년 민주화 선언 이전 2석 중선거구제하에서 관권, 조직, 재정적 우위를 바탕으로 안정 과반수를 획득할 수 있었던 집권당은 소선거구제로 개편되면서 예전과 같은 안정 과반수 획득이 힘들어졌다. 2석 중선거구제도하에서는 단점정부의 출현 가능성이 높은 반면, 소선거구제도하에서는 분점정부의 출현 가능성이 높다.

특히 지역주의와 결합된 소선거구제도는 원내 과반수 의석을 확보할 수 있는 정당의 출현을 더욱 어렵게 했다. 중선거구제하에서는 지역주의가 소선거구제만큼 강력하게 표출되지 않았지만, 소선거구제는 제도 자체가 지역기반이 강한 후보자들에게 유리하고, 특정 지역에서 강력한 지지를 받는 정당은 해당 지역에 대한 배타적인 지배가 가능해진다. 한국에서 소선거구제는 지역주의를 더욱 강화시키는 제도인 동시에 분점정부의 출현을 가능하게 했던 제도적 배경이다.

13대 총선에서 민주정의당이 원내 과반수 의석 확보에 실패한 직접적인 원인 중의 하나가 지역주의 투표행태와 결합된 소선거구 다수대표제의 영향 때문이었다는 것은 이미 지적한 바 있다. 이후 14대 총선은 물론 15대 총선과 16대 총선에 이르기까지 지역주의 투표행태와 결합된 소선거구 다수대표제는 행정부 집권당에게 원내 과반수 의석 확보를 어렵게 하는 제도적 장벽과도 같았다. 특히 소수파 정당이 행정부 집권당이 된 경우 현행 선거제도하에서는 다른 지역정당과 선거연합을 하지 않고서는 원내 과반수 확보 자체가 쉽지 않다.[211)]

그럼에도 불구하고 우리나라 선거에서 선거연합이 잘 이루어지지 않고, 선거연합을 '야합'과 동일시하는 부정적인 시각은 선거정치의 본질을 감안할 때 바람직하지 않고, 오히려 다양한 연합정치의 경험이 축적되어야 인위적인 정계개편과 같은 비정상적인 수단을 억제시킬 수 있다는 점에서 이에 대한 새로운 사고가 필요하다.

선거제도의 효과와 관련하여 소선거구제의 영향과 함께 지적할 수 있는 것은 전국구 총의석수와 의석배분방식의 변화다(〈표 11〉 참조). 전국구 총의석수의 축소와 배분방식의 변화는 행정부 집권당에게 불리한 요인으로 작용한다. 권위주의 정권에서처럼 추가의석제도(유신정우회)나 전국구 의석의 ⅔를 집권당에게 할당하던 배

211) 17대 총선에서 열린우리당이 과반수 의석을 확보한 것은 대통령탄핵이라는 정치적 사건의 영향이 컸다. 탄핵사건이 없었다면 17대 총선에서 열린우리당의 성공가능성은 훨씬 낮아졌을 것이다.

분방식이 개선됨으로써 집권당은 안정적인 의석 확보를 위해 지역구에 더 많은 정치적 비용을 지불해야 한다.[212] 전국구 총의석수의 축소와 의석배분방식의 변화는 분점정부 등장의 핵심 요인은 아니라 할지라도, 집권당의 원내 안정의석 확보를 어렵게 만든 요인 중의 하나였다는 것은 분명하다.[213]

이는 13대 총선 이후 행정부 집권당의 보너스율과 이득비가 이전 선거에서 집권당이 얻었던 보너스율과 이득비와 비교할 때 현저하게 줄어들고 있다는 사실을 통해서도 확인할 수 있다. 1978년 선거에서 민주공화당의 보너스율은 31.1%, 이득비는 1.98이었지만, 1981년 선거에서 민주정의당은 보너스율 18.9%, 이득비 1.53이었고, 1985년 선거에서 민주정의당의 보너스율은 18.3%, 이득비는 1.52였다. 그런데 1988년 총선에서 민주정의당의 보너스율은 7.5%, 이득비는 1.22로 급감했고, 1992년 선거에서 민주자유당의 보너스율은 11.3%, 이득비는 1.29였고, 1996년 선거에서 신한국당의 보너스율은 12.0%, 이득비는 1.35였으며, 16대 총선에서 새천년민주당의 보너스율은 6.3%, 이득비는 1.17이다(김용호 2001, 360). 17대 총선에서 열린우리당의 보너스율은 8.0%, 이득비는 1.21이었다(오승용 2005, 167).

유신정우회 도입으로 4공화국에서 집권당의 보너스율과 이득비가

---

212) 물론 13대 총선에서 이전의 전국구 의석배분방식이 변하지 않았더라도 민주정의당이 원내 과반수인 150석을 획득할 수는 없었다. 그러나 민주정의당의 의석수는 125석에서 137석으로 늘어나게 되어 3당 합당과 같은 대대적인 정계개편이 아니라 무소속 영입이나 1개 군소정당과 연합을 통해 과반수 의석 확보가 가능했다.

213) 바로 이런 맥락 때문에 분점정부가 민주화의 산물이라는 해석이 가능해지는 것이다. 권위주의 정권에서는 추가의석제도나 비민주적인 전국구 의석 할당으로 분점정부의 등장을 제도적으로 봉쇄했다.

정점에 이른 후 유신정우회 제도가 없어졌던 5공화국의 선거에서부터 보너스율과 이득비가 줄어들기 시작하여, 1988년 선거에서부터 현저하게 줄어들고 있다는 것을 알 수 있다. 특히 2000년 새천년민주당은 3공화국 이후 치러진 선거 중 최저수준의 보너스율과 이득비를 나타내고 있다.

이러한 수치를 보면서 우리는 선거제도가 가져온 왜곡효과가 점차 줄어들고 있다는 사실을 확인할 수 있다. 행정부 집권당의 입장에서 보면, 보너스율과 이득비가 줄어듦으로써 원내 과반수 의석 확보가 더 어려워지고 있다.[214] 결국 지역주의와 결합한 소선거구 단순다수대표제의 채택은 다당제를 촉진함으로써 한 정당(집권당)이 의회 과반수 의석을 확보하기 힘들고, 전국구 의석 할당방식 개혁으로 집권당의 프리미엄이 많이 사라진 것도 분점정부의 등장에 영향을 미치는 요인이다.

(3) 정당체제

분점정부의 구조적·제도적 등장 요인과 관련하여 세 번째로 지적할 수 있는 것은 다당제다. 다당제의 현존은 분점정부의 출현과 많은 관련이 있다. 우선, 유효정당수(effective number of parties)를 통해 한국 다당제의 현실을 보다 정확히 살펴보자(Laakso & Taagepera 1979).

유효정당수란 락소와 타게페라(Markku Laakso and Rein

214) 물론 집권당의 보너스율과 이득비가 줄어들고 있다는 것은 정치제도의 민주화와 관련하여 의미 있는, 대단히 바람직한 변화다.

Taagepera)에 의해 정립된 개념인데, 락소와 타게페라는 정당체계를 객관적으로 이해하기 위하여 정치체계 내에 존재하는 정당들이 얼마나 영향력을 지니고 있는가를 계산하고자 했다. 영향력이 있는 정당은 정치체계에 포함시키고, 영향력이 없는 정당은 제외하기 위해 도입한
개념이다.

유효정당수를 계산하는 공식은 1 / $\sum_{i=1}^{n} Pi^2$(Pi는 i번째 정당의 의석비)인데, 이것은 입법부의 의석분배에 따라 가중치가 부여된 정당수다. 여기서 영향력의 기준은 의석수인데, 의석수가 한 정당에 몰릴수록 유효정당수는 작은 수치로 계산되고, 그렇지 않을수록 수치가 커진다(진영재 1999, 329). 즉 정당의 상대적 크기를 고려하여 정당체계 안에 정확히 몇 개의 정당이 있는지 알려주는 지표가 유효정당수다(레입하트 1985, 131).[215)]

한국은 대통령제 국가 중에서 유효정당수가 많은 편에 속한다. 미국 1.9, 뉴질랜드 1.95, 일본 3.1이 비해 한국은 1988년 3.54, 1996년 3.16이다(김재한 · 레입하트 1997, 104). 물론 스위스(5.10), 핀란드(5.03), 벨기에(4.63), 네덜란드(4.59), 이스라엘(4.44) 등 유럽보다 유효정당수가 많은 국가도 있지만 이들 국가는 대부분 의회제 국가이고, 대통령제 국가로서 다수대표제를 채택하고 있는 국가와 비교할 때 한국의 유효정당수는 많은 편이다.

일반적으로 유효정당수가 1.5 이하면 일당제라고 할 수 있고, 2.0

---

215) 예컨대 똑같은 크기의 2개 정당을 가진 순수 양당제의 유효정당수는 2.0이고, 3개인 경우 3.0, 2개의 강력한 정당과 1개의 소정당으로 구성되는 2.5정당체계는 2.5가 나온다(김재한 · 레입하트 1997, 104).

을 전후한 수치면 양당제, 2.5 이상이면 다당제라고 이야기할 수 있다. 따라서 1987년 이후 지난 15대 총선까지 우리나라의 평균 유효정당수가 2.79임을 감안할 때,[216] 우리나라의 정당체계가 다당제라는 것을 알 수 있다(김재한·레입하트 1997, 104).[217]

한국의 정당체계가 다당제라는 사실은 유효정당수뿐만 아니라 선거정당수와 의회정당수에 의해서도 확인된다. 선거정당수는 각 정당이 얻은 득표율을 기준으로, 의회정당수는 각 정당이 얻은 의석률을 기준으로 구한 값이다.[218] 1988년 이후 한국의 선거정당수와 의회정당수는 아래의 표와 같다.

〈표 15〉 한국의 선거정당수와 의회정당수

	선거정당	의회정당
13대 국회	4.28	3.54
14대 국회	3.79	2.74
15대 국회	4.50	3.16
16대 국회	3.52	2.37
평 균	4.02	2.95

* 출처: 강명세(2001, 8)를 재구성

216) 만약 3당 통합이 없었다면 우리나라의 평균 유효정당수는 3.0 이상이었을 것이다. 3당 통합으로 우리나라 유효정당수가 1.73으로 줄어들어 1987년 이후 평균 유표정당수 하락에 엄청난 영향을 미쳤다(김재한·레입하트 1997, 104).

217) 다당제라는 말은 통상 3-5개의 정당이 존재하는 정당체계를 말한다. 이중 온건 다당제는 반체제정당이 없는 정당체계를 말한다. 만약 반체제정당이 존재할 경우에는 '극단적 다당제'라고 한다. 여기서 반체제정당의 존재 유무는 반체제 정당이 등록되어 있는가의 여부가 아니라, 원내 의석을 점유하고 있는가에 있다.

218) 각각의 수치를 구하는 공식은 선거정당수는 $1/\Sigma vi^2$, 의회정당수는 $1/\Sigma si^2$이다(박찬욱 2000, 31).

정당정치의 미성숙기인 1·2공화국 당시, 난립현상을 보이던 한국의 정당체계는 3·4·5공화국에 접어들면서 선거정당수와 의회정당수가 급격히 줄어든다. 특히 이 시기 의회정당수는 1.64에서 2.72를 유지하고 있다(강명세 2001, 8). 그러나 1988년 선거부터 선거정당수와 의회정당수가 늘어나기 시작했는데, 선거정당수는 평균 4.02를 기록하고 있고, 실제 정당체계와 밀접히 연관된 의회정당수가 평균 2.95를 유지하고 있다.

양당제보다는 다당제에서 분점정부의 출현 가능성이 더 높다는 사실을 상기한다면, 한국에서 1988년 이후 분점정부가 일상화된 이유를 짐작할 수 있다. 여기서 중요한 것은 한국의 정당체계가 다당제라는 사실보다 그것이 지역균열구조에 기초한 배타적인 지역패권정당체제라는 것이고, 선거를 앞두면 정당수가 더욱 늘어나는 현실이다(선거정당수 확대). 이렇게 될 경우 원내 제1당이 의회의 다수파가 될 가능성은 더 낮아진다. 지역을 기반으로 고정의석을 확보하고 있는 정당이 많으면 많을수록, 지역의 분리가 늘어나면 늘어날수록 분점정부의 출현 가능성도 높아진다. 이는 역대 선거결과를 통해 확인할 수 있다.

1988년 제13대 총선에서 민주정의당이 득표율 34.0%에 125석, 평화민주당이 득표율 19.3%에 70석, 통일민주당이 득표율 23.8%에 59석, 신민주공화당이 득표율 15.6%에 35석을 차지했고, 14대 총선에서는 민주자유당이 득표율 38.5%에 149석, 민주당이 득표율 29.2%에 97석, 통일국민당이 득표율 17.4%에 31석, 신정치개혁당이 득표율 1.8%에 1석을 차지했다. 15대 총선에서는 신한국당이 득표율 34.5%에 139석, 새정치국민회의가 득표율 25.3%에 79석, 자유민주연합이 득표율 16.2%에 50석, 통합민주당이 득표율 11.2%에 15석을 얻었다. 16대 총선에서는 한나라당이 득표율 39.0%에 133석, 새천년민주당이 득표율 35.9%에 115석, 자유민주연합이 득표율 9.8%에 17석, 민주국민당이 0.7%에 2석, 한국신당이 득표율 0.4%에 1석을 차지했다. 17대 총선에서는 열린우리당이 42% 득표율에 146석, 한나라당 득표율 37.9%에 125석, 민주노동당 4.3% 득표율에 10석, 새천년민주당 8% 득표율에 9석을 차지했다(〈표 14〉 참조).

다당제에서 행정부 집권당의 원내 다수파 형성이 어렵다면, 이에 대응하는 집권당의 가장 효과적인 전략은 다른 정당과의 선거연합이다. 그러나 한국 선거정치에서 선거연합의 사례는 15대 대통령선거와 16대 대통령선거에서의 후보단일화가 전부이다. 따라서 선거연합에 대한 보다 충분한 고려가 분점정부 시대의 집권당에게 필요하다.

(4) 선거주기[219]

선거주기(electoral cycle)의 문제도 분점정부의 출현과 밀접하게 연관되어 있다.[220] 정당과 후보자에게 있어 선거를 언제 하느냐의 문제는 상당히 중요한 문제다. 선거가 치러지는 해, 그리고 선거를 전후한 정국의 흐름과 방향에 따라 선거결과가 달라질 수 있기 때문이다.[221] 일반적으로 선거주기는 정당체계에 영향을 미친다. 다시

219) 원래 선거주기의 문제는 선거제도에서 설명해야 할 사안이지만, 분점정부의 등장 요인으로 선거주기에 관한 논의가 많이 이루어져 왔기 때문에 여기서는 분리해서 설명하도록 하겠다.

220) 선거주기와 관련된 논의는 장훈(2001b, 116-118)의 논의 참조.

말해 동시선거는 정당의 수를 2개 안팎으로 줄이는 효과가 있는 것으로 알려져 있다. 그러나 우리나라와 같은 비동시선거에서는 이러한 효과가 거의 나타나지 않는다.

1987년 헌법개정 이후 대통령의 임기는 5년이고, 국회의원 임기는 4년이다. 그렇기 때문에 대통령선거의 해와 국회의원 선거의 해가 일치하지 않는다. 선거주기의 불일치는 정당체계의 분절화에 적지 않은 영향을 미쳐왔다. 비동시선거가 양당제가 아닌 다당제를 촉진하는 경향이 있는 것은 선거과정에서 다음과 같은 경향들이 나타나기 때문이다. 대통령에 의한 후광효과의 실종과 그에 따른 대통령 당의 득표율 하락, 차기 대통령선거를 겨냥한 후보들의 득표력 과시 수단으로 군소 정당들의 대거 등장, 대통령 당과의 연합에 따른 편익의 실종과 비용에 따른 군소 정당의 선거참여 확대 등이 그것이다(장훈 2001b, 116).

전적으로 선거주기의 불일치 때문만은 아닐지라도, 민주화 선언 이후 한국의 대통령들은 자신의 임기 초반(허니문 선거), 중반(중간선거), 종반(레임덕 선거)에 치러진 국회의원 선거에서 예외 없이 소속당의 득표율 하락을 경험했다. 13대 총선을 제외하고, 14대－16대 총선은 대통령 임기의 중간이나 종반에 치러졌기 때문에 대통령의 국정운영에 대한 유권자의 평가가 투표선택에 개입될 여지가 많았으며, 정책실패에 따른 집권당에 대한 견제 및 심판 심리도 작용할 수밖에 없었다.[222]

---

221) 여기서 이야기하는 선거주기는 대통령선거와 국회의원선거의 주기를 말한다.

222) 분점정부 출현의 정치적 요인에서 언급할 '행정부 실패의 정치'가 반복되는 상황에서 선거주기의 문제는 분점정부논의에서 중요한 사안이다.

〈표 16〉 대통령 소속당의 득표율과 선거주기[223)]

대선 득표율	집권당의 총선득표율	득표율 변화	선거구분
노태우(38.6%)	13대: 민주정의당(34.0%)	-4.6%	임기초반(허니문선거)
	14대: 민주자유당(38.5%)	-0.1%	임기종반(레임덕선거)
김영삼(42.0%)	15대: 신한국당(34.4%)	-7.6%	임기종반(레임덕선거)
김대중(40.3%)	16대: 새천년민주당(35.9%)	-4.4%	임기중반(중간선거)
노무현(48.5%)	17대: 열린우리당(41.9%)	-6.9%	임기초반(탄핵중 선거)

* 출처: 장훈(2001b, 117)을 재구성.

김대중 정부의 새정치국민회의(새천년민주당)를 제외하고 다른 정부에서는 집권당이 원내 제1당이었다. 원내 제1당의 득표율이 하락했다는 것은 다른 정당의 득표율이 상승했다는 것을 의미한다. 이럴 경우 원내 제2당이나 3당에게는 원내 의석을 확대할 수 있는 기회가 된다. 14대 총선에서 통일국민당이나 15대 총선에서 자유민주연합 등이 국회의원 선거에서 선전했던 것은 이러한 맥락에서다.

비동시선거라는 선거주기의 문제가 가져오는 또 다른 영향은 더 많은 정당들이 국회의원 선거에 참여하도록 한다. 동시선거라면 1-2위 정당들과 연합할 정당들이 비동시선거에서는 독자적으로 선거에 참여할 유인을 갖게 된다. 군소 정당들이 독자적으로 선거에

223) 장훈(장훈 2001b, 117)은 14대 총선에서 민주자유당의 득표율 변화를 계산하면서 1987년 13대 대통령선거에서 노태우, 김영삼, 김종필 3당 후보가 얻었던 총득표율 74.7%에서 3당 통합 이후 민주자유당의 득표율 38.5%의 차인 -36.2%를 14대 총선의 득표율 변화로 보고 있지만, 이는 잘못된 적용이다. 정당의 통합이 이루어질 경우 통합의 파트너에 대한 지지자들의 선호와 이해관계 등이 있기 때문에 정당 간 통합이 이루어진다고 해당 정당을 지지했던 모든 유권자들이 통합된 정당을 지지하는 것은 아니기 때문이다.

참여하게 되는 이유는 차기 선거를 대비하여 자신의 득표력을 사전에 점검하거나, 또는 자신의 득표력을 근거로 원내 활동에서 지분을 보장받으려는 의도에서다. 그렇기 때문에 특히 대통령 임기의 중간에 치러지는 국회의원 선거에서 군소 정당들의 참여율이 높다. 국회의원 선거에서 최대한 자당의 득표력과 의석수를 확보해야 차기 대통령선거에서 선거연합 내지 정책연합을 할 경우 더 많은 혜택을 얻을 수 있기 때문이다.

다른 한편으로, 대통령 소속당과 함께 선거연합이나 정책연합에 참여하고 있는 정당들도 임기 중반의 국회의원 선거에서는 선거연합에 머물기보다는 독자적으로 활동하는 것이 보다 유리하다고 판단할 수 있다. 임기 중반 이후 인기가 하락하고 있는 대통령 소속당과 연합하기보다는 적당한 거리를 유지하면서 독자적으로 득표에 나서는 것이 전략적으로 유리하기 때문이다. 1996년 선거와 2000년 선거에서 자유민주연합이 독자적으로 선거에 참여한 것도 이러한 이유에서다.

(5) 기 타

마지막으로 점검해볼 것은 현직의 이점이 한국의 선거에서도 나타나고 있는지, 나타난다면 그것이 분점정부의 출현에 영향을 미치는가를 검토해보는 것이다. 미국뿐만 아니라 어느 나라 선거에서도 도전자에 비해 현직이 유리하다는 것은 자명한 사실이다. 그렇다면 한국에서도 현직의 이점 때문에 1988년 이후 분점정부가 출현하거나 출현할 상황에 직면하고 있는가?[224)]

논리적으로 현직의 이점을 살펴보기 위해서는 13대 총선 다음에 치러진 14대와 15대, 그리고 16대 총선에서 현직의 이점이 있었는가, 그리고 있었다면 그것이 분점정부의 등장에 영향을 미치고 있는가를 살펴보아야 한다.

14대 총선에서 민주자유당의 현직 유지율은 -2.96(66석), 민주당은 -3.60(38석)으로서 오히려 13대 총선보다 현직의 재선율이 줄어들었고, 15대 총선에서 신한국당의 현직 유지율은 -4.46(44석), 새정치국민회의의 현직 유지율은 -2.06(29석)에 불과하다(문용직 1997, 173). 16대 총선에서는 138명(55.2%)의 지역구 의원만 재선에 성공했는데, 한나라당의 경우 112명 중 재선된 의원은 67명으로 재선율은 59.8%인 반면, 새천년민주당은 지역구 의원 96명 중 46명만 재선되어 재선율은 47.9%에 불과하다.[225]

우리나라에서는 현직을 유지하는 의원들의 비율이 통상 절반 정도에 그치고 있기 때문에 현직의 이점을 논하는 것 자체가 힘들다.[226] 그래서 우리나라 선거에서는 현직 유지율을 따지는 것보다

---

224) 역대 선거별로 현직자 효과를 분석한 선행연구가 없는 관계로 여기서 현직의 이점을 통사적으로 살펴볼 수 없다는 것이 아쉽다.

225) 16대 총선에서 현직 유지율을 계산하지 않은 것은 15대 총선 당시 의원정수 299명(지역구 253명, 전국구 46명)이 16대 총선에서는 273명(지역구 227명, 전국구 46명)으로 지역구 의원정수만 26명이나 줄어 전체 수준에서 15대와 16대의 현직 유지율을 대비하기가 힘들기 때문이다. 17대 총선은 정반대의 이유로 비교에서 제외했다.

226) 물론 지역정당이라는 특성상 자신의 지지지역에서 현직 유지율은 다른 지역이나 전국 평균보다 훨씬 높다. 예컨대 영남지역에서 한나라당, 호남지역에서 새천년민주당의 현직 유지율이 높고, 서울지역도 전통적으로 양당이 강세를 보인 지역의 현직 유지율이 높다. 반면, 경기도의 교체율이 가장 높고, 충북, 인천, 충남의 교체율도 높은 편이다.

는 교체율을 따지는 것이 더 적절하다. 1988년 선거에서 교체율은 55.5%, 1992년 선거에서 39.1%, 1996년 선거에서 45.8%, 2000년 선거에서는 41.0%로서 1988년 선거 이후 우리나라 국회의원선거에서 의원 교체율 평균은 45.35%에 이르고 있다. 이는 2명 중 1명의 현직이 교체되고 있다는 것을 의미한다. 특히 교체율이 가장 심했던 15대 총선에서는 전체 299석 중 초선의원의 비율이 137명에 달하고 있다.[227)]

따라서 현직의 이점이 선거운동을 전후하여 후보자에게 작용하는 것은 사실이겠지만, 1988년 이후 매 선거마다 의원 교체율이 50%에 이르는 한국 선거과정의 특성을 고려할 때 분점정부와 현직의 이점은 별다른 관련이 없다고 보아도 무방할 것이다.

이상의 논의를 정리해보자. 한국에서 분점정부가 등장한 구조적 요인으로 지역균열구조를 지적할 수 있는데, 지역균열구조는 지역주의 투표행태로 표출된다. 제도적으로는 지역패권정당체제와 결합된 소선거구제도의 정치적 효과를 지적할 수 있고, 한국 정당체제의 특성, 그중에서도 다당제는 행정부 집권당이 의회의 다수파를 형성하기 어렵게 한다는 사실을 확인했다. 또한 대통령선거와 국회의원 선거의 불일치로 인해, 행정부 집권당은 임기 중 치러지는 선거에서 패배하는 경향이 있는데, 정부실패에 대한 유권자의 심판심리가 선거에서 표출되기 때문이다. 특히 비동시선거와 파편화된 지역균열구조는 단순다수대표제임에도 불구하고 한국의 정당체계가

227) 16대 총선에서 시민단체의 낙천·낙선운동을 통해 "바꿔" 열풍이 불었지만, 실제 현직의 교체율은 13대 총선 55.5%, 15대 총선 45.8%보다 낮은 41.0%이었다는 것은 아이러니다.

양당제가 아니라 다당제를 낳는 주요 요인이라고 할 수 있다.

2) 정치적 요인

(1) 행정부 실패의 정치

1988년 이후 분점정부가 자주 출현하는 정치적 요인과 관련하여 가장 먼저 지적할 수 있는 것은 끊임없이 반복되는 '행정부 실패의 정치'다. 민주화 선언 이후 정부운영을 보면 유사한 패턴이 일정한 주기로 반복되는 과정을 거쳐 왔다는 것을 알 수 있다. 민주화 선언 이후 등장한 정권마다 반복되는 정부실패의 사이클이야말로 분점정부를 등장시키는 요인 중의 하나라고 할 수 있다.

실패의 과정을 보면, 하나의 새로운 정부가 출범하여 개혁과 사정을 통해 가시적인 몇 가지 성과를 얻음으로써 1-2년 동안 반짝 지지를 받는다. 그러나 집권당과 반대당의 권력투쟁으로 대치정국이 반복된다. 대통령의 정책실패가 나타난다. 점차로 지지도 추락은 물론 부패스캔들로 국정운영의 혼란이 초래된다. 임기 말에는 레임덕 현상으로 정상적인 국정운영마저 불가능해진다.

민주화 선언 이후 노태우 정부에서 김대중 정부에 이르기까지 이 사이클에서 벗어나는 경우가 없었고, 현재의 노무현 정부는 더 빨리 진행되는 느낌이다. 그렇다면 이러한 행정부 실패의 정치가 반복되는 이유는 무엇인가? 유권자의 과반수 지지에 실패한 채 집권한 정권 자체의 취약한 정통성, 지역패권정당체제하의 제로섬적 의회정치, 정치인들의 무능력 등이 거론될 수 있다. 확실한 것은 이러한 요인들로 인해 대통령 소속 당이 대통령의 임기 중 치러지는 선거에서 패배하고 있다. 이러한 패배가 대통령의 국정수행을 어렵게 하는 요인임은 재론의 여지가 없다.

〈표 17〉 민주화 이후 선거와 선거결과

시 기	선 거	선거결과
1987. 12. 18	제13대 대통령선거	노태우 당선(민주정의당 집권)
1988. 4. 26	제13대 국회의원선거	분점정부(민주정의당 과반수 의석 실패)
1992. 3. 24	제14대 국회의원선거	민주자유당 과반수 의석에 1석 미달
1992. 12. 18	제14대 대통령선거	김영삼 당선(민주자유당 집권)
1995. 6. 27	제1회 전국동시지방선거	신한국당 패배
1996. 4. 11	제15대 국회의원선거	신한국당 과반수 의석에 11석 미달
1997. 12. 18	제15대 대통령선거	김대중 당선(새정치국민회의 집권, 분점정부)
1998. 6. 4	제2회 전국동시지방선거	공동정부(연합공천) 승리
2000. 4. 13	제16대 국회의원선거	분점정부(새천년민주당 과반수 의석 실패)
2002. 6. 27	제3회 전국동시지방선거	새천년민주당 패배
2002. 12. 19	제16대 대통령선거	노무현 당선(분점정부)
2004. 4. 15	제17대 국회의원선거	열린우리당(과반수 의석)

위의 표에서 보는 것처럼 민주화 이후 대통령 선거 다음에 치러진 거의 모든 선거에서 행정부 집권당은 과반수 의석 확보에 실패하거나 패배하고 있다.[228] 그러나 대통령 임기 중의 선거가 미국의 경우처럼 집권당을 보완·견제하기 위한 유권자의 견제심리에서 '야당'에게 표를 몰아준 것이라는 경험적 증거는 아직 없다(진영재 1998, 663). 오히려 이러한 결과는 견제심리도 있겠지만, 행정부 실패의 '악순환'과 집권당의 정책실패에 대한 유권자의 심판심리(회고

228) 물론 17대 총선은 이른바 탄핵역풍으로 인해 예외적인 사례로 기록될 것이다.

적 투표)에서 기인하는 바가 크다(오승용 2002, 57).

반복적인 행정부의 실패로 인해 대통령 임기 중 치러지는 거의 모든 선거에서 집권당이 패배하게 되면, 분점정부가 등장하게 되고, 집권당은 분점정부 상황을 극복하기 위해 비정상적인 수단을 동원하여 분점정부를 단점정부로 개편하게 된다. 이 과정에서 대통령과 의회, 다수당과 소수당 간의 대립으로 국정운영의 난맥상이 심화된다.

유권자의 입장에서는 현실적으로 행정부 실패를 극복할 정당을 찾기 힘든 상황에서 누가 해도 마찬가지라는 인식을 갖게 되고, 이러한 인식이 확산되면 될수록 투표율 저하와 자신의 지역정당에 대한 표의 결집만을 가져온다. 대통령과 의회, 집권당과 반대당 간의 제로섬적 대치관계가 일상화될 수밖에 없는 이유다. 특히 대통령의 실정에 대한 반사이익이 그 정당이 집권하면 다시 손실로 이어지면서 행정부의 실패는 더욱 증폭되어 되풀이된다.

이러한 악순환이 극복되지 않는다면 분점정부의 출현은 더욱 일상적인 현상이 될 것이다. 따라서 우리는 대통령제의 폐해인 분점정부를 극복하는 것이 아니라 분점정부의 출현에 영향을 미치는 행정부 실패의 메커니즘을 어떻게 극복할 것인가를 먼저 사고해야 한다. 다만 행정부 실패가 분점정부의 출현에 영향을 미치는 것은 사실이지만, 분점정부 때문에 행정부의 실패가 반복되는 것은 아니라는 점만은 분명히 해두어야 한다.[229]

229) 앞에서도 설명했듯이, 분점정부의 등장은 행정부 실패 정치의 결과이지 원인이 아니다.

(2) 선거연합의 미활성화

두 번째로 지적할 수 있는 것은 우리나라 선거정치의 경우 '선거연합'이 드물다는 사실이다.[230] 한국은 지역정당체제에 기초한 다당제이기 때문에 소수파 정당의 행정부 장악 가능성이 낮고, 설사 집권하더라도 행정부 집권당의 전일적인 의회 통제 가능성이 높지 않다. 지역주의와 결합된 다당제이기 때문에 나타나는 한국 선거정치의 특징이다.

특히 한국 선거정치에서 선거연합은 빈약한 전례에도 불구하고, 지역주의에 따른 정당의 분절도(fragmentation)를 낮추고, 선거에 참여하는 유효정당수를 줄일 수 있는 효과가 있다. 선거연합이 이루어질 경우 지역주의 투표성향의 유권자를 결집시키고, 이를 통해 정당의 원내 의석수 확대가 이루어질 수도 있다. 선거연합의 효과를 고려할 때 선거연합은 한국정치에서 유의미한 대안으로 고려할 수 있다.

그럼에도 불구하고 한국에서의 선거연합은 주로 '야합'이라는 부정적인 용어로만 표현될 뿐, 선거연합이 가져오는 긍정적인 효과에 대해서는 이면해온 것이 사실이다. 물론 선거연합의 부정적 효과

230) 우리의 경우 선거연합보다는 '후보단일화'(대통령선거)나 '연합공천'(국회의원선거, 지방선거) 등의 용어가 더 많이 사용되지만, 후보단일화라는 용어는 대통령선거에서 집권을 위한 정당 간 연합정치가 후보 한 사람의 단일화로만 표현된다는 점에서 만족스럽지 못하고, 연합공천이라는 표현도 단일 후보 공천이라는 의미만을 부각시킨다는 점에서 미흡하다. 후보의 단일화 이면에 있는 정당 간의 정책연합과 선거 이후의 정국운영방안에 대한 합의와 같은 포괄적인 내용이 포함되어야 하기 때문에 선거연합이라는 표현이 더 정확하고, 보편적으로 사용할 수 있는 용어라고 생각된다.

또한 존재한다. 그러나 현실정치의 시각에서 볼 때, 선거의 목적은 당선되는 것이고, 당선을 통해 유권자에게 가져다줄 수 있는 효과가 크다면 선거연합이 반드시 나쁜 것만은 아니다. 그러나 지난 10여 년 동안 우리나라 선거정치에서 선거연합은 15대 대통령선거에서 새정치국민회의와 자유민주연합의 이른바 'DJP연대'와 제2회 전국 동시지방선거에서 새천년민주당과 자유민주연합의 연합공천, 16대 대통령선거에서 새천년민주당과 국민통합21 간의 선거연합을 제외하고는 없었다.231)

일반적으로 단순다수대표제의 경우 양당제를 촉진하고, 선거전에서도 양자대결로 후보의 수를 축소시키는 경향이 있음에도 불구하고, 한국의 경우 지역정당체제와 선거주기의 불규칙성 등으로 인해 양당제가 아닌 다당제, 양자대결이 아닌 다자대결구도가 유지되고 있다.232) 이렇게 된 이유 중의 하나도 선거연합이 보편화되지 않았기 때문이다.

장훈에 따르면(장훈 2001b, 118), 한국의 선거에서 선거연합이 보편화되지 않은 이유는 크게 세 가지다.

첫째, 지역 간 거리감 때문이다. 한국 선거정치의 지배적 균열구조인 지역균열구조에서 정당 간의 상대적 거리감이 크다면 이는 선거연합이 이루어지지 않는 주요 요인이 될 수 있다. 예컨대 지역

231) 물론 16대 대통령선거에서 노무현과 정몽준의 후보단일화는 선거일 직전 정몽준의 단일화 철회로 파기되기는 했지만, 선거연합을 통해 선거운동 종료 직전까지 치러진 선거였다.

232) 슈가트와 캐리에 따르면(Schugart & Carey 1992, 220), 대통령 선출 방식을 단순다수대표제로 채택하고 있는 국가들의 평균 후보자 수는 2.0에서 2.7명 정도고, 단순다수대표제로 치러지는 의원선거의 경우 평균 후보자 수는 2.0명인 것으로 나타나고 있다.

간 거리감이 심한 것으로 알려진 영남과 호남출신의 대통령 후보와 정당들은 1987년 대통령선거에서 김영삼과 김대중이 연합을 회피한 이래로 연합이 이루어지지 않았다. 한국의 유권자들은 자신의 출신 지역 이외의 정당에 대해서는 거리감을 갖고 있으며, 특히 영남과 호남의 거리감이 가장 심하다. 따라서 영남의 유권자들은 호남출신의 대통령후보에게 거의 투표하지 않으며, 호남의 유권자들도 영남출신의 대통령후보에게 거의 투표하지 않는다.[233]

그런 의미에서 1997년의 대통령선거와 2002년의 대통령선거는 시사 하는 바가 크다. 1997년 대통령선거에서 "DJP연대"가 가능했던 것은 김종필이 호남인과 새정치국민회의 지지자들에게 지역적 거리감이 상대적으로 가까운 충청지역 후보였기에 가능한 것이었고, 2002년 대통령선거에서 새천년민주당 노무현 후보와 국민통합21 정몽준 후보의 대통령 후보 단일화가 가능했던 것도 지역 유권자들의 지역적 거리감이 고려되고, 반영된 결과라고 할 수 있다. 결과론이지만, 그러한 선거연합이 있었기 때문에 대통령선거에서 승리도 가능했다. 지역정당체제가 극복되지 않는 한 이러한 선거연합의 실효성은 지속될 것이다.[234]

233) 물론 예외도 있다. 2002년 12월에 치러진 16대 대통령선거에서 호남의 유권자들은 영남출신의 노무현 후보에게 광주 95.2%, 전남 93.4%, 전북 91.6%의 압도적인 지지를 보낸바 있다 (http://www.nec.go.kr/tgm_index.html). 그러나 노무현에 대한 호남의 지지는 그가 민주당 후보였기에 가능한 것이었지, 한나라당이나 여타 정당의 후보였다면 그러한 지지도는 나타나지 않았을 것이다. 일부에서는 노무현 후보의 '개혁성'만을 부각하면서 노무현이었기에 그런 압도적인 지지가 나왔다고 주장하지만, 이는 정확한 설명이 아니다.

234) 물론 지역주의 극복을 위해 가장 효과적인 방법은 영남권 정당과 호남권 정당이 대통령선거나 국회의원 선거에서 연합하는 것이다. 그러

둘째, 취약한 전략적 투표 때문이다. 특히 대통령선거에서 제3후보가 끊임없이 등장하는 것은 유권자의 취약한 전략적 투표(strategic voting) 성향이 반영된 것이다.[235] 우리나라 유권자들은 지역주의의 영향 때문에 자신이 가장 선호하는 지역정당의 후보가 당선 가능성이 그다지 높지 않음에도 불구하고 고집스럽게 자신의 지지를 고수하는 투표성향(소신투표=지역주의 투표)을 보여 왔다.

지난 15대 대통령선거를 보더라도, 투표 수개월 전부터 1, 2위 후보는 김대중 후보와 이회창 후보였다. 3위를 달리던 이인제 후보의 지지율도 상승폭이 컸다. 자신들의 지역출신 후보를 갖지 못했던 영남지역 유권자들은 자신들이 가장 선호하지 않는 김대중 후보의 당선을 저지하기 위해선 차선의 선택인 이회창 후보를 지지하는 것이 전략적 투표행위라고 할 수 있고, 충청지역의 유권자들은 충청지역 출신인 이인제 후보를 지지하더라도 당선 가능성이 낮기 때문에 충청출신의 김종필과 선거연합을 맺은 김대중 후보를 지지하는 것이 전략적 투표지만, 영남지역 유권자들의 상당수는 이회창을 지지하지 않고 이인제를 지지했고, 충청지역의 상당수 유권자들도 김대중을 지지하지 않고 이인제를 지지했다(장훈 2001b, 122).

나 그러한 선거연합은 바람직성의 측면에서는 가장 최선의 선택이겠지만, 실현 가능성 면에서는 회의적이지 않을 수 없다. 이러한 선거연합에 기초하지 않은 지역정당의 세력 확장 시도는 자칫 해당 지역 유권자들의 지지기반마저도 붕괴시킬 위험이 높은 선택이다.

235) 전략적 투표란 자신이 지지하는 후보의 당선 가능성이 낮을 경우 자신의 표를 사표로 만들기보다는 차선의 후보에게 투표하는 것을 말한다. 미국의 경우 정당일체감의 약화에도 불구하고 민주당과 공화당의 지배가 유지되고, 제3당(후보)이 성공하지 못하는 가장 핵심적인 이유 중의 하나가 바로 미국 유권자들의 전략적 투표 성향 때문이다(O'Connor & Sabato 1999, 505-506).

이것은 특정 후보에 대한 선호 여부를 떠나 전략적인 사고에 입각한 전략적 투표가 이루어질 경우 후보자의 난립과 이로 인한 지역정당체제의 고착화를 상당히 완화시킬 수 있다는 것을 지적한 것이다. 소신투표보다 전략적 투표를 하는 유권자들이 많아질수록 대통령선거와 국회의원선거에 참여하는 정당과 후보자의 수는 줄어들 수 있고, 그럼으로써 보다 안정적인 정당정치의 가능성을 열어 나갈 수 있다. 바로 이 점에서 유권자의 투표행태와 관련하여 소신투표만이 정상적이고 바람직한 것이며, 전략적 투표는 변칙적이며 부정적인 것이라는 사고를 벗어날 필요가 있다.

셋째, 단임 대통령제와 대통령에게 과도하게 집중된 권력 때문이다. 5년 단임제의 경우 현직 대통령은 차기 선거에서 출마가 불가능하기 때문에 이전 선거에서 2, 3, 4위 후보들은 1위 혹은 2위 후보와 연합하기보다는 출마를 강행하여 자신의 득표력을 과시하는 것이 전략적으로 유리한 선택일 수 있다. 따라서 이번 선거에서 설사 당선되지 못하더라도 유권자들에게 자신의 존재와 득표력을 과시하는 것이 다음 선거에서 당선 가능성이나 연합의 잠재력을 동시에 높일 수 있다.

대통령에게 권력이 집중된 한국 대통령제의 특성도 대통령선거의 다자대결구도를 부추기는 요인이다. 권력이 큰 만큼 도전자도 많을 수밖에 없고, 선거연합의 보상체계가 미흡한 현실에서, 후보자는 선거연합보다는 독자 출마가 더 전략적인 선택으로 보일 수 있다. 따라서 대통령의 권력을 분산시키고, 단임제의 단점을 보완하는 것은 선거연합을 활성화할 수 있는 제도적 유인책이라고 할 수 있기 때문에 이에 대한 신중한 고려가 필요하다.

넷째, 선거연합 이후의 보상이 적절하지 않기 때문이다. 이는 대통령제의 특성에서 비롯되는데, 대통령제는 당선자 결정방식뿐만 아니라 당선 이후의 보상에서도 승자독식이 가능한 제도다. 의회제의 경우 내각참여를 통해 연립정부가 구성되고, 연합이 붕괴되었을 경우 내각도 해산되기 때문에 보상체계가 확실하게 보장되는 장점이 있다. 반면, 대통령제의 경우 임기제의 특성상 당선 이후 정당연합이 붕괴된다고 해서 정부가 붕괴되는 것은 아니기 때문에 선거승리 이후 선거연합에 대한 '보상'이 약해지거나 파기되는 경우가 있다. 1997년 대통령선거 직후 'DJP 연합'이 붕괴되었다가 다시 새천년민주당, 자유민주연합, 민주국민당 간의 '3당 정책공조'로 복원되었으나 끝내 파기되었던 것도 정당 간의 이념적 거리감도 있지만, 선거연합에 대한 보상체계가 불안정할 수밖에 없는 대통령제의 특성에서 연유하는 것이기도 하다.[236]

결론적으로, 선거정치의 과정에서 정당 간의 선거연합은 집권의 가능성을 높이면서, 단점정부의 출현가능성을 높일 수 있는 유력한 방법 중의 하나다. 현실적으로 분점정부하에서 행정부 집권당의 정부운영이 제도적으로 불리하다고 판단할 경우, 집권당의 정치적 선택은 당연히 선거연합일 수밖에 없다. 특히 제로섬적 정당정치가 일상화된 한국정치의 현실에서 선거연합은 각 정당에게 단점정부의 출현 가능성을 높이는 것 외에도, 국정운영에 있어 매력적인 대안이 될 것이다.

236) 물론 앞에서 언급했던 정당 간의 이념적 · 정책적 차이가 보다 더 중요한 요인인 것은 사실이다.

3. 한국 분점정부와 대통령 - 의회관계

이 절에서는 한국 분점정부의 대통령 - 의회관계를 입법과정 분석을 통해 살펴보고자 한다. 일반적으로 입법과정은 정부형태(대통령제/중간형 대통령제/의회제), 정당체계(일당제/양당제/다당제), 정권의 성격(연립정권/단독정권), 의회제도(단원제/양원제), 의회 운영방식(본회의 중심주의/위원회 중심주의)에 따라 다르게 나타난다(박찬표 2001, 29). 여기서는 주로 이전의 입법과정 분석에서는 다루지 않았던 정부유형(단점정부/분점정부)에 따라 대통령 - 의회관계의 변화, 입법과정의 차이를 분석한다.

1) 대통령 - 의회관계와 입법과정

한국 분점정부의 입법과정 분석에 앞서 짚고 넘어갈 문제가 몇 가지 있다. 서론에서 언급하였듯이, 한국정치의 특징 중의 하나는 대통령에게 권력이 집중되어 있다는 점이다. 대통령과 의회 간의 권력분리가 비내성적으로 이루어진 상황에서, 의회는 대통령의 정책의지를 승인하는 기관에 불과했다. 대통령에 대한 의회의 견제기능이 거의 이루어지지 않음으로써 대통령 - 의회관계도 대통령제의 이상인 "분리되었지만 평등한"(separated but equal) 관계가 아니라, "분리되었을 뿐만 아니라 불평등한 관계"를 유지해 왔다.

사실 분점정부가 문제라고 많이 이야기하지만, 이 측면에서 보면 한국의 분점정부는 문제가 아니라 문제의 해결이다.[237] 왜냐하면

---

237) 미국이 분점정부 상황에서도 단점정부와 별 다른 차이 없이 정부운

분점정부는 단점정부에서는 경험할 수 없었던 의회견제기능의 정상화를 어느 정도 가져왔기 때문이다. 서로 다른 정당이 대통령과 의회를 통제함으로써 진정한 의미의 권력분리를 실현하고, 견제와 균형을 실천할 수 있게 된 측면을 간과해서는 안 된다. 즉 한국의 분점정부는 대통령에게 집중된 권력을 분산시키는 효과와 함께 의회의 대통령 견제기능을 정상화시킬 수 있는 유리한 제도적 여건을 제공해준다.

물론 이러한 긍정적인 효과가 실현되기 위해서는 의회의 성격변화가 선행되어야 한다. 그런데 한국의 의회는 전환의회(transformative legislature)가 아니라 정치적 '경합장'(arena)으로 기능하고 있다는 문제가 있다(Polsby 1975). 경합장 의회란 의회에서 법안의 타당성에 대한 논의가 이루어지기는 하지만, 집권당과 반대당의 대립으로 인해 당파적 이해관계가 법안에 대한 논의에 우선하는 의회를 말한다. 한국 의회의 입법과정은 선거를 통해 의회에서 세력배치가 완료되면, 사실상 법안의 성패가 이미 결정된다고 보아도 무방하다. 결국 의회에서 이루어지는 활동의 대부분은 입법활동이 아니라 권력투쟁과 지대 추구(rent seeking)다.

따라서 입법과정은 의원수의 많고 적음에 의해 이미 결정된 것이나 마찬가지며, 어떤 법률이 성안되는가보다는 행정부가 제출한 법

영이 가능했던 것은 의회의 대통령에 대한 견제기능이 단점정부이건 분점정부이건 정상적으로 이루어져왔기 때문이다. 따라서 분점정부 상황에서 특별히 대통령-의회관계가 경직될 이유가 별로 없다. 미국의 유권자들이 분점정부에 대한 부정적 인식이 적은 것도 정부유형이 어떻게 되든 의회의 정상적인 기능이 이루어져왔고, 오히려 분점정부에서는 단점정부에서 기대할 수 없었던 효과를 얻을 수 있기 때문이다.

안이 얼마나 신속하게 의회를 통과하는가에 초점이 맞춰지게 된다. 물론 이 과정에서 반대당은 법안의 타당성을 두고 의회에서 논쟁하기보다는 지역감정, 정권의 정통성 시비, 정권의 비리의혹 제기 등 주로 대중동원기제를 통해 집권당의 양보를 얻어내 왔다. 법안을 둘러싼 집권당과의 논쟁도 자신들의 이해관계와 첨예하게 대립하는 법안에 한정되는 경우가 많다.[238] 이러한 이유로 단점정부와 분점정부의 입법과정을 비교·평가하는 것은 쉬운 일이 아니다. 한국 입법과정의 전근대성으로 인해 부딪치는 문제가 한두 가지가 아니기 때문이다.

우선, 입법산출의 '차이'가 경합장 의회에서 존재하는가를 추론하기가 힘들다. 설사 분석을 통해 그러한 차이가 존재한다는 결론을 도출하더라도, 그것이 과연 정부유형의 차이(단점정부 혹은 분점정부) 때문에 그러한 결과가 나타난 것인지, 아니면 다른 요인에 의해 나타난 것인지를 판단하기가 쉽지 않다. 그렇기 때문에 한국 분점정부의 입법과정 분석은 입법산출을 통계적으로 분석할 수는 있지만, 그 의미는 제한될 수밖에 없다.[239]

한국 분점정부의 입법과정을 분석하는 과정에서 부딪치는 또 다른 문제는 '경험적 지표'의 개발이다. 즉 단점정부와 분점정부하에서 입

---

238) 예컨대, 통합선거법을 둘러싼 협상이 대표적이다. 선거법 협상의 기본은 헌법이 보장한 유권자의 권리를 침해하지 않으면서, 유권자의 의사가 최대한 반영될 수 있도록 하는 것이지만, 국회에서 이루어지는 선거법 협상은 항상 현직 의원들의 기득권 보호가 일차적 고려 대상이었고, 그것을 유지하는 방향으로 개정되어 왔다.

239) 바로 이 점이 한국 분점정부의 입법과정 분석이 갖는 한계다. 따라서 이 연구에서 도출되는 결론 역시 이러한 한계를 전제로 한다는 것을 밝힌다.

법과정의 차이를 측정할 수 있는 경험적 지표의 개발이 쉽지 않다. 지금까지 제시된 지표들은 의회에서의 법안처리, 정부예산안 심의, 재정수지의 동태, 대통령의 고위직 임명에 대한 의회의 동의 등이 있다(Lim 1998; 장훈 2001b). 그러나 법안처리 결과를 제외하고는 이러한 지표를 통해 분석한 연구가 별로 없다. 따라서 한국 분점정부의 입법과정에 대한 분석은 동시에 입법과정의 차이를 도출할 수 있는 경험적 지표의 개발 작업을 병행해야 한다는 어려움이 있다.

다음으로, 대통령제의 입법과정에 대한 정확한 이해가 필요하다. 왜 입법과정분석을 통해 대통령-의회관계를 평가할 수 있는 것인지 설명할 필요가 있다. 입법과정은 단순히 의회에서의 법률제정절차만을 의미하는 것이 아니라, 입법활동과 관련된 모든 과정을 의미한다. 특히 법이 제정된 목적과 동기로부터 성안되는 과정, 의회 내에서의 심의과정, 제정된 후의 집행과정, 법원에서의 적용과정에 이르기까지 광범위한 것이다.[240] 대통령의 중요 정책은 의회에서 심의·통과된 법에 기초하고 있다. 대통령은 사회적 이해와 요구를 법안의 형태로 의회에 제출하고, 의회는 법안에 대한 심의와 의결을 통해 대통령의 정책 의지를 지지 혹은 반대하게 된다.[241] 특히 근대 대의민주주의가 정당정치에 기초하고 있고, 의회가 정당을 중심으로 운영되기 때문에 입법과정에 대한 분석은 대통령-의회관계를 판단할 수 있는 근거가 되며, 분점정부를 분석하는 데 있어서도 중요한

---

240) 대표적인 것이 행정부에서 제출한 의안(법안, 예산안)에 대한 의회의 비준이라고 할 수 있다. 대통령의 제안이 의회에서 어떻게 처리되는가에 따라 정부운영의 성패가 좌우될 수 있다.

241) 특히 예산(추가경정예산 포함)에 대한 의회의 심의는 정부의 정책결정의 범위와 방향을 좌우한다고 할 수 있다.

연구대상이 된다. 또한 의회는 대통령을 견제하기 위해 헌법에 보장된 권한(탄핵소추, 임명동의, 해임건의)을 사용할 수 있고, 경우에 따라서는 국정감사, 국정조사, 특별검사임명 등을 발의할 수 있다.

한국 국회의 경우, 13대 국회에서 국회법 개정을 통해 국정감사와 국정조사가 부활된 이후 의회의 대통령에 대한 견제와 감시기능이 활발해졌다. 특히 국정조사의 경우, 대통령의 정책수행은 물론, 통치행위 전반에 걸친 의회의 강력한 견제 조치라고 할 수 있다. 여기에 15대 국회부터 시작된 특별검사제도 역시 의회의 권한을 강화시켜준 또 하나의 제도적 장치다. 따라서 분점정부하에서 의회의 대통령에 대한 견제 조치들이 어느 정도 발의되고 있는가를 조사해보면, 대통령－의회관계의 변화를 보다 정확하게 추적할 수 있다.

여기에 의회에서의 입법활동이 얼마나 활성화되었는가를 평가할 수 있는 보조적인 지표가 의회의 집회현황이라고 할 수 있다. 의회에서 회기별 집회현황을 살펴보면, 의회가 얼마나 내실 있게 의정활동을 했는가를 알 수 있다. 대통령과 의회의 대립과 갈등이 심할수록 의회의 개의일수는 물론 회의 시간도 줄어들 것이다. 물론 개의일수가 많다고 해서 반드시 의정활동이 충실하게 이루어졌다고 평가할 수 있는 것은 아니다. 특히 한국과 같이 위원회 중심의 의회운영이 이루어지는 경우, 개의일수와 의정활동의 충실도가 비례하지 않을 수 있지만, 최소한 의회 공전(空轉) 사례에 대한 분석을 통해서 집권당과 반대당, 대통령과 의회 간의 대립의 정도를 추정할 수는 있다. 즉 의회의 집회현황은 의정활동의 충실도를 완벽하게 보여주는 것은 아니지만, 의정활동의 파행 정도를 가늠할 수 있게 함으로써 대통령－의회관계까지 평가할 수 있도록 해준다.

이를 정리해보면, 분점정부의 대통령-의회관계를 입법과정을 통해 평가하기 위해서는 일차적으로 단점정부 시기와 분점정부 시기의 의안처리 결과를 비교해야 한다. 이를 위해 단점정부 시기와 분점정부 시기의 법안처리, 행정부에 대한 입법부의 감시와 견제 조치 발의를 비교할 수 있다. 그러나 이러한 방법은 접근의 용이성과 명료성의 장점이 있는 반면, 통계를 통해 드러나지 않는 내부의 메커니즘을 알 수 없다는 단점이 있다.

단점정부의 경우는 별로 문제가 되지 않지만, 분점정부의 상황에서는 원래 행정부가 의도했던 법안이 완화되던가, 아니면 반대당의 반대가 예상되는 법안의 경우 의회 상정을 포기하는 경우도 있다. 이 경우 똑같은 법안이라 할지라도 그 법안의 내용이 다를 수 있고, 개혁적인 법안이 반대당과의 타협으로 '반쪽짜리'가 될 가능성도 있다. 따라서 정확한 경험적 분석이 힘들더라도, 이러한 정부운영에 영향을 미치는 중요법안을 선별하여 이러한 법안들의 성안과정을 분석할 필요가 있다.

이와 관련하여, 이 부분의 선행연구자인 메이휴(David Mayhew)는 정책영역과 상관없이 특별히 주목받은 입법과, 정책영역별로 특히 중요했던 법안들을 분석한바 있다. 그는 워싱턴포스트(*Washington Post*)와 뉴욕타임스(*New York Times*), 그리고 의회주보(*Congressional Quarterly Weekly*)에 언급된 정책전문가의 평가를 기초로 1946년부터 1990년까지 제정된 핵심 법안을 혁신성과 정책이 끼친 영향력을 기준으로 선별하여 평가했다(Mayhew 1991, 37). 워싱턴포스트와 뉴욕타임스가 주로 중요법안에 대한 대중적 평가를 반영하는 것이었다면, 의회주보는 정책분야별 전문가의 평가를 반영한 것이다. 이러한 메이휴의 분석방법은 법안처리결과만을 분석하는 양적 분석의 한계를 넘어서는 것으로서, 실제 행정부가 강력한 정책의지를 갖고 추진했던 핵심 정책들만을 분석대상으로 삼았다는 점에서 입법과정에 대한 분석을 한 단계 진전시켰다고 할 수 있다.

따라서 여기서도 법안의 처리결과라는 양적 분석만이 아니라 대통령이 강력한 의지를 갖고 추진했던 중요법안들을 선별하여, 이러한 정책들이 의회에서 얼마나 관철되었는가를 추가적으로 살펴보고자 한다. 그런데 메이휴의 분석방법을 한국의 사례에 그대로 적용할 수는 없다. 우선 미국의 의회 및 언론시스템과 달리 국내의 경우 언론을 통한 중요법안의 평가시스템이 거의 없다. 또한 중요법안의 선별 기준이 대단히 애매하다. 정당에 따라 중요법안에 대한 평가 기준이 다를 수 있고, 정치인들이 중요하게 생각하는 법안과 국민들이 중요하게 생각하는 법안도 다를 수 있다. 또 언론에서는 중요하게 다루지만, 정치인들은 중요하게 생각하지 않는 법안이 있을 수 있다. 또한 노동자들에게는 중요한 법안일지라도 자영업자들에게는 중요하지 않을 수 있고, 특정 지역에는 중요할지라도 다른 지역에서는 무관심할 수 있다. 이것은 법안에 대한 서로의 이해관계의 차이에서 연유한다. 따라서 전문가들의 입법평가 시스템이 정착되지 않는 상황에서 중요법안을 선별하는 것은 쉽지 않다.

여기서는 객관적으로 검증된 중요법안의 선별 기준이 없기 때문에 집권당과 반대당 간의 협상대상이 되었던 법안들을 잠정적으로 중요법안으로 분류한다. 이 경우 각 정당의 당파적 이해가 걸린 법안이나 정책의 경우 협상의제로 자주 설정되고, 국민들에게는 중요하지만 정치인들은 관심이 부족한 민생 관련 법안의 경우에는 협상대상에서 아예 제

외되어버리거나 다른 법안과 패키지로 처리되는 경우가 있다.[242)]

그러나 오히려 이러한 이유로 교섭단체 간의 협상 대상이 됐던 법안의 중요성이 부각된다. 교섭단체 간에 협상의 대상이 된 법안은 그 만큼 각 정당이 중요한 법안으로 인식했기 때문이다. 따라서 일정한 한계에도 불구하고, 여기서는 교섭단체 간에 협상의 대상이 됐던 법안들을 중요법안으로 선정하여 단점정부와 분점정부의 입법과정을 분석한다.

2) 법안처리

(1) 입법산출

입법과정에 대한 그간의 평가는 대체로 의회의 법안처리 결과에 대한 비교를 통해서 이루어져왔다.[243)] 아래의 표는 13대 국회부터 16대 국회까지의 법안처리 현황을 단점정부 시기와 분점정부 시기로 나누어 정리한 것이다.[244)]

---

242) 우리나라 국회가 채택하고 있는 위원회 중심주의적 운영방식도 중요법안의 선정 작업에 걸림돌이 된다. 의회에서 정당 간의 이해관계가 크게 걸려있지 않은 법안인 경우 해당 상임위원회 소위원회에서 거의 통과여부가 결정되어 버리기 때문이다.

243) 이명남(2002)은 필자의 분석방법을 그대로 채택하고 있는데, 인용된 필자의 글(오승용 2002)이 학술회의에서 발표한 거친 상태의 원고였던 관계로 법안산출 등 통계자료의 오류가 정정되지 않은 채 그대로 인용되었다. 〈표 18〉에 정리된 13대-16대 국회의 법안처리 현황은 이전의 통계오류를 정정한 것이며, 분석시기도 2002년 말에서 2004년 5월까지 16대 국회 전체를 다루고 있다.

244) 법안을 시기별로 분류하는 기준은 해당 법안이 본회의에서 최종 의

우선, 의회의 입법산출이 단점정부와 분점정부 간에 차이가 있는가를 법안처리 결과를 통해 비교해보자. 13대 국회의 경우 총 938건의 법안이 제출되어 492건이 가결되고, 397건이 폐기, 49건이 철회되었다. 13대 국회는 전체적으로 52.5%의 법안 가결률을 보이고 있다. 이중 정부제출안의 경우 분점정부 시기에 130건 중 112건이 가결되어 86.1%의 가결률을 보이고 있고, 단점정부 시기에는 238건 중 209건이 가결되어 87.8%의 가결률을 보이고 있다.[245] 법안의 가결률만 놓고 보면 분점정부와 단점정부의 가결률 차이는 거의 없다. 의원발의안의 경우 분점정부 시기에 35.8%, 단점정부 시기에 22.6%가 가결되었다. 정부제출안의 가결률은 단점정부와 분점정부 간의 차이가 1.7%에 불과하지만, 의원발의안의 가결률은 분점정부가 단점정부보다 13.2% 더 높았다.

결된 시점이다. 우리나라 국회의 경우 회기계속의 원칙을 따르고 있기 때문에 법안이 제안된 시점과 본회의에서 의결된 시점 간에 상당한 차이가 있는 경우가 많다. 법안이 최초로 제안된 시점이야말로 정부의 정책의지가 발현된 시점이라는 점에서 중요하지만, 여기서는 법안의 처리결과에 주목하기 때문에 법안이 상임위나 본회의에서 의결된 시점을 기준으로 분류했다.

245) 여기서는 의원발의안보다 정부제출안에 더 초점을 맞추고자 한다. 왜냐하면 논의의 핵심이 대통령－의회관계를 분석하는 것이기 때문에, 대통령의 정책의지가 의회에서 어떻게 관철되었는가를 파악하기 위해서는 정부제출안의 처리결과가 중요하기 때문이다. 또한 의원발의안은 의원들의 입법전문성 부족, 동일 사안에 대한 상충되는 내용의 법안 상정, 지역구 민원해소 차원의 법률 발의, 건수 위주의 의정활동 평가로 절차법 개정안의 무더기 상정 등 충분히 타당성이 검토되지 않은 부실한 법률안의 경쟁적인 상정이 이루어지는 경우가 종종 있기 때문에 의원발의안에 크게 비중을 두지 않는 것이 좋다. 물론 17대 국회에서는 민주노동당의 의회 진출이 자극이 되어 의원발의안의 내용성이 점차 풍부해지고 있는 것은 사실이다.

14대 국회의 경우 4년 동안 단점정부가 유지되었는데, 총 902건의 법안 중 656건이 가결되어 72.7%의 가결률을 보이고 있다. 정부제출안의 가결률은 87.2%이었고, 의원발의안은 37.1%이었다. 13대 국회와 비교할 때, 의원발의안 수는 크게 줄어든 반면, 정부제출안의 수는 증가했다.

〈표 18〉 법안처리 현황, 13대 국회-16대 국회

국 회	시 기	정부유형 (대통령)	법안 종류	처리/접수 (%)	처리내용			
					가결 (%)	폐기 (%)	철회 (%)	부결 (%)
13대 (88. 5-92. 5)	88. 5-90. 1	분점 (노태우)	의원발의	318/318 (100.0)	114 (35.8)	172 (54.1)	32 (10.1)	0
			정부제출	130/130 (100.0)	112 (86.1)	17 (13.1)	1 (0.8)	0
			계	448/448 (100.0)	226 (50.4)	189 (42.2)	33 (7.4)	0
	90. 1-92. 5 (3당합당)	단점 (노태우)	의원발의	252/252 (100.0)	57 (22.6)	180 (71.4)	15 (6.0)	0
			정부제출	238/238 (100.0)	209 (87.8)	28 (11.8)	1 (0.4)	0
			계	490/490 (100.0)	266 (54.3)	208 (42.4)	16 (3.3)	0
	소 계		의원발의	570/570 (100.0)	171 (30.0)	352 (61.8)	47 (8.2)	0
			정부제출	368/368 (100.0)	321 (87.2)	45 (12.2)	2 (0.5)	0
			계	938/938 (100.0)	492 (52.5)	397 (42.3)	49 (5.2)	0
14대 (92. 5-96. 5)	92. 5-96. 4	단점 (김영삼)	의원발의	321/321 (100.0)	119 (37.1)	189 (58.9)	13 (4.0)	0
			정부제출	581/581 (100.0)	537 (92.4)	39 (6.7)	5 (0.9)	0
			계	902/902 (100.0)	656 (72.7)	228 (25.3)	18 (2.0)	0

국 회	시 기	정부유형 (대통령)	법안 종류	처리/접수 (%)	처리내용			
					가결 (%)	폐기 (%)	철회 (%)	부결 (%)
15대 (96. 5-00. 5)	96. 5-98. 2	단점 (김영삼)	의원발의	238/238 (100.0)	145 (60.9)	86 (36.1)	7 (2.9)	0
			정부제출	298/298 (100.0)	270 (90.6)	25 (8.4)	3 (1.0)	0
			계	536/536 (100.0)	415 (77.4)	111 (20.7)	10 (1.9)	0
	98. 2-98. 8 (국민의 정부 출범)	분점 (김대중)	의원발의	9/9 (100.0)	8 (88.9)	0	1 (11.1)	0
			정부제출	14/14 (100.0)	12 (85.7)	1 (7.1)	1 (7.1)	0
			계	23/23 (100.0)	20 (87.0)	1 (4.3)	2 (8.7)	0
	98. 8-00. 5 (DJP 연합)	단점 (김대중)	의원발의	897/897 (100.0)	309 (34.4)	564 (62.9)	24 (2.7)	0
			정부제출	495/495 (100.0)	377 (76.2)	107 (21.6)	11 (2.2)	0
			계	1392/1392 (100.0)	686 (49.3)	671 (48.2)	35 (2.5)	0
	소 계		의원발의	1144/1144 (100.0)	462 (40.4)	650 (56.8)	32 (2.8)	0
			정부제출	807/807 (100.0)	659 (81.7)	133 (16.5)	15 (1.9)	0
			계	1951/1951 (100.0)	1121 (57.5)	783 (40.1)	47 (2.4)	0
16대 (00. 5-03. 2)	00. 5-01. 4	분점 (김대중)	의원발의	106/106 (100.0)	45 (42.5)	55 (51.9)	6 (5.7)	0
			정부제출	175/175 (100.0)	156 (89.1)	19 (10.9)	0	0
			계	281/281 (100.0)	201 (71.5)	74 (26.3)	6 (2.1)	0
	01. 4-01. 9 (3당공조)	단점 (김대중)	의원발의	62/62 (100.0)	33 (53.2)	24 (38.7)	5 (8.1)	0
			정부제출	22/22 (100.0)	16 (72.7)	6 (27.3)	0	0
			계	84/84 (100.0)	49 (58.3)	30 (35.7)	5 (6.0)	0

국 회	시 기	정부유형 (대통령)	법안 종류	처리/접수 (%)	처리내용			
					가결 (%)	폐기 (%)	철회 (%)	부결 (%)
16대 (00. 5-03. 2)	00. 5-01. 4	분점 (김대중)	의원발의	106/106 (100.0)	45 (42.5)	55 (51.9)	6 (5.7)	0
			정부제출	175/175 (100.0)	156 (89.1)	19 (10.9)	0	0
			계	281/281 (100.0)	201 (71.5)	74 (26.3)	6 (2.1)	0
	01. 4-01. 9 (3당공조)	단점 (김대중)	의원발의	62/62 (100.0)	33 (53.2)	24 (38.7)	5 (8.1)	0
			정부제출	22/22 (100.0)	16 (72.7)	6 (27.3)	0	0
			계	84/84 (100.0)	49 (58.3)	30 (35.7)	5 (6.0)	0
	01. 9-03. 2	분점 (김대중)	의원발의	456/456 (100.0)	190 (41.7)	248 (54.4)	18 (9.5)	0
			정부제출	196/196 (100.0)	156 (79.6)	40 (20.4)	0	0
			계	652/652 (100.0)	346 (53.1)	288 (44.2)	18 (2.8)	0
	03. 2-04. 5	분점 (노무현)	의원발의	1288/1288 (100.0)	246 (19.1)	1026 (79.7)	12 (0.9)	4 (0.3)
			정부제출	202/202 (100.0)	103 (51.0)	98 (48.5)	0	1 (0.5)
			계	1490/1490 (100.0)	349 (23.4)	1124 (75.5)	12 (0.8)	5 (0.3)
	소 계		의원발의	1912/1912 (100.0)	514 (26.9)	1353 (70.8)	41 (2.1)	4 (0.2)
			정부제출	595/595 (100.0)	431 (72.4)	163 (27.4)	0	1 (0.2)
			계	2507/2507 (100.0)	945 (37.7)	1516 (60.5)	41 (1.6)	5 (0.2)

* 출처: 국회의안통계(http://search.assembly.go.kr/bill)를 재구성

수치상으로 보면 14대 국회는 13대 국회보다 생산적이었지만, 그 이면에는 법안의 '날치기 통과'와 같은 어두운 면이 있다. 13대 국회 후반기부터 14대 국회 전체에 걸쳐 나타난 부정적 현상이 바로 저급한 정치문화의 상징인 법안 날치기 통과였다. 이 시기에 국가보안법, 추곡수매가, 경찰청법, 안기부법, 노동법 등이 집권당의 수적 우위를 기반으로 긴급처리, 단독처리, 변칙처리 등의 방법으로 날치기로 통과되었다(이원희 1998, 285).

15대 국회는 단점정부 시기(김영삼), 분점정부 시기(김대중), 다시 단점정부 시기(김대중)의 과정을 거쳐 왔기 때문에 정부유형에 따른 입법산출을 비교하는 데 있어 좋은 사례다. 15대 국회는 총 1,951건의 법안이 제출되어 1,121건이 가결되어 57.5%의 가결률을 보이고 있다. 15대 총선 직후 단점정부 시기(김영삼)에는 536건 중 415건이 가결되어 77.4%의 가결률을 보이고 있고, 15대 대통령선거 직후 제2기 분점정부 시기(김대중)는 전체 23건 중 20건이 가결되어 87.0%의 가결률을 보였다. 그리고 다시 단점정부로 전환하여(김대중) 전체 1392건 중 686건이 가결되었는데, 이는 49.3%의 가결률로서 민주화 선언 이후 최악의 가결률이다.

15대 국회 임기 동안의 입법산출만을 볼 때, 김영삼 정부 시기의 단점정부는 이전 시기와 비교할 때 입법산출의 차이가 크지 않았지만, 김대중 정부 시기의 단점정부는 이전 시기와는 비교할 수 없을 정도로 입법산출이 저하되었다.[246] 이처럼 입법산출이 저하된 원인

---

246) 15대 국회의 분점정부는 워낙 기간이 짧았기 때문에 단점정부 같은 15대 국회 단점정부 시기와 직접적인 비교가 힘들지만, 오히려 단점정부 시기(김대중)에 입법산출이 최저수준을 보이고 있다는 것은 시사 하는 점이 많다. 즉 15대 국회만을 놓고 보면, 정부유형은 전혀

은 의원발의안의 폐기 및 철회 건수가 많기 때문이다. 이 시기 의원발의안은 897건으로서 정부제출안 495건보다 무려 402건이나 많다. 하나의 쟁점사안에 대해 교섭단체별로 상이한 법안이 의원발의 형태로 집중 상정됐고, 그 결과 법안의 가결률이 낮아졌기 때문이다. 이는 집권당과 반대당 간의 이견이 컸고, 그만큼 대립도 많았다는 것을 보여주는 수치다.

16대 국회는 2507건이 제출되어 945건이 가결되어 37.7%의 가결률을 보이고 있다. 16대 국회는 분점정부와 단점정부가 여러 차례 반복되었다. 먼저 16대 총선 직후 제3기 분점정부의 경우, 총 281건의 법안 중 201건이 가결되었다(71.5%). 이중 정부제출안은 175건 중 156건이 가결되어(89.1%)로 직전 단점정부 시기보다 가결률이 월등히 상승했다. 의원발의안 역시 42.5%로 직전 단점정부 시기보다 상승했다. 3당 공조로 다시 단점정부로 전환된 후, 전체 84건 중 49건이 가결되어 58.3%의 가결률을 보이고 있고, 이중 정부제출안은 72.7%, 의원발의안은 53.2%의 가결률을 보이고 있다. 3당 공조 파기 이후 제4기 분점정부를 보면, 전체 652건 중 346건이 가결되어 53.1%의 가결률을 보이고 있다. 이중 정부제출안은 196건 중 156건(79.6%), 의원발의안은 456건 중 190건(41.7%)이 가결되었다. 다시 노무현 정부 출범 직후 분점정부 상황에서는 1490건 중 349건이 가결되어 23.4%의 가결률을 보이고 있는데, 특기할 만한 것은 민주화 이후 전례가 없는 부결법안이 5건이나 된다는 사실이다. 13-16대 국회에서는 법안의 본회의 표결 이전에 법안이 폐기, 철회되어 정당 간의 본회의 표결 대립은 없었으나 노무현 정부 들어서

입법산출에 영향을 미치지 않고 있다.

는 본회의 표결까지 가서 부결된 사례가 발생했다(의원발의 4건, 정부제출 1건).[247] 또한 다른 분점정부에 비해 노무현정부의 분점정부는 입법산출이 역대 분점정부 중 최저수준이라는 특징이 있다.

16대 국회 단점정부와 분점정부의 입법산출을 비교해 보면, 전체 처리 건수는 16대 총선 직후 분점정부가 가결률이 가장 높았지만(71.5%), 노무현 정부 집권 시기 분점정부(5기와 6기 분점정부)는 역대 분점정부 중 가장 낮은 가결률을 보였다. 정부제출안을 보면, 김대중 정부 시기에는 단점정부보다 분점정부의 정부제출안 가결률이 더 높았지만,[248] 노무현 정부 시기 분점정부는 비교할 수 없을 정도로 낮다. 일반적으로 정부제출안의 가결률이 정부유형에 큰 차이 없이 높게 나타나는 경향이 있었는데, 노무현 정부는 그러한 경향이 파괴되었다. 결국 김대중 정부 시기에는 전체 법안의 처리 비율에서 단점정부와 분점정부 간의 입법산출 차이가 존재한다고 할 수 없고, 상대적으로 비중이 높은 정부제출안의 처리결과를 보면 오히려 단점정부보다 분점정부의 입법산출이 더 높다고 이야기할 수 있다. 그러나 노무현 정부는 역대 최저의 입법산출을 보이고 있다.

지금까지 언급한 것은 국회 임기 구분에 따른 단점정부와 분점정

247) 의원발의안으로서 부결된 법안은 「6·25전쟁휴전이전민간인희생사건진상규명및희생자명예회복등에관한법률안(2004. 3. 2)」, 「정부조직법중개정법률안(2003. 12. 23)」, 「남북정상회담관련대북비밀송금의혹사건및관련비자금비리의혹사건등의진상규명을위한특별검사임명등에관한법률안(2003. 7. 31)」, 「국민임대주택건설등에관한특별법안(2003. 7. 1)」이었고, 정부제출안은 「농업기계화촉진법중개정법률안(2003. 12. 30)」이었다(http://search.assembly.go.kr/bill/).

248) 반면 의원발의안의 경우는, 두 분점정부 시기보다(42.5%, 41.7%) 단점정부 시기(53.2%)의 가결률이 더 높았다.

부 비교였고, 이제 국회 임기 구분을 떠나 민주화 선언 이후 단점정부와 분점정부 시기의 전체 입법산출을 비교해보자.

우선 법안 제출건수를 비교해보면, 단점정부와 분점정부가 공존했던 13대 국회보다는 단점정부만 존재했던 14대 국회의 법안제출건수가 더 적지만, 가결률은 14대 국회가 20.2% 더 높다. 분점정부와 단점정부가 반복되었던 15대 국회는 법안 제출건수가 13대 국회나 14대 국회에 비해 압도적으로 많은 반면, 가결률은 13대 국회보다는 높지만, 14대 국회에 비해서는 낮다. 마찬가지로 단점정부와 분점정부가 공존했던 16대 국회의 경우 법안 제출건수가 2507건으로서 민주화 선언 이후 역대 어느 국회보다 많았다.

분점정부가 출현했던 시기들의 입법산출을 비교해보면, 13대 국회의 1기 분점정부, 15대 국회의 2기 분점정부, 16대 국회의 3기-6기 분점정부는 분점정부가 지속되었던 시기가 각기 다르기 때문에 법률안의 제출건수를 절대적으로 비교하는 것은 큰 의미가 없다. 여기서 비교대상이 될 수 있는 것은 해당 시기 법안의 가결률, 특히 정부제출안의 가결률이다.

13대 국회 제1기 분점정부의 경우 정부제출안은 86.1%, 전체는 50.4%인 데 비해, 15대 국회 제2기 분점정부는 정부제출안 85.7%, 전체 87.0%이며, 16대 국회 초반의 제3기 분점정부는 정부제출안 89.2%, 전체 71.4%, 3당 공조 파기 이후의 제4기 분점정부는 정부제출안 81.7%, 전체 53.2%로 나타났다. 노무현 정부 집권 이후 제5기와 6기 분점정부는 정부제출안 51.0%, 전체 23.4%로 나타났다. 분점정부 시기에도 정부제출안의 가결률은 80% 이하로 내려간 적이 없지만, 노무현 정부 시기는 유독 51.0%를 기록하고 있다. 전체

가결률 역시 최저 가결률이 50.4%였고, 2기 분점정부는 87.0%를 기록하기도 했다.

김대중 정부 시기까지를 살펴보면, 의원발의안의 수와 가결률에 따라 전체 법안의 가결률 차이가 존재하는 것은 사실이지만, 핵심이 되는 정부제출안의 가결률은 단점정부 시기와 별 차이가 없거나 오히려 분점정부 시기가 더 높고, 분점정부 간의 비교에서도 거의 차이가 없는 것으로 나타나고 있다. 따라서 입법산출의 총량분석에서는 단점정부와 분점정부 간의 입법산출의 차이가 거의 존재하지 않는 것으로 볼 수 있다. 그러나 노무현 정부가 들어서면서 모든 것이 최악으로 변했다. 노무현 정부 시기의 분점정부는 이전의 분점정부와 비교할 수 없을 정도로 최악의 입법산출을 보임으로써 분점정부와 단점정부 간의 입법산출의 차이뿐만 아니라 분점정부 간의 비교에서도 차이가 크게 나타나고 있다. 입법산출만을 놓고 볼 때 노무현 정부는 역대 분점정부 중 최악의 분점정부다. 문제는 노무현 정부 시기(5기－6기)의 분점정부를 역대 최악의 분점정부라고 규정했을 때 이러한 최악의 상황(최저 입법산출)이 노무현 정부의 주장처럼 분점정부였기 때문에 발생한 결과인가, 아니면 비록 분점정부였지만 노무현 정부였기 때문에 발생한 결과인가를 따져봐야 한다. 이를 위해서는 법안처리 결과를 보다 입체적으로 접근해야 한다.

우선 최초의 분점정부가 등장했던 13대 국회의 경우, 분점정부를 경험했음에도 불구하고 매우 왕성한 입법활동을 보이고 있다(박통희 1993). 13대 국회는 입법산출에 있어 단점정부와 분점정부 간에 차이를 발견하기가 어렵고, 오히려 역사적으로 의미 있는 법률안의

경우 단점정부보다는 분점정부 시기에 더 많이 성안되었다.[249)]

13대 국회 제1기 분점정부는 130건의 정부제출안 중 112건이 가결되어 86.1%의 가결률을 보이고 있고, 단점정부 시기에는 238건의 정부제출안 중 209건(87.8%)이 가결되었다. 수치상으로 단점정부와 분점정부 간 차이가 거의 나타나지 않고 있다. 반면 의원발의의 경우 분점정부 시기에는 318건 중 114건(35.8%)이 가결된 반면, 단점정부 시기에는 252건 중 57건(22.6%)만 가결되어 단점정부가 분점정부보다 오히려 더 낮았다. 결국 위의 표에 나타난 것처럼 입법산출만을 놓고 볼 때 13대 국회에서는 단점 시기와 분점 시기의 입법산출이 의안 수나 가결률에서 거의 차이가 없는 것으로 보아야 한다.

다음으로 단점정부 상황이었던 김영삼 정부 시기와 김대중 정부의 출범으로 분점정부로 전환되었던 15대 국회의 입법산출을 비교해보자. 15대 국회 전반기(김영삼) 단점정부 상황에서 정부제출안의 경우 298건 중 270건이 가결(90.6%)되었던 반면, 김대중 정부 출범과 함께 등장한 분점상황에서는 정부제출안 14건 중 12건이 가결되어(85.7%) 단점정부 시기의 입법산출이 분점정부 시기에 비해 높게 나타나고 있다. 그러나 의원발의안은 분점정부 시기(88.9%)가 단점정부 시기(60.9)에 비해 압도적으로 높다. 물론 당시의 분점정부가 시기적으로 짧고, 제출된 법안수도 적을 뿐만 아니라, 정권 출

249) 박통희의 연구에 따르면(박통희 1993, 182), 3당 통합 이전의 13대 국회(분점정부)의 활동을 12대 국회(단점정부)와 비교한 결과, "여소야대의 13대 국회의 역할수행은 12대 국회에 비하여 대표성과 능률성의 면에서 모두 일부 여론과 정치권의 평가와는 달리 향상된 것으로 판단된다. 이와 같이 통합 이전의 13대국회의 활동에 대한 비판적인 여론은 과거의 고도성장위주의 관행에 의한 능률성에 대한 집착 또는 피상적인 인식의 결과"로 보고 있다.

범부터 김종필 총리서리 인준문제로 국회가 6개월 동안 표류하던 시기였기 때문에 두 시기를 단순 비교하는 것은 무리가 있지만, 단점정부 시기와 분점정부 시기의 입법산출이 유의미한 차이가 없다는 사실은 확인할 수 있다.

김대중 정부 출범 직후 분점정부 시기와 'DJP 연합' 이후 단점정부 시기를 비교해보면, 정부제출안은 85.7%:76.2%, 의원발의안은 88.9%:34.4%로 단점정부 시기의 가결률이 분점정부 시기에 비해 낮다. 다시 말해 분점정부 시기가 단점정부 시기보다 입법산출이 높았다. 15대 국회 초반 김영삼 정부 시기의 단점정부와 15대 국회 후반 김대중 정부 시기의 단점정부를 비교해보면, 두 시기는 단점정부라는 점에서는 같지만 입법산출에 있어서는 차이가 나타나고 있다. 김영삼 정부 시기 단점정부 상황에서 정부제출안의 가결률이 90.6%이었음에 비해, 김대중 정부 시기 단점정부는 76.6%에 불과하다. 이 수치는 민주화 이후 상정된 정부제출안 중 최저의 가결률이다. 의원발의안도 김영삼 정부 시기 단점정부가 60.9%인 데 반해, 김대중 정부 시기 단점정부는 34.4%로 13대 국회 단점정부 시기의 가결률에 이어 두 번째로 낮은 수치다.

여기서 짚고 넘어갈 것은, 단점정부임에도 불구하고 김영삼 정부 시기와 김대중 정부 시기의 가결률이 크게 차이가 나는 이유가 무엇인가의 문제다. 이 문제는 해당 시기의 정치과정 전반에 대한 체계적인 분석을 통해 판단할 사안이지만, 우선 지적할 수 있는 것은 '정계개편' 혹은 연합정치의 영향이다. 3당 합당 이후 집권당과 반대당 간의 대치정국이 자주 형성되었던 것과 마찬가지로, 김대중 정부에서의 정계개편(의원 영입과 DJP 연합)은 제1당이었던 한나라당의 강력한 견제와 저항을 초래함으로써 전체적인 입법산출에도 영향을 미쳤다. 집권당의 의원영입이 있자 한나라당은 국회등원을 거부하고, 장외 집회를 통해 맞대응 했고, 「서상목의원체포동의안」의 국회상정을 계기로 이른바 '방탄국회'가 열리면서 국회가 장기간 표류했던 시기가 바로 이 시기였다.

16대 총선은 정당연합을 통해 형성된 단점정부가 다시 분점정부로 전환되는 계기였는데, 정부제출안은 176건 중 157건(89.2%)이 가결된 반면, 3당 정책공조를 통해 단점으로 전환되었을 때는 20건 중 15건이 가결되어 75%의 가결률을 보이고 있다. 3당 공조 파기 이후에는 186건 중 152건(81.7%)이 가결되어 전체적으로 정부제출안은 단점정부보다는 분점정부 시기에 더 많은 비율로 가결되고 있음을 확인할 수 있다. 16대 국회에서도 여전히 분점정부 상황보다는 단점정부 상황에서 정부제출안의 가결비율이 낮다.

같은 16대 국회임에도 불구하고 노무현 정부 시기의 분점정부가 입법산출이 현저히 악화된 것은 대북송금특검을 통해 이전 김대중 정권과 결별하고, 민주당 분당을 통해 열린우리당이라는 새로운 대통령당을 창당하면서 원내 의석수를 스스로 102석에서 47석으로 줄였다는 점이다. 원내에서 대통령 당이 법안 가결에 필요한 과반수 지지를 확보할 수 있는 지지 정당이나 지지세력 구축을 스스로 포기하고 오히려 강력한 적대 정당과 배척 세력을 형성한 결과다. 따라서 노무현 정부의 최악의 입법산출은 분점정부이기 때문이 아니라 분점정부임에도 불구하고 대통령의 타협을 모르는 리더십과 대통령당의 무기력으로만 설명이 가능한 경우로서 분점정부 중에서도 극히 예외적 상황이다.[250] 따라서 노무현 정부의 분점정부가 민주화 선언 이후 분점정부의 입법과정을 설명하는데 고려대상으로 포함되는 것은 사실이지만, 정상적인 정부운영이 불가능한 예외적 상황으로 간주해야 한다.

결론적으로, 입법산출의 양적 통계만을 놓고 보면, 단점정부가 분점정부보다 입법산출이 높은 시기도 있었고, 분점정부가 단점정부보다 입법산출이 높은 경우도 있었다. 입법산출이라는 기준으로 보면, 김대중 정부 시기까지 단점정부와 분점정부 간에 유의미한 차이가 있다고 할 수 없다. 대통령의 정책의지와 관련된 정부제출안의 경우에도 단점정부 시기의 정부제출안보다 분점정부 시기의 정부제출안의 가결률이 더 낮은 경우가 많았다. 오히려 인위적인 정계개편을 통해 분점정부 상황을 단점정부 상황으로 전환한 후에는 정부제출안의 가결률이 분점정부 시기의 가결률보다 더 낮게 나타나고 있다. 반면 대통령과 집권당이 전통적인 방식의 정부운영을 선택하지 않은 경우(노무현 정부 시기 분점정부)에는 최악의 상황이 출현하였다. 따라서 노무현 정부시기를 제외한다면, 분점정부가 입법산출의 저하로 정부의 통치력을 약화시킨다는 인상주의적 가설은 맞지 않는다는 것이 확인되었다.

(2) 중요법안의 처리 결과

앞에서 살펴본 것처럼, 김대중 정부 시기까지 분점정부와 단점정

250) 이러한 이유로 이 책에서도 노무현 정부와 관련된 부분은 비중 있게 다루지 않을 것이다. 다만 노무현 정부의 분점정부에 대한 보다 심층적인 입법과정 분석은 필요한데, 이 부분은 다음 기회로 미루도록 하겠다.

부 간의 입법산출 차이가 없는 것으로 나타났다. 여기서는 이러한 결과를 더욱 구체적으로 살펴보기 위해 실제로 단점정부와 분점정부 상황에서 어떤 중요법안들이 상정됐고, 그러한 법안들이 어떻게 처리되었는가를 살펴보고자 한다. 이를 위해 우선 각 시기별 중요법안을 선별하여, 해당 법안의 의미와 처리 결과를 조사했다.[251)]

가장 먼저 살펴볼 시기는 민주정의당이 집권당이었던 노태우 정부 시기다. 이 시기는 1988년 제13대 총선의 결과로 분점정부(무다수당 분점정부)가 최초로 등장했던 시기다. 이 시기 제정된 법률 중에서 주목할 만한 것이 「국회법개정법률안(1988. 6. 13)」이다. 개정된 국회법은 "청문회제도를 명문화하여 위원회는 그 의결로 중요한 안건의 심사에 필요한 경우 증인, 감정인(鑑定人), 참고인으로부터 증언, 진술의 청취와 증거의 채택을 위하여 청문회를 개최"할 수 있도록 했다(국회법 제61조). 개정된 국회법을 통해 광주 특위, 5공 비리 특위, 언론 통폐합을 다루는 문공위 회의 등이 열리게 된다. 국회법 개정은 분점정부 출현 이후 나타난 가장 가시적인 성과였다.

또한 「지방자치법중개정법률안(1989. 3. 9)」를 통해 시도지사 및 시장·군수·자치구의 단체장 선거를 1991년 6월 30일 이내에 실시토록 했으며(부칙 제2조), 읍·면·동장을 주민의 직선으로 선출하며, 피선거권을 30세로 정하기도 했다. 그러나 집권당과 반대당 간의 이견으로 동시지방선거가 치러지지 못하고 지방의회선거만 1991년에 실시되었다. 3당 통합으로 분점정부하에서 제정된 개혁법들이

---

251) 여기서는 13대 국회의 분점정부보다는, 분점정부와 단점정부가 번갈아 출현함으로써 최적의 비교대상을 제공하고 있는 김대중 정부 집권기를 중심으로 논의를 전개할 것이다.

후퇴하기 시작한다. 지방자치법의 경우, 1989년 개정된 법안을 다시 개정하여, 선거연령 조정과 읍·면·동장 직선제는 폐기됐고(「지방자치법중개정법률안(1990. 12. 15)」), 시도지사 및 시장·군수·구청장 선거는 1992년 6월 30일 이내에 실시하도록 하였으나(부칙 제2조), 1995년에야 자치단체장선거가 실시되었다. 3당 통합을 통한 단점정부로의 전환이 분점정부에서의 성과를 무산시켰다.

1988년 7월 9일 「국회에서의증언·감정등에관한법률개정법률안」이 국회에서 통과되었으나 노태우 대통령은 거부권을 행사했다. 그러자 다시 국회에서 대체입법으로 「국회에서의증언·감정등에관한법률개정법률안(1988. 7. 23)」)을 통과시킨다. 마찬가지로 1988년 12월 17일 「1980년해직공직자의복직및보상에관한특별조치법안」이 국회에서 통과되었지만, 대통령이 거부권을 행사했고, 다시 국회에서 법안 명칭과 일부 내용을 수정하여 「1980년해직공무원의보상등에관한특별조치법안(1989. 3. 9)」가 통과되었다.[252)]

이 시기의 특징은, 대통령이 거부권을 행사한 법안이 국회에서 다시 대체입법을 통해 재의결된 사례에서 보이듯, 최초로 등장한 분점정부 시기의 입법과정은 국회의 권한이 이전 12대 국회와 비교할 때 상당 수준으로 강화되었다(김용호 2001, 483). 대표적인 사례가 1988년 7월 2일 제142회 임시국회에서 헌정사상 최초로 대통령의 대법원장 임명동의안(「대법원장(정기승)임명동의의건」)이 부결된 것이다. 이 사례는 분점정부의 등장과 함께 대통령 - 의회관계가 변화하기 시작했다는 것을 알리는 사건이었다.

---

252) 이 시기는 대통령은 거부권 행사를 통해 의회를 견제하고자 했지만, 반대당들에 의해 장악된 의회에서 대체입법을 통해 다시 법안을 의결함으로써 대통령은 이를 수용할 수밖에 없었다.

위의 사례에서 알 수 있듯이, 당시의 4당구도가 비효율적이라는 주장도 설득력이 떨어지며, 다분히 3당 통합을 정당화하기 위한 정치수사학에 불과하다(박통희 1993, 162). 즉 4당 구조→국회운영의 비효율성 야기→3당 통합→단점정부 구성→국회운영의 효율성 제고→국정의 효율성 제고라는 논리는 실제 분점정부 상황에서의 13대 국회의 입법과정을 분석해보면, 타당성이 떨어진다. 특히 당시와 같이 소속 정당이 유권자의 투표결정의 중요한 준거로 작용하는 상황에서 국회활동의 비효율성을 근거로 국민이 선택한 정치구조를 변형시키는 것은 정치적 야합을 정당화해주는 수단으로 효율성이 거론되었다는 것을 알 수 있다.

이처럼 행정부 집권당이 과거와 같이 국회에서 갖는 독점적인 지위가 불가능해짐에 따라 대통령과 집권당의 의회전략도 과거의 방식에서 변화하게 된다. 즉 과거와 같이 집권당이 수의 힘으로 밀어붙이는 방식보다는 반대당과 타협하는 비중이 훨씬 많아졌다. 때문에 우리가 일반적으로 인식하고 있는 것과는 다르게, 13대 국회 전반기는 분점정부였음에도 불구하고, 원내 정당 간의 극한대립은 거의 나타나지 않았다(박찬욱 1992, 102).

13대 국회 전반기 분점정부 시기에 통법부에서 입법부로의 전환이 시작될 수 있었던 배경으로는 다음의 몇 가지를 지적할 수 있다(김용호 2001, 484).

가장 먼저 지적할 수 있는 것은 1987년 민주화 운동의 효과다. 1987년 폭발한 민주화 운동은 제도정치권의 대응을 근본적으로 바꾸는 계기였다. 민주화 운동의 결과로 구성된 제13대 국회의 전반기에 지역적 차이와 이념적 차이에도 불구하고 반대당들이 하나의 목소리를 낼 수 있었던 이유도 바로 국민들의 분출된 민주화 열기를 거스를 수 없었기 때문이다. 사실보다 정확히 이야기하면, 4당 체제 자체가 민주화 운동의 산물이다. 그렇기 때문에 노동운동과 학생운동으로 대변되는 저항세력과 사회의 다양한 비판세력의 대중적 압력은 노태우 정부의 국정수행에 상당한 영향력을 행사했고, 특히 반대당에게 있어서는 국회에서의 의석수 못지않게 대통령과 집권당을 압박할 수 있는 배경이었다.

두 번째로 지적할 수 있는 것은 노태우 정부가 추진했던 전두환 정부와의 차별화 전략이다. 노태우 정부가 전두환 정부와 차별화의 출발점으로 삼은 것은 선거라는 경쟁과정을 통해 선출된, 절차적 정통성을 갖춘 대통령이다. 물론 군사쿠데타 핵심세력의 재집권이라는 원죄가 있었지만, 당시의 세력구도하에서 노태우 정부는 전두환 정부와 최대한 차별성을 부각시키는 것이 정권의 안정화를 위해 도움이 된다고 판단하였다. 노태우 정부에서 광주 청문회와 5공 비리 특위, 언론 통폐합 청문회가 실시된 것도 반대당에 의해 국회가 장악되었기 때문이지만, 노태우 정부가 추진했던 전두환 정부와의 차별화 전략도 포함되어 있다.

세 번째로 지적할 수 있는 것은 노태우 대통령의 중간평가 공약이다. 대통령선거운동 당시 노태우 후보는 임기 중 중간평가를 실시하겠다고 국민에게 약속했다. 때문에 중간평가를 앞두고 반대당과의 원만한 관계를 유지함으로써 국회를 원활하게 운영하고자 했다. 물론 중간평가 약속은 3당 통합을 통해 무산되었지만, 3당 통합 이전의 시기까지 중간평가 공약은 노태우 정부의 활동 폭을 제약했던 요인이었다.

마지막으로 지적할 수 있는 것은 국제적인 행사, 예컨대 올림픽 개최를 앞두고 세계의 이목이 집중된 상황에서 최대한 정국을 안정시킬 필요가 있었다. 1988년 김용갑 총무처장관이 좌경화현상을 우려하면서 대통령이 좌경세력에 대한 단호한 조치를 취할 수 있는 권한, 예컨대 대통령의 국회해산권이 필요하고, 이를 중간평가와 연계시킬 수 있다는 발언으로 파문이 일자, 즉시 김용갑을 경질하였던 것도 국회에 대한 강압적 태도가 반대당과의 대치정국을 초래하여 올림픽과 같은 국제적인 행사의 원만한 개최에 악영향을 미칠 수 있다는 판단 때문이었다(김용호 2001, 484).

이러한 요인들이 결합하여 13대 국회 전반기의 분점정부는 12대 국회 단점정부와 비교할 때 왕성한 입법활동이 이루어지고, 의회의 대통령에 대한 견제와 감시기능도 강화되었다(박찬욱 1992; 박통희 1993; 신명순 1999). 이는 단순히 입법산출의 측면에서만 평가한 것이 아니라, 민주화 선언 이후 국회에서 이루어진 의정활동을 비교할 때도 마찬가지다. 국회법 개정을 통해 국정감사와 국정조사권이 부활했고, 청문회 제도가 도입되었으며, 지방자치제도의 부활도 이 시기에 이루어졌다는 사실 등을 통해 볼 때, 이 시기의 분점정부가 이전의 단점정부와 비교할 때 훨씬 생산적이었음을 알 수 있다. 오히려 3당 통합을 통해 단점정부로 전환하면서, 분점정부에서 획득한 민주화의 성과물들이 퇴색하고, 무산되는 결과를 초래했다.

다음으로 살펴볼 시기는 단점정부와 분점정부가 교차되었던 김대중 정부 시기다.[253] 국회임기로 볼 때 15대 국회 후반기와 16대 국회 전반기가 김대중 정부의 집권 시기에 포함된다. 특히 이 시기는

---

253) 14대 국회의 경우 4년 동안 단점정부였기 때문에 여기서는 제외했다.

13대 국회 전반기처럼 단점정부에 의해 고립된 섬이 아니라, 단점정부와 분점정부가 빈번하게 교차했기 때문에 보다 입체적으로 분점정부와 단점정부의 입법과정을 비교할 수 있다는 장점이 있다. 또한 다수당 분점정부와 무다수당 분점정부가 모두 출현한 시기라는 점도 분석대상으로서의 장점이다. 중요법안을 선별한 기준은 교섭단체 간 협상의 대상이 되었던 법안을 모두 포함했다.[254]

김대중 정부 시기의 중요법안은 아래의 표와 같다.

254) 이를 위해 국내외 일간지 뉴스를 검색할 수 있는 종합뉴스검색사이트 카인즈(KINDS, Korea Integrated News Database System)를 이용했다(http://www.kinds.or.kr/). KINDS의 검색탭을 이용하여 종합일간지 검색 메뉴를 선택한 후, 검색어로는 "여야협상", "법률안", "법안"을 사용하여 AND검색팁(TIP)을 실행했다. 또한 검색과정에서 누락되는 법안이 있을 수 있기 때문에 추가적으로 "민생법안"과 "개혁법안"을 검색했다. 검색기간은 1998년 12월 1일부터 2003년 2월 28일까지로 한정했고, 검색에 포함된 종합일간지는 경향신문, 국민일보, 대한매일, 동아일보, 문화일보, 세계일보, 조선일보, 중앙일보, 한겨레신문, 한국일보 등 10개 종합일간지다. 검색된 기사들은 모두 출력한 후 모든 기사를 하나씩 검토하여 교섭단체 간의 협상과 무관한 법률들은 제외했고, 총무회담과 상임위 간사모임을 통해 협상의 대상이 되었던 법안들의 경우는 대상에 포함시켰다. 선별된 법안들은 국회 인터넷 홈페이지에서 제공하는 의안정보 서비스(http://search.assembly.go.kr/bill/)를 이용하여 해당 의안의 제안이유 및 주요 골자, 전문위원 검토보고서 등을 참조했다. 이 과정에서 신문기사의 법안관련 내용이 기자에 의해 과잉해석된 부분도 있었는데, 이는 의안원문을 확인하여 정정했다.

〈표 19〉 김대중 정부 시기 단점정부와 분점정부의 중요법안

국회 (시기)	유형	중 요 법 안
15대 (98. 2-98. 8)	분점	기업구조조정관련법안(1998. 2. 14) -파산법중개정법률안 -화의법중개정법률안 -회사정리법중개정법률안 -외국인투자및외자도입에관한법률중개정법률안 노동관계법안(1998. 2. 14) -고용정책기본법중개정법률안(일명 고용조정법) -근로기준법중개정법률안 -파견근로자보호등에관한법률안 -노동조합및노동관계조정법중개정법률안 -고용정책기본법중개정법률안 -고용보험법중개정법률안 정부조직법개정법률안(1998. 2. 17) 1998년도제1회추가경정예산안(1998. 3. 25)
15대 (98. 8-00. 5)	단점	1998년도제2회추가경정예산안(1998. 9. 2) 교육공무원법중개정법률안(1998. 12. 2) 1999년도 예산안(1998. 12. 9) 예산회계법중개정법률안(1998. 12. 29) 예산회계법중개정법률안(1998. 12. 29) 약사법중개정법률안(1999. 3. 9) 1999년도제1회추가경정예산안(1999. 4. 27) 노사정위원회설치및운영등에관한법률안(1999. 5. 3) 1999년도제2회추가경정예산안(1999. 8. 12) 특별검사의임명등에관한법률안(1999. 9. 17)(한국조폐공사노동조합파업유도및전검찰총장부인에대한옷로비의혹사건진상규명) 2000년도 예산안(1999. 12. 18) 변호사법개정법률안(1999. 12. 28) 방송법안(1999. 12. 28) 광주민주화운동관련자보상등에관한법률중개정법률안(1999. 12. 28) 의문사진상규명에관한특별법안(1999. 12. 28) 국회법중개정법률안(2000. 2. 9) 정당법중개정법률안(2000. 2. 9) 정치자금에관한법률중개정법률안(2000. 2. 9) 공직선거및선거부정방지법중개정법률안(2000. 2. 28)

국회 (시기)	유형	중 요 법 안
16대 (00. 5-01. 4)	분점	주민투표법안(2000. 5. 29)(주민소환제 채택) 자금세탁방지에관한법률안(2000. 5. 29)(돈세탁방지) 인사청문회법안(2000. 6. 19) 약사법중개정법률안(2000. 7. 31) 금융지주회사법안(2000. 10. 9) 조세특례제한법중개정법률안(2000. 10. 9) 최저임금법중개정법률안(2000. 10. 9) 소득세법중개정법률안(2000. 10. 9) 기업구조조정투자회사에관한법률안(2000. 10. 9) 2000년도제1회추가경정예산안(2000. 10. 13) 공적자금관리특별법안(2000. 12. 2) 국민연금법중개정법률안(2000. 12. 8) 전력산업구조개편촉진에관한법률안(2000. 12. 8) 정부조직법중개정법률안(2000. 12. 27) 2001년도 예산안(2000. 12. 27) 노동조합및노동관계조정법중개정법률안(2001. 2. 28)(복수노조허용)
16대 (01. 4-01. 9)	단점	청소년보호법중개정법률안(2001. 4. 26) 국가인권위원회법안(2001. 4. 30) 부패방지법안(2001. 6. 28) 기업구조조정촉진법안(2001. 7. 18) 의료법중개정법률안(2001. 7. 18) 약사법중개정법률안(2001. 7. 18) 2001년도제1회추가경정예산안(2001. 9. 3)
16대 (01. 9- 03. 2)	분점	2001년도제2회추가경정예산안(2001. 11. 5) 지역균형개발및지방중소기업육성에관한법률중개정법률안(2001. 12. 7) 기금관리기본법중개정법률안(2001. 12. 21) 민주유공자예우에관한법률안(2001. 12. 21) 2002년도 예산안(2001. 12. 27) 법인세법중개정법률안(2001. 12. 27) 국회법중개정법률안(2002. 2. 28) 공직선거및선거부정방지법중개정법률안(2002. 2. 28) 정당법중개정법률안(2002. 2. 28) 정치자금에관한법률중개정법률안(2002. 2. 28) 사립학교법중개정법률안(2002. 7. 31) 대부업의등록및금융이용자보호에관한법률안(2002. 7. 31) 2002년도제1회추가경정예산안(2002. 9. 13) 2003년도 예산안(2002. 11. 8) 국민건강보험법중개정법률안(2002. 11. 8) 국회법중개정법률안(2003. 2. 28)

교섭단체 간에 협상 대상이 되었던 법안들을 중요법안으로 선별할 경우 선별 기준에 대한 문제제기가 있을 수 있다. 실제 민생관련 법안들은 그 중요성에도 불구하고, 당파적 이해가 걸린 의제의 협상과정에서 처리되지 못하고 폐기되는 경우가 있기 때문이다. 그러나 현실적으로 중요법안을 선정할 객관적 기준이 없는 상황에서는 이러한 방법이 불가피하다.

이제 김대중 정부 시기의 중요법안을 구체적으로 살펴보자. 김대중 정부 시기의 단점정부와 분점정부하에서 집권당과 반대당 간 교섭단체 협상에서 의제로 채택된 법안은 그리 많지 않다. 김대중 정부 출범 초기인 15대 국회의 분점정부 시기(1998. 2-1998. 8)의 경우 12개 법안, 단점정부의 시기(1998. 8-2000. 5)에 19개 법안, 16대 국회 초기 분점정부 시기(2000. 5-2001. 4)에 16개 법안, 3당 정책공조를 통해 단점정부로 전환한 시기(2001. 4-2001. 9)에 7개 법안, 그리고 3당 공조 파기 이후 분점정부 시기(2001. 9-2003. 2)에 16개 법안이 중요법안이다.

우선 각 시기별로, 전체 법안 중 중요법안이 차지하는 비율을 보면, 98년 2월부터 8월까지 분점정부 시기에 가결된 전체 법안은 20건이고, 중요법안은 12건이다. 이 시기 가결된 법안의 60.0%가 중요법안인 것이다. 1998년 8월부터 2000년 5월 사이에 가결된 686건 중에서 중요법안은 19건으로 이 시기 가결된 법안의 2.8%가 중요법안이다. 2000년 5월부터 2001년 4월 사이에 가결된 202건 중에서 중요법안은 19개 법안으로 이 시기 가결된 법안의 7.9%가 중요법안이다. 2001년 4월부터 9월 사이에 가결된 48건 중에서 중요법안은 7건으로서 중요법안의 비율은 14.6%이다. 마지막으로 2001년 9

월부터 2003년 2월까지 가결된 333건 중에서 중요법안은 16건으로서 비율은 4.8%다. 김대중 정부 출범 전후 외환위기라는 특수한 상황을 제외한다면, 전체 가결된 법안에서 중요법안이 차지하는 비율은 평균 7.5%이다. 나머지 약 92%의 법안은 교섭단체 간의 협상 대상이 아니었다.

이러한 결과는 상임위원회 중심의 한국 입법과정의 특징을 잘 보여준다. 즉 많은 법안들이 의회에서 충분한 논의가 이루어지지 않은 채 '속도전'으로 처리되고 있다. 한국의 입법과정에서 본회의의 표결은 별 의미가 없다. 본회의에서는 질의와 토론의 절차가 대부분 생략되기 때문에 당론에 따라 형식적 표결만 이루어진다.[255] 대부분의 중요법안은 교섭단체 간의 협상에서 결정되고, 나머지 법안들은 해당 상임위원회의 법안심사소위원회의 심의·의결에 의해 법안의 통과여부가 좌우된다.

이처럼 중요법안을 제외하고 법안에 대한 충분한 심의가 이루어지지 않기 때문에 우리나라의 법률들은 개정법의 수가 너무 많고, 개정의 주기가 짧다는 특징이 있다.[256] 단적인 예로 15대 국회에서 개정되었던 약사법(1999. 3. 9)의 경우 같은 해 12월 7일 개정됐고, 2000년 7월 31일 또다시 개정되었으며, 2001년 7월 18일 개정되고, 2002년 2월 28일과 2002년 11월 8일 개정안까지 4년 동안 무려 6차례나 개정되었다(http://search.assembly.go.kr/bill/). 물론 상황이나 여건이 변하면 법률의 개정이 필요하겠지만, 4년 동안 6차례나 개정되었다는 것은 그 만큼 최초 입법이 졸속으로 이루어졌다는 것을

255) 국회법에 따라 질의와 토론은 다수결에 의해 생략될 수 있다.

256) 법안심의시간의 절대부족, 위원회 심의의 소수화, 전문성의 부족, 공청회 등 법률안 심사과정의 효율화가 부족하여 졸속입법이 양산된다.

반증하는 것이다. 법률을 제정·개정하면서 법률이 미칠 영향에 대한 충분한 검토와 분석 없이 법률의 제·개정이 이루어지고 있다.

이러한 현상이 나타나는 이유는, 한국의 입법과정이 법률안의 형성을 둘러싼 논쟁이 중심이 되는 것이 아니라 법률안 이외의 사안, 예컨대 정권획득을 위한 권력투쟁이나 당파적 이익에 집중하기 때문이다. 그렇기 때문에 중요법안의 경우 다수파에 의해 일방적으로 처리되는 현상(날치기 통과)도 나타난다.

다음으로, 각 시기별 중요법안의 숫자를 보더라도 단점정부와 분점정부 간의 차이가 별로 없다는 것을 알 수 있다. 15대 국회 임기 중 김대중 정부 출범 직후 6개월간의 분점정부 시기에 12개, 단점정부 시기에는 21개월 동안 19개가 중요법안으로서 가결됐고, 16대 국회 출범 직후 분점정부 시기에는 22개월 동안 16개, 3당 공조를 통해 단점정부로 전환했던 5개월의 시기 동안 7개, 3당 공조 파기 이후 분점정부 시기에는 17개월 동안 16개의 중요법안이 가결되었다.

분점정부가 유지되었던 기간과 단점정부가 유지되었던 기간이 서로 다르기 때문에 이 수치를 평면적으로 비교할 수는 없지만, 김대중 정부 시기 단점정부 상황에서 가결된 중요법안은 26개월 동안 26건임에 반해, 분점정부 상황에서 가결된 중요법안은 38개월 동안 44건으로 나타났다. 단점정부 상황에서 1개월 당 1건의 중요법안이 통과되었다면, 분점정부 상황에서는 1개월 당 약 1.2건의 중요법안이 가결되었다. 이를 다시 전체 입법안에서 중요법안이 차지하는 비중으로 환산하여 비교할 경우, 김대중 정부의 단점정부 상황에서 가결된 734건의 법안 중 중요법안은 26건으로서 3.5%를 차지하고 있고, 분점정부 상황에서 가결된 555건의 법안 중 중요법안은 44건으로서 7.9%를 차지하고 있다.

결국 분점정부 상황이었기 때문에 의회에서 의석수의 열세에 놓여 있는 집권당이 반대당과의 법률안 협상의 건수가 더 많을 수밖에 없었고, 그럼에도 불구하고, 단점정부에 비해 중요법안의 비중이 더 높게 나타났다는 것은 분점정부의 입법과정이 단점정부에 비해 특별히 열악하거나 입법산출이 저하되며, 중요법안의 입법이 좌절되는 경우가 많다는 주장이 입증되기 힘들다는 것을 보여준다. 물론 이 기간 동안의 중요법안 모두가 법안으로 가결된 것은 아니며, 법률화에 성공했다하더라도 반대당과의 협상과정에서 애초의 의도가 희석된 법안, 협상의 실패로 법률화에 실패한 법안도 있다.

반대당과의 협상과정에서 애초의 의도가 희석된 법안은 협상대상이 되었던 법안 모두가 해당된다. 왜냐하면 협상의 과정 자체가 일정한 양보를 전제로 하는 것이기 때문이다. 또한 민주화 선언 이후 법안처리를 보면 원안 가결된 경우보다 수정 가결되는 법안의 비율이 갈수록 높아지고 있다. 다만 중요법안의 경우, 선거법이나 약사법과 같이 반대당과의 협상과정에서 애초의 정책의도에서 크게 후퇴한 경우가 많았다는 것은 사실이다.[257]

교섭단체 간에 협상의 대상이 되었던 법안 중에서 법률화에 실패한 경우는 김대중 정부하에서 총 5건이었다. 「남북교류협력에관한법률중개정법률안(2000. 10. 16)」, 「국가보안법폐지법률안(2000. 11. 27)」, 「재정건전화를위한특별조치법안(2000. 12. 4)」, 「예산회계법개정법률안(2001. 3. 12)」, 「국가보안법중개정법률안(2001. 4. 27)」이 그것이다.

---

257) 이 부분은 "중요법안의 협상 쟁점" 부분에서 구체적으로 다루겠다.

법률화에 실패한 법안들은 분점정부 상황에서 4건, 단점정부 상황에서 1건이었다. 단점정부 상황에서 폐기된 법안은 국가보안법개정안으로서 당시 3당 정책공조의 파트너가 자민련과 민국당이었기 때문에 수적 우위를 확보한 상황에서도 공동정부의 이념적 차이로 인해 법률화에 실패하고 말았다. 「남북교류협력법개정안」의 경우, 남북정상회담 이후 대북지원을 보다 원활히 수행하고, 기업과 민간단체의 대북접촉 허가요건을 완화하기 위해 발의되었으나, 한나라당의 반대로 무산되었다. 이 과정에서 한나라당은 남북 화해무드에 역행하는 「남북교류협력법개정안(2000. 12. 19)」를 의원발의안으로 제출하기도 했다.[258)]

행정부 집권당의 의사에 반하는 법률안이 채택된 경우도 있다. 대표적인 것이 「조폐공사파업유도사건과옷로비의혹사건에대한특별검사임명등에관한법률(1999. 9. 20)」이다. 이 법안은 당시 국민회의가 적극적으로 반대했지만, 국민적 여론과 공동정부 파트너였던 자민련이 한나라당에 동조함으로써 국회에서 가결된 경우다. 원래 국민회의는 특검제를 수용하더라도 '한시특검'을 실시하려고 했지만, 결국 조폐공사 파업유도 사건과 옷 로비 의혹사건에 대한 특별검사임명을 계기로 김대중 정부 집권 시기에 특별검사임명을 통한 조사가 또 다시 이루어지는데, 「주식회사지앤지대표이사이용호의주가조작·횡령사건및이와관련된정·관계로비의혹사건진상규명을위한특별검사임명등에관한법률(2001. 11. 22)」가 그것이다. 조폐공사파업유도 특검은 단점정부 상황에서, 이용호 게이트 특검은 분점정부 상

---

258) 한나라당 조웅규의원이 대표 발의한 「남북교류협력에관한법률중개정법률안(2000. 12. 19)」 가 그것이다(http://search.assembly.go.kr/bill/).

황에서 가결되었다.

이러한 사례들을 통해 분점정부가 중요법안의 법률화에 어느 정도 영향을 미친다는 것을 확인할 수 있다. 즉 성공의 사례에서는 단점정부와 분점정부의 차이가 거의 나타나지 않았고, 오히려 중요법안이 통과된 건수는 분점정부가 더 많았지만, 실패의 사례를 보면, 분점정부 상황에서 중요법안이 실패한 경우가 더 많았다. 그러나 성공의 사례가 실패의 사례보다 압도적으로 많기 때문에 이를 근거로 분점정부의 입법과정이 단점정부의 입법과정보다 문제가 있는 것으로 해석되어서는 안 된다.

따라서 중요법안에 대한 분석을 통해 도출된 결론은, 분점정부가 입법과정에 영향을 미치되, 그 영향의 범위가 국정운영을 좌우할 만큼 압도적인 것은 아니라는 것이다. 실제로 중요법안의 상당수가 분점정부 상황에서 가결되었다는 것은 분점정부가 입법과정에 긍정적인 영향을 미치는 것으로 해석할 수도 있다. 즉 최소한 분점정부 상황에서는 집권당과 반대당 간의 논쟁이 의회에서 활성화되고, 이를 통해 중요법안의 법률화가 이루어진다. 또한 13대 국회의 사례에서 알 수 있듯이 단점정부는 오히려 분점정부에서의 개혁조치를 후퇴시키는 역할을 하기도 하다. 즉 행정부 집권당이 의회에서 수적 우위를 확보함으로써 분점정부 상황에서 양보했던 사안들을 다시 되돌리기도 한다. 이런 측면을 고려할 때, 단점정부가 분점정부에 대해 갖는 긍정적인 효과들이 충분히 강조되어야 한다.

(3) 중요법안의 협상 쟁점

여기서는 김대중 정부 시기의 중요법안들을 중심으로 이러한 법안들이 입법화되는 과정을 스케치해보고자 한다. 대부분의 중요법안들은 협상과정을 거치면서 최초 입법안의 내용과 상당 부분 달라진다.[259)] 협상과정에 대한 스케치를 통해 중요법안의 내용과 처리과정을 살펴보겠다.

김대중 정부의 출범 직후 제일 먼저 논란이 되었던 법안은 「노사정위원회설치및운영등에관한법률안」이었다. 이 법은 김대중 정부 출범 이전부터 논의가 시작되었으나 1999년 5월에서야 법률화되었다. 그것은 국민회의와 한나라당 사이의 이견이 좁혀지지 않았음은 물론, 노사정위원회 내부에서도 노동자 측과 자본가 측, 그리고 정부 측 사이에 고용안정 관련 부분에 대한 이견과 노사정위원회 합의사항의 구속력에 대한 해석의 차이가 존재했기 때문이었다. 이견이 좁혀지지 않자, 국민회의는 당면한 경제위기 극복을 위한 기업구조조정관련 법안과 노동관계법안의 처리를 우선 의제로 설정한다.

기업구조조정관련법안 및 노동관계법과 관련하여, 당초 한나라당은 정리해고(고용조종) 관련 법안은 통과시키되, 노조의 정치활동 허용, 전교조 합법화, 공무원직장협의체 구성은 반대한다는 당론을 갖고 있었다. 이러한 한나라당의 반대에 직면하여 국민회의와 노사정위원회는 한나라당의 반대를 의식하여 전교조 합법화와 노조의 정치활동 허용시기를 1999년 7월로 연기하고 관련 법안을 임시국회

259) 참고로 아래에서 설명하는 중요법안들의 입법화 과정은 협상과정에서 논란이 많았던 법안들을 중심으로 구성했다.

에 제출하지 않는다(한겨레신문, 1998.2.9). 다만 공무원직장협의회 관련 특별법을 먼저 상정하여 전교조와 노조의 정치활동 허용 문제를 풀어가고자 했다. 결국 공무원직장협의회 관련 특별법은 공무원 직장협의회를 우선 허용한 뒤, 장기적으로 노조를 허용키로 합의한다. 다만 공무원직장협의회의 단결권과 단체교섭권은 인정하지 않았고, 파업과 같은 집단행동을 할 수 없도록 했다. 그럼에도 불구하고 이 법안이 갖는 의미는 장기적으로 공무원 노조의 설립을 허용한다는 것을 명문화했다(한겨레신문, 1998. 2. 10).

「정부조직법개정법률안」의 경우 당초 한나라당의 안은 예산기능을 재경부에, 중앙인사위원회는 총리실에 두고 외무부와 별도로 대외통상부를 신설하며, 해양수산부를 존속시키는 것이었는데, 이는 정부의 안과 큰 차이를 보이는 것이었다. 정부안의 주요골자는 대통령의 국정관리 역량을 강화하기 위하여 대통령소속으로 기획예산처를 신설하고, 국무총리의 정책조정 및 심사평가기능을 강화하기 위하여 행정조정실을 국무조정실로 개편하며, 부총리를 폐지하고, 재정경제원을 재정경제부로, 통일원을 통일부로 개편하고, 통상행정체제를 일원화하기 위하여 외무부를 외교통상부로 개편하고, 외교통상부장관 밑에 통상교섭담당본부를 두는 것이었다. 또한 총무처와 내무부를 행정자치부로 통합하고, 문화체육부, 농림부와 통상산업부의 기관 명칭을 각각 문화부, 농수산부와 산업자원부로 개칭하며, 해양수산부를 폐지하고, 농수산부장관 소속하에 수산청을, 건설교통부장관 소속하에 해운항만청을 각각 신설하며, 대통령 소속하에 중앙인사위원회를 설치하는 것이었다.[260)]

---

260) 이 안은 박상천 의원 대표발의로 1998년 2월 4일 제안되었으며, 정부

대통령직속으로 기획예산처를 설치하는 문제와 중앙인사위원회 설치는 결국 1년 후인 제2차 정부조직개편안에서 통과되게 된다. 당시에 국민회의와 한나라당이 정부조직개편안을 놓고 팽팽하게 대립했던 것은 국민회의의 경우, 자민련과의 공동정부 구성으로 인해 재정경제부가 자민련 몫으로 할당되면서 기획예산처를 대통령직속으로 두는 안건에 집착할 수밖에 없었고, 한나라당은 대통령이 직접 예산을 챙기게 될 경우 국회 상임위를 통해 예산을 끌어와 지역개발 등 민원을 해결하면서 지역구를 관리하던 기존의 관행이 더 이상 불가능해지기 때문이었다. 그렇기 때문에 기획예산처 설치와 중앙인사위원회 설치는 제1차 정부조직개편안의 핵심 축이었던 것이다. 그러나 논란 끝에 대통령직속의 기획예산처 신설 대신, 대통령 직속으로 기획예산위원회를 신설하고, 예산청을 재경부의 외청으로 두기로 하는 것을 골자로 하는 정부조직법 개정안을 의결하게 된다(한겨레신문, 1998. 2. 17).

결국 명칭변경과 조직편제의 변경과 관련된 부분은 한나라당이 협조해준 대신, 국민회의가 강력하게 추진했던 기획예산처와 중앙인사위원회 설치는 무산된 것이다. 정부조직법 개정안은 한나라당의 '버티기' 전술의 승리였지만, 국민회의와 정부는 노사정위원회의 합의사항이었던 「공무원직장협의회설립·운영에관한법률안」에 대한 한나라당의 양보를 얻어냈고, 특히 경제와 노동관련 법률안들은 정부안대로 통과되었다(경향신문, 1998. 2. 17).[261]

조직법개정법률안(대안)이 1998년 2월 17일 통과되면서 대안폐기되었다.

261) 당시 한나라당의 의원총회에서는 정부조직법 협상에 대한 내부 반발이 상당히 거셌다. 심지어 "박상천 총무의 꾐에 넘어갔다" 주장까지

논란 끝에 최종 확정된 제1차 정부조직법안은 대통령 산하에 기획예산위원회를 두고,[262] 한나라당이 주장하던 외무부와 별도의 대외통상부는 정부안이었던 외교통상부로 통합되었다. 해양수산부는 한나라당의 주장대로 존속되었다. 그러나 한나라당의 반대가 극심했던 중앙인사위원회 설치는 무산됐고, 1999년 3월에 가서야 법안이 통과되어 대통령 소속으로 설치되었다(한국경제신문, 1999. 3. 24). 결과적으로 1차 정부조직개편과정에서 한나라당은 해양수산부 존속과 대통령 직속 중앙인사위원회 설치를 무산시키는 성과를 거두었지만, 그 외의 다른 부분은 정부안이 관철되었다.

그런데 이처럼 분점정부임에도 불구하고 한나라당과 첨예한 의견차이를 보이던 정부조직개편안이 대체로 정부 측의 주장대로 통과된 배경에는 정권초기의 경제위기상황의 극복이라는 국가적 목표에 대한 국민적 합의가 배경이 되었지만, 김대중 당선자와 한나라당 조순 총재, 이한동 대표, 자민련 박태준 총재와의 '4자회담'이 큰 역할을 했다(문화일보, 1998. 2. 11). 4자 회담을 통해 정부조직개편안, 고용조정과 실업대책 및 기업구조조정 관련 법안, 추경예산안, 인사청문회 등 정부출범 직후 핵심의제에 대한 타협이 이루어졌다. 특히 원내총무뿐만 아니라 정책위의장까지 참여하여 협상에 임했다는 것은 이전의 협상과정과 비교할 때 상당히 진일보한 측면이 있었다

제기되었다. 국민의 정부 출범과 함께 시작된 국민회의와 한나라당의 첫 협상에서 국민회의는 정부조직법 개정안을 양보한 대신, 나머지 중요법안에 대한 한나라당의 양보를 얻어냈던 것이다(한겨레신문, 1998. 2. 17).

262) 그러나 1999년 3월 법률개정을 통해 예산청과 기획예산위원회가 통합되었다. 비록 경제정책조정기능은 없었지만, 과거 경제기획원이 이름만 바뀐 채 부활하게 된다(한국경제신문, 1999. 3. 24).

(대한매일, 1996. 2. 14).

'4자 회담'을 계기로 고용조정과 실업대책 및 기업구조조정 관련 법안인 파산법, 화의법, 회사정리법, 법인세법, 조세감면규제법, 은행법, 독점 규제 및 공정거래법, 외국인 투자 및 외자도입법, 증권거래법, 주식회사의 외부감사법, 근로기준법개정안, 파견근로자보호법, 노동조합 및 노동관계조정법, 고용정책기본법, 고용보험법 등 국민의 정부 핵심 개혁 법안들이 대거 통과되었다. 정부조직법안 논란과 비교하면, 당면한 경제문제 해결을 위한 정부의 주요 법안들은 원만하게 통과된 것으로 볼 수 있다.

정부조직개편안과 기업구조조정관련법안 및 노동관계법안의 '빅딜' 과정에서 국민회의가 획득한 또 다른 성과는 한나라당이 제출한 인사청문회법을 유보시켰다. 인사청문회법안은 헌법에 의하여 그 임명에 국회의 동의를 요하는 자에 대한 국회의 인사청문회를 공식화한 법안이다. 최초의 발의안은 한나라당이 작성·제출한「공무원의임명에따른인사청문회의실시에관한법률안」이었다. 이 안에 따르면 국무위원, 중앙행정기관인 처의 처장, 공정거래위원회 위원장, 원·부·처의 차관·차장, 청의 장, 행정조정실장 및 국가안전기획부의 부장 등의 임명에 있어 대통령이 미리 당해 공무원의 적격성 여부에 관한 국회의 의견을 듣도록 했다. 또한 대통령은 특별한 사정이 없는 한 공무원의 임명에 관한 국회의 의견을 따라야 하고, 대통령이 국회의 의견을 따르지 아니할 경우에는 이유서를 제출하도록 했다.

한나라당은 이 법을 정부조직법 개정안과 연계하여 협상하였으나, 국민회의 자민련과의 협상을 통해 이 발의안은 당해 임시국회에서 폐기됐고, 대신 제212회 임시국회에서「인사청문회법안」이 통과되었다. 결과적으로 인사청문회의 대상은 헌법에 의하여 국회의 동의를 요하는 자로 한정됨으로써 정부안이 관철되었다. 인사청문회법과 관련하여, 김대중 정부의 출범초기 첨예한 쟁점중의 하나가 국무총리(김종필) 국회인준이었다. 애초에 한나라당에서 발의했던 인사청문회법안에서 모든 국무위원에 대해 국회비준을 요구했던 것도 사실은 김종필 총리 인준을 저지하기 위한 협상카드였다.

「공직선거및선거부정방지법중개정법률안」의 경우 1998년 3월 국민회의와 한나라당의 통합선거법 개정 시안이 나온 뒤, 98년 8월부터 협상이 시작되어 2000년 2월에서야 통과된 법안이다. 당초 중앙선거관리위원회의 통합선거법 개정의견은 근본적인 정치개혁을 위해 소선거구제를 폐지하고, 정치활동 행태와 선거 구조를 혁신하기 위해 국회의원 및 광역·기초의원선거에 비례대표제를 도입해야 한다는 것이었다(한겨레신문, 1998. 1. 25).

이에 대한 국민회의와 한나라당의 입장은 상반되는 것이었다. 국민회의는 광역의원정수의 경우 시·군·구 자치구마다 3명에서 2명으로 하되, 25만 명을 넘는 곳은 20만 명마다 1명씩 추가하자는 안이었던 반면, 한나라당은 시·군·구 자치구마다 3명에서 2명으로 하되, 30만 명이 넘는 곳은 20만 명마다 1명씩 추가하자는 안이었다.

기초의원의 경우 국민회의는 읍·면·동마다 1인으로 하되, 3만 명을 넘는 곳은 2만 명마다 1명씩 추가하자는 안이었던 데 반해, 한나라당은 기존 안인 읍·면·동마다 1인으로 하되, 2만 명을 넘는 곳은 2만 명마다 1명씩 추가하자는 안을 지지했다. 광역 및 기초단체장과 광역의원만 정당공천이 허용되는 것에 대해서도 국민회의는 기초의원도 정당공천을 허용하자고 주장했지만, 한나라당은 기초단체장과 기초의원의 정당공천을 배제하는 것으로 입장을 정리했다(한겨레신문, 1998. 3. 2).

김종필 총리 인준문제가 국회에서 장기간 표류하면서 한나라당은 기초자치단체장 선거를 유보하되, 광역단체장이 현직 기초자치단체장과 1-3급 일반직 공무원 가운데 기초단체장을 임명토록 하는 「시·군·구의장선거에대한특별법」과 국민회의와 자민련의 지방선거에서의 연합공천을 금지하고, 정당 간에 후보를 조정할 경우 처벌규정까지 마련한 법안을 임시국회에 제출하게 된다(국민일보, 1998. 3. 20).

그러나 한나라당의 법안은 공직선거 사퇴시한(현행 90일에서 60일로 단축)과 기초단체장과 기초의원의 정당공천금지를 관철하려는 협상카드였다. 이에 대해 국민회의와 자민련은 연합공천을 포기하는 대신 한나라당이 주장하는 기초단체장 임명제를 철회하도록 하는 안을 제시하여 거의 합의단계에 이르렀으나, 한나라당이 갑자기 태도를 바꾸어 합의가 무산된다(국민일보, 1998. 4. 4).

국민회의와 한나라당의 통합선거법협상은 별다른 진전 없이 표류했고, 검찰이 외환위기에 대한 책임자 수사에 착수하자 한나라당은 선거법협상 백지화를 선언하며 강경투쟁으로 선회한다. 이렇게 되자 국민회의는 정계개편의 움직임을 본격화하고, 1998년 5월 하순까지 한나라당 원내 과반수 의석을 무너뜨릴 것을 내부적으로 결의하게 된다. 국민회의 내부입장이 정리되자, 기초단체장이 이미 국민회의와 자민련으로 편입된 지역의 현역 한나라당 국회의원들을 중심으로 입당교섭을 벌이게 된다(국민일보, 1998. 4. 20).

선거법 개혁의 경우 정당명부제 도입, 국회의원수 감축, 공직후보

추천제도 개선, 지구당 폐지 문제, 정치자금 제도 개선의 5개 분야가 선거법 개정의 핵심 사안이었다. 그러나 선거법은 무려 2년여를 끌어오다 국회의원선거가 임박하여 국회의원정수를 273명으로 감축하는 것을 제외하고는 핵심사안 중 어느 것도 개정되지 못하는 한계를 드러내고 말았다. 그런데 한 가지 주의할 것은 선거법 개정이 정당 간의 이견도 있었지만, 근본적으로 국회의원들의 기득권을 보장하기 위한 의원들 간의 담합의 성격이 더 강했다.[263] 특히 김대중 대통령이 선거법 개정의 핵심으로 주창했던 정당명부식 비례대표제 채택의 실패야말로 김대중 정부의 한계를 그대로 드러낸 것이었다.

국회법의 변질과정은 정부조직개편안이나 통합선거법개정과정 못지않게 극적이었다. 1998년 8월, 국민회의와 자민련은 복수상임위제 실시, 예결위 상설화, 국회의장 당적이탈 등을 골자로 한 국회법 개정을 위한 시안을 마련하여, 총무회담에서 한나라당과 합의에 도달했으나, 최종적으로 통과된 국회법 개정안에서 복수상임위제는 상임위 배분문제와 예산상의 문제로 국민회의와 한나라당 의원들의 당내 반발로 채택되지 못했고, 예결위 상설화만 제209회 임시국회(2000년 2월 9일)에서 채택되었다. 국회의장 당적 이탈의 경우도 국민회의와 한나라당 의원의 반대로 합의가 무산되면서 결국 제227회 임시국회(2002년 2월 28일)에서 통과되었다.[264] 특이한 것은 복

263) 선거구제를 둘러싸고 의원들 간의 이해관계가 대립하면서 “당론 따로, 의원 따로” 현상이 표출됐고(국민일보, 1999. 10. 23), 결국 양당의 당론이 의원들의 이해관계로 인해 후퇴했다.

264) 사실 복수상임위제도는 국회의원의 입법전문성이 담보되지 않으면 실효를 거둘 수 없는 제도다. 국회의원의 입법전문성을 위해서는 의

수상임위제 실시 문제의 경우 집권당과 반대당과의 대립이 아니라 기득권 세력의 당내 반발에 의해 무산된 경우고, 당적 이탈 역시 국민회의와 한나라당 사이의 당론 차이가 아니라 당내 의원들의 내부 반대의견으로 무산된 후 2년 후에야 민주당과 한나라당의 합의를 통해 개정되었다. 제209회 임시국회에서 통과된 국회법개정안의 핵심은 국회의 연중 상시 활동을 위하여, 원칙적으로 매 짝수월(2·4·6월)의 1일에 임시회를 집회하고, 정기회 및 임시회의 회기는 각각 100일 및 30일로 하되, 정기회의 집회일을 9월 20일에서 9월 1일로 변경했다.

국회법 개정과 관련하여 중요한 또 하나의 개정안은 2000년 제16대 총선 이후 원내교섭단체구성에 실패한 자민련의 교섭단체구성요건 완화를 위해 민주당과 자민련 의원들이 공동으로 발의한 국회법 개정안이다. 이 법안의 핵심은 원내 교섭단체 구성요건을 현행 20석에서 10석으로 완화하는 것이다. 이 법안은 2000년 7월 24일 국회운영위원회에서 가결되었으나, 체계자구심사로 인해 법제사법위원회에 계류되자 국민회의는 자민련에 사상 초유의 '의원 꿔주기'를 단행하게 된다.

1999년도 예산안은 총예산안의 0.0024%에 불과한 20억에 발목이 잡힌 경우다. 그 20억이란 제2건국위원회 운영비 예산이었다. 결과

원보좌기능의 강화(전문성을 갖춘 보좌관, 비서관 충원)가 선행되어야 하고, 국회의 입법보좌기능 강화를 위한 예산상의 문제도 해결되어야 하는 문제다. 특히 복수상임위제도가 실시될 경우, 핵심 상임위를 독점하고 있던 기존 의원들의 기득권이 해체한다는 점에서 바람직한 제도였지만, 기득권과 예산확보라는 현실적인 한계를 넘어서지 못한 대표적인 법안이다.

적으로 법정시한을 일주일 넘긴 12월 9일에 수정가결된다. 당초 한나라당은 20억 원에 대해 양해한다는 전제 아래, 행정자치부의 고학력실업대책 예산 600억을 문제 삼았다. 하지만 600억 원의 소관부처가 변경되면서 한나라당도 1999년도 예산에 합의하는 듯 했지만, 한나라당 박희태 총무가 예산안 처리 전에 검찰의 '총풍' 수사와 관련 이회창 총재의 신변보장각서를 써달라고 비밀리에 요구함으로써, 예산안과 관련된 모든 합의사항은 파기됐고, 한나라당은 다시 제2건국위원회 운영비 20억 원을 삭감할 것을 요구하게 되었다(한국일보, 1998. 12. 5). 법정 처리시한이 다가오는 데도 20억 원을 둘러싸고 예산안 처리가 표류하자, 시민단체를 중심으로 국회무용론이 제기된다. 비판여론에 부담을 느낀 한나라당의 양보로 1999년도 예산안은 우여곡절 끝에 처리된다(한겨레신문, 1998. 12. 7).

교원의 정년단축을 주요 골자로 하는 교육공무원법개정안은 대학교원을 제외한 교육공무원의 정년을 65세에서 60세로 단축하되, 연령에 따라 단기적으로 퇴직하도록 경과조치를 두고 있었다. 그러나 공동정부의 파트너인 자민련과의 이견절충과정에서 국민회의의 61세안과 자민련의 63세안의 절충안인 62세로 확정되게 된다(1999년 8월부터 적용됨). 반면 한나라당은 교원정년에 대해 현행 65세를 고수했으나, 정계개편으로 인해 원내 과반수 의석을 상실한 상황이었기 때문에 국민회의·자민련 합의안인 62세가 확정되게 된다(국민일보, 1998. 12. 17).

변호사법개정안도 협상과정에서 변질된 중요법안 중의 하나다. 개정된 변호사법개정안은 사회적으로 만연된 법조비리 근절을 위해 판사, 수사기관 직원, 변호사와의 유착관계를 척결에 주안점을 두었다. 구체적으로, 판사・검사가 자기가 취급하거나 취급하였던 사건 등을 특정변호사에게 소개하는 행위, 판사・검사 등으로 재직 중 취급한 사건을 변호사 개업 후 수임하는 행위, 변호사가 판사・검사 기타 재판・수사기관 직원과의 연고관계를 선전하는 행위를 금지시켰고, 판사・검사에게 제공한다는 명목으로 금품을 수수하는 행위에 대한 처벌규정을 신설하게 된다. 또한 금고이상 형을 받고 그 집행이 종료되거나 집행 받지 않기로 확정된 후 5년을 지나지 않은 경우 변호사가 될 수 없다는 규정이 신설되었다.

이러한 변호사개정안은 애초의 정부안과는 차이가 있는 것인데, 이 과정에서 변호사법의 개악논쟁이 있었다. 원래 정부안에는 변호사 단체의 복수설립 허용과 회원 강제 가입제도를 폐지하고, 변호사 단체의 복수설립 허용을 전제로 변호사 징계권을 국가가 환수토록 한 방안이 들어 있었으나, 법사위 심의 과정에서 이 부분이 삭제되었다.

변호사법개정안의 변질을 필두로 방송위원회의 위상을 강화하는 내용의 방송법 개정안도 애초의 안에서 후퇴했고, 공평과세를 실현하기 위해 정부가 강력한 의지를 갖고 추진했던 부가세 간이과세 축소 방안도 국회 재경위에서 제동이 걸렸다. 자영업자들의 반발을 의식한 재경위원들이 연 매출액 4천8백만 원 이하 사업자를 간이과세 대상으로 하려던 정부 방침을 변경해달라고 강력히 요구했기 때문이다. 봉급생활자와 형평성을 맞추고 자영업자의 탈세를 막기 위해 부가세 체제를 개편하려 했던 정부는 한나라당의 반대로 5천 4백만 원이나 6천만 원 수준으로 그 기준을 올리지 않을 수 없게 되었다(한겨레신문, 1999. 12. 21). 이러한 개혁입법의 후퇴는 2000년

4월 국회의원선거를 앞둔 국회의원들이 자신들의 기득권 수호와 득표를 의식한 선심성, 민원성 법안 상정, 각종 이익단체의 전방위 로비에 굴복했기 때문이다.

방송법의 경우 한나라당과 국민회의의 최대 대립사안은 방송위원회 구성문제였다. 그동안 논란이 되던 한국방송공사(KBS) 이사회 구성문제는 현행대로 방송위원회에서 11명의 이사 전원을 추천하는 것으로 의견접근을 보았다. 그러나 한나라당은 방송위원회 위원 9명 중 국회의장 추천 3명과 별개로 문화관광위원회 몫을 구분하자고 주장했고, 국민회의는 이러한 구분을 하지 말고 국회의장 추천 6명과 대통령추천 3명으로 하자는 안을 주장했다. 국민회의 안에 따르면 국민회의, 자민련, 한나라당의 추천위원 수가 2:2:2가 되지만, 한나라당 안에 따르면 2:1:3이 된다. 결국 최종 통과된 방송법 개정안에서, 방송위원회는 대통령이 임명하는 9인의 위원으로 구성하되, 국회의장 추천 3인과 시청자 대표성을 고려하여 국회 문화관광위원회에서 2배수로 추천한 자중 3인을 포함하도록 하는 타협안이 통과되었다(방송법안 제21조).

이상의 법안들은 집권당과 반대당 간의 협상을 통해 법안의 내용상으로는 변질되었지만, 법률화에는 성공한 대표적인 중요법안이다. 그러나 협상의 과정에서 끝내 법률화에 실패한 중요법안도 있다. 대표적인 것이 국가보안법폐지법안의 폐기다.

2000년 11월 민주당과 한나라당 의원 21명의 발의로 국가보안법폐지법안이 발의되었으나 상임위원회 상정 자체가 안 된 채 임기만료폐기되고 말았다(한국일보, 2000. 11. 27). 민주당의 경우 6·15 남북공동선언 이후 변화된 남북관계를 고려하여 국가보안법의 개정을 주장한 반면, 한나라당과 자민련은 이에 반대했다. 그러던 중 민주당과 한나라당의 개혁성향 의원들은 공동발의로 국가보안법폐지법안을 제출하였으나 민주당, 한나라당, 자민련 모두의 반대로 결국 폐기되고 말았다.

또한 재정3법이라 불리던 재정건전화특별법, 기금관리기본법, 예산회계법 중 기금관리기본법만 2001년 12월에 개정되었을 뿐 재정건전화특별법과 예산회계법은 상임위 계류 중 폐기됨으로써 김대중정부의 대표적인 재정개혁이 반쪽으로 추진되는 결과를 초래했다. 그나마 재정3법 중 기금관리법은 1년 이상 방치되었다가 어렵게 통과되었다(동아일보, 2001. 12. 22).[265] 사실 이 법안들은 2000년 12월 15일 민주당과 한나라당이 9인 소위원회를 구성, 기금관리기본법을 비롯한 재정건전화특별법 예산회계법 등 재정 3법을 심의키로 합의했지만, 1년이 다된 2001년 10월 9인 소위원회를 해체하고, 재정개혁관련법심의협의체를 새로 구성하여 졸속으로 통과되었다.

예산에 대한 국회의 심사권을 강화하자는 취지에서 개정 발의된 예산회계법개정법률안(2001. 3. 12)의 경우도 예산 결산서의 국회

265) 당시 기금관리법이 대표적인 재정개혁법안으로 인식되었던 것은 기금은 예산과 비슷한 성격을 갖고 있으면서도 국회의 심의 의결을 받지 않기 때문에 무분별하게 수가 늘고 방만하게 운영되어 왔기 때문이다. 이를 개선하기 위해 기금관리법 개정안은 첫째, 기금 운용계획과 결산결과에 대해 국회의 심의 의결을 받는다. 둘째, 61개 기금 중 7개 기금을 폐지하고 6개 기금을 3개 기금으로 통합한다. 셋째, 예산당국의 감독권이 미치지 않는 기타기금을 공공기금과 일원화, 관리감독을 강화한다는 등의 내용을 담고 있다. 민주당과 한나라당이 2001년 4월 기금의 주식투자 허용 여부를 제외하고는 이 같은 내용에 대해 이미 대부분 합의했지만, 정쟁에 휩쓸리면서 기금관리법은 오랫동안 표류해야만 했다(동아일보, 2001. 11. 26).

제출 시기를 놓고 민주당은 다음 회계 연도 개시 1백50일 전, 한나라당은 1백80일 전을 주장하다 이견을 좁히지 못한 채 끝내 폐기되고 말았다(한국경제신문, 2001. 8. 20).

(4) 분점정부의 중요법안 입법산출 평가

이상에서 우리는 김대중 정부 시기 국민회의(민주당)와 한나라당 사이의 협상의제가 되었던 중요법안들을 살펴보았다. 단점정부와 분점정부 사이의 입법산출은 별다른 차이를 발견할 수 없었다. 다만 중요법안 중에서 집권당이 반대당의 반대로 법률화에 실패한 경우가 분점정부 상황에서 몇 차례 나타나고 있는데, 이는 분점정부로 인한 집권당의 원내에서의 수적 열세가 반영되었다. 따라서 분점정부 상황이 입법과정 전체를 좌우할 만큼 압도적인 영향을 미치는 것은 아니지만, 입법과정에 영향을 미치고 있다는 사실은 확인할 수 있었다.

다음으로 반대당과의 협상과정에서 애초 행정부의 정책의도가 완화된 법안들의 경우 앞의 표에서 제시된 거의 모든 법안들이 이에 해당된다. 대표적인 법안들을 보면, 1998년의 정부조직법개정법률안, 교원정년단축을 단행했던 1998년의 교육공무원법개정법률안, 의약분업과 관련된 1999년의 약사법개정법률안, 조폐공사파업유도사건과 옷로비사건 조사를 위한 1999년의 특별검사임명 등에 관한 법률안, 방송위원 배정문제로 갈등을 겪었던 1999년의 방송법안, 선관위 개정의견은 물론 시민단체와 국민여론을 등진 채 국회의원선거를 앞둔 2000년 2월 통과된 통합선거법개정안, 2년 가까이 표류한

2000년의 인사청문회법안, 그리고 공적자금관리특별법과 국민연금법개정법률안 등도 협상과정에서 행정부의 정책의도로부터 멀어진 대표적인 법률안이다. 또한 국가인권위원회법안은 15대 때부터 논의되었으나 16대에 와서야 통과되었을 뿐만 아니라, 통과된 법안도 국가인권위원회의 조사권한을 심하게 제한한 것이었고, 15대부터 16대에 걸쳐 개정 때마다 논란이 되었던 국회법개정법률안도 마찬가지였다.

이상의 결과를 볼 때 분점정부에서는 정치적 대치상황이 초래되기 때문에 입법산출이 감소할 것이라는 일반적인 추론은 입증되지 않았다. 오히려 분점정부의 입법산출이 단점정부에 비해 더 높은 경우도 있었다. 정부제출안뿐만 아니라 의원발의안도 마찬가지다. 특히 의원발의안의 폐기와 철회 비율은 분점정부 시기보다는 단점정부 시기에 더 높았다. 이는 곧 단점정부 시기에 정쟁이 심했다. 따라서 단점정부하에서는 입법산출이 저하되어 국회의 효율성이 떨어지고, 정상적인 정부운영이 어려울 것이라는 주장은 입증되지 않았고, 오히려 분점정부를 인위적으로 단점정부로 개편한 후에 입법산출이 더 감소함으로써 국회의 효율성이 떨어지고, 대치정국이 자주 발생했다.

3) 의회의 대통령 견제

입법산출은 대통령과 집권당의 정책의지가 의회에서 어떻게 실현되었는가를 평가하는 것이라면 의회의 대통령 견제 조치들은 대통령의 국정수행에 대한 의회의 개입과 통제라는 점에서 대통령-의회관계를 살펴보는 중요한 지표다. 의회에 보장된 대통령 견제 수단은 탄핵소추권, 임명동의, 해임건의, 사퇴권고(헌법 제61조-제65조)와 국정조사, 특별검사조사 발의 등이 있다. 이러한 견제수단은 그러한 조치를 발동하는 것 자체로서 대통령에 대한 견제의미를 갖는다. 민주화 선언 이전에도 반대당이 집권당과의 협상카드로 많이 활용했던 방법이다.[266] 그러나 그러한 조치들이 실제로 표결까지 간 경우는 드물었다.

한 가지 특징적인 것은 민주화 선언 이후 의회의 대통령 견제 조치의 발동이 이전의 권위주의 정권 시기보다 횟수가 늘어났을 뿐만 아니라, 견제 조치가 실제 표결까지 가는 경우가 많아졌다는 사실이다.[267] 견제 조치가 국회 본회의에서 가결될 경우 대통령은 상당한 타격을 입게 된다. 이는 대통령-의회관계가 권위주의 시대와 달라지고 있음을 보여주는 것인데, 특히 의회의 힘이 성장하고 있다는 징후다.

민주화 선언 이후 대통령-의회관계의 변화를 보여주는 의회의

---

266) 물론 국정조사는 13대 국회부터 도입되었지만, 임명동의나 해임건의, 사퇴권고는 반대당이 대통령과 집권당을 압박하기 위해 사용하던 의회전술 중의 하나였다.

267) 탄핵소추의 경우 박정희 정부하에서(1960년-1980년)는 1건도 없었고, 전두환 정부하에서(1980년-1988년) 단 1건이었던 데 반해, 김영삼 정부하에서 1건, 김대중 정부하에서 7건으로 늘어나고 있다. 해임건의의 경우 박정희 정부에서 전두환 정부까지 총 25건의 해임건의안 중 실제 표결에서 부결된 것은 5건에 불과했지만, 민주화 선언 이후 15년 동안 해임건의안은 총 65건이었나 됐고, 이것이 실제 본회의 표결까지 가서 부결 혹은 가결된 것은 27건이나 되었다(http://search.assembly.go.kr/bill/). 이것은 의회의 대통령 견제 조치가 더 이상 대통령에 대한 엄포가 아니라는 것을 의미한다.

대통령 견제 조치가 어떻게 발의되고, 처리되었는지를 단점정부 시기와 분점정부 시기로 나누어 살펴보자.

우선, 가장 강력한 대통령 견제 조치인 탄핵소추안 발의부터 살펴보자.[268] 민주화 선언 이후 발의된 탄핵소추안은 총 8건이다(2004년 5월 29일 현재).

김영삼 정부 시기인 1994년 12월(14대 국회), 민주당이 제출한 검찰총장(김도언)에 대한 탄핵소추안이 상정되어 본회의에서 부결되었다.[269] 김도언 검찰총장에 대한 탄핵소추안은 비록 부결됐지만, 두 가지 점에서 정치사적 의미를 갖고 있다.

첫째는 국회가 헌정사상 처음으로 검찰의 수사를 문제 삼아 검찰권에 대한 견제를 시도했다는 점이다. 이제까지 국회는 국정조사권을 발동한 적이 있으나, 검찰은 수사에 영향을 끼치거나 소추에 영향을 끼칠 우려가 있다는 논리로 맞섬으로써 정치검찰에 대한 국회의 견제가 이루어지지 못했다.

두 번째는 검찰에 대한 국회 탄핵 표결이 헌정사상 처음으로 이뤄짐으로써 국회 탄핵권이 확대됐다. 특히 검찰에 대한 탄핵소추가 가능한가 여부는 학계나 법조계에서도 논란거리였던 시절이었기 때문에 검찰총장에 대한 탄핵소추안 표결은 검찰도 탄핵 대상에 포함된다는 것을 국회가 공식화한 것이다. 그동안 검찰이나 민자당은

---

268) 탄핵소추 통계는 국회 의안통계에서 검색된 수치다 (http://search.assembly.go.kr/bill).

269) 민주당이 제출한 김도언 검찰총장의 탄핵소추안에 대해 2백49명이 투표에 참석해 찬성 88, 반대 158, 기권 1, 무효 2표로 부결시켰다. 또 예산안 날치기 통과와 관련해 민주당이 제기한 이춘구 부의장에 대한 불신임 건의안은 운영위원회에서 표결로 부결시켰다(한겨레신문, 1994. 12. 20).

검사의 경우는 헌법에 탄핵대상으로 특정돼 있지 않기에 국회의 탄핵 대상이 아니라고 주장했었다(한겨레신문, 1994. 12. 20)

김대중 정부에서는 총 6건의 탄핵소추안이 제출되는데, 출범직후 분점정부 상황이던 1998년 5월, 선거과정에서 정치적 중립을 지키지 않았다는 이유로 한나라당이 검찰총장(김태정)에 대한 탄핵소추안을 제출하였으나 폐기되었다. 당시 한나라당이 검찰총장에 대한 탄핵소추안을 제출한 이유는, 김태정 검찰총장이 지역감정을 조장하는 흑색선전 및 후보자 비방사범이 발생할 경우 철저히 수사해 엄단하라고 지시함으로써 유세과정에서 단순한 지역적 발언이 현행 선거법에 저촉되지 않음에도 불구하고 검찰이 공포분위기를 조성, 선거운동을 위축시키려는 신관권선거를 기도했기 때문이라고 밝혔다.

또한 국민회의와 자민련의 연합공천이 공직선거법 및 선거부정방지법을 위반한 '이해유도죄'에 해당하는 데도 수사를 포기하는 직무유기를 범하고 있고, 대선 당시 김대중 후보의 비자금수사를 기피한 바 있으며 최근에는 선거를 앞두고 이신행 의원을 구속 수사하겠다고 하는 등 검찰권을 남용함으로써 검찰총수의 직무를 수행할 자격이 없다고 주장했다(세계일보, 1998. 5. 27). 그러나 실제 한나라당이 검찰총장에 대한 탄핵소추안을 제출한 것은 이신행에 대한 구속수사 방침이 정해지면서, 이를 견제하기 위한 조치였다. 검찰총장에 대한 탄핵소추안은 본회의 표결까지 가지는 않았고, 임기만료 폐기 되었다.

'옷로비 사건'이 터지자 99년 2월 한나라당은 검찰총장(김태정)에 대한 탄핵소추안을 다시 제출하였으나, 본회의 표결에서 부결되었다. 당시는 국민회의와 자민련이 'DJP 연대'를 통해 단점정부가 유지되던 상황이었다. 당시 한나라당은 「서상목의원체포동의안」 표결 처리를 밝히면서 박상천 법무장관 해임건의안과 김태정 검찰총장 탄핵소추안의 동시표결을 요구했다. 이는 한나라당이 방탄국회를 남발하고 있다는 비난여론으로부터 벗어나기 위한 고육책이기도 했다. 정면 돌파를 통해 한나라당에게 부담을 지워온 서상목의원 문제를 해결하고 넘어가겠다는 의도였다.

이어 99년 8월 조폐공사파업유도사건과 관련하여 검찰총장(박순용)에 대한 탄핵소추안이 제출되었으나, 본회의에 상정하지 않아 임기만료폐기 되었다. 16대 총선 직후 분점정부 상황에서 한나라당에 의해 다시 2건의 탄핵소추안(박순용, 신승남)이 제출되었으나 폐기됐고, 3당 공조 파기 이후 분점정부 상황이었던 2001년 12월 검찰총장(신승남)에 대한 탄핵소추안이 제출되었으나 역시 폐기되었다.

노무현 정부에서는 2004년 3월 12일 대통령(노무현)에 대한 탄핵소추안이 가결되었는데, 탄핵사유는 대통령이 특정정당을 위한 불법선거운동을 계속해 왔고 이로 인해 2004년 3월 3일 중앙선거관리위원회로부터 「공직선거및선거부정방지법」을 위반했다는 판정과 경고조치를 받았음에도 불구하고 이 경고를 무시하고 앞으로도 계속해서 선거법에 관계없이 특정정당을 공개지원하겠다고 밝힌 데 대한 반대당들의 집단적인 대응이었다. 이에 대해 헌법재판소는 2004년 5월 14일 탄핵심판을 통해 국회의 소추의결에 대한 기각결정을 내렸다(http://search.assembly.go.kr/bill/).

의회의 탄핵소추안 제출을 보면 단점정부 상황에서 3건, 분점정부 상황에서 5건이 제출되었다. 이중 실제 대통령과 의회 간의 대

결로 상징되는 본회의 표결까지 갔던 경우는 단점정부에서 2건, 분점정부에서 1건이었다.[270]

〈표 20〉 탄핵소추안 처리, 13대 국회-16대 국회

국회 (임기)	시기	형태	접수	처리				계류	비 고
				가결	부결	철회	폐기		
13대 (88. 5. 30-92. 5. 29)	88. 5-90. 1	분점	0	0	0	0	0	0	
	90. 1-92. 3	단점	0	0	0	0	0	0	
14대 (92. 5. 30-96. 5. 29)	92. 5-96. 5	단점	1	0	1*	0	0	0	검찰총장(김도언) 탄핵소추안
15대 (96. 5. 30-02. 5. 29)	96. 5-98. 2	단점	0	0	0	0	0	0	
	98. 2-98. 8	분점	1	0	0	0	1	0	
	98. 8-00. 4	단점	2	0	1*	0	1	0	검찰총장(김태정) 탄핵소추안
16대 (00. 5. 30-04. 5. 29)	00. 5-01. 4	분점	2	0	0	0	2	0	
	01. 4 01. 9	단점	0	0	0	0	0	0	
	01. 9-03. 2	분점	1	0	0	0	1	0	
	03. 2-04. 5	분점	1	1	0	0	0	0	대통령(노무현) 탄핵소추안

다음으로 살펴볼 것은 국무총리 및 국무위원에 대한 해임건의(사

270) 재미있는 사실은 탄핵소추가 주로 검찰총장을 대상으로 하고 있다는 점이다.

퇴권고)안 제출이다. 원래 해임건의안은 말 그대로 의회의 건의안이기 때문에 법적 구속력은 없다. 그러나 실제로는 국민의 대표기관인 의회의 결의이기 때문에 대통령은 의회의 해임건의안을 수용하지 않을 수 없는 것이다.

13대 국회의 경우 당시 평화민주당 김대중 총재가 집권당과의 극한적 대치를 불러올 수 있는 국무총리 및 국무위원에 대한 해임건의는 절대 하지 않겠다고 선언함으로써 이 시기에 제출된 해임건의안은 한 건도 없고, 그보다 한 단계 낮은 견제수단인 사퇴권고안만 단점정부 시기에 7건이 제출되었다. 총 7건의 사퇴권고결의안 중 국무위원은 6건, 국회의장이 1건이었다. 국무위원에 대한 6건의 사퇴권고는 본회의 표결에 상정하지 않아 모두 임기만료 폐기됐고, 국회의장에 대한 사퇴권고는 회기 중 폐기되었다. 말 그대로 단순한 경고의 수준에 불과했다.

14대 국회에 접어들면 총 49건의 해임건의안과 1건의 사퇴권고(회기 중 철회)가 있었는데, 49건의 해임건의안의 경우 본회의 표결에서 25건이 부결됐고, 2건은 회기 중 철회, 22건은 임기만료 폐기되었다. 인위적인 정계개편을 통해 단점정부로 출범한 김영삼 정부에서 이전 국회에서 없었던 해임건의안 '표결'은 대통령과 의회의 대결이 13대에 비해 더욱 첨예화되었다는 것을 보여준다. 이제 의회의 대통령에 대한 견제는 단순한 위협수준이 아니었다.

15대 국회에 접어들어 김대중 정부가 출범할 당시까지 해임건의안이나 사퇴권고는 없었다. 김대중 정부가 의원영입을 통한 인위적인 정계개편을 통해 단점정부로 전환한 이후 해임건의안 9건(사퇴권고 4건)이 제출됐고, 이중 4건이 본회의에서 부결되었다. 해임건의안의 경우 분점정부 상황이 아니라 단점정부 상황에서 모두 제출됐고, 사퇴권고안도 김영삼 정부의 단점정부 상황에서 2건, 김대중 정부의 단점정부 상황에서 4건 등 모두 단점정부 상황에서 제출되었다.

16대 국회는 해임건의안을 통한 대결이 가장 치열했다. 우선 16대 총선 직후 분점정부에서 국회의장(이만섭) 사퇴권고결의안, 대우자동차 파업현장에 대한 폭력진압의 책임을 물어 국무총리(이한동) 사퇴권고안, 국무총리(이한동)해임건의안 등 총 3건의 건의가 있었으나 2건은 폐기, 1건은 임기만료폐기되었다. 그런데 3당 정책공조(민주당, 자민련, 민국당)를 통해 단점정부 상황으로 전환한 2001년 4월 이후 총 5건의 해임건의안(통일부장관 임동원, 국방부장관 김동신, 통일부장관 임동원, 행자부장관 이근식, 보건복지부장관 차흥봉) 중 통일부장관(임동원)해임건의안이 본회의에서 원안가결되어 3당 정책공조의 붕괴를 가져온다. 3당 공조 파기 이후 1차례 해임건의(법무부장관 김정길)안이 있었으나, 정기국회 파행과 대통령선거를 의식한 한나라당이 본회의 상정을 하지 않아 폐기되었다. 노무현 정부에서는 행자부장관(김두관)의 해임건의안이 가결되었으나 대통령이 수용을 거부한 바 있다.

해임건의안이나 사퇴권고안의 숫자를 비교해보면, 13대 국회와 15대 국회의 경우 분점정부 상황에서는 건의안이 한 건도 제출되지 않았고, 단점정부 상황에서만 제출되었다. 16대 국회는 분점정부보다 단점정부에서 해임건의안 제출건수가 더 많았다. 임건의안은 분점정부에서 3건, 단점정부에서 5건이 제출되었다. 특히 16대 국회의 단점정부 상황에서 김대중 정부는 민주화 이후 처음으로 국무위원에 대한 해임건의안이 가결되어 통일부장관이 교체되는 수모를 당했다. 이 사건 이후 민주당과 자민련, 민국당 간의 3당 정책공조가 붕괴됐고, 김대중 정부의 국정수행, 특히 햇볕정책으로 상징되는 대북정책도 상당한 타격을 입었다. 이 시기야말로 민주화 선언 이후 대통령-의회관계에서 의회의 권한이 가장 극대화된 시기였다.

〈표 21〉 국무총리 및 국무위원, 국회의장단 해임건의안 처리

국회(임기)	시기	형태	접수	처리				계류	비 고
				가결	부결	철회	폐기		
13대 (88. 5. 30-92. 5. 29)	88. 5-90. 1	분점	0	0	0	0	0	0	
	90. 1-92. 3	단점	7	0	0	0	7	0	
14대 (92. 5. 30-96. 5. 29)	92. 5-96. 5	단점	50	0	25	2	23	0	
15대 (96. 5. 30-02. 5. 29)	96. 5-98. 2	단점	0	0	0	0	0	0	
	98. 2-98. 8	분점	0	0	0	0	0	0	
	98. 8-00. 4	단점	15	0	4	2	9	0	
16대 (00. 5. 30-04. 5. 29)	00. 5-01. 4	분점	1	0	0	0	0	0	
	01. 4-01. 9	단점	5	1*	0	0	4	0	*가결 후 3당공조 붕괴
	01. 9-03. 2	분점	1	0	0	0	1	0	
	03. 2-04. 5	분점	1	1*	0	0	0	0	*행자부장관(김두관)해임건의안

세 번째로 살펴볼 것은 임명동의안에 대한 처리현황이다. 헌법상 대통령은 국무총리, 대법관, 헌법재판소소장, 감사원장에 대한 국회의 임명동의를 받아야 한다. 국회에서 임명동의가 부결될 경우 대통령은 공직후보자를 임명할 수 없게 된다. 특이한 것은 임명동의안이 부결된 것은 모두 분점정부에서였다.

13대 국회에서 대법원장에 지명된 정기승은 법관 서명파동의 책임자로 지목되어 국회에서 집권당 의원들의 이탈표까지 가세하여 헌정사상 최초로 대통령의 임명동의안이 국회에서 부결되었다. 15대 국회에서는 김종필 국무총리 임명동의안이 6개월 동안 표류하다 간신히 가결됐고, 16대 국회에서는 장상 국무총리, 장대환 국무총리 임명동의안이 연속적으로 부결되었고, 노무현 정부에서는 윤성식 감사원장에 대한 임명동의가 부결되었다. 모두 분점정부에서 부결되었다.

임명동의안에 대한 처리만 놓고 볼 때, 분점정부가 단점정부에 비해 의회의 대통령에 대한 견제기능이 보다 활발하고, 경우에 따라서는 임명동의안 부결을 통해 대통령을 강하게 견제하였음을 보여준다. 그런데 임명동의안 부결이 대치정국을 가져오지는 않았다. 13대 국회에서 대법원장에 대한 임명동의안 부결이 집권당에게 수적 열세를 인식하고 협상전술로 전환하도록 했다면, 16대 국회에서 국무총리 임명동의안 부결은 수적 열세를 인정하지 않고, 인위적인 수단을 동원해 단점정부로의 전환만을 추구하던 김대중 정부에게는 더 이상 수의 힘에 저항할 수 없도록 만든 조치였다.

다만 김대중 정부 출범 직후 제출된 국무총리(김종필) 임명동의안의 경우 1998년 2월 25일 제출되었으나(189회 임시국회), 가결은 1998년 8월 17일(196회 임시국회)에야 이루어짐으로써 6개월 동안 국무총리임명동의안이 국회에서 인준되지 못하는 사태를 맞이했다. 당초 한나라당이 김종필총리에 대한 임명동의를 거부하기로 당론을 정한 것은 김종필총리 체제가 자신들의 정치적 기반 중의 하나인 대구·경북을 허물어뜨릴 수 있다는 것과 '내각제'로 가는 징검다리가 될 수 있다는 이유에서였다. 그러나 총리인준에 반대한 진짜 이유는 공동정권을 흔들어 한나라당의 입지를 넓혀야 한다는 것에서 출발한 것이었다. 결국 김종필 총리는 6개월 동안 '서리(署理)' 딱지를 떼지 못했고, 의회에서의 'DJP 연합'을 통해 수적 우위를 확보한 이후에야 인준안이 통과되었다. 김대중 정부 출범 직후 한나라당과 공동정부 간의 힘겨루기가 국무총리 임명동의안을 통해 표출되었다.

김종필 국무총리 임명동의안 문제로 국회가 표류하자, 한나라당은 추경예산안과 총리인준안을 연계한다는 방침을 세워 자칫 '가예산'을 통해 국정을 운영해야 할 상황에 처했으나, 한나라당이 결국 총리인준안과 추경예산안의 분리에 합의함으로써 실업대책기금과 금융산업구조조정기금 등 국제통화기금(IMF) 체제의 후속대책이 추진될 수 있었다(한겨레신문, 1998. 3. 14).

대통령에 대한 의회의 견제를 살펴볼 수 있는 마지막 지표는 국정조사발의다. 민주화 이후 국정조사 발의 현황을 보면, 15대까지 모든 국정조사는 단점정부 시기에 발의되었다. 13대 국회 단점정부 시기에 4건이 접수되어 2건 가결, 2건 폐기, 14대 국회에서 5건 접수, 5건 가결, 15대 국회 김영삼 정부 시기(단점정부)에 2건 접수, 2건 가결, 김대중 정부 시기(단점정부)에 2건 접수, 2건 가결 등 모두 단점정부 시기에 발의되었다.

16대 국회에서는 총 20건의 국정조사가 발의되었는데 임기만료폐기된 것을 제외하면 모두 분점정부 시기에 의결되었다. 3당 공조 이전 분점정부 시기에 2건 접수 2건 가결, 3당 공조 파기 이후에 1건 접수, 1건 가결 등 총 3건의 국정조사가 의결되었다. 그러나 김대중 정부에서 승인된 국정조사 3건은 모두 단점정부 시기에 제출된 것이다. 즉 국정조사건에 대한 의결은 분점정부 시기에 이루어졌지만, 국정조사가 발의된 시점은 모두 단점정부 시기였다.

「한빛은행대출관련의혹사건국정조사」의 경우 (주)아크월드의 불법대출사건 수사가 진행되던 당시 한나라당 권력형비리조사위원회에서는 2000년 8월부터 검찰 수사의 공정성 문제를 제기하며, 즉각적인 국정조사 실시를 주장해 왔으며, 2000년 9월 정기국회 이전 이회창 총재는 정기국회 등원의 전제조건으로 선거비용 실사개입 의혹과 한빛은행 부정대출 사건, 의약분업, 대북정책, 공적자금 운용 등에 대한 국정조사와 특별검사 수사를 제기했다. 다만 민주당과 한나라당 총무회담을 통해 국회에서 최종 가결된 것이 2000년 12월 20일(한빛은행 국정조사), 12월 27일(공적자금 국정조사)이었다.

지금까지의 논의를 정리하면 다음과 같다. 의회가 대통령을 견제하는 가장 강력한 조치인 탄핵소추의 경우, 단점정부 시기에 3건, 분점정부 시기에 5건이 제출됐고, 본회의 표결까지 갔던 사례는 단점정부 2건, 분점정부 1건이었다. 탄핵소추안의 발의 건수로 보면 분점정부가 약간 많고, 대통령과 의회의 대결국면을 의미하는 본회의 표결은 단점정부에서 더 많았음을 볼 때, 분점정부에서는 대치정국이 일상화된다는 주장은 일반화할 수 없다.

해임건의안의 경우, 분점정부 시기보다는 단점정부 시기에 해임건의안(/사퇴권고안)이 더 많이 제출되었다. 그러나 실제 해임건의안이 본회의에서 표결된 것은 김대중 정부 시기의 3당 공조 파기 이후의 분점정부를 제외하면, 모두 단점정부 시기에 이루어졌다. 특히 민주화 선언 이후 최초로 가결된 임동원통일부장관 해임건의안은 단점정부에서 가결된 것이다.

임명동의안의 경우, 동의안 부결은 모두 분점정부 시기에 이루어졌으나(정기승 대법원장, 장상 국무총리, 장대환 국무총리), 국정조사는 단점정부 시기에 압도적으로 많이 승인되었다. 15대 국회까지 국정조사는 모두 단점정부 시기에 발의·가결됐고, 16대 국회는 단점정부 시기에 발의되어, 분점정부 시기에 가결되었다.

따라서 분점정부 상황에서는 대통령과 의회의 대립으로 국정운영이 마비된다는 주장은 잘못된 것이며, 오히려 대립을 가져온 조치들(탄핵소추, 해임건의, 임명동의안 부결, 국정조사 발의)은 분점정부보다 단점정부 시기에 더 많이 이루어졌다. 민주화 선언 이후 분점정부의 등장은 의회의 대통령에 대한 견제기능을 강화시켜 비대칭적이던 대통령-의회관계를 변화시키는 데 기여했다고 할 수 있다. 특히 단점정부 시기에 오히려 대통령을 견제하는 조치들이 집중 발의·의결되었다는 것은 단점정부로 할지라도 의회가 대통령의 시녀역할을 하지 않았다는 것을 알 수 있다. 이것이야말로 한국에서 분점정부의 등장이 갖는 중요한 정치적 효과다.

4) 국회의 집회 현황

국회의 개의일수는 국회의 의정활동이 얼마나 충실하게 이루어졌는가를 평가할 수 있는 유효한 지표다(박통희 1993, 172). 최초의 분점정부 시기였던 13대 국회 전반기에 개의율은 26.4%, 회기당 개의일수는 10.7일로 민주화 선언 이후 개원된 어느 국회보다도 개의율과 회기당 개의일수가 높았다. 3당 통합 이후 단점정부 시기도 개의율 26.0%, 회기당 개의일수 10.0일로 14대－16대 국회와 비교할 때 높았다. 13대 국회가 14대나 15대, 16대 국회보다 국회운영이 효율적으로 이루어졌다는 것을 이 수치를 통해 알 수 있다. 물론 이 시기는 이후의 국회보다 국회의 집회 기간이 상대적으로 짧았기 때문에 나타난 결과일 수도 있다. 하지만 개의율, 회기당 개의일수, 일일평균 회의시간이 다른 국회의 개의율, 회기당 개의일수, 일일평균 회의시간보다 높게 나타났다는 점을 주목할 필요가 있다.

14대 국회는 4년의 임기 동안 단점정부가 유지되었지만, 개의율 25.6%, 회기당 개의일수 7.6일, 일일평균 회의시간 3시간 26분으로 13대 국회의 개의율이나 회기당 개의일수, 일일평균 회의시간에 미치지 못하고 있다. 그러나 김대중 정부 출범 이후 시기보다는 개의율은 평균 10.2% 높고, 회기당 개의일수는 5일이나 많다. 일일평균 회의시간도 6분 정도 많았다.

15대 국회 전반기 단점정부 시기는 개의율(26.1%)이나 회기당 개의일수(9.7일)가 14대 국회보다 높았고, 일일평균 회의시간도 13대나 14대 국회와 비슷한 수준이었다(3시간 24분). 그러나 김대중 정부 출범 이후 등장한 분점정부와 단점정부는 개의율, 회기당 개의일수, 일일평균 회의시간이 이전 국회와 비교할 때 현저하게 낮아지고 있다. 김대중 정부 출범 직후 분점정부 시기에 개의율은 14.4%, 회기당 개의일수는 3.0일, 일일평균 회의시간은 3시간 3분으로 13대 국회 분점정부 시기와 비교하면, 개의율은 12.0%, 회기당 개의일수는 7.7일, 일일평균 회의시간은 43분 적었다. 또한 이 시기는 2번의 회기에 걸쳐 국회가 완전 공전되기도 했다.

15대 국회에서 DJP 연합을 통해 단점정부로 전환한 후 개의율은 18.9%로 분점정부 시기보다 4.5% 증가했고, 회기당 개의일수는 3.3일 증가했으나, 일일평균 회의시간은 2시간 59분으로 4분이 줄어들었다. 그러나 이 시기는 정기국회가 2차례 포함된 수치다. 정기국회의 경우 회기일도 100일이고, 정부예산안을 반드시 심의·처리해야 하기 때문에 임시국회에 비해 개의율과 개의일수가 당연히 많을 수 밖에 없다. 만약 이 기간 중 정기국회 회기를 뺐을 경우 개의율은 16.9%, 회기당 개의일수 3.9일, 완전 공전일수 251일로 이전 분점정부 시기와 크게 다를 것이 없다.

주목할 것은 이 기간에 국회가 완전 공전된(회의일수 0일) 회수가 무려 7차례였다. 이는 김대중 정부 출범 직후 분점정부 시기 완전 공전 2회보다 5회나 많은 수치다. 1998년 9월 30일 제198회 정기국회 회기 중 「국회의원(서상목)체포동의건」이 상정되어 1999년 4월 7일 202회 임시국회에서 부결될 때까지 4차례의 회기는 소위 '방탄국회'로서 국회무용론이 제기되던 시기였다.

같은 15대 국회 전반기의 단점정부와 후반기의 단점정부를 비교해보면, 전반기의 단점정부가 후반기의 단점정부보다 개의율은 6.7% 더 높았고, 회기당 개의일수는 3.4일 많았으며, 일일평균 회의시간은 25분 더 많았다. 같은 단점정부였음에도 이러한 차이가 발생한 것은 단일정당 단점정부와 정당연합 단점정부의 차이에서 비롯되는 것이다. 정당연합 단점정부는 공동정부의 파트너와의 이견조정과정이 필요하고, 특히 당시 국민회의와 자민련은 이념적 거리가 상대적으로 멀었기 때문에 단일정당 단점정부에 비해 정국을 주도하는 능력이 뒤떨어질 수밖에 없었던 것이다.

〈표 22〉 국회의 집회현황, 13대 국회 - 16대 국회

국회 (임기)	시점	형태	임기	회기수	정기회	임시회	개의 일수	회기당 개의일수	비개의 일수	총회의 시간	일일평균 회의시간	비고
13대	88. 5-90. 1	분점	20개월	7	2	5	75/284 (26.4%)	10.7	209	282H 34M	3H46M	
	90. 1-92. 5	단점	28개월	9	2	7	90/346 (26.0%)	10.0	256	342H 49M	3H48M	153회 0일
	소계		48개월	16	4	12	165/630 (26.2%)	10.3	465	625H 23M	3H47M	
14대	92. 5-96. 5	단점	48개월	22	4	18	167/652 (25.6%)	7.6	485	574H 47M	3H26M	
15대	96. 5-98. 2	단점	21개월	10	2	8	97/372 (26.1%)	9.7	275	330H 6M	3H24M	
	98. 2-98. 8	분점	6개월	8	0	8	24/167 (14.4%)	3.0	143	73H 16M	3H3M	193회 0일 194회 0일
	98. 9-00. 5	단점	21개월	15	2	13	95/502 (18.9%)	6.3	407	283H 47M	2H59M	197회 0일 199회 - 202회 (방탄국회) 207회 0일 211회 0일
	소계		48개월	33	4	29	216/1041 (20.7%)	6.5	825	687H 9M	3H10M	
16대	00. 5-01. 4	분점	11개월	9	1	8	59/320 (18.4%)	6.5	261	251H 51M	4H16M	
	01. 4-01. 9	단점	5개월	4	0	4	11/116 (9.5%)	2.7	105	50H 32M	4H35M	221회 0일 224회 0일
	01. 9-03. 2	분점	18개월	12	2	10	78/490 (15.9%)	6.5	382	217H 14M	2H47M	228회 0일 230회 0일 231회 0일
	03. 2-04. 5	분점	15개월	10	1	9	67/325 (20.6%)	6.7	258	255H 16M	3H48M	246회 대통령탄핵 의결
	소계		49개월	35	4	31	215/1251 (17.2%)	6.1	1036	774H 53M	3H36M	

* 출처: 국회사무처, 『국회경과보고서(제141회 - 236회)』에서 작성함.

16대 국회의 출범과 함께 다시 분점정부에 직면한 김대중 정부는 정책실패와 대북관계의 교착, 연이은 부패스캔들로 고통 받았다. 16대 국회 개원 직후 분점정부 시기에 국회 개의율은 18.4%로서 3당 정책공조를 통해 단점정부로 전환한 시기의 9.5%보다 높았다. 회기당 개의일수는 6.5일로서 15대 국회 후반기 단점정부보다는 높았다. 일일평균 회의시간은 4시간 16분으로 당시에는 가장 높은 수치를 보이고 있다. 다만 정기국회를 제외할 경우 개의율은 19.5%(43일/220일)로 오히려 개의율은 높아진다. 이는 당시 정기국회가 다른 정기국회에 비해 파행과 졸속으로 종결되었음을 의미한다.

3당 공조파기 이후 분점정부 시기와 비교하더라도 이 시기의 개의율이 단점정부 시기의 개의율(9.5%)보다 높았다. 정기국회 변수를 제외하더라도 3당 공조 파기 이후 국회 개의율은 13.4%(28일/208일)로 3당 공조 시기보다 높았다. 3당 정책공조가 이루어지던 시기의 개의율은 9.5%, 회기당 개의일수는 2.7일, 일일평균 회의시간은 4시간 35분으로 개의율과 회기당 개의일수는 역대 최저였지만, 일일평균 회의시간은 역대 최고였다. 이 시기는 3당 연합과 한나라당 간의 대북정책을 둘러싼 정치적 대치국면으로 인해 완전 공전된 회기가 2차례 있었다.

3당 공조 파기 이후 분점정부 시기는 개의율 15.9%, 회기당 개의일수 6.5일, 일일평균 회의시간 2시간 47분으로 개의율과 회기당 개의일수는 이전 단점정부 시기보다 오히려 높아졌다. 다만 이 시기에는 3회에 걸쳐 국회가 완전 공전되었는데, 당시는 민주당과 한나라당이 국민경선제와 대통령후보선출을 위한 전당대회 관계로 의사일정이 합의되지 못해 공전된 것이었다.[271] 노무현 정부 집권기에는 비록 대통령 탄핵이라는 사건이 있었지만 개의율 20.6%, 회기당 개의일수 6.7일 등 이전 분점정부 시기와 비교할 때 집회 기간이 줄어들지는 않았으며 국회가 공전된 경우도 없다.

민주화 선언 이후 국회 집회현황을 단점정부와 분점정부를 기준으로 분석해보면, 13대에서 16대까지 6차례의 분점정부 동안 개의율은 19.1%인 반면, 단점정부의 개의율은 21.2%로서 단점정부 시기의 개의율이 분점정부 시기의 개의율보다 2.1% 높다. 회기당 개의일수는 분점정부 시기가 6.7일인 반면, 단점정부 시기는 7.3일이었다. 일일평균 회의시간을 비교해보면, 분점정부 시기의 일일평균 회의시간은 3시간 32분이었고, 단점정부 시기는 3시간 38분이었다. 개의율과 회기당 개의일수, 일일평균 회의시간 모두 단점정부가 높았다.

이상의 자료를 종합할 때, 단점정부 시기와 분점정부 시기에 국회의 개의일수나 개의율, 회기당 개의일수, 일일평균 회의시간에 대한 종합비교에서는 단점정부 시기가 분점정부 시기보다 약간 더 높은 수치를 보였지만, 각 시기별 비교에서는 단점정부가 높은 시기도 있었고, 분점정부가 높은 시기도 있었다. 반면 13대 국회의 분점정부는 개의율, 회기당 개의일수에서 다른 어떤 시기보다 높았고, 국회가 완전 공전된 경우도 없었다. 반면 16대 국회의 단점정부(3당 정책공조)는 단점정부임에도 불구하고, 다른 어떤 시기보다도 개의율과 회기당 개의일수가 낮았고, 국회가 완전 공전된 회수도 2회나 되었다.

271) 즉 이 시기 3차례 공전은 정치적 대치의 결과가 아니라 대통령후보 선출관계로 민생관련법안과 정치개혁법안을 방치한 채 국회활동이 잠시 휴지기에 들어갔기 때문에 나타난 것이다.

따라서 국회의 집회현황에 대한 자료를 통해 볼 때, 단점정부가 분점정부보다 국회운영이 좀 더 충실했다고 이야기할 수 있지만, 국회의 공전 횟수에서 알 수 있듯이 대통령과 의회 간의 대립은 오히려 분점정부보다 단점정부 시기에 더 많았다. 특히 인위적인 정계개편을 통해 분점정부 상황에서 단점정부 상황으로 전환했을 때 개의율의 하락과 국회공전 등의 문제가 발생하고 있다.

Ⅴ. 한국 분점정부: 평가와 과제

이 장은 크게 두 부분으로 구성된다. 우선, 한국 분점정부에 관한 지금까지의 논의를 종합적으로 평가한다. 한국정치에서 분점정부의 등장이 갖는 의미를 살펴보고, 대통령-의회관계를 중심으로 분점정부의 정치적 효과를 규명해볼 것이다. 다음으로, 분점정부하에서 대통령의 정치적 선택 대안은 무엇인가를 연합정치를 중심으로 살펴본다. 또한 분점정부의 등장과 함께 제기된 다양한 제도개혁 논의를 비판적으로 평가해보고자 한다.

1. 한국의 분점정부: 평가

1) 분점정부의 한국적 의미

앞장까지의 논의를 통해 분점정부의 현황, 기원, 그리고 정부운영을 살펴보았다. 지금까지의 논의를 통해 확인된 사실은 미국의 경우와 마찬가지로 한국의 분점정부도 논리적으로나 출현빈도에 있어서 더 이상 예외적이고 부정적인 현상은 아니다. 인위적으로 한 정당만 권력을 장악할 수 있도록 강제하는 권위주의 독재체제가 아닌 이상, 경쟁적 정당체제하에서 분점정부는 자연스런 현상이고, 인위적으로 출현하지 않도록 봉쇄하는 것은 정당 간의 공정한 경쟁을 억압하고, 유권자의 선택권을 침해하는 것과 다를 바 없다.

그렇다면 분점정부의 한국적 의미는 어디서부터 찾을 수 있는가? 그것은 권력분리, 사회균열구조의 반영, 정당과 유권자 지지연합이라는 세 가지 측면에서 접근해야 한다.

먼저, 권력분리의 측면에서 분점정부의 의미는 이원적 민주 정통성의 경쟁 관계를 확립했다. 대부분의 논자들은 이원적 민주 정통성의 대립을 분점정부의 가장 큰 문제점으로 진단하지만, 필자의 입장은 그것이야말로 한국 분점정부의 진정한 의미라고 본다. 실제로 1988년 이전까지, 그리고 분점정부가 자주 출현하고 있는 최근까지도 한국정치는 진정한 의미의 권력분리가 실현된 적이 없다. 뿐만 아니라 권력분리가 현실적으로 지향하는 대통령과 의회의 평등한 관계도 실현된 적이 없다. 한국의 분점정부는 이러한 권력분리의 이상을 현실화시킴으로써, 한국 대통령제의 문제점을 제도개혁의 과정 없이 보완했다.

분점정부의 등장이 정치적 대치와 국정운영의 마비를 가져왔다는 주장은 확인되지 않은 추론일 뿐이다. 다만 분점정부가 등장할 경우 대통령과 행정부 집권당이 단점정부 시기와는 다른 정치적 선택을 필요로 하기 때문에 훨씬 국정운영의 변수가 다양해지는 것은 사실이다. 그러나 그것 역시 한국정치의 문제점을 더 분명하게 드러냄으로써 한국 대통령제를 개선하는 계기가 될 수 있다. 특히 전근대적이고, 비민주적인 정당의 개혁과 비효율적인 의회운영의 개선이 필요하다.

둘째, 분점정부의 현실은 지역균열구조와 이에 따른 지역패권정당체제의 산물이다. 따라서 분점정부의 문제는 결국 지역균열구조와 지역패권정당체제의 개선이라는 한국정치의 개혁과제와 병행한다. 분점정부를 제도적으로 봉쇄한다고 해서 지역균열구조의 현실과 지역패권정당의 존재를 극복하는 것은 아니다.

오히려 분점정부가 지역정당체제의 산물이라는 현실로부터 새로운 정치적 선택의 가능성을 발견할 수 있다. 연합정치의 활성화가 그것이다. 분점정부는 지역정당 간의 정책연합을 촉진할 수 있다. 과거와 같이 특정지역, 특정정당의 배제에 기초한 분열의 정치가 아니라, 지역정당 간의 연합에 기초한 부분적인 통합의 정치가 가능하다. 지역정당 간의 연합 횟수가 늘어날수록, 접촉의 빈도가 많아질수록 지역균열구조의 변화 가능성도 높아진다. 연합의 정치는 지역연합에만 한정되는 것은 아니다. 정책과 이념을 매개로 이루어지는 연합정치 역시 활성화 시킬 수 있다.

셋째, 분점정부의 출현은 정당-유권자 지지연합과 관련되어 있다. 미국의 경우 민주당의 뉴딜연합 약화와 공화당의 반뉴딜연합 강화는 1952년 이후 빈번하게 출현한 분점정부의 등장을 설명한다. 마찬가지로 한국 분점정부도 지역패권정당과 지역정당을 지지하는 유권자 연합이 있었기에 가능했다.[272)]

권위주의 정권하에서는 국정운영의 효율성을 명분으로 분점정부의 출현을 제도적으로 억압했다. 자유로운 선거경쟁도 이루어지지 않았고, 유권자의 선택이 정당하게 의석으로 전환되지도 않았다. 분점정부의 등장은 정당과 유권자의 지지연합 구축을 보여준다. 비록 그것이 지역주의의 족쇄에 묶여 있지만, 정당-유권자 지지연합의

272) 따라서 분점정부의 등장을 설명할 수 있는 포괄적인 설명은 정당과 유권자의 지지연합 구축과 이러한 지지연합이 각각의 현실에서 작동하는 메커니즘을 규명해야 한다.

구축은 정당정치의 발전을 위한 필수조건이다. 정당-유권자 지지연합의 구축은 한국의 정당정치가 유권자에 대한 반응성을 제고하는 방향으로 갈 수 있는 계기가 될 수 있다. 문제는 그 방향이다. 유권자의 이해와 요구에 부합하는 정치가 이루어질 경우 투표를 통한 지지표명은 자연스럽게 이루어진다. 반면 유권자의 이해와 요구에 부합하지 못하는 정치가 이루어질 경우 표의 분리는 피할 수 없다. 특히 한국 정당정치의 발전을 가로막던 '3김'이 역사 속으로 퇴장하고 있는 상황에서 이제는 지역이 아닌 정책과 이념을 중심으로 새로운 방향의 지지연합 구축이 필요하다. 그것은 일차적으로 정당운영 및 공직 후보자 추천제도의 민주화 등으로부터 출발할 수 있다.

이제 한국 분점정부의 특징을 살펴보자. 우선, 한국은 정부수립과 동시에 분점정부가 출현할 상황에 처했다. 제헌국회와 제2대 국회는 대통령 소속 당이 의회를 통제하지 못하는 상황이었기 때문이다. 제헌국회와 제2대 국회에서 이승만이 이끌던 대한독립촉성국민회의가 원내 과반수 의석을 확보하지 못했기 때문에 분점정부 상황이라고 할 수도 있다. 그럼에도 불구하고 이를 분점정부로 보지 않는 것은 정당에 의한 정부기관의 통제라고 할 만큼 정당정치의 활성화가 이루어지지 않았기 때문이다. 특히 대통령제의 고유한 특성인 '이원적 민주 정통성'이 부재(대통령을 국회에서 선출)하였기 때문에 최초의 분점정부는 1988년 5월, 13대 국회의 출범과 함께 등장했다고 보는 것이 타당하다. 1987년 민주화 선언의 가장 큰 효과는 공정한 선거경쟁을 보장하기 시작했다는 것인데, 바로 그 첫 선거에서 분점정부가 등장했다는 사실은 시사 하는 바가 크다.

그런데 지금까지 등장한 분점정부의 형태를 보면 미국에서는 발견할 수 없는 한국 분점정부의 고유한 특징을 발견할 수 있다. 미국의 경우 전통적으로 정당체계가 양당제이기 때문에 공화당이 행정부를 통제하면, 민주당은 의회를 통제하거나, 혹은 그 역의 형태가 가능했다. 하지만 한국의 경우는 정당체계가 양당제가 아닌 다당제이기 때문에 대통령은 한 정당이 장악하지만, 의회는 어느 정당도 다수파를 차지하지 못하는 '무다수당 분점정부'가 출현하고 있다. 또한 민주화 선언 이후 단점정부를 보면, 한 정당 단독으로 행정부를 통제하는 경우와 정당연합을 통해 행정부를 통제하는 경우가 비슷한 빈도로 나타나고 있다. 이는 정당체계의 차이, 즉 양당제와 다당제의 차이에서 기인한다.

분점정부 논의에서 정당체계가 중요한 이유는 그것이 의회 내의 자동적 다수파의 형성과 관련되어 있기 때문이다. 양당제는 다당제보다 원내 다수파의 형성이 쉽고, 오래 지속될 수 있다. 물론 양당제국가인 미국의 경우에도 모든 상황에서 자동적인 다수파가 형성되는 것은 아니다. 미국의 정당들은 정당의 응집력이 약하기 때문에 정책에 대해 이해관계를 같이하는 의원들 간의 투표연합에 의해 법안이 통과되거나, 승인되는 경우가 많다. 행정부(대통령)는 의회 표결에서 의결 정족수를 확보하기 위해 단점정부든 분점정부든 정책의 바람직성과 '혜택'을 근거로 의회 내 의원들 간의 설득작업을 전개하고, 개별적인 의원들 간의 '투표블럭'에 기초해서 표결이 이루어지고 있다. 이러한 이유로 미국은 분점정부에서도 단점정부와 비교하여 입법이나 정책산출이 저하되지 않는다.

반면 다당제 국가인 한국의 경우, 의회에서 의결정족수를 확보하기 위한 의원들과의 개별협상, 투표블럭이 사실상 불가능하다. 한국의 정당은 미국의 정당과 같이 응집력이 약하고 당 규율이 느슨한 것이 아니라, 정확히 그 반대이기 때문이다. 정당의 응집력이 강하고, 당 규율이 엄격한 규율정당에서는 '당론'에 따라 표결이 이루어진다. 개별 의원들은 당론에서 벗어난 표결이 어렵다. 당론이탈은 다음 선거에서의 공천을 포기하는 것과 마찬가지이기 때문이다. 그렇기 때문에 한국에서 행정부를 장악한 정당은 미국의 대통령당과 비교할 때 정부운영에 있어 선택의 폭이 훨씬 좁고, 때로는 극단적일 수밖에 없다. 결국 분점정부의 정부운영과 단점정부의 정부운영에 있어 차이가 생기게 된다.

이미 언급했듯이 1기 분점정부가 '3당 합당'을, 2기 분점정부가 'DJP 연합'을, 3기 분점정부가 새천년민주당, 자유민주연합, 민주국민당 간의 '3당 정책공조'를 추진한 것도 이러한 배경에서이다. 그러나 저널리즘의 평가처럼, 이러한 연합정치 자체가 잘못된 것은 아니다. 궁극적으로 대의민주주의는 수(the number)의 게임이고,[273] 이 게임에서 승리하기 위해서는 과반수 확보가 선결조건이기 때문이다. 문제는 그 방법이다. 즉 연합정치가 유권자의 선택 결과를 훼손하지 않는 범위에서 이루어지는 것이 아니라 분점정부를 단점정부로 전환시키기 위한 정략적 정계개편의 수단으로 악용되어 왔다. 이러한 잘못된 연합정치의 경험으로 인해 우리나라에서는 분점정부 상황이 곧 정치적 혼란과 대립의 상징이 되어 버리는 결과를 초래했다. 미국의 의회정치가 분점정부 상황에서도 정상적인 정부운영을 통해 유권자 지지를 확대하는 전략이라면, 한국의 경우는 정당

273) 물론 대의민주주의는 지나치게 수의 결정에 의존하기 때문에, 수가 민중의 지배라는 민주주의의 본질을 대체하고 있다(Lefort 1988, 19).

성을 인정할 수 없는 수단의 동원, 정략적인 정당 간의 권력연합을 통해 분점정부를 단점정부로 전환시키려는 방향으로 정치적 실천이 이루어졌다.

미국과 마찬가지로 한국의 분점정부 연구에서도 상당 부분을 분점정부가 왜 출현하는가, 즉 분점정부의 등장 원인을 해명하는 데 할애하고 있다. 입장과 시각에 따라 분점정부가 어떤 조건에서 등장하는가에 대한 각각의 설명이 이루어지고 있지만, 유권자의 선호에 입각한 접근이 주를 이룬다. 이는 경험연구의 필요라는 현실적 요구에 따른 불가피한 결과이기는 하지만, 그럼에도 불구하고 분점정부를 출현시키는 장기 지속적이고 구조적 요인에 대한 설명이 많이 부족한 것은 아쉽다.

그런데 한국의 분점정부는 미시적 요인보다는 거시적 요인에 의해 보다 잘 설명되는 특징이 있다. 미국의 경우 분점정부 출현은 유권자의 분리투표 결과로 해석되지만, 한국의 경우는 분리투표만으로 분점정부의 출현을 설명할 수는 없다. 우선 선거가 비동시선거로 치러진다는 점에서 미국과 다르고, '선호'의 관점에서 유권자의 투표행태를 설명할 경우 제대로 설명이 안 된다는 점에서 그러하다. 한국의 유권자들은 정당, 보다 정확히는 지역정당의 지도자에 대한 투표 충성도가 높기 때문에 개별적인 선호가 투표행위를 통해 표출되지 않는다. 물론 지역정당에 대한 지지가 자신의 정치적 선호를 표출한 것이라는 설명도 있지만 정치적 선호를 지나치게 단순화시키는 논리에 불과하다.

한국은 지역균열구조에 기초한 지역패권정당에 대한 절대적 지지가 분점정부의 출현이라는 결과로 나타나고 있다. 1988년 이후 모든 선거에서 분점정부가 출현하거나 출현할 상황이었던 것도, 지역패권정당과 유권자 지지연합으로 설명할 수 있다. 지역패권정당체제가 극복되지 않는다면 분점정부의 빈번한 출현도 사라지지 않을 것이다.

그렇다면 왜 1988년 이전에는 단점정부만 출현했고, 1988년 이후에는 분점정부가 집중적으로 출현하는가?

우선, 정부 출범 이후 단점정부가 집중적으로 출현했던 가장 큰 이유는 정당체제의 미정착일 것이다. 한국전쟁 이후를 근대적 정당정치의 출발이라고 본다면, 사실상 정부 출범 직후에는 근대적 의미의 정당이 거의 없는 상황이었다.

한국정치의 비극이라고 할 수 있는 권위주의체제의 장기지속은 정당정치의 착근을 방해하는 요인이었을 뿐만 아니라, 행정부에 의해 지배되는 입법부는 세칭 '통법부'로 전락했다. 공정한 선거경쟁마저도 보장되지 않는 상황은 단점정부의 집중적인 출현을 가져왔다. 선거제도가 행정부 집권당에게 일방적으로 유리한 것도 단점정부의 시대를 설명하는 중요한 요인이 될 것이다. 2석 중선거구제와 유신정우회, 전국구 의원 할당방식의 비민주성으로 인해 사실상 선거는 집권당의 수적 우위를 확인해주는 의식(儀式)에 불과했다. 여기에 정당체계가 수권능력을 가진 하나의 정당과 주변 정당으로 구성된 '1.5정당체계'였다는 것도 장기간 단점정부만 출현했던 요인이었다. 더욱 중요한 것은 원내 제2당이나 3당이 행정부의 '반대당'이 아니라, 행정부 집권당의 친위정당 내지 '2중대' 역할을 해왔다는 점이다. 따라서 행정부 집권당을 제외하고는 실제 정부기관을 통제할 수 있는 능력을 갖춘 정당이 없는 상황이었다. 이러한 사실을 감안할 때 단점정부의 장기지속이 그리 놀랄 일은 아니다.

반면, 한국의 분점정부는 등장 배경과 출현 요인이 미국과 다르지만, 정당과 유권자 지지연합의 구축이라는 점에서는 동일하다. 미국의 경우 유권자 지지연합의 공고화가 분점정부보다는 단점정부의 출현을 촉진하는 요인이었다면, 한국에서 정당과 유권자 지지연합의 공고화는 지역균열구조와 다당제로 인해 단점정부보다는 분점정부의 출현을 촉진하는 요인이 되었다.

분점정부를 출현시킨 보다 미시적인 요인도 미국의 경우와는 다르다.

주지하듯이 미국에서는 분점정부 원인을 유권자의 분리투표의 결과로 본다. 이에 따라 분리투표가 나타나는 원인을 크게 행태적 요인과 제도적 · 구조적 요인으로 나누어 설명한다. 행태적 요인에 대한 설명은 균형투표자모델, 정책균형모델, 중앙 투표자 이론이 대표적이며, 후보자의 자질과 후광효과도 언급된다. 제도적 · 구조적 요인에 대한 설명은 선거제도의 문제(선거주기, 단순다수대표제, 선거구 재획정 등), 현직의 제도적 이점, 선거자금 모금제도 등이 언급된다.

이에 비해 한국은 구조적 · 제도적 요인과 정치적 요인으로 구분하여 분점정부의 출현을 설명할 수 있는데, 구조적 · 제도적 요인의 경우, 분점정부의 출현은 지역균열구조와 지역균열구조에 기반하고 있는 패권적 지역정당체계에서 기인하는 것으로 본다. 제도적으로는 선거제도의 정치적 효과, 보다 정확히 말하면 2석 중선거구제에서 소선거구제로의 선거제도 개편이 분점정부의 출현에 영향을 미쳤다. 전국구 의석배분방식 역시 분점정부의 출현에 영향을 미쳤지만 제도의 민주화라는 측면에서는 긍정적 변화다. 유권자의 지역주의 투표행태는 한국의 정당체계를 다당제로 만들었다. 대통령선거와 국회의원 선거주기의 불일치도 유권자의 선택에 영향을 미쳤고, 결과적으로 행정부 집권당이 임기 중 치러지는 선거에서 득표율이 감소하는 경향과 결합되면서 분점정부 출현에 영향을 미치는 요인으로 거론된다. 다만 한국의 경우 현직의 이점이 전혀 존재하지 않는 것은 아니겠지만, 분점정부의 출현에 영향을 미칠 정도로 강력하게 존재하는 것은 아니다. 국회의원 선거에서 현직의 교체율이 13대 55.5%, 14대 39.1%, 15대 45.8%, 16대 41.0%에 이르고 있기 때문이다. 현직의 이점을 논하기 이전에 '공천' 과정에서 탈락하는 현직의원의 수가 너무 많다.

정치적 요인으로는 행정부 실패의 정치와 선거연합의 부족을 들 수 있다. 행정부 실패의 정치란 민주화 선언 이후 등장한 모든 정권이 하나같이 임기 초반의 지지를 유지하지 못하고, 임기 말에 이르면 극심한 레임덕에 시달리고 있는 현상을 말한다. 이러한 행정부 실패 정치의 일상화는 대통령 임기 중 치러지는 모든 선거에서 집권당이 성공하지 못하는 이유를 설명해준다. 대통령과 집권당에 대한 유권자의 심판심리가 투표행위를 통해 나타났기 때문이다(회고적 투표). 선거연합의 부족도 지적할 수 있다. 지역패권정당체제에서는 다당제가 나타날 수밖에 없다. 그럼에도 불구하고 선거연합이 드물었다는 것은 기이한 현상이다. 그것은 지역적 거리감이 이념적·정책적 거리감을 압도하기 때문이다. 여기에 선거연합을 '야합'으로 간주하는 인식이 지배적이어서 선거연합이 가져오는 긍정적인 효과를 살리지 못한 측면도 있다. 한국 정당정치에서 선거연합이 드물었던 이유는 지역 간 거리감과 취약한 전략투표, 그리고 대통령 1인에게 집중된 권력구조, 선거연합 이후의 보상체계 미흡에서 기인하는 것으로 설명되고 있다.

결론적으로, 분점정부는 한국 민주화의 산물이다. 권력분리의 실현을 통해 권위주의 시기 단점정부에서 나타났던 권력의 집중을 완화시켰다. 민주화 선언 이후 등장한 지역패권정당과 유권자 지지연합 구축의 직접적인 결과가 분점정부다.

미국 분점정부와 구별되는 한국 분점정부의 특징은 정당-유권자 지지연합의 공고화가 단점정부가 아닌 분점정부의 출현을 촉진하고 있다는 점이다. 다당제로 인한 무다수당 분점정부의 출현은 한국 분점정부에서 나타나는 고유한 특징이다. 이러한 정치현실에서 다양한 연합정치의 등장은 불가피했으며, 지역패권정당체제와 정당운영의 전근대성 및 비민주성이 극복해야 할 과제로 남았다. 지역주의와 결합된 소선거구제도의 정치적 왜곡효과, 선거주기의 불일치 등도 한국 분점정부의 등장에 영향을 미치고 있으며, 정치적으로는 행정부 실패의 일상화, 선거연합을 유도하는 유인체계의 부족도 지적할 수 있다. 결국 한국 분점정부의 출현이 갖는 의미는 선거정치의 다양한 메커니즘에 대한 추가적인 검토를 통해 더 구체화할 수 있을 것이다.

2) 한국 분점정부의 대통령-의회관계 평가

분점정부가 왜, 어떠한 조건에서 등장하는가에 대한 논란만큼이나 분점정부의 대통령-의회관계에 대한 논란도 뜨겁다. 분점정부의 대통령-의회관계를 어떻게 평가하는가에 따라 분점정부의 대안적 논의, 즉 제도개혁의 필요성과 방향이 결정되기 때문이다.

우선 지금까지 제기된 분점정부의 대통령-의회관계에 대한 평가는 크게 세 가지 입장으로 나눌 수 있다.

첫째, 분점정부가 오히려 대통령-의회관계에 긍정적인 영향을 미치는 것으로 보는 분리주의자의 시각이다. 이들은 분점정부야말로 권력분리의 원칙에 가장 충실한 정부유형이며, 한 정당이 정부기관을 모두 통제할 경우 나타날 수 있는 권력의 남용과 독단적인 정책을 견제할 수 있는 효과적인 수단으로 본다. 이 시각에 따르면, 분점정부는 권력의 분리는 물론 정부기관 간의 견제와 균형의 원리에도 부합하는 정부유형이다. 분점정부의 출현과 상관없이 정부는 유지됐고, 분점정부에서는 단점정부에서 기대할 수 없던 대통령에 대한 효과적인 견제와 의회의 자율성 증대를 가져왔다고 주장한다. 법안 통과도 정당 간의 타협 이전에 사회의 광범위한 합의가 우선되어야 한다. 이러한 사회적 합의 없이 통과된 법안이 있다면 실제 정책집행과정에서 더 많은 문제를 유발할 수 있기 때문에 분점정부가 이러한 사회적 합의 과정을 충실하게 할 수 있는 제도적 여건을 제공한다.

둘째, 분점정부는 대통령-의회관계를 악화시켜 정부운영의 효율성을 저하시키고, 종종 정국의 교착과 마비를 초래한다고 보는 정당정부론의 입장이다. 여기서 대통령-의회관계가 악화되는 이유는 대통령제의 '분리성' 때문이다. 분점정부는 정부기관 간의 분리성을 촉진시켜, 양자간의 관계를 제로섬적 관계로 전환시킨다. 효율적인 정부를 만들기 위해 권력분리보다는 분리된 권력기관(정부기관)의 통합이 중요하며, 이것은 단점정부에서만 가능하다. 단점정부에서는 대통령-의회관계도 제로섬적 관계에서 협력적 관계로 전환되고, 정부운영의 효율성도 제고된다. 특히 정당정부론은 분점정부가 대통령과 의회 간의 '책임전가'를 일상화시켜, 대중의 정치(인)에 대한 혐오와 정부에 대한 불신을 가중시킨다고 비판한다.

마지막 세 번째 입장은, 분점정부는 정부를 운영하는 데 있어 하나의 '조건'일 뿐 그것 자체가 독립변수는 아니라고 보는 다원주의의 입장이다. 이를 증명하기 위해 이들은 입법과정 분석을 통해 분점정부가 통치력 저하와 별로 관련이 없다는 것을 밝힌다(Rieselbach 1996, 109). 이들에 따르면, 정부유형과 무관하게 거의 모든 핵심 법안은 의회에서 통과됐고, 정부유형이 대통령-의회관계를 좌우하는 변수도 아니다. 특히 오닐(Tip O'Neill)은 모든 정치는 결국 지방의 이해에 얼마나 부합하는가에 따라 성패가 좌우된다고 보았다(O'Neill 1987, 6).[274] 중앙정치의 성공은 누가 얼마나 많은 베이컨(이득)을 지역민에게 가져다주었는가에 의해서 판가름 나지 정부유형이 결정하는 것은 아니라는 입장이다(Rieselbach 1996, 112).

분점정부의 대통령-의회관계에 대한 이러한 세 가지 입장이 경쟁하는 것은 그만큼 분점정부의 대통령-의회관계가 고정된 것이 아니라, 주어진 상황에 따라 서로 다른 결과를 산출하기 때문이다. 분점정부의 대통령-의회관계는 분리성의 극대화로 책임전가와 정책실패로 이어질 수도 있고, 대통령에 대한 의회의 효과적인 견제로 권력집중을 방지할 수도 있으며, 입법산출이나 정책산출이 저하

274) 이것이 바로 오닐이 주장한 "모든 정치는 지방적이다(All politics is local)"는 테제다(O'Neill 1987, 6-26).

되지 않고, 오히려 의미 있는 입법이 이루어지기도 한다. 결국 중요한 것은 분점정부가 출현하는 시점의 구체적인 정치상황과 정치적 실천양태다.

1988년 5월 등장한 최초의 분점정부가 '5공 청산'과 광주문제의 해결과 같은 민주화를 촉진시키는 정책들을 실현하고, 입법산출도 이전의 단점정부와 비교하여 결코 뒤지지 않았던 것도(박통희 1993), 민주화 운동이 절정에 달하던 시점에서 등장했기 때문에 가능했다(오승용 2004a). 즉 민주화 운동의 고조기라는 정치상황이 분점정부의 대통령-의회관계를 규정했다.

여기서 주목해야 할 주장은 분점정부가 정부운영 내지 대통령-의회관계의 독립변수가 아니라 매개변수라는 주장이다(Petrocik & Doherty 1996; Rieselbach 1996). 이러한 주장에 따르면, 분점정부는 단점정부에 비해 정부운영에 영향을 미치는 매개변수가 하나 더 추가된 것에 불과하며, 분점정부라는 매개변수가 정부운영 과정에 개입하더라도 그것 때문에 정부운영이 반드시 실패하는 것은 아니다.

결국 이러한 세 가지 입장의 적실성을 검증하기 위해서는 한국 분점정부의 대통령-의회관계에 대한 실증분석이 이루어져야 한다. 이러한 실증분석의 결과에 따라 분점정부의 대통령-의회관계를 판단할 수 있다.[275] 이를 이해 1988년 이후 한국 분점정부의 대통령-의회관계를 입법과정에 대한 분석결과를 중심으로 평가해보도록 하겠다.

앞장에서 분석한 것처럼, 입법과정 분석을 통해 분점정부의 대통

275) 다만, 분점정부의 대통령-의회관계는 고정된 것이 아니라는 점을 다시 한번 강조하고자 한다. 대통령-의회관계는 분점정부가 나타났던 당시의 구체적인 정치상황에 의해 좌우되기 때문이다.

령－의회관계를 평가하기 위해 크게 세 가지 측면을 살펴보았다. 법안처리, 의회의 대통령 견제 조치 발의, 국회의 집회현황이 그것이다. 법안처리는 전체 입법산출 평가와 중요법안을 선별하여 해당 법안의 처리결과를 추적했는데, 대통령의 정책의지가 의회에서 관철되는 정도를 평가하기 위한 지표다. 의회의 대통령 견제 조치 발의는 대통령에 대한 의회의 견제 정도를 평가하기 위한 지표이며, 마지막으로 국회의 집회현황은 의정활동의 충실도를 평가하는 지표인데, 대통령－의회관계가 대립적일 경우 개의율과 회기당 개의일수는 줄어들고, 공전 횟수는 늘어난다. 이러한 세 가지 지표로 분석할 경우 한국 분점정부의 대통령－의회관계에 대한 종합적인 평가가 가능하다.

먼저 13대 국회 전반기에 등장한 제1기 분점정부를 보자. 이 시기의 입법산출은 같은 13대 국회 단점정부 시기와 차이가 없고, 의원발의안의 경우는 오히려 더 높다. 정부제출안의 가결률은 86.1%, 의원발의안은 35.8%이었고, 전체 50.4%의 가결률을 보이고 있다. 제2기(15대 국회)와 제3기(16대 국회) 분점정부와 비교하더라도, 제1기 분점정부의 입법산출은 단연 돋보인다. 특히 이 시기는 역사적으로 의미 있는 중요법안들이 많았다. 국회법개정안, 지방자치법개정안, 해직공직자복직 및 보상법안 등이 그것이다.

의회의 대통령 견제 조치를 보면, 탄핵소추와 같이 대통령에 대한 강력한 견제 조치들은 나타나지 않았고, 국무총리 및 국무위원 등에 대한 해임건의안이나 사퇴권고안도 제출되지 않았다. 13대 국회 단점정부 상황에서 7건의 사퇴권고안이 제출되었지만 본회의 표결까지 가지는 않았다.[276] 이 시기에 헌정사상 최초로 대법원장에 대한 임명동의안이 국회에서 부결되는데, 이를 계기로 노태우 정부는 반대당과의 타협을 적극적으로 고려하면서도, 분점정부 상황을 극복할 방법을 모색하게 된다. 이 시기에 국정조사 발의는 한 건도 없었으나, 단점정부로 전환한 이후 4건이 접수되어 2건이 가결되었다.

국회의 집회현황을 보면, 이 시기는 개의율 26.4%, 회기당 개의일수 10.7일로 다른 시기보다 높은 편이다. 일일평균 회의시간도 3시간 46분으로 14대 국회나 15대 국회 시기보다 높았다. 특히 대통령과 의회의 극한대립을 상징적으로 보여주는 국회의 완전 공전은 단 한 번도 없었다.

입법산출이나 중요법안의 처리, 의회의 행정부 견제 조치, 국회의 집회현황 등을 고려했을 때, 13대 국회에서 최초로 등장한 분점정부는 정부의 통치력을 저하시키거나 국정운영의 마비를 가져오지는 않았다. 특히 대통령-의회관계는 대법원장 임명동의안이 헌정사상 최초로 부결된 사례에서 볼 수 있듯이, 의회의 자율성이 상대적으로 증대됐고, 대통령에 대한 의회의 견제 기능도 활발해졌다. 이 시기는 역사적으로 의미 있는 법안이 많이 통과됐고, 대통령-의회관계도 극한적 대치상황을 초래하지 않았으며, 의정활동도 충실하게 이루어진 시기로 평가할 수 있다.

다음으로 김대중 정부의 출범과 함께 등장한 제2기 분점정부를 보자. 15대 국회는 총 1,951건의 법안이 제출되어 1,121건이 가결(57.5%)되었는데, 15대 총선 직후 단점정부 시기(김영삼)에는 536건 중 415건이 가결되어 77.4%의 가결률을 보이고 있고, 제2기 분

276) 해임건의안이나 사퇴권고안이 본회의 표결까지 갔던 경우는 14대 국회 이후였다.

점정부 시기는 전체 23건 중 20건이 가결되어 87.0%의 가결률을 보였다. 다시 DJP 연합을 통해 단점정부로 전환한 후 전체 1,392건 중 686건이 가결되었는데, 이는 49.3%의 가결률로서 민주화 선언 이후 최악의 가결률이다. 15대 국회의 입법산출만을 볼 때, 김영삼 정부 시기의 단점정부는 이전 시기와 비교할 때 입법산출의 차이가 크지 않았지만, 김대중 정부 시기의 단점정부는 이전 시기와는 비교할 수 없을 정도로 입법산출이 저하되었다. 그러나 중요법안의 처리결과를 보면, 이 시기 분점정부에 대한 평가는 달라진다. 이 시기에는 12개의 중요법안이 모두 통과되었다. 정권 출범 직후라는 시기적 요인과 국가적 위기상황이라는 요인이 작용했겠지만, 외환위기 극복과 개혁정책 추진의 기반이 되는 핵심 법안들이 많이 통과되었다.

의회의 대통령 견제 조치 발의 현황을 보면, 김대중 정부 출범 직후 검찰총장에 대한 탄핵소추안이 접수되었으나 폐기되었다. DJP 연합 시기에 탄핵소추안 2건이 접수되어, 1건이 본회의 표결에서 부결되었다. 14대 국회에서 검찰총장 탄핵소추안이 부결된 이후 두 번째 국회 표결이었다. 이 시기에는 해임건의안이 난 한 건도 제출되지 않았다. 오히려 DJP 연합 시기에 15건의 해임건의안이 제출되어 4건이 본회의 표결에서 부결되었다. 국무총리 및 국무위원 등에 대한 임명동의안의 경우, 분점정부에서 김종필 국무총리에 대한 임명동의안이 6개월 동안 표류하다 결국 가결되었다. 당시 국무총리 임명동의안 처리가 늦어지면서 1998년 추경예산안 처리도 늦어져, 자칫 '가예산'을 통해 정부를 운영할 위기에 직면했다. 국정조사의 경우 분점정부 시기에는 한 건도 없었고, DJP 연합 시기에 2건이 접수되어, 2건 모두 가결되었다.

국회 집회현황을 보면, 개의율 14.4%, 회기당 개의일수 6.3일로 민주화 선언 이후 가장 낮다. 일일평균 회의시간도 3시간 3분으로서 15대 국회 후반기 단점정부보다는 높지만, 13대 국회나 14대 국회, 16대 국회 전반기보다 훨씬 적은 시간이다. 특히 국회가 완전 공전된 회기가 두 차례나 있었다.

이 시기는 입법산출이 다른 시기와 비교할 때 낮지는 않았다. 15대 국회 전체의 입법산출을 비교해보면, 김영삼 정부 시기의 단점정부는 14대 국회의 입법산출과 별다른 차이가 없었지만, 김대중 정부 시기의 단점정부는 김영삼 정부 시기 단점정부는 물론 이전 국회의 입법산출보다 저하되었다. 제2기 분점정부는 입법산출이 낮지는 않았지만, 13대 국회의 제1기 분점정부와 비교할 때 대통령-의회관계는 훨씬 경직되었다. 그러나 같은 15대 국회 후반기 단점정부와 비교하면 대립의 강도는 훨씬 낮았다고 할 수 있다.

16대 국회 출범과 함께 등장한 제3기 분점정부는 총 281건의 법안 중 201건이 가결되어 71.5%의 가결률을 보였다. 이중 정부제출안은 175건 중 156건이 가결되어 89.1%로 직전 단점정부 시기보다 가결률이 상승했다. 의원발의안 역시 42.5%로 직전 단점정부 시기보다 상승했다. 3당 정책공조로 다시 단점정부로 전환된 후, 전체 84건 중 49건이 가결되어 58.3%의 가결률을 보이고 있고, 이중 정부제출안은 72.7%, 의원발의안은 53.2%의 가결률을 보였다. 분점정부 시기 입법산출이 단점정부 시기보다 더 높았다. 중요법안의 경우, 이 시기에 16개 법안이 가결되었고 4건은 입법에 실패했다.

의회의 대통령 견제 조치의 경우, 제3기 분점정부 시기에 2건의 탄핵소추안이 제출되었지만 모두 폐기되었다. 해임건의안의 경우, 2건의 해임건의안과 1건의 사퇴권고안이 제출되었으나 3건은 폐기되었다. 이는 3당 정책공조 시기 5건 제출, 1건 가결(통일부장관 해임건의안), 4건이 폐기된 상황에 비해 많은 것은 아니었지만, 3당 정책공조 파기 이후 제4기 분점정부의 1건보다는 많다. 임명동의안 처리의 경우, 부결된 건은 한 건도 없었다. 국정조사는 2건이 접수되어 2건 모두 가결되었다. 그러나 국정조사가 제출된 시점은 모두 단점정부였다.

국회의 집회현황을 보면, 개의율 18.4%, 회기당 개의일수 6.5일, 일일평균 회의시간 4시간 16분으로 15대 국회 후반기 단점정부보다 개의율은 낮았지만, 회기당 개의일수는 같았고, 일일평균 회의시간은 더 많았다. 같은 16대 국회 3당 정책공조 시기(단점정부)와 비교할 때 개의율은 더 높았고, 회기당 개의일수도 더 많았다. 일일평균 회의시간은 더 적었지만, 3당 정책공조 시기에 국회가 완전 공전된 회기가 두 차례였던 반면, 16대 국회 출범 직후의 제3기 분점정부는 완전 공전된 회기가 한 번도 없었다.[277] 따라서 제3기 분점정부는 13대 국회의 제1기 분점정부, 15대 국회의 제2기 분점정부보다 대통령-의회관계가 상대적으로 격화되었지만, 이전 이후 시기 단점정부와 비교하면, 대통령-의회관계의 경직성은 상대적으로 낮았다.

마지막으로 3당 정책공조 파기 이후 등장한 제4기 분점정부는 민주화 선언 이후 등장한 분점정부 중 최악의 분점정부로 평가할 수

---

277) 개의율이나 회기당 개의일수가 적음에도 불구하고 일일평균 회의시간이 많은 것은 그 만큼 제한된 기간에 많은 법안이 처리되었다는 것을 의미하기 때문에 결코 바람직한 상황은 아니다.

있다. 입법산출의 경우 전체 652건 중 346건이 가결되어 53.1%의 가결률을 보이고 있다. 이중 정부제출안은 196건 중 156건(79.6%), 의원발의안은 456건 중 190건(41.7%)이 가결되었다. 그러나 중요법안은 16개 법안이 가결되어 다른 시기와 별 차이는 없었다.

대통령에 대한 의회의 견제 조치를 보면, 검찰총장에 대한 탄핵소추안이 1건 제출되었으나 폐기되었다. 해임건의안의 경우 법무부장관에 대한 해임건의안이 제출되었으나 대통령선거를 의식한 한나라당이 본회의 상정을 하지 않아 폐기되었다. 임명동의안 부결은 이 시기 분점정부의 가장 중요한 사건이다. 장상 국무총리와 장대환 국무총리에 대한 임명동의안이 국회에서 연속 부결됨으로써 김대중 정부는 국정운영에 막대한 타격을 입었으며, 사실상 통치권이 마비되는 사태가 발생했다. 국정조사는 이 시기 1건이 접수되어 가결되었다.

국회의 집회현황을 보더라도, 이 시기 개의율은 15.9%로서 분점정부 시기 개의율 중 가장 낮았고, 회기당 개의일수도 6.5일로 15대 국회 분점정부에 이어 두 번째로 적었다. 일일평균 회의시간은 2시간 47분이었는데, 특이하게 이 시기는 개의율도 낮고, 회기당 개의일수도 적으면서, 일일평균 회의시간도 짧았던 시기였다. 국회가 완전 공전된 회기도 세 차례나 되었다. 따라서 제4기 분점정부의 대통령 - 의회관계는 입법산출에서는 다른 분점정부보다 특별하게 뒤떨어지지는 않았지만, 의회의 대통령 견제와 국회의 파행은 어느 시기보다 격화되었다.

이상의 분석을 통해 볼 때, 분점정부의 대통령 - 의회관계는 13대 국회에서 가장 생산적이고 원만한 관계를 유지했던 반면, 15대와 16대로 올수록 분점정부의 입법산출이 저하되고, 의회의 대통령 견제 조치가 강화되며, 국회의 의정활동 충실도가 낮아지고 있다는 것을 알 수 있다. 그러나 이러한 경향은 분점정부 시기에만 해당되는 것은 아니다. 이를 보다 분석적으로 살펴보기 위해서는 각각의 분점정부를 평면적으로 비교해서는 안 되고, 해당 시기를 전후한 정치상황, 해당 분점정부 직전, 직후 시기의 단점정부와 비교해야 한다. 그럴 경우 분점정부의 대통령-의회관계가 경직된 것은 사실이지만, 단점정부와 비교해보면 해당 분점정부 시기만 대통령-의회관계가 특별히 격화되었다는 증거는 없다. 오히려 단점정부 시기에 대통령-의회관계가 더 대립적인 경우가 많았다.[278]

여기서 주목할 것은 김대중 정부 시기(15대~16대 국회)이다. 김대중 정부는 분점정부와 단점정부가 여러 차례 반복되었다. 그러나 노태우 정부와 김대중 정부는 분점정부 상황에 대처하는 방식이 달랐다. 노태우 정부는 3당 합당을 통해 과반수 의석을 확보했지만, 김대중 정부는 취약한 지지기반과 원내 제1당이 아닌 제2당 분점정부라는 한계를 갖고 있었다. 특히 정치적으로 소외된 지역을 기반으로 했고, 원내 지위도 소수파였다. 만약 김대중 정부에서 이전보다 더 많은 대치정국과 통치력의 저하가 있었다면, 그것은 분점정부를 자주 경험했기 때문이 아니라, 소수파로서의 한계와 '사회적 다수파'의 전횡 때문이다. 원내 의석수는 열세였지만, 사회적 다수파였던 노태우 정부가 기득권세력의 구심력을 바탕으로 3당 합당으

278) 그 이유는 유권자의 선택에 의해 형성된 분점정부를 국정운영의 편의 때문에 단점정부로 전환시킨 집권당의 정치적 실천 때문이다.

로 전환할 수 있었다면, 김대중 정부는 원내 의석수뿐만 아니라 기득권 세력의 공격을 받는 소수파 정권으로서의 한계 때문에 연합정치의 한계를 보일 수밖에 없었던 것이다.[279]

결론적으로, 분점정부의 대통령-의회관계는 단점정부의 대통령-의회관계와의 비교를 통해서 평가해야한다. 최초의 분점정부가 입법산출이 높고, 원만한 대통령-의회관계가 유지되었다고 모든 분점정부의 대통령-의회관계도 동일하다고 판단할 수 없고, 3당 정책공조 파기 이후 등장한 분점정부가 입법산출이 저하되고, 대통령-의회관계도 극히 대립적이었다고 해서 모든 분점정부의 대통령-의회관계가 대립적인 것은 아니다. 분점정부 이전 시기, 이후 시기의 단점정부와 비교할 때 상대적으로 대통령-의회관계가 대립적인지, 협력적인지를 평가해야 한다.

이러한 기준에 따라 평가할 때, 한국 분점정부의 대통령-의회관계가 특히 김대중 정부에 접어들어 대립적인 관계를 유지해온 것은 사실이다. 그러나 단점정부 시기의 대통령-의회관계도 마찬가지였다. 김대중 정부에서 대통령-의회관계가 격화되었던 이유는 분점정부 때문이라기보다는 소수파 정권으로서의 한계 때문이다. 결국 분점정부는 정부운영에 개입하는 하나의 조건일 뿐이라는 것을 김대중 정부의 사례를 통해서도 확인할 수 있다. 따라서 대통령-의회관계는 김대중 정부의 경우처럼 분점정부 이외의 조건들을 더 비중 있게 고려해야 완전한 규명이 가능해질 것이다.

279) 대표적인 것이 장상과 장대환 국무총리에 대한 임명동의안 부결이다.

2. 분점정부와 정부운영의 과제

1) 분점정부와 대통령의 선택

현실적으로 분점정부는 권력분리라는 대통령제의 '원칙'에 가장 근접한 정부유형이지만, 정당이 정부기관을 통제하는 대통령제의 '현실'과는 맞지 않는 부분이 있다. 대통령과 의회가 서로 다른 정당에 의해 통제되는 것은 원칙에는 근접한 것이지만, 현실의 충돌 가능성을 배제할 수 없기 때문이다. 이러한 충돌이 격화될 경우 분점정부의 정부운영은 비판론자들의 주장처럼 입법마비와 정국의 교착이라는 결과를 초래할 수도 있다.

이런 극단적인 경우가 아니더라도, 단점정부의 현실과 분점정부의 현실은 제도적 환경 자체가 다르다. 그렇기 때문에 단점정부의 정치적 실천과 분점정부의 정치적 실천은 달라야 하며, 이러한 차이를 인정하고 분점정부의 정치적 실천을 평가해야 한다. 예컨대 분점정부 상황에서의 정당연합(DJP 연합, 3당 정책공조)을 단점정부의 시각으로 평가하는 것은 정당하지 못하다. 따라서 분점정부의 정부운영과 단점정부의 정부운영의 차이를 줄일 수 있는 보다 현실적인 대안이 필요하다. 필자는 그것을 연합정치에서 찾을 수 있다고 본다.

콕스와 커널(Gary Cox and Samuel Kernell)은 분점정부의 정치적 실천에 대한 관심 결여와 선행연구 부족에도 불구하고, 분점정부 상황에서 대통령과 행정부 집권당은 단점정부 상황과는 다른 정치적 실천이 필요하다는 점을 지적했다.[280] 현실적으로 분점상황이 도래했을 때 대통령과 행정부 집권당은 다양한 전략을 상황에 따라 선택할 필요가 있는데, 이때 선택 가능한 대안은 크게 세 가지로 압축된다(Cox & Kernell 1991, 243-244).

첫째, 대통령과 의회가 상대 기관을 염두에 두지 않고 각자의 길을 가는 방법이 있다(go alone). 즉 대통령과 의회는 상대방과의 협상이나 타협보다는 헌법이 보장한 자신들의 권한과 주어진 역할을 충실히 수행하는 것이다. 이 경우 대통령은 헌법에 보장된 권한을 의회의 도전으로부터 방어하려 하고, 의회는 헌법이 보장한 대통령에 대한 견제 권한을 행사하려 하기 때문에 대통령과 의회 다수당과의 타협이나 협상은 이루어지기 힘들다. 대통령으로서는 일관된 정책결정과 집행이 가능하다는 장점이 있지만, 의회와 갈등관계가 지속될 우려가 있고, 최악의 경우 정부운영이 의회의 도전으로 위기에 처할 수도 있다.

둘째, 대중에 호소하는 방법이다(go public). 일명 "다리를 태우는 전술"(bridge burning tactic)이다. 대통령과 의회는 대중들의 관심을 촉발시킴으로써 자신의 협상지위를 강화할 수 있다. 대통령은 자신의 정책에 대해 대중이 판단하고 개입할 수 있도록 여론소통의 장을 마련하고, 의회의 다수당 역시 대중들에게 자신들의 정치적 견해를 밝힘으로써 자신들에 대한 지지를 확산시키는 방법이다.[281]

---

280) 콕스와 커널은 분점정부에 대해 다소 부정적인 인식을 갖고 있는데, 그들은 분점정부가 등장하면 입법부와 행정부를 장악하고 있는 정당들은 전략적으로(혹은 공세적으로) 자신들이 장악하고 있는 정부기관의 특권과 권한을 강조함으로써 제도적 갈등을 초래할 것으로 본다. 또한 그렇기 때문에 주요한 정책결정은 제도적으로 구조화된 협상과정의 산물로 본다(Cox & Kernell 1991, 242).

281) 대표적으로는 레이건이 정치적 입장을 국민 앞에서 설명할 때마다

이 경우 대중은 대통령과 의회 간의 중재자가 되는데, 의제설정자가 누구인가 혹은 누가 먼저 의제를 제안했는가에 따라 주도적 역할을 승인하는 경우가 많다.

일반적으로 대중들은 대통령의 주도적 역할을 승인하는 경우가 많다고 한다. 왜냐하면 대통령은 '한 목소리'로 대중에게 호소할 수 있지만, 의회는 복수의 정당이 존재하기 때문에 서로 다른 목소리를 낼 수밖에 없어, 대중들은 대통령의 주도적 역할을 승인하곤 한다. 그러나 이러한 방법에 지나치게 의존하다보면 부시나 대처의 경우처럼 행정부가 대통령과 수상에 의해 사인화될 우려도 있다.

셋째, 대통령과 의회가 적절한 선에서 협상하는 것이다(Bargain within the beltway). 이는 대통령과 의회가 모든 사안에 대해 무조건 타협한다는 의미는 아니다. 사안에 따라 대통령은 의회와 타협할 수 있다. 타협의 과정에서도 협상의 당사자들은 지연(delay)과 허장성세(bluffing)의 방법을 동원하여 상대방으로부터 최대한의 양보를 얻어내고자 한다. 이러한 정치적 선택은 가장 위험부담이 적지만, 협상의 과정에서 어느 한쪽이 포기하거나 정치적 수세를 인정하지 않을 경우에는 치킨게임이 될 수도 있다. 이 외에도 협상을 통해 합의에 도달하지 못할 경우 협상 실패에 대해 유권자들의 심판을 받게 되고, 협상에 성공하여 합의에 도달하더라도 소속 의원 및 당원은 물론 지지자들의 반발이 있을 수도 있다.

이와 비슷한 맥락에서, 의회제 국가에 대한 분석이긴 하지만, 스트롬(Kaare StrØm)도 소수파 정부의 세 가지 정치적 실천을 제시

애용하던 "Read My Lips"(내말 잘 들어봐 혹은 나를 믿어주세요)가 있다.

한바 있다. 스트롬에 따르면, 소수파 정부는 수적 열세를 극복하고, 효과적인 정부운영을 위해 다음의 방법들을 고려해야 한다고 주장한다(StrØm 1990, 94-98).

첫째, 의회 내에 안정적인 지지정당(support party)을 확보해야 한다. 이 경우 소수파 정당은 의회에서 다수 지지를 확보할 수 있고, 지지정당의 경우, 내각에는 참여하지 않더라도 정책성공의 혜택을 공동으로 누리게 된다. 또한 정책이 실패하더라도 정책에 대한 책임을 반대당(의회 다수파)에게 전가시킬 수 있고, 실제 정책결정에 더 많은 영향을 미칠 수 있는 장점이 있기 때문에 소수파 정당과 지지정당 모두에게 이익이 되는 전략이다(StrØm 1990, 94-96).

둘째, 원내 정당들과 선택적 제휴를 통해 지지정당을 수시로 바꾸는 것이다(case by case). 지지정당이 고정될 경우 행정부 집권당의 지지정당에 대한 양보가 그 만큼 늘어날 수밖에 없기 때문에 집권당의 입장에서는 최소한의 양보를 위해 각 사안별로 제휴 정당을 취사선택해야 한다. 이 경우 '파이'의 손실을 최소화할 수 있는 장점이 있는 반면, 안정된 지지정당이 없기 때문에 다수당에게 패배할 수도 있다는 문제가 있다(StrØm 1990, 97).

셋째, 정책별로 연합의 파트너를 확보하는 것이다(policy to policy). 이를 정책 지향적 접근이라고도 하는데, 행정부 집권당은 의회의 개별 정당들과 특정 정책영역에 대해 중장기적 관점에서 공식적, 비공식적인 합의를 미리 해둔다. 다시 말해 각 정책영역별로 서로 다른 파트너(separate policy partner)를 미리 확보하는 것이다. 서구 정당들의 경우 정당의 이데올로기적 구분이 분명하기 때문에 해당 정책과 가장 근접할 수 있는 정당들과 선택적으로 정책적 제휴를 맺는

것이 가능하다.[282]

위에서 제시된 콕스와 커널, 스트롬의 논의는 분점정부를 경험하고 있는 우리에게 시사 하는 바가 크다. 우리의 경우, 대통령과 집권당은 분점정부 상황임에도 불구하고 이를 현실로 수용하지 않고, 무소속 영입, 의원 빼오기 등 정당성을 인정할 수 없는 수단을 동원하여 분점정부를 단점정부로 전환하려고만 해왔기 때문이다.

대통령과 집권당이 소수파로서의 지위를 인정할 경우, 다른 정치적 선택의 가능성이 열리기 때문에 분점정부하에서도 안정적이고 생산적인 정부운영이 가능하다. 최초의 분점정부가 등장했던 13대 국회 전반기의 경험은 그런 의미에서 중요한 사례다. 당시 민주정의당은 수적 열세를 인식하고, 정당의 정통성과도 연관된 광주문제 해결, 5공 청산과 같은 민감한 사안들을 반대당과의 협상을 통해 수용하는 입장을 보였다.[283]

그런데 우리의 정치현실을 보면, 위에서 제시한 대통령과 집권당의 선택이 실현될 수 있는 제도적 여건이 충족되어 있지 않다. 한국 정당의 전근대성과 비민주적인 관행은 분점정부의 다양한 정치적 실천의 장벽이 되고 있다. 주지하듯이, 우리나라의 정당구조는 지역패권정당체제다. 지역패권정당체제에서는 지역 출신의 정당 지

282) 물론 한국의 현실과는 잘 맞지 않는 주장이다. 한국의 정당은 이념적 차이가 크지 않은 대신, 지역적 거리감이 크기 때문에 정책에 따른 선택적 제휴는 아직은 현실성이 떨어지지만 진보정당이 원내교섭단체 수준으로 성장한다면 현실적 대안이 될 수 있다.

283) 물론 민주정의당이 그럴 수밖에 없었던 당시의 시대적 상황도 고려해야 한다. 그러나 결과적으로 13대 국회는 12대 국회는 물론 14대－16대 국회와 비교할 때 왕성한 입법활동과 의회의 대통령에 대한 견제와 감시 기능도 동시에 강화되었던 국회로 평가받고 있다(박통희 1993).

도자가 정당운영의 전권을 행사하고, 특히 '공천권'을 독점한다. 또한 당 규율이 엄격하기 때문에 의회에서 당론과 배치되는 발언이나 표결이 거의 불가능하다. 그럴 경우 해당 의원은 당에서 제명되는 것은 물론이고, 다음 선거의 '공천'을 포기하는 것이나 마찬가지이기 때문이다. 모든 당론은 당 총재의 결정과 지시에 의해 결정되고, 그 결정에 의원들은 일사불란하게 움직일 수밖에 없다. 원내총무의 협상재량권도 제약될 수밖에 없다. 교차투표(cross-voting)가 제도적으로 보장되고 있음에도 불구하고, 실제 잘 이루어지지 않는 이유가 여기에 있다. 엄격한 당 규율은 정당 간의 대화와 타협, 협상의 여지를 좁게 만든다. 실제 한국정치에서 대결의 정치가 일상화된 것도 이러한 전근대적이고 비민주적인 정당구조에서 기인한다.

따라서 한국의 정당구조에서는 위에서 언급한 대통령과 집권당의 정치적 실천이 현실화되기가 쉽지 않다. 집권당은 수적 우위를 기반으로 밀어붙이고, 반대당들은 집권당의 수적 우위에 '실력행사'를 통해 맞설 수밖에 없다. 분점정부가 등장해도 이러한 상황은 크게 변화하지 않는다. 이러한 우리의 현실과 비교할 때 미국의 사례는 분점정부의 정치적 실천을 위한 기본 조건이 무엇인지를 시사한다.

미국은 유럽의 정당이나 우리나라의 정당처럼 당 규율이 엄격하지 않다. 의원의 표결은 당에 대해 책임을 지는 것이 아니라, 자신의 선거구 유권자에게 우선적으로 책임을 진다. 그렇기 때문에 당론(당의 공식적 입장)이 의회 표결과정에서 영향을 미치는 정도가 우리보다 약하다. 이러한 정치적 실천이 가능한 이유는 공직후보자 추천이 상향식으로 이루어지기 때문이다. 즉 당 총재의 낙하산 공천이 불가능하기 때문에 의원들은 의정활동 실적으로 유권자에게 평가받으면 되고, 의정활동 실적이 필요한 의원들을 중심으로 집권당과의 사안별 블럭투표도 이루어진다. 의원들은 정책의 결과로 책임을 지면된다.

실제로 하원에서 표결이 있게 되면, 대통령은 행정부가 제출한 법안이 통과될 수 있도록 자기 당 소속의원은 물론 반대당 소속의원들과도 협상을 한다. 협상의 과정에서 양보도 가능하다. 법안에 대한 찬성의 대가로 해당 의원의 선거구에 대한 지원을 약속하는 경우도 있다(side-payments). 미국 남부의 공업화도 이러한 지원의 결과다. 때문에 단점정부 상황이라고 해서 특별히 집권당에게 유리하고, 분점정부 상황이라고 해서 특별히 불리할 것도 없다.

유권자의 입장에서 보더라도 분점정부 상황은 의회가 대통령을 효율적으로 견제함으로써 대통령제의 문제점을 보완하고, 권력분리를 더욱 철저히 실현할 수 있다는 장점이 있다. 또한 반대당은 집권당으로부터 더 많은 양보를 얻어낼 수 있다. 그래서 미국의 유권자들은 오히려 분점정부를 선호한다는 조사결과가 나온다(Jacobson 1990, 135).

따라서 우리나라에서 분점정부하의 원만한 대통령-의회관계가 구축되기 위해서는 무엇보다 정당개혁이 선행되어야 한다. 이는 단지 분점정부만의 문제는 아니고 단점정부에서도 마찬가지다. 자유로운 경쟁과 협력, 대화와 타협의 정치가 정착할 수 없는 현재와 같은 정당구조에서는 단점정부일지라도 효과적인 국정운영은 기대할 수 없다. 그런 의미에서 분점정부의 문제를 대통령제 자체의 한계로 인식하는 것은 바람직하지 않고, 더구나 유권자의 선택 결과인 분점정부의 출현을 억제하기 위해 제도적 봉쇄장치를 마련하자는 주장은 근시안적이다.

그렇다면 전근대적인 정당체제가 개혁되지 않을 경우 분점정부의 등장에 대응할 수 없게 되는 것인가? 그렇지는 않다. 정당개혁의 문제가 중요하고, 반드시 이루어져야 한다는 것은 주지의 사실이다. 그럼에도 불구하고 행정부 집권당이 분점정부 상황에서 보다 유리한 제도적 여건(환경)을 구축할 필요는 있다. 필자는 그 가능성을 선거연합과 의회 내의 연합정치에서 찾고자 한다. 선거연합은 지역패권정당체제에서는 불가피한 선택이다. 특히 소수파 정당이 집권하거나, 집권 후 정부운영을 안정화시키기 위해서는 선거연합 이외의 현실적 대안이 없다. 이는 스트롬이 제안했던 지지정당의 확보와도 연계된 문제다.

김대중 정부를 예로 들면, 김대중이 집권할 수 있었던 것은 자민련과의 선거연합이 결정적인 요인이었다. 소수파 정당이었던 국민회의가 행정부 집권당이 될 수 있었던 것도 자민련과의 연대가 있었기에 가능했다. 지역주의 투표가 이루어지는 한국의 선거정치에서 지역 간 표의 결합은 집권을 위한 가장 손쉬운 선택이다. 정당의 목적이 정권을 획득하는 것인 만큼 이것 자체를 비판할 수는 없다. 노무현의 당선도 마찬가지다.

소수파 정권이 집권할 경우, 연합정치는 불가피하다. 김대중 정부는 분점정부 상황에서 'DJP 연합'이나 '3당 정책공조'를 통해 단점정부로 전환했다. 그러한 방식들은 분점정부하의 정부운영에 있어 불가피하다. 특히 다당제 구조에서는 어느 정당도 원내 과반수 의석을 확보하지 못하는 상황이 자주 발생한다. 스트롬이 언급했던 선택적 지지정당 확보나, 정책영역별 파트너십은 한국의 상황에서는 쉽지 않다. 의회에서의 정당 활동이 당론에 의해 결정되고, 의회가 권력투쟁의 경합장 성격을 갖는 의회정치의 현실을 감안할 때, 정당 간의 연합 이외의 다른 대안은 없다.

이 경우 원내 제3당의 역할이 당연히 중요해진다. 다만 정당연합의 경우 연합의 범위와 내용을 보다 투명하게 밝힐 필요는 있다. 즉 권력 장악과 이권 확보를 위한 연합정치가 아니라 정책이 중심이 된 연합정치가 이루어진다면 분점정부의 정부운영에 최선의 선택이 될 것이다.[284] 결국 최소한 지지정당을 확보하거나 정당연합을 실천할 경우에만 행정부 집권당의 정책 책임성도 확보된다. 이제 선거연합이나 정당연합에 대한 부정적 시각의 극복이 필요하다. 정당 간 연합정치를 '야합'의 눈으로 바라보는 것은 정당정치의 발전을 위해 바람직하지 않다. 의회제의 연합정치는 인정하면서도 대통령제의 연합정치는 야합으로 보는 논리는 시대에 뒤떨어진 사고다.

---

284) 김대중 정부에서의 연합정치는 정책연합이 아니라 권력공유 내지 이권분배를 위한 연합이었다. 김대중 정부의 핵심 정책이었던 햇볕정책과 관련하여, 통일부장관 해임건의안이 국회에서 가결되었던 사례는 정책연합의 부재를 보여주는 대표적인 사례다.

2) 분점정부와 제도개혁

분점정부에 대한 부정적 인식을 갖고 있는 정당정부론자들을 중심으로 촉발된 제도개혁 논의는 분점정부의 출현에 대한 가장 적극적인 대응방식이다. 물론 분점정부가 대통령제의 이념형에 가장 근접한 정부라고 해서 결점이 없다고 주장하는 것은 아니다. 하지만 분점정부의 문제를 해결하려는 취지에서 출발한 제도개혁 논의가 분점정부의 출현을 봉쇄하는 방향으로 전개되고 있는 현실은 바람직하지 않다. 한국의 정치현실에서 분점정부는 단점정부에서 기대할 수 없었던 긍정적 효과를 유발했기 때문이다. 그렇기 때문에 더욱 제도개혁 논의에 대한 비판적 평가가 필요하다. 한국 분점정부의 경우 아직 본격적인 연구가 진행되고 있지 않기 때문에 제도개혁 논의도 제한적으로 이루어지고 있지만, 앞으로 이 문제가 논란이 될 수밖에 없기 때문에 여기서는 미국의 제도개혁 논의까지 포함하여 검토해보도록 하겠다.

(1) 미국의 제도개혁 논의

미국의 제도개혁 옹호자들은 한결같이 미국정치의 문제가 정치인들의 문제가 아니라 분리성을 촉진하는 미국의 정치체계 문제로 인식하고 있다. 여기서 분리성이란 헌법이 규정한 행정부와 입법부의 권력분리를 말한다. 이들은 권력분리로 인해 국가정책의 성공과 실패에 대한 책임을 부여할 수 없게 되었다고 주장한다(Dillon 1985, 24-29; Sundquist 1986, 9). 이들에게 분점정부는 교착 혹은 마비와 동의어다. 번스는 분점정부 시기를 "침울하고 냉혹한 주기"(somber and inexorable cycle)라고까지 표현했다(Burns 1963, 2). 따라서 이들의 궁극적 개혁대상은 분점정부가 아니라 미국의 대통령제 그 자체지만, 헌법의 개혁은 현실적으로 불가능하기 때문에 실현 가능한 제도개혁의 5가지 분야를 제시했다.

가. 선거제도 개편

분점정부를 방지하기 위한 첫 번째 시도는 선거제도를 개편하여 보다 책임 있고, 효율적인 정부를 만들자는 것이다. 이를 위해 분점정부를 출현시키는 직접적인 원인인 분리투표를 방지할 수 있는 제도적 개선책을 제시한다. 이들은 분리투표야말로 반정당(antiparty) 혹은 적어도 비정당(nonparty)의 표현이며, 특히 정치적 무당파와 분리투표가 미덕이 되고 있는 현실에서 분점정부의 잦은 출현은 현실정치를 제어할 수 없도록 한다고 주장한다. 분점정부는 불가피하게 정부 간 갈등과 교착을 초래하기 때문에 그것은 방지되어야 한다.

이를 위한 구체적인 방법으로 크게 네 가지를 제시했는데, 분리투표가 불가능하도록 하는 방법, 투표용지를 바꾸는 방법, 줄투표를 추진할 수 있도록 선거주기를 바꾸는 방법, 대통령이 의회에서 반대당을 압도할 수 있도록 상원과 하원의 추가 의석(bonus seat)을 임명할 수 있도록 하는 방법이 그것이다(Sundquist 1986, 83-104).[285]

분리투표가 불가능하도록 하는 가장 직접적인 방법은 팀티켓(team ticket) 제도를 도입하는 것이다. 팀티켓제도란 정당의 모든 공직후보

285) 추가의석제도는 유신헌법에서 도입했던 '유신정우회'와 같이, 원내 제1당이 과반수를 확보할 수 있도록 일정한 범위에서 추가의석을 할당하자는 것이다.

자들(대통령, 부통령, 상원의원, 하원의원)을 한 명부(slate)에 기입하여, 한 번의 기표로 공직후보자를 일괄 선택하는 방법이다.[286)]

그러나 팀티켓제도는 유권자의 정치적 선택의 자유를 침해하는 문제점이 있다. 정당에 대한 선호와 후보자에 대한 선호는 다를 수 있으며, 대통령에 대한 선호와 의원에 대한 선호도 다를 수 있다. 또한 지역의 특성에 따라 선호하는 후보와 정당이 다를 수 있음에도 제도적으로 유권자의 선호의 다양성을 봉쇄하는 것은 문제가 있다. 여기에 모든 공직후보가 대통령 후보나 정당에 대한 선호를 기준으로 선택됨으로써 의원들의 의정활동에 대한 평가가 반영될 수 없다는 문제도 있다.

팀티켓제도의 도입과 함께 분점정부의 출현을 방지하기 위한 또 하나의 방법은 투표용지를 바꾸는 것이다. 보다 정확히 이야기하면 투표용지의 형태(format)를 바꾸는 것이다. 이는 줄투표를 원하는 유권자들은 정당의 후보자명부의 한 란(single box)에 체크하거나, 한번만 레버를 당기면 해당 정당 소속의 모든 공직후보에게 투표한 것으로 처리하는 방식으로서 흔히 줄투표선택(straight-ticket option/straight-ticket opportunity)으로 불리는 방식이다.[287)]

---

286) 팀티켓제도는 분리투표가 불가능한 가장 확실한 방법이다. 예컨대 민주당을 지지하는 유권자는 1번의 기표로 민주당 대통령, 부통령, 상원의원, 하원의원, 그리고 주지사, 주상원의원, 주하원의원, 지방의원, 심지어 교육감과 교육위원까지 한꺼번에 선택할 수 있기 때문이다. 그렇게 되면 공화당-대통령, 민주당-하원의원을 선택하는 분리투표가 나타날 수 없다.

287) 이 제도는 대략 19개 주에서 실시되고 있다. 정확한 통계가 없는 것은 매 선거마다 채택하는 주들이 달라지기 때문이다. 19개 주는 Alabama, Connecticut, Illinois, Indiana, Iowa, Kentucky, Michigan, Missouri, New Hampshire, New Mexico, Oklahoma, Pennsylvania,

이는 팀티켓제도와 유사하면서도 다른데, 팀티켓제도가 유권자들의 분리투표 가능성을 원천 봉쇄하는 것이라면, 줄투표선택은 줄투표를 원하는 유권자들만 한 번의 체크나 레버를 당김으로써 자신이 지지하는 정당의 모든 공직후보자들을 선택하도록 하는 것이다. 이 제도는 팀티켓제도와 같이 유권자의 선택권을 침해하지 않는 장점이 있는 반면, 이렇게 될 경우 비밀투표가 아니라 공개투표가 되어버린다는 문제점이 있다. 즉 줄투표선택을 하고자 하는 유권자는 투표장에서 민주당 혹은 공화당의 공직후보자 명부를 발급 받아 투표를 하기 때문에 자신이 어느 당, 어느 후보를 지지하는가가 외부에 공개된다.

세 번째 방법은 선거주기를 조절하는 것이다. 이는 엄밀히 말하면 의회선거에서 대통령선거를 분리해내는 것으로, 같은 해에 선거를 치르되 의회선거와 대통령선거 간에 시차(interval)를 두자는 것이다.[288] 유권자들은 상원의원과 하원의원을 선택하고 나면 누구를 대통령으로 선출해야 할지 충분히 알 수 있다. 즉 의회선거를 통해 다수당이 결정되면 유권자들은 다수당의 대통령후보를 선택할 가능성이 높다.

그러나 이 방법은 분리투표를 증대시킬 가능성도 있다. 왜냐하면 최근 미국의 유권자들은 단점정부보다 분점정부를 선호하는 경향이 있고(Jacobson 1990, 119), 분점정부에서 대통령과 의회의 상호 견제 효과를 인지하고, 이를 선호하는 유권자들은 오히려 분리투표를 할 가능성이 더 높다. 따라서 유권자가 합리적으로 단점정부의 효

Rhode Island, South Carolina, South Dakota, Texas, Utah, West Virginia, Wisconsin, Louisiana 등이다(Sundquist 1986, 95).

288) 선키스트는 적당한 시차로 약 2주 정도를 제안했다(Sundquist 1986, 95).

율성을 선택할 것이라는 전제가 예외 없이 충족되지 않는 이상, 이 방법은 별다른 효과를 거둘 수 없으며, 의회선거와 대통령선거가 분리됨으로써 후보자들의 선거비용 및 정부의 선거관리 비용만 증가시킬 우려도 있다.

마지막 방법은 행정부 집권당에게 원내 다수파 지위를 부여하기 위해 상원과 하원에 추가의석제도를 두는 것이다. 이것은 대통령 당이 의회에서 다수파를 형성하지 못했을 경우, 과반수에 필요한 만큼 추가 의석을 대통령이 임명할 수 있도록 하는 제도다. 예컨대, 대통령이 공화당이지만 상원에서 공화당이 전체 100석 중 45석만을 차지했을 경우, 추가의석 11석을 공화당에게 부여하면 공화당은 상원에서 다수파가 가능해진다(공화당 56석, 민주당 55석, 전체 111석). 하원도 마찬가지의 방법으로 행정부의 집권당이 원내 다수파를 형성할 수 있도록 의원 정수를 탄력적으로 운용하자는 방안이다.

이것은 유권자의 선택을 인위적으로 왜곡하는 것으로 공정한 선거경쟁을 추구하는 사회에서 있을 수 없는 일이다. 표현을 빌리자면, 이것은 제조된 다수파(manufactured majority)에 불과하다.[289] 이런 취지라면 차라리 대통령선거에서 각 정당의 후보자가 얻은 득표율에 따라 상원과 하원의 의석수를 배정하는 것이 비용도 줄이고, 더 간편할 것이다.

결국 선거제도를 통해 분점정부를 방지하기 위한 제도적 장치들

---

289) 원래 제조된 다수파란 1인 선출 상대다수제를 채택함으로써 원내에서 절대 다수의석을 가진 정당이 출현하는 경향을 지칭하는 개념이다. 비례대표제하에서의 다수파가 '획득된 다수파'임에 비해 다수대표제하에서의 다수파는 선거제도에 의해 '제조된 다수파'다(박찬욱 2000, 32).

은 순기능보다 역기능이 훨씬 더 많을 뿐만 아니라, 유권자의 선택권 훼손(팀티켓제도), 공개투표(투표용지 변경), 예측 불가능한 효과를 위한 무모한 투자(의회선거와 대통령선거의 분리), 그리고 대의민주주의의 부정(추가의석 제도) 등의 문제점 때문에 실현 가능성이 높지 않다.

나. 공직 선출자의 임기 조정

공직 선출자의 임기조정 문제가 제기된 배경은 크게 두 가지다. 하나는, 하원의 임기가 2년인 관계로 대통령 임기의 중간에 치러지는 하원선거가 대통령에 대한 중간평가의 성격과 함께 대통령을 견제하기 위한 수단으로 활용되고 있다. 이 때문에 중간선거에서 분점정부의 출현 비율이 대단히 높다. 대통령 임기 중반에 분점정부가 출현할 경우 정부운영의 효율성이 저하된다. 또 다른 하나는, 공직 선출자의 임기가 서로 다름으로 인해 정부운영의 난맥상이 나타나고 있다. 예컨대 대통령의 임기는 4년, 상원은 6년, 하원은 2년인 관계로 대통령은 2년 단위로 선거를 준비해야 하기 때문에 국정운영에 전념할 시간적 여유가 없다(Sundquist 1986, 105-111).

따라서 공직 선출자의 임기를 현재의 4(대통령)-6(상원)-2(하원)체제에서 4-8-4체제 혹은 6-6-3체제로 바꾸자는 것이다. 4-8-4체제는 대통령의 임기는 4년으로 고정시키되 상원과 하원이 임기를 늘려, 모든 선거를 현행 2년 단위에서 4년 단위 선거로 고정시킨다. 이 경우 상원의원은 현재 매 2년마다 정원의 ⅓씩 선거를 치르는데, 매 4년마다 정원의 ½씩 선거를 치르게 된다. 이들이 가장 주목하는 것은 대통령의 임기와 하원의 임기가 같기 때문에 중간선거로 인해 대통령의 국정운영이 방해받는 일이 없어진다는 점이다.

반면 6-6-3체제는 대통령의 임기를 6년으로 하되 재임을 금지하고, 상원의 임기는 현행대로 6년으로 고정시키며, 하원의 임기를 현행 2년에서 3년으로 늘리는 것이다.[290] 특징적인 것은 대통령의 임기를 현행 4년에서 6년으로 늘리고, 선거주기가 하원의 임기인 3년 단위로 고정된다. 이 방법은 현행 중간선거를 유지하되, 선거의 주기를 3년으로 늘임으로써 대통령의 '기회의 창'(window of opportunity)을 현행 6개월에서 최소한 1년 6개월로 연장할 수 있게 된다.[291] 선거주기 내지 공직 선출자의 임기 조정은 바람직성의 문제와는 별개로, 해결해야 할 몇 가지 문제들이 있다.

첫째, 이러한 임기 조정의 이유가 분점정부의 출현을 억제하기 위한 것인데, 문제는 분점정부가 과거와 같이 중간선거에 주로 나타나는 것이 아니라, 1952년 이후에는 대통령선거의 해에도 자주 출현하고 있다는 사실이다. 그렇다면 이것은 단순히 선거주기나 공직 선출자의 임기의 문제는 아니라는 결론에 이르게 된다.

둘째, 선거주기와 임기를 조정한다고 해서 유권자의 선택이 달라지는 것은 아니다. 만약 유권자가 분리투표를 지향하는 선호를 갖고 있다면(분점정부를 선호한다면), 선거주기나 임기조정은 별다른 의미가 없다. 여전히 분점정부는 나타날 수밖에 없기 때문이다.

셋째, 이러한 제도개혁의 실현가능성 문제다. 임기조정은 결국 헌법수정을 통해서만 가능한데, 주지하듯이 미국의 헌법이 수정되기

---

290) 이렇게 될 경우 상원은 매 3년마다 정원의 ½씩 선거를 치른다.

291) 기회의 창이란 대통령이 자신의 재선을 위해 업적을 쌓을 수 있는 최소 기간을 말한다(Sundquist 1986, 110). 현 제도에서 대통령의 기회의 창은 대략 6개월 정도로 보고 있다.

위해서는 오랜 기간 동안 복잡한 과정을 거쳐야만 한다.[292)]

임기가 늘어나고, 선거주기가 조정된다고 하더라도 유권자가 분리투표를 선택하면 분점정부는 나타날 수밖에 없고, 현행 임기체제에서도 유권자가 줄투표를 선택하면 단점정부가 나타나는 것이다. 따라서 이 방법은 현실화 가능성의 문제뿐만 아니라 바람직성의 차원에서도 문제가 있다.

다. 실패한 정부의 재구성

정부의 무기력에 대처하기 위해 제안된 방법은 특별선거(special election)를 치를 수 있도록 보장하는 것이다. 특별선거란 정부실패가 예상되는 위기상황에서 치러지는 선거다. 여기에는 주로 대통령이 해당되지만, 상원과 하원도 포함된다. 한마디로 정부가 실패에 직면할 경우 공직 선출자가 자신의 해당 임기를 다 채우지 않았더라도 특별선거를 통해 교체할 수 있도록 하자는 것이다(Sundquist 1986, 135-164). 예컨대, 앤드류 잭슨, 허버트 후버, 리차드 닉슨, 제럴드 포드와 같이 대표적으로 실패한 대통령의 경우 임기를 채우도록 방치하는 것보다는 다른 사람으로 교체하는 것이 정부실패를 막

292) 미국의 경우 헌법이 수정되기 위해서는 복잡한 절차를 거쳐야 한다. 일단 헌법의 수정은 크게 발의와 비준단계로 나눌 수 있다. 먼저 발의의 경우, ① 하원과 상원의원 ⅔의 찬성(33개의 수정안 발의), 혹은 ② 각 주 입법부 ⅔의 요청으로 소집된 연방헌법회의에 의해 발의될 수 있다(발의된 수정안 없음). 발의된 수정안은 ① 각 주 입법부 ¾의 찬성이나(26개 수정안 비준), ② 각 주 헌법회의의 ¾의 찬성에 의해 비준된다(1개 수정안 비준). 비준의 방법은 연방의회가 정한다. 일단 한 주가 수정안을 비준하면 그 주는 비준을 철회할 수 없으나 주가 수정안을 거부했다고 해서 후에 다시 그 수정안을 재고하는 것을 금지할 수는 없다(잔다・베리・골드만 1997, 87-88).

고, 정부실패로 인한 국민의 불이익을 줄일 수 있다.

그렇다면 실패한 정부를 판단할 수 있는 기준은 무엇인가? 여기에는 크게 5가지의 기준이 제시된다(Sundquist 1986, 138-139).

첫째, 중대한 범죄행위를 저지른 경우(criminal conduct).

둘째, 권력을 남용한 경우(abuse of power).

셋째, (대중과의) 정신적·정서적 단절(mental or emotional breakdown).

넷째, 총체적이고 치유할 수 없는 신뢰 상실(general and irremediable loss of public confidence).

다섯째, 입법부와 행정부 사이의 교착이 심각하여 정부의 위기대처능력이 부재할 경우(systemic deadlock).

이러한 5가지 기준 중 어느 하나라도 해당될 경우 최선의 치유책은 특별선거를 통해 지도자를 교체해야 한다.

이 제안은 의회제의 수상에 대한 불신임안 가결을 대통령제에 적용시킨 것이다. 물론 린쯔는 대통령제의 고정된 임기 제도야말로 대통령제의 경직성을 나타내는 것이라고 비판하고 있지만(린쯔 1995, 48),[293] 대통령제의 경직성의 이면에는 안정성과 예측 가능성이 있는 반면, 의회제의 유연성의 이면에는 불안정성과 예측의 어려움이 있는 것도 사실이다. 그런데 문제는 대통령제 정부형태를 유지한 상태에서 의회제의 유연성을 도입하는 것이 과연 바람직하고, 효율적인가에 있다. 자칫 이 제안은 대통령제의 권력분리 원칙을 의회제 방식을 통해 무산시킴으로써 실패한 정부를 사망하게 만

293) 린쯔는 대통령제하에서 정치과정은 정해진 기간으로 인해 단절되고, 경직되며, 정치·사회·경제적 상황변화가 요구하는 지속적인 재조정의 가능성이 배제된다. 따라서 정치과정의 모든 행위자들은 그 시간표에 따라 정치행위를 조정해야만 한다고 비판한다(린쯔 1995, 48).

드는 결과를 초래할 수 있다는 점에서 신중한 판단이 필요하다.

또 다른 문제는, 그렇다면 과연 누가 특별선거를 요구할 것인가에 있다. 이와 관련하여 문제가 되는 것은 이원적 민주 정통성의 침해다. 대통령제는 이원적 민주 정통성으로 인해 대통령과 의회 중 어느 쪽이 더 정통성이 있는가를 판단할 아무런 제도적 기준이 없다. 두 기관 모두 국민에 의해 선출된 기관이기 때문에 어느 한 기관이 다른 기관의 정통성을 부정할 수 없다. 만약 의회가 대통령의 실패를 문제 삼아 대통령을 교체하기 위한 특별선거를 요구한다면, 그것은 의회의 정통성이 대통령의 정통성을 침해하는 것이고, 그 역도 마찬가지다.

이밖에도 무엇이 실패인가를 명확하게 규정할 수 있는 근거가 미흡하다. 예컨대 위에서 제시된 5가지 기준이 나름대로 타당한 기준이 될 수는 있겠지만, 그것을 누가 최종적으로 판단할 것이며(사법부 혹은 헌법재판소?), 그러한 진단을 당사자가 쉽게 수용할 수 있으며, 사회적으로 완전한 합의에 도달할 수 있겠는가에 대해서도 의문이다.[294]

라. 권력분리 수정: 행정부와 입법부의 협력 강화

여기서 문제 삼는 것은 행정부와 입법부의 협력 부족이다. 서로 다른 정통성에 기반하고 있는 행정부와 입법부는 양부간 협력에 한계를 드러낼 수밖에 없다고 본다. 그래서 제도개혁론자들은 미국 헌법의 기본 원리인 권력분리의 수정을 주장한다. 이들은 행정부와

294) 제3세계 대통령제 국가에서 흔히 나타나는 군사독재정권의 경우 '반독재민주화'라는 국내외적 공감대로 인해 상대적으로 이러한 진단이 쉽겠지만, 그렇지 않은 경우에는 상당히 어려운 문제다.

입법부 간의 권력 공유는 물론 교류를 추진하자고 주장한다. 대표적인 것이 의원의 내각 참여다. 즉 겸직금지 폐지주장이다. 의원도 내각에 참여하고, 각료도 의회에 진출함으로써 행정부와 입법부의 분리가 아닌 연계를 강화시키고, 이를 통해 정부기관 간의 협력관계를 공고히 할 수 있다는 문제의식이 핵심이다.

그러나 이 주장은 잘못된 진단에 따른 그릇된 처방이다. 분점정부하에서 겸직금지 여부는 행정부와 입법부의 협력관계와는 별로 상관이 없다. 실제로 같은 당 소속끼리는 겸직 여부와 상관없이 협력적일 수밖에 없고, 반대당과의 관계는 기본적으로 경쟁적일 수밖에 없다. 예컨대, 반대당 의원에게 내각 참여를 허용하지 않는 한 겸직 허용만으로 행정부와 입법부의 협력관계를 강화시킬 수는 없다.

다음으로 제안되고 있는 것이 원내 정당을 강화하는 것인데, 주지하듯이 미국의 정당은 정당의 응집력과 규율이 약하기 때문에 당의 통일성이 유럽의 정당과 비교할 때 훨씬 떨어진다. 제도개혁론자들은 정당이야말로 권력분리로 인해 흩어진 정부기관들을 하나로 모아주는 통합의 외관(semblance)으로 바라본다(Key 1942, 656). 정당이 이러한 통합의 기능을 수행하기 위해서는 현재의 정당조직을 보다 강화할 필요성이 있다. 그래야만 권력분리로 인한 정부기관의 분리를 정당이라는 통합의 수단을 통해 넘어설 수 있기 때문이다.[295] 특히 분점정부를 자주 경험하면서, 제도개혁론자들은 정부

---

295) 비록 미국의 헌법이 엄격한 권력분리를 지향하고 있음에도 불구하고, 정당의 존재로 인해 정부기관의 통합은 얼마든지 가능하다. 왜냐하면 대통령도 정당의 일원이고, 의원도 정당의 일원이기 때문에 정당의 이념과 정책방향이 정부기관의 정책 속에 투영될 수밖에 없다. 실제로 관료조직을 제외하고, 내각에 참여하는 인사들은 정당 소속이거나

기관의 통합을 매개하는 정당의 강화야말로 정부운영의 효율성을 기할 수 있는 유력한 방법으로 본다.

이를 위해 미국의 정당을 대통령의 리더십을 보조할 수 있는 유럽식의 강력한 규율정당으로 변모시키고자 한다. 원내총무의 권한을 강화하여 원내 표결과정에서 정당의 통일성을 강화하고, 보다 엄격한 규율의 확립을 통해 강력한 내부 리더십을 형성하겠다. 또한 공직 후보자의 추천과정에 있어서도 정당의 영향력을 확대해야 한다고 주장한다(Sundquist 1986, 189-195). 그러나 미국이 정부운영에 있어 단점정부와 분점정부의 차이가 거의 없는 것은 바로 정당의 규율이 약하기 때문이라는 사실을 기억할 필요가 있다. 의회에서 의원의 투표는 당에 대해 책임을 지는 것이 아니라, 자신의 지역구 유권자들에게 책임을 지는 것이다. 이처럼 유권자에게 책임을 지는 투표가 가능한 것은 상향식 후보자 추천이 이루어지기 때문이기도 하다.

이러한 맥락을 고려하지 않은 채, 미국의 정당을 유럽의 규율정당으로 변모시키려는 노력은 단편적인 처방이며, 미국 정당정치의 단점이 아니라 장점을 수정함으로써, 미국 정당의 '제3세계화'로 이어질 우려도 있다.

마. 견제와 균형 원리 수정

견제와 균형 원리는 제헌 당시 '전제(tyranny)의 방패'로 도입한 것이다. 행정부와 입법부는 상호 거부권(mutual vetoes)을 통해 상

정당과 관련이 있는 인사들이기 때문에 외형적으로는 권력분리지만, 실질적으로는 권력의 통합이 이루어지고 있다.

대방을 제약할 수 있고, 사법부는 양부를 감시하는 기능을 담당하게 된다. 견제와 균형 원리는 권력분리에서 나타날 수 있는 문제점을 극복하기 위한 예방책이다. 그러나 제도개혁론자들은 헌법에 규정된 견제와 균형 원리가 상대방에 대한 적절한 견제의 수준을 넘어 정부의 순기능을 저해할 정도로 확장되고 있다고 본다(Sundquist 1986, 206-207). 따라서 견제와 균형 원리도 적절하게 수정될 필요가 있는데, 다음의 5가지 방법이 제안되었다(Sundquist 1986, 208).

첫째, 법안에 대한 대통령의 포괄적인 거부권을 사안별 거부권으로 제한(limited item vetoes).

둘째, 입법부 거부권의 부활(restoring of the legislative vetoes).

셋째, 전쟁개시권한(war power)의 의회 공유(A war power amendment).

넷째, 상원의 조약 비준권을 하원까지 확대(both houses approval).

다섯째, 국민투표제도의 도입(national referendum).

이 부분은 대통령제의 보편적인 문제라기보다는 미국의 특수성이 반영된 문제이기 때문에 각각의 제안에 대한 세세한 평가는 별 의미가 없다. 다만 견제와 균형 원리의 수정이 필요하다면, 행정부와 입법부의 '공유된 권한'을 동일하게 축소시키는 방향으로 이루어져야 한다. 다시 말해 견제와 균형 원리의 수정이 어느 한 부(예컨대, 행정부)의 권한을 축소함으로써 결과적으로 다른 부(예컨대, 입법부)의 권한을 강화하는 것이라면 그것은 문제가 있다. 그런데 위에서 제시된 제안들은 모두 행정부가 갖고 있는 의회 견제권한은 축소시키되, 입법부가 갖고 있는 행정부 견제권한은 확대한다는 것은 균형이 맞지 않는다.

다만 여기서 한 가지 긍정적인 것은 다섯 번째 제안이다. 만약 분점정부에서 대통령과 의회가 극단적으로 대립할 경우 이원적 민주 정통성하에서는 어느 기관의 헌법적 우위를 주장할 근거가 없다. 그럴 경우, "남용하지 않는다"는 전제하에서 국민투표 제도를 활용할 경우 대통령과 의회가 첨예하게 대립하는 문제에 대한 최종적 판단이 가능하다는 점에서 현실적 대안으로 고려해볼 수 있다.

(2) 한국의 제도개혁 논의

한국에서는 분점정부와 관련된 제도개혁 논의가 아직 본격적으로 이루어지지 않고 있다. 그 이유는 분점정부에 대한 종합적인 논의가 부족하기 때문이다. 제도개혁 논의도 한국 대통령제에 대한 진단과 처방의 과정에서 포괄적으로 다루어진 부분이 많다. 한국의 대통령제에 대해 비판적인 논자들은 한국 대통령제의 가장 큰 문제점으로 이원적 민주 정통성으로 인한 갈등을 든다(강원택 2001, 30). 이원적 민주 정통성의 갈등이란 바로 분점정부 상황을 시칭한다. 분점정부로 인해 대통령과 의회가 갈등하는 상황은 현재의 제도적 틀에서는 해결할 수 없고, 프랑스의 중간형 대통령제와 같은 새로운 제도의 도입을 통해서만 해결 가능하다고 본다(강원택 2001, 48).

설사 정부형태의 변경이 아니더라도 한국 대통령제의 구조적 취약성을 해결하기 위해서는 분점정부의 출현을 제도적으로 봉쇄하는 장치가 필요하다는 입장이 대세다. 그러나 한국 대통령제의 문제는 분점정부보다는 지역패권정당체제, 대통령에게 집중된 권력 장치,

전근대적 정당 조직 및 운영, 후진적인 의회운영 등에서 찾아야 하기 때문에 이러한 논의에 대한 비판적 평가가 필요하다.

가. 정당의 민주화

정당의 민주화는 분점정부의 문제뿐만 아니라 한국정치의 핵심 개혁과제라고 할 수 있다. 한국의 정당체제에서는 분점정부가 등장할 경우 미국과 같이 대통령이 반대당 의원들을 설득하여 법안을 통과시킨다는 것 자체를 기대할 수 없다. 그것은 한국정당의 구조적 문제점에서 기원한다.

사르토리(Giovanni Sartori)가 지적하고 있듯이(Sartoti 1994, 89), 미국의 대통령제가 교착상태에 빠지지 않고 작동하는 것은 이데올로기적 무원칙성(ideological unprincipleness), 규율이 약한 정당(weak and undisciplined parties), 그리고 지방중심의 정치(locality centered politics) 때문이다. 여기에 덧붙일 수 있는 것이 상향식 공직 후보자 추천이다.[296)]

한국의 정당은 지역정당체제인데다 공직 후보자 추천과정이 비민주적으로 이루어지는 경우가 많아 대단히 강력한 내부적 규율을 유지하고 있다. 정당의 지도자는 당내에서 카리스마적 위치를 구축하고 있으며, 의원들은 의회에서 자율성을 거의 갖지 못한 채 대통령

296) 정당의 지도자들에 의해 후보자 추천이 이루어질 경우 정당의 규율이 약해지려야 약해질 수가 없다. 정당 지도자의 의사에 반하는 의견이나 행동은 곧 다음 선거를 포기하는 것과 같기 때문이다. 미국의 정당은 후보자 추천이 당 지도부에 의해서 이루어지는 것이 아니라, 유권자와 당원들에 의해 이루어지기 때문에 당 지도부에 반하는 의견이나 행동이 가능하다. 이것이 미국 의회에서 자유투표(free voting)가 정착된 이유이다.

혹은 정당지도자에게 복종하는 경우가 많다. 그렇다면 한국의 정당정치가 강력한 정당 규율을 갖게 된 요인은 무엇인가? 여기에는 몇 가지 복합적 요인이 작용하고 있다(장훈 2001a, 20).

첫째, 정당 지도자들은 대개 그 정당의 정치적 기반을 이루는 지역(영남, 호남, 충청)에서 카리스마적 권위를 누리고 있으며, 지역의 유권자들로부터 절대적인 지지를 받고 있다.

둘째, 이러한 지역적 카리스마를 근거로 정당을 창당한 정당 지도자들은 당내의 주요한 권력, 특히 국회의원 '공천권', 국회직 배분권 등을 독점하고 있다.

셋째, 이와 같은 지역정당 체제하에서 지역정당을 통하지 않고 국회의원에 당선될 수 있는 가능성은 거의 희박하다. 의원들은 자신들의 가장 중요한 관심사인 재선추구에 있어 절대적으로 정당지도자에게 종속되어 있으며, 국회에서 당론을 벗어난 소신투표를 할 수 있는 여지가 별로 없다.

이러한 이유로 대통령은 국회에서 반대당 의원들을 상대로 '설득정치'를 할 수 있는 여지가 없다. 분점정부 상황에서 대통령에 의한 설득정치가 작동하고, 이를 통해 정부운영이 활력을 유지하기 위해서는 정당정치의 문제점이 극복되어야 하는데, 정당 규율의 민주적 완화가 절대적으로 필요하다. 정당 규율의 완화는 정당 지도자의 각성이나, 국회에서 자유투표(혹은 교차투표)만으로는 이루어질 수 없다. 정당의 공직 후보자, 특히 국회의원 선거에서 후보자 추천의 민주화가 선행되어야 한다.

사실상 정당 지도자나 정당의 주류 세력에 의해 분배되는 공직 후보자 추천구조하에서는 아무리 제도적 장치를 마련한다고 하더라도 사당구조는 해체되지 않는다. 의원들이 지도부의 눈치를 보지 않고 소신을 발휘하도록 하기 위해서는 무엇보다도 의원들의 재선이 정당 지도자에 의해 좌우되는 것이 아니라 유권자에 의해 좌우될 수 있는 구조가 형성되어야 한다. 그렇게 되면 의원들은 정당의 당론이나 지도부에 책임을 지는 것이 아니라 유권자에게 책임을 지기 때문에 대통령의 설득정치도 가능해진다.

나. 분점정부의 작위적 개편 제한

일부 논자들은 분점정부하에서 작위적 정계개편을 금지하도록 법으로 규정해야 한다고 주장한다(양동훈 1999). 분점정부는 국민 다수의 의사결정이기 때문에 그 결과는 존중되어야 한다. 때문에 국회의원의 당선 이후 당적 변경을 법률로써 금지하자고 주장한다. 특정 선거과정에서 사용한 당적 또는 무소속을 다음 선거까지 유지하도록 강제하자는 취지다. 국회에 진출한 정당들은 다음 선거기간까지 또는 최소한 다음 선거 일 년 전까지는 그 정당을 해산하거나, 새로운 정당을 창당하거나, 정당의 명칭을 바꾸어서 정당과 그 소속의원들에게 변화를 초래하는 행위를 해서는 안 된다. 일단 선거에서 유권자들에게 약속하고 평가받은 정당소속과 정당정책을 지키는 것이 민주적 책임성이기 때문이다(양동훈 1999, 100).

물론 이러한 주장의 당위성에는 공감할 수 있지만, 경험연구를 통해 보면 당적 변경의 금지가 실제 후보자의 득표율에 미치는 영향은 크지 않은 것으로 나타나고 있다. 14대부터 16대 국회의원을 대상으로 조사한 한 연구에 따르면(이갑윤·이현우 2000), 국회의원이 당적을 변경하더라도 당적의 변경으로 인한 정당지지의 변화

외에는 득표에 미치는 영향이 없다. 다만 현직자의 경우 당적 변경이 득표감소의 요인으로 작용하고 있는데, 이는 이들이 대부분 공천탈락자인 관계로 이전 선거에서 득표에 도움을 주었던 정당 지지를 잃어버리기 때문이다. 따라서 현직의원들에게 있어 당적 변경이 득표율의 변화에 영향을 미치는 요인은 별로 없다(이갑윤 · 이현우 2000, 13-14).

따라서 일차적으로 국회의원의 당적 변경을 막을 수 있는 실질적인 대안은 없고, 다만 법률로써 이를 금지하는 것은 정치인의 정당 가입과 탈퇴의 자유를 침해할 수 있다는 점에서 주의가 필요하다.

다. 분점정부 출현의 제도적 억제

분점정부 출현을 제도적으로 억제하기 위해 가장 많이 언급되는 것은 선거제도의 개편과 정당제도의 개편이다. 선거제도의 개편에는 당선자 결정방식의 변경, 선거주기의 일치가 주요한 논의대상이고, 정당제도의 개편은 다당제의 변경이 거론된다.

먼저 선거제도의 개편을 보자. 선거제도 개편의 핵심은 행정부의 집권당이 국회에서 과반수 의석을 얻을 수 있도록 하는 데 있다. 그렇게 되면 대통령과 행정부 집권당은 책임 있는 국정운영이 가능하다. 그러므로 유권자들의 의사와 결정을 최대한 존중하고, 반영하는 범위 내에서 행정부 집권당에게 다수 의석을 보장하여 줄 수 있는 제도적 방법을 모색하게 되는데, 우선 이를 위해 현재의 당선자 결정방식을 단순다수제에서 절대다수제에 근거한 결선투표제(Second Ballot System)나 대안투표제(Alternative Voting System)로 전환하자는 주장이 제기되고 있다. 그러나 절대다수 결선투표제를 채택하면, 경우에 따라 2번의 선거를 해야 한다. 이는 선거의 과열, 정치의 고비용화를 초래할 가능성이 있다. 대안투표제는 대통령 당선자 결정과정이 절차적으로 다소 복잡하지만, 2차 투표와 그에 따른 정치적 과정과 비용이 필요하지 않다. 그러므로 대안투표제가 결선투표제보다 상대적으로 유리하다고 할 수 있다.

또 하나의 개혁방안은 국회의원 선거와 대통령선거의 주기를 동일하게 하자는 주장이다. 이는 대통령선거와 국회의원 선거를 미국과 같이 동시선거로 치르거나 최소한 같은 해에 치르도록 하자는 안이다. 그러나 선거주기를 맞추더라도 동시선거가 아니라 대통령선거와 국회의원 선거의 시차를 두는 방법은 선거비용의 이중부담 문제가 제기될 수 있고, 지나치게 선거를 과열시킬 수 있다는 점에서 별로 바람직하지 않다고 본다.

따라서 고려대상이 될 수 있는 것은 헌법개정을 통해 대통령의 임기를 조정하여 국회의원선거와 동시에 치르는 방안이다. 비동시선거가 분점정부의 출현에 어느 정도 영향을 미치는 요인이기 때문에 선거주기를 조정하는 것은 분점정부의 출현을 억제하는 효과가 있을 것으로 보인다. 그러나 선거주기의 조정이 분점정부 문제의 근본적인 해결책은 아니며, 분점정부가 선거주기의 조정을 통해 억제시켜야하는 대상인가에 대해서는 동의할 수 없다. 다만 잦은 선거로 인한 국력낭비와 정치과정의 과열은 줄일 수 있다는 점에서 선거주기의 조정은 긍정적이다.[297] 이 경우 불가피하게 개헌문제에

---

297) 물론 여기에는 현행 5년 단임제의 대통령 임기가 여러 가지 문제점을 갖고 있기 때문에 대통령의 임기조정이 필요하다는 의미도 포함된다. 예컨대 4년 중임이나 그 밖의 합리적인 대안을 통해 대통령의

직면하게 되는데, 기득권과 정략 탈피가 관건이다.

비동시선거에서 동시선거로 전환할 경우 가장 기대되는 효과는 아마 유력한 대통령의 후광효과일 것이다.[298] 여기에 다른 국가들의 경험을 볼 때, 동시선거일 경우 비동시선거보다 대통령선거에 참여하는 후보자의 수를 다소나마 감소시키는 효과가 있다. 따라서 대통령선거에서 후보들이 난립하는 한국의 선거정치에서 선거주기의 조정은 일정한 효과를 기대할 수 있다(장훈 2001a, 23).

마지막으로 살펴볼 것은 다당제의 변경이다(장훈 2001a, 21). 물론 다당제를 인위적으로 변경하자는 것은 아니다. 다만 다당제보다는 양당제가 출현할 수 있는 여건을 조성하자는 의미다(장훈 2001a, 22). 그러기 위해서는 다소 복잡한 문제를 해결해야 한다. 즉 현행 지역패권정당체제하에서는 어떤 제도를 채택하더라도 양당제로의 변화는 기대할 수 없다. 양당제를 촉진시키는 것으로 알려진 단순다수대표제를 채택하고 있음에도 불구하고 우리나라는 다당제 국가다.

리더십 조로(早老)현상을 극복할 필요가 있다. 그러나 여기서 주의할 것은 임기를 연장한다고 레임덕이 사라지는 것은 아니다. 즉 대통령의 리더십 조로현상은 반드시 단임제 때문에 오는 것은 아니다. 미국의 경우 4년 중임제를 채택하여 운영하고 있지만, 대통령이 재선되고 1년 후면 동일하게 레임덕 현상을 경험하고 있다. 임기가 늘어난 만큼 레임덕이 오는 시간이 길어질 뿐이다.

298) 물론 모든 대통령 후보에게 후광효과가 있는 것은 아니다. 전국적으로 알려지고, 국민들에게 압도적 지지를 받는 대통령 후보일 경우에 한해 후광효과가 있다. 대개 재선에 도전하는 성공한 대통령과 함께 선거를 치르는 경우, 대통령당 소속의 여타 공직 후보들은 후광효과를 기대할 수 있다. 우리나라의 경우는 동시선거가 아님에도 불구하고 후광효과가 존재한다. 3김의 영향력하에 있는 지역에서는 3김의 후광에 의해 모든 공직 후보자가 압도적인 지지를 받기 때문이다.

설사 비례대표제를 채택하더라도 지역주의 투표행태로 인해 다당제를 더욱 공고화시킬 가능성이 높다. 지역주의의 문제를 제도개혁, 특히 선거제도 개편으로 해소할 수 있다고 보는 것은 잘못이다. 왜냐하면 선거제도 때문에 지역주의가 발생하지 않았기 때문이다. 원인은 해결하지 않고 결과만 조작하려는 시도는 성공할 수 없다. 이는 장기적인 관점에서 지역차별의 완화와 지방분권의 강화라는 맥락에서 접근되어야 한다.

결국 핵심은 양당제인가 다당제인가의 문제가 아니라, 대통령선거에 참여하는 후보자의 수를 줄임으로써, 대통령의 정통성을 보다 강화하는 방향으로 나아가야 한다. 현재와 같이 대략 70%대의 투표율에 40%의 득표율로 당선되는 대통령에게서 성공적인 리더십을 기대한다는 것은 무리다. 선거연합의 형태가 되었든 당선자 결정방식의 변경이 되었건 대통령선거에 참여하는 후보의 수를 줄임으로써 당선된 대통령의 정통성을 보다 강화하는 것이 그나마 현실적으로 실현가능한 대안일 것이다. 그런 의미에서 대통령선거에서의 대안투표제는 진지하게 도입을 검토할 필요가 있다. 대안투표제는 후보자들 간의 선거연합이 가능하고, 유권자들의 전략투표가 취약하더라도 유권자의 선호 순서에 따라 표가 이양되기 때문에 당선된 대통령의 취약한 정통성 문제를 해결하는 데도 도움이 될 수 있고, 추가 비용도 결선투표제도와 비교할 때 훨씬 적다.

3) 평 가

제도개혁의 문제는 제도의 한계를 전제하지 않을 경우 자칫 제도

결정론으로 흐를 우려가 있다. 앞에서도 언급했듯이 분점정부가 단점정부에 비해 제도적 환경이 행정부 집권당에게 불리한 것은 사실이다. 정부운영을 주도하는 것이 행정부이고 행정부를 통제하는 것이 집권당이라고 할 때 집권당의 입장에서 자신들에게 불리한 제도적 여건을 개선하려고 하는 것은 자연스런 현상이다. 그러나 분점정부가 행정부 집권당에게 불리한 정치 환경일지라도 그것이 과연 유권자에게도 불리한 것인가 혹은 유권자의 선택이 잘못되었다는 것이 입증된 것인가에 대해서는 진지하게 자문해볼 필요가 있다.

여기에 덧붙여, 꼭 분점정부와 관련된 부분이 아니더라도, 순수 이념형의 정부형태란 존재할 수 없기 때문에 각 나라의 특수성에 따라 다양한 방식의 대통령제가 운영될 수 있다. 정부운영에서 제도가 정치의 질을 결정하는 것은 아니다. 좋은 제도, 합리적인 제도가 좋은 정치, 정부운영의 효율성을 산출하는 데 기여하는 것은 사실이지만, 해당 국가의 특수성을 반영하지 못하는 제도개혁은 자칫 또 다른 새로운 문제만을 양산할 우려도 있다.

분점정부의 대안적 논의와 관련하여, 분점정부의 출현 자체를 억제시키기 위한 제도개혁은 바람직하지도 않고 실현가능성도 높지 않다. 바람직하지 않다는 것은 분점정부와 단점정부는 대통령제를 채택하고 있는 이상 언제든지 출현할 수 있는 정상상황이라는 전제에서 그렇다. 대통령제이기 때문에 자연스럽게 나타나는 현상을 대통령제임에도 불구하고 출현할 수 없도록 억제하는 것은 바람직하지 않다.

물론 분점정부가 현실적으로 심각한 문제를 야기한다면 분점정부의 출현을 억제할 수 있는 제도적 장치의 도입도 추진할 수 있을 것이다. 그러나 그것이 과거 유신정우회와 같은 형태가 아닌 이상, 얼마나 실효성이 있겠는가에 대해서도 의문이다. 유권자의 선택은 정해진 것이 아니라 매 선거마다 유동적이라는 점에서 분점정부의 출현을 억제하려는 제도적 장치의 마련은 새로운 문제만을 유발할 가능성이 더 높다. 또한 이러한 시도는 유권자의 자유로운 선택권을 애초부터 봉쇄할 수 있다는 점에서 민주적인 것이라고 볼 수 없다.

따라서 근본적으로 분점정부의 출현을 억제시키는 노력은 무의미하다. 분점정부가 등장할 경우, 단점정부와 비교할 때 정부운영의 차이가 존재하지 않도록 제한된 범위에서 제도개혁을 추진하는 것이 보다 바람직하고 현실화 가능성도 높다. 논의를 한국의 상황에 국한시켜본다면, 분점정부의 출현은 민주화의 효과이며, 그 자체로 역사적 의미가 있다. 따라서 정부형태 변경과 같은 추상적인 문제가 아니라, 현재 실질적으로 문제가 되고 있는 구체적인 정부운영의 문제와 관련된 대안마련이 우선되어야 한다. 그런 의미에서 분점정부와 관련된 제도개혁 논의는 크게 선거제도와 정당 개혁을 중심으로 이루어지는 것이 바람직하다.

우선 현행 단순다수대표제가 대통령의 정통성을 취약하게 하는 문제점이 지적되고 있는데, 이를 개선하기 위해 대통령선거에서 당선자결정방식을 현행 단순다수대표제에서 결선투표제나 대안투표제로로 변경하는 문제를 검토할 필요가 있다. 레임덕이나 선거주기의 불일치로 인한 국정수행의 난맥상을 해결하기 위해 대통령의 임기조정을 통한 선거주기의 조정문제도 검토할 필요가 있다.

무엇보다도 정당의 민주화가 이루어져야 한다. 실질적으로 정부기관을 통제하는 정당의 민주화가 이루어진다면 분점정부의 효율성 논란은 훨씬 줄어들 것이다. 이를 위해 정당의 공직 후보자 추천제도의 민주화(상향식 공천)가 정착되어야 한다. 후보 추천이 상향식으로 이루어지면 강력한 규율정당과 당론 표결로 인해 발생하는 정당 간의 대립현상도 극복될 수 있다.

결국 제도개혁의 핵심은 대통령제를 근본적으로 개편하는 문제가 아니라, 대통령제의 문제점을 조금씩 수정하는 방향으로 이루어져야 하며, 그 과정에서 분점정부의 문제도 자연스럽게 해결될 수 있다.

Ⅵ. 한국 분점정부와 대통령제의 미래: 결론을 대신하여

분점정부는 통치력이 저하되고, 국정운영의 마비와 대치정국을 유발하는 대통령제의 구조적 취약성인가? 결코 그렇지 않다. 그렇다고 분점정부가 단점정부보다 통치력이 제고된다거나, 대통령과 의회 간의 대치정국이 전혀 발생하지 않는다는 것은 아니다. 다만 분점정부에 대한 정당한 평가가 필요하다. 지금까지 우리가 인식하고 있는 분점정부는 한국정치의 현실에 대한 구체분석에 기초한 것이 아니며, 연구자의 인상이나 직관인 경우가 많다. 분점정부에 대한 기존의 오해는 분점정부 분석에 도움이 되지 않는다는 점에서 정정되어야 한다.

분점정부는 권력분리의 산물이다. 대통령제는 정부기관을 분리하되 평등한 관계를 지향한다. 분점정부는 대통령제가 추구했던 권력분리에 가장 근접한 정부다. 사실 대통령제의 이상은 정당이 정부기관을 통제하기 시작하면서부터 실현되지 못했다. 정당은 분리된 정부기관을 매개하고, '사실상' 통합을 촉진함으로써 의회제와 구별되는 대통령제의 종별성을 약화시켰다. 정당정부야말로 대통령제 안에 존재하는 의회제의 요소다.

따라서 분점정부는 정당정치의 발전과 무관할 수 없다. 다만 분점정부는 정부의 통합기능을 봉쇄하고 불필요한 대립을 유발하는 존재로 인식될 뿐이다. 지금까지 우리가 알고 있는 분점정부는 정당정부론의 시각에서 바라보는 모습이었고, 정당정부론의 처방만을 수용해 왔다. 한 정당이 정부기관을 통제하는 현실은 정상이고, 서로 다른 정당이 정부기관을 통제하는 것은 일탈이라는 인식이 우리가 알고 있는 분점정부이고, 분점정부는 통치력의 저하와 정국의 마비를 유발하기 때문에 분점정부가 등장하지 못하도록 제도적으로 봉쇄해야 한다는 처방이 우리가 수용하려는 대통령제의 개혁방안이다.

이처럼 분점정부에 대한 오해를 불식시키기 위해서는 분점정부 상황에 대한 구체분석이 이루어져야 한다. 이를 위해 이 연구에서는 입법과정에 대한 분석을 중심으로 분점정부시대의 한국정치를 살펴보았다. 입법과정 분석에 치중하다보니 분점정부의 동학을 만족스럽게 분석하지는 못했지만, 선행연구의 한계와 제한된 자료를 중심으로 분점정부의 한 측면만이라도 분석했다는 점에서 의의를 찾을 수 있겠다.

연구를 통해 밝혀진 결과는 다음과 같다.

첫째, 분점정부는 대통령제에서만 나타나는 고유한 현상이며, 의회제에는 결코 적용할 수 없는 개념이다. 의회제의 소수파 정부와 대통령제의 분점정부는 집권당이 원내 다수파가 아니라는 점에서 유사하지만, 이를 동일시할 수 없는 것은 대통령제의 경우 '이원적 민주 정통성'에 기초하고 있기 때문이다. 대통령제는 이원적 민주 정통성으로 인해 대통령과 의회가 정통성의 우위를 주장할 수 없지만, 의회제는 의회의 단일한 정통성에 기초하고 있다. 분점정부는 대통령제에 고유한 이원적 민주 정통성의 양립상황이다.

둘째, 한국은 '무다수당 분점정부'가 출현하고 있다. 무다수당 분점정부는 어느 정당도 의회의 다수파가 되지 못하는 분점정부를 말한다. 이는 양당제국가인 미국에서는 찾아볼 수 없는 현상으로, 다당제국가인 한국에서 고유하게 찾아볼 수 있는 분점정부의 독특한 형태다. 무다수당 분점정부에서는 다수당 분점정부와 다른 정치행태가 나타난다. 다수당 분점정부의 경우, 행정부 집권당은 의회 다수당의 의석을 붕괴시키거나 그것이 불가능할 경우 다수당과의 협상에 주력하는 반면, 무다수당 분점정부는 원내 제3당과의 연합정치가 집권당의 핵심전략이 된다. 무다수당 분점정부는 대통령제에서도 다양한 연합정치가 필요하고, 가능하다는 것을 보여준다. 노태우 정부가 '3당 통합'을, 김대중 정부가 'DJP 연합'과 '3당 정책공조'를 추진했던 것도 이 때문이다.

셋째, 대통령과 의회를 단일 정당이 통제해야 대통령제에 기능적이고, 통치효율성을 제고시킨다는 주장은 근거가 약하다. 서로 다른 정당이 대통령과 의회를 통제하는 분점정부에서 개혁적인 법안들이 많이 통과됐고, 의회의 권한이 확대됨으로써 권력분리의 실현에 기여하고 있다. 13대 국회의 분점정부가 대표적인 사례이며, 김대중 정부 출범 직후 등장했던 두 번째 분점정부도 전체적인 입법산출은 높지 않았지만, 외환위기 극복과 개혁관련 법안들이 집중적으로 통과되었다. 분점정부가 입법마비와 통치력의 저하를 가져온다는 정당정부론의 주장이 맞지 않은 경우다. 또한 이 시기들은 대통령에 대한 의회의 견제 기능이 활발하게 이루어진 시기이기도 했다.

넷째, 분점정부는 정당-유권자 연합의 재편에 의해 나타난다. 기존 연구는 대부분 '분리투표'를 분점정부의 원인으로 보고 있지만, 이는 분점정부 등장에 영향을 미치는 보다 거시적인 요인을 간과한 분석이다. 뉴딜연합의 붕괴가 1952년 이후 미국 분점정부의 빈번한 출현을 설명해준다면, 지역패권정당과 유권자 지지연합의 공고화는 한국 분점정부의 잦은 등장을 설명해준다. 그런데 미국에서는 정당-유권자 지지연합이 공고화되면 단점정부가 집중적으로 출현했지만, 한국은 정반대의 상황이다. 이는 양당제와 다당제의 차이와 함께 분절화된 지역균열구조의 영향이다. 이밖에 한국 분점정부의 등장 요인으로는 선거제도(지역주의와 결합된 소선거구제도, 전국구의석배분방식의 변화, 선거주기의 불일치), 정당체제(다당제, 전근대적인 정당구조, 정당운영방식의 비민주성) 등의 구조적·제도적 요인과 행정부 실패의 반복, 선거연합의 부족 등의 정치적 요인을 들 수 있다.

다섯째, 분점정부는 분리성의 극대화로 대립적인 대통령-의회관계가 나타나고, 통치력이 저하되어 실패한 정부가 등장할 수밖에 없다는 주장은 한국 분점정부의 전개과정을 분석해본 결과 맞지 않았다. 대통령-의회관계의 경우, 13대 국회의 분점정부에 비해 15대와 16대 국회의 분점정부가 대통령-의회관계의 경직과 대립상황이 심해진 것은 사실이지만(특히 노무현 정부 시기의 대통령 탄핵), 이는 분점정부만의 문제는 아니었고 단점정부 상황에서도 마찬가지였다. 대통령-의회관계가 13대 국회에 비해 14대와 15대, 그리고 16대 국회에서 악화된 것은 분점정부 때문이 아니라 크게 두 가지 요인 때문이었다. 하나는, 13대 국회에서도 나타난 상황이지만, 연속적인 분점정부의 출현 상황에서 대통령과 행정부 집권당은 정당성을 인정받을 수 없는 수단을 동원하여 분점정부의 출현을 봉쇄하거나 분점정부를 단점정부로 전환했다. 이에 대한 반대당의 저항과 국민의 심판이 이후의 선거를 통해 나타났다. 다른 하나는, 특히 김대중 정부와 관련하여, 소수파 정권의 한계다. 김영삼 정부까지는 비록 분점정부가 등장하거나 등장할 상황이었지만, 행정부 집권당은 사회적 소수파가 아니었다. 그러나 김대중 정부는 사회적 소수파이자 원내 소수파였다. 소수파 정권의 등장은 사회적 다수파의 집단적인 공격을 초래했고, 이것이 분점정부는 물론 단점정부에서도 대통령-의회관계가 대립적이었던 이유다.

다음으로, 분점정부는 통치력을 저하시킨다는 주장도 입법과정에 대한 분석을 통해 확인해본 결과 그렇지 않다는 결론을 얻을 수 있었다. 이는 특히 법안처리 결과를 통해 드러난다. 입법산출에 대한 양적 통계와 중요법안의 입법화에 있어 분점정부는 단점정부와 별다른 차이가 없었다. 입법산출의 경우 분점정부와 단점정부의 차이가 존재하는 것은 사실이지만, 통치력의 저하라고 판단할만한 것은 아니었다. 집권당과 반대당 간의 협상의제로 채택된 법안들(중요법안)의 경우 분점정부에서 몇 건의 좌절 사례가 있었지만, 단점정부와 차이가 별로 없었다. 이는 '경합장 의회'라는 한국 의회의 특성 때문이다. 실제 의회에서 집권당과 반대당 간의 경쟁과 대립은 법안산출을 위한 것이 아니라, 권력투쟁과 지대추구를 위한 것이었다. 법안의 성패는 이차적인 협상대상이다.

또한 분점정부가 정국의 교착과 마비를 가져온다는 주장도, 실제 분점정부 상황에서 대치정국이 존재한 것은 사실이지만, 극단적인 대립상황(국회의 공전)은 단점정부가 더 많았다. 특히 분점정부를 단점정부로 개편한 후에 대치정국이 심했다. 여기서 중요한 사실은 대치정국은 정부유형과 무관하게 한국정치의 일상적인 현상이라는 사실이다. 그것이 분점정부이기 때문에 특별히 그 빈도가 증가하거나 대립의 강도가 증폭되었다는 증거는 찾기 힘들었다.

여섯째, 현재의 제도개혁 논의는 분점정부에 대한 잘못된 진단에 기초하여 이루어지고 있다. 원래 제도개혁 논의의 출발은 단점정부와 분점정부의 통치력 차이를 줄이고, 정부유형과 상관없이 정상적인 정부운영이 이루어질 수 있는 제도적 장치를 마련하기 위한 것이었다. 그러나 제도개혁론자들은 분점정부의 출현은 억제되어야 하고, 필요하다면 분점정부가 출현할 수 없도록 제도적 봉쇄장치를 마련해야 한다는 주장으로 나아가고 있는데, 이는 분점정부의 정치과정에 대한 구체분석 없이 내려진 성급한 처방이다. 정부실패는 분점정부 때문에 나타난 것이 아니며 정치체제 자체의 문제로 접근하는 것이다.

일곱째, 한국 분점정부의 정부운영은 연합정치에서 해답을 찾아야 한다. 한국의 정당정치와 의회정치의 현실은 미국 분점정부에서와 같은 대화기제가 존재하지 않는다. 전근대적이고 비민주적인 정당정치가 이루어지고 있기 때문이다. 이러한 현실을 극복하기 위해서는 우선 의회에서 연합정치를 활성화할 필요가 있다. 연합정치는 분점정부의 문제뿐만 아니라 한국정치의 전근대성을 극복할 수 있는 유력한 대안이다. 물론 권력연합과 이권연합이 아닌 '정책연합'의 정착을 위해서는 정당개혁과 의회운영방식의 개혁이 선행되어야 한다.

마지막으로 한국 분점정부는 민주화의 산물이며, 권력분리의 실현에 긍정적인 효과를 가져왔다. 권위주의 시대에는 분점정부가 등장할 수 없도록 제도적으로 봉쇄했다. 분점정부가 등장했다는 사실 자체가 민주화의 상징이다. 분점정부는 대통령이 지배하던 의회를 대통령을 견제하는 의회로 변화시켰다. 민주화 이전의 한국정치는 분점정부로 인한 문제보다 오랜 단점정부로 인한 폐해가 더 심했다. 앞으로도 분점정부는 한국 대통령제의 폐단인 제왕적 대통령의 문제를 극복하는 데 긍정적인 효과가 있을 것이다. 이것이 분점정부 출현의 한국적 의의다.

분점정부는 부정적인 것이기 때문에 억제되고, 극복되어야 한다는 주장은 우리에게 아무런 도움을 주지 못한다. 오히려 분점정부 시대의 가장 합리적인 대안은 분점정부에 맞는 정치적 실천을 찾는 것이다. 분점정부와 단점정부 간에 정부운영의 차이가 나타나지 않는다면, 그만큼 한국정치가 과거의 낡은 정치로부터 한 단계 전진했다는 것을 의미한다. 이것이야말로 견제를 통해 균형을 지향하는 대통령제의 미학이다. 그런 의미에서 분점정부는 한국의 대통령제를 끊임없이 실험하는 리트머스 용지다. 분점정부는 계속될 것이고, 그에 맞는 분점정부의 정치적 실천을 구체화할 때다.

참 고 문 헌

1. 국 문

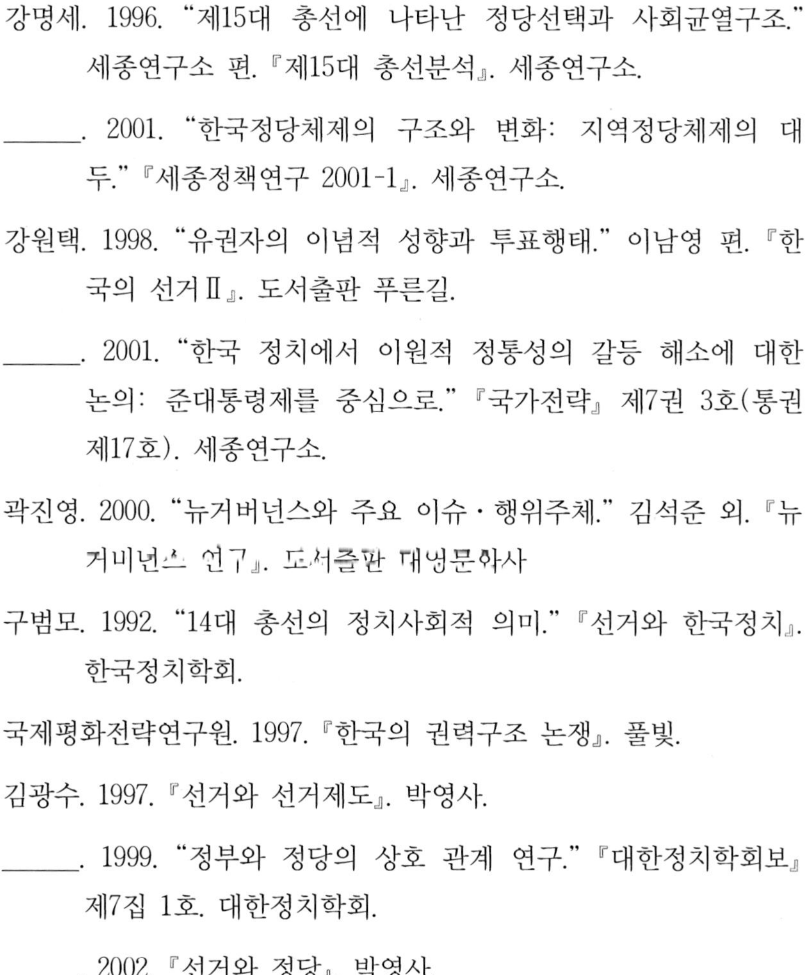

강명세. 1996. “제15대 총선에 나타난 정당선택과 사회균열구조.” 세종연구소 편. 『제15대 총선분석』. 세종연구소.

______. 2001. “한국정당체제의 구조와 변화: 지역정당체제의 대두.” 『세종정책연구 2001-1』. 세종연구소.

강원택. 1998. “유권자의 이념적 성향과 투표행태.” 이남영 편. 『한국의 선거Ⅱ』. 도서출판 푸른길.

______. 2001. “한국 정치에서 이원적 정통성의 갈등 해소에 대한 논의: 준대통령제를 중심으로.” 『국가전략』 제7권 3호(통권 제17호). 세종연구소.

곽진영. 2000. “뉴거버넌스와 주요 이슈·행위주체.” 김석준 외. 『뉴거버넌스 연구』. 도서출판 대영문화사

구범모. 1992. “14대 총선의 정치사회적 의미.” 『선거와 한국정치』. 한국정치학회.

국제평화전략연구원. 1997. 『한국의 권력구조 논쟁』. 풀빛.

김광수. 1997. 『선거와 선거제도』. 박영사.

______. 1999. “정부와 정당의 상호 관계 연구.” 『대한정치학회보』 제7집 1호. 대한정치학회.

______. 2002. 『선거와 정당』. 박영사.

김도종・김형준. 2000. “제16대 국회의원 선거결과에 대한 분석: 집합자료를 중심으로.” 한국정치학회 16대 총선 평가 학술회의 자료집. 『16대 총선과 한국 민주주의의 진로』. 한국정치학회.

김석준. 2000. “거버넌스의 개념과 이론의 전개.” 김석준 외. 『뉴거버넌스 연구』. 도서출판 대영문화사.

김용호. 1998. “97년 대선에 대한 종합적인 분석.” 이남영 편. 『한국의 선거Ⅱ』. 도서출판 푸른길.

______. 2001.『한국정당정치의 이해』. 나남출판.

김재한. 1994. “한국 거대여당 체제의 등장과 쇠퇴.” 김재한 편. 『정당구도론』. 나남.

김재한・경제희. 1998. “선거방식과 전략적 투표.” 이남영 편. 『한국의 선거Ⅱ』. 도서출판 푸른길.

김재한・아렌트 레입하트. 1997. “합의제와 한국의 권력구조.” 『한국정치학회보』 제31집 1호. 한국정치학회.

김호섭. 2001. “대통령.” 하태권 외. 『현대 한국정부론(제2판)』. 법문사.

김호진. 1999. “김대중 정부의 국가개혁: 특성과 가능성.” 『정부학연구』 제5권 2호.

김희민. 1994. “한국 3당 합당의 원인과 결과.” 김재한 편. 『정당구도론』. 나남.

래드, 에버렛 칼(최한수 역). 1994. 『미국정당정치론: 사회의 변화와 정치적 반응』. 신유출판사.

레입하트, 아렌트(최명 역). 1985. 『민주국가론: 21개 민주국가에 있어서 다수제와 합의제 정부의 패턴』. 법문사.

린쯔, 후안(신명순·조정관 역). 1995. "대통령제와 내각제: 과연 다른 것인가?" 후안 린쯔·아르투로 발렌주엘라 편. 『대통령제와 내각제』. 나남출판.

매디슨, 제임스 외. 1992. "연방주의 교서." 한국정치연구회 사상분과 편역. 『현대민주주의론Ⅱ』. 창작과 비평사.

문병기. 2000. "가버넌스의 이론적 접근." 김석준 외. 『뉴거버넌스 연구』. 도서출판 대영문화사.

문용직. 1997. "국회의원선거에서의 현직 국회의원 효과." 『한국과 국제정치』 제27호. 경남대학교 극동문제연구소.

밀, 존 스튜어트. 1992. "자유주의로부터 제한적 민주주의로: 대의정부론." 한국정치연구회 사상분과 편저. 『현대민주주의론Ⅰ』. 창작과 비평사.

박상병. 2000. "한국 정당체제 균열구조와 16대 총선." 한국정치학회 16대 총선 평가 학술회의 자료집. 『16대 총선과 한국 민주주의의 진로』. 한국정치학회.

박상훈. 2001. "한국의 유권자는 지역주의에 의해 투표하나: 제16대 총선의 사례." 『한국정치학회보』 제35집 2호. 한국정치학회.

박상훈. 2003. "민주화 이후의 한국정치의 지역주의 지배담론." 조희연 편. 『한국의 정치사회적 지배담론과 민주주의 동학』. 함께 읽는 책.

박찬욱. 1992. "한국 의회 내 정당 간 갈등과 교착상태: 그 요인, 경과 및 결말." 한배호·박찬욱 공편. 『한국의 정치갈등: 그 유형과 해소방식』. 법문사.

______. 1993. “제14대 국회의원 선거결과에 대한 집합자료 분석.” 『한국과 국제정치』 제9권 2호. 경남대학교 극동문제연구소.

______. 1996. “15대 국회의원 총선결과 개관: 선거 후 유권자 면접조사자료를 중심으로.” 세종연구소 편. 『제15대 총선분석』. 세종연구소.

______. 2000. “선거제도 개관.” 박찬욱 편. 『비례대표선거제도』. 박영사.

박찬욱 · 김형준. 1996. “제15대 국회의원 선거결과에 대한 집합자료 분석.” 『한국과 국제정치』 제12권 2호. 경남대학교 극동문제연구소.

박찬표. 2001. 『한국 의회정치와 민주주의』. 도서출판 오름.

박통희. 1993. “제13대 여소야대 국회의 효율성 논란: 대표성, 능률성, 그리고 전문성을 중심으로.” 『한국정치학회보』 제27집 1호. 한국정치학회.

박호성 · 이종찬 외. 2000. 『한국의 권력구조 논쟁Ⅱ: 권력구조의 운영과 변화』. 풀빛.

백창재. 1998. “여소야대와 행정부의 통치능력.” 『국가전략』 제4권 2호. 세종연구소.

베일리, 토마스(정성화 · 손영호 역). 1994. 『미국정당정치사: 민주-공화 양당의 발전과 대립의 역사』. 학지사.

보비오, 노베르토. 1989. 『민주주의의 미래』. 인간사랑.

석철진. 2000. “프랑스 이원집정제와 합리적 수용의 정치.” 박호성 · 이종찬 외. 『한국의 권력구조 논쟁Ⅱ: 권력구조의 운영과 변화』. 풀빛.

성낙인. 1997. “권력의 민주화와 정부형태.” 『법과 사회』 제15호.

______. 1999. “한국헌법과 이원정부제(반대통령제).” 『헌법학연구』 제5집 1호.

손병권. 2001. “2000년 미국 대선을 통해 본 미국 민주주의의 쟁점.” 손병권 외. 『2000년 미국대선: 민주주의의 위기인가』. 도서출판 오름.

손호철. 1993. “14대 총선거의 결과와 의미.” 『전환기의 한국정치』. 창작과 비평사.

______. 2001. “97년 대선과 한국정치의 과제.” 『신자유주의시대의 한국정치』. 푸른숲.

______. 2002. “현대 미국사회의 변동과 정당정치의 보수화: 보수화의 기원에 대한 재조명.” 『국가전략』 제8권 1호. 세종연구소.

신명순. 1999. “한국 국회의 의정활동.” 백영철 외. 『한국의회정치론』. 건국대학교 출판부.

신유섭. 2001. “‘책임 있는 유권자론’에서 본 2000년 미국 대선.” 손병권 외. 『2000년 미국대선: 민주주의의 위기인가』. 도서출판 오름.

안희수. 1995. “정당의 형성이론과 한국정당의 발전과정.” 안희수 편. 『한국정당정치론』. 도서출판 나남.

양동훈. 1999. “한국대통령제의 개선과 대안들에 대한 재검토.” 『한국정치학회보』 제33집 2호. 한국정치학회.

양재진. 2002. “대통령제, 이원적 정통성, 그리고 행정부의 입법부

통제와 지배: 한국 행정국가화 현상에 대한 함의를 중심으로." 『한국행정연구』 제11권 1호(봄).

오승용. 2001. "시민운동단체의 정체성 비판." 김인영 외 지음. 『시민운동 바로보기』. 21세기 북스.

______. 2002. "분점정부의 가버넌스(Divided Governance) 연구." 『호남정치학회보』 제14집. 호남정치학회.

______. 2004a. "한국 분점정부의 입법과정 분석: 13대-16대 국회를 중심으로." 『한국정치학회보』 제38집 1호. 한국정치학회.

______. 2004b. "미국 헌법은 얼마나 민주적인가?" 『정치비평』 제13호. 박종철출판사.

______. 2004c. "지역주의와 지역주의 연구: 회고와 전망." 『사회과학연구』 제12집 2호. 서강대학교 사회과학연구소.

______. 2005. "정치관계법 개혁의 성격과 내용: 2004년 개정 정치관계법을 중심으로." 『21세기 정치학회보』 제15집 1호. 21세기 정치학회.

윤종빈. 2001. "16대 총선에서 나타난 현직의원의 득표율 증감 분석: 지역구활동 효과를 중심으로." 『한국정치학회보』 제35집 4호. 한국정치학회.

이갑윤. 1998. 『한국의 선거와 지역주의』. 도서출판 오름.

이갑윤·이현우. 2000. "국회의원의 당적변경과 유권자의 지지: 14-16대 총선분석." 『16대 총선과 한국 민주주의의 진로』. 한국정치학회 16대 총선 평가 학술회의 자료집(2000년 4월 29일).

이기하. 1961. 『한국정당발달사』. 의회정치사.

이내영. 1996. “제15대 총선의 투표행태 변화: 지자제선거와 제15대 총선의 이탈투표의 비교.” 세종연구소 편. 『제15대 총선분석』. 세종연구소.

이명남. 2002. “분점정부와 정치 효율성 관계의 비교 연구.” 『한국동북아논총』 제7권 제4호. 한국동북아학회.

이숙종. 1996. “정치적 성향과 투표행태.” 세종연구소 편. 『제15대 총선분석』. 세종연구소.

이원근. 2002. “대통령과 거버넌스: 미국 레이건 대통령의 환경정책 사례.” 김석준 외. 『거버넌스의 정치학』. 법문사.

이원희. 1998. “입법부.” 하태권 외. 『현대 한국정부론』. 법문사.

이종상. 1991. “미국 대통령제의 한국 헌법에의 수용.” 『미국헌법연구』 제2권. 미국헌법학회.

이태일. 1989. “5·10선거의 정치사적 의미.” 『한국현대정치사Ⅰ』. 실천문학사.

이현우. 1998. “한국에서의 경제투표.” 이남영 편. 『한국의 선거Ⅱ』. 푸른길.

______. 2001. “유권자 행태를 중심으로 본 2000년 미국 대선.” 손병권 외. 『2000년 미국대선: 민주주의의 위기인가』. 도서출판 오름.

임도빈. 2001. 『프랑스의 정치행정체제』. 법문사.

임성호. 2001. “2000년 미국 대선과 향후 거버넌스(governance).” 손병권 외. 『2000년 미국대선: 민주주의의 위기인가』. 도서출판 오름.

잔다, 케네스 외(미국정치연구회 옮김). 1997. 『현대 미국정치의 새로운 도전(원제: *The Challenge of Democracy: Government in America*, 1991)』. 한울아카데미.

장 훈. 2001a. "대통령제 정부의 신화와 현실: 분점정부와 정치개혁." 『계간 사상』 2001/여름호.

______. 2001b. "한국 대통령제의 불안정성의 기원: 분점정부의 제도적, 사회적, 정치적 기원." 『한국정치학회보』 제35집 4호. 한국정치학회.

정경희. 2001. 『중도의 정치: 미국 헌법 제정사』. 서울대학교 출판부.

정대화. 1995. "한국의 정치변동, 1987-1992: 국가－정치사회－시민사회의 관계를 중심으로." 서울대학교 대학원 정치학과 박사학위논문.

______. 2000. "제16대 국회의원 총선거와 시민운동단체의 정치개입." 『동향과 전망』 2000년 여름호(통권 제45호).

정대화·안상종. 1996. "15대 총선 분석과 평가: '수도권 대반란'의 해석과 지역주의 문제를 중심으로." 『동향과 전망』 1996년 여름호.

정영국. 1992. "14대 국회의원 선거과정의 특징: 3개 선거구 참여관찰 사례를 중심으로." 『선거와 한국정치』. 한국정치학회.

정영화. 2000. "한국의 대통령제 정부형태의 진화와 전망." 『세계헌법연구』 제5권. 국제헌법학회.

정용대. 2000. "16대 총선 아젠다와 쟁점 분석." 한국정치학회 16대 총선 평가 학술회의 자료집. 『16대 총선과 한국 민주주의의 진로』. 한국정치학회.

정진민. 1998. 『후기 산업사회 정당정치와 한국의 정당발전』. 도서출판 한울.

조기숙. 2000. 『지역주의 선거와 합리적 유권자』. 나남출판.

조성대. 2000. "지역주의와 인물투표: 부산시 북·강서을 선거구." 『4·13총선: 캠페인 사례연구와 쟁점분석』. 도서출판 문형.

지병문 외. 2001. 『현대 한국정치의 새로운 인식』. 박영사.

진영재. 1998. "분할정부는 지방선거에서도 연장되는가?" 『1998년도 한국정치학회 연례학술회의 논문집』. 한국정치학회.

______. 1999. "'유효정당수'(Effective Number of Parties) 계산법의 문제점: 정당연합이론을 중심으로." 『한국정치학회보』 제33집 4호. 한국정치학회.

최선근. 1998. "미국의 유권자들은 분점정부(Divided Government)를 원하는가?" 『국가전략』 제4권 1호. 세종연구소.

최영진. 2001. "제16대 총선과 한국 지역주의 성격." 『한국정치학회보』 제35집 1호. 한국정치학회.

한국사회연구소 정치연구부. 1988. "총선 후 정국방향과 민중운동." 『동향과 전망』 제2권. 태암.

한국정치연구회. 1990. 『한국정치사』. 백산서당.

한국정치학회 편. 1987. 『현대 한국정치론』. 법문사.

함성득. 1998. "의회, 정당, 대통령과의 새로운 관계." 『의정연구』 제4권 1호. 한국의회발전연구원.

황아란. 1998. "정당 태도와 투표행태." 이남영 편. 『한국의 선거Ⅱ』. 푸른길.

황윤원. 2001. "21세기 국정운영시스템의 변화와 방향." 『한국행정연구』 제10권 3호. 한국행정연구원.

2. 영 문

Aldrich, John, and David Rohde. 1997. "The Transition to Republican Rule in the House: Implications for Theories of Congressional Politics." *Political Science Quarterly*, vol.112, no.4.

Alesina, Alberto, and Howard Rosenthal. 1995. *Partisan Politics, Divided Government, and The Economy*, Cambridge Univ. Press.

Alford, Hohn, and David Brady. 1989. "Personal and Partisan Advantage in US Congressional Elections." in Lawrence Dodd and Bruce Oppenheimer(eds.), *Congress Reconsidered*, CQ Press.

Diehl, Paul(ed.). 1997. *The Politics of Global Governance: International Organization in an Independent World*, Lynne Rienner Publishers.

Alvarez, Michael. 1990. "The Puzzle of Party Identification: Dimensionality of an Important Concept." *American Politics Quarterly*, vol.18, no.4.

Alvarez, R. Michael, and Matthew M. Schousen. 1993. "Policy Moderation or Conflicting Expectations? Testing the Intentional Models of Split-Ticket Voting." *American Politics Quarterly* vol.21, no.4(October).

Ansolabehere, Stephen, James Snyder, Jr., and Charles Stewart, Ⅲ. 2000. "Old Voters, New Voters, and the Personal Vote: Using Redistricting to Measure the Incumbency Advantage." *American Journal of Political Science*, vol.44, no.1(January).

Aranson, Peter, and Peter Ordeshook. 1972. "Spatial Strategy for Sequential Elections." in Richard Niemi and Herbert Weisberg(eds.), *Probability Models of Collective Decision Making*, Charles E. Merrill.

Balla, Steven, Eric Lawrence, Forrest Maltzman, and Lee Sigelman. 2002. "Partisanship, Blame Avoidance, and the Distribution of Legislative Pork." *American Journal of Political Science*, vol.46, no.3.

Barezak, Monica. 2001. "Squaring Off: Executives and Legislatures in Ecuador." in Robert Elgie(ed.), *Divided Government in Comparative Perspective*, Oxford Univ. Press.

Beard, Charles. 1954. *An Economic Interpretation of the Constitution of the United States*, The Free Press.

Beck, Paul Allen, Lawrence Baum, Aage R. Clausen, and Charles E. Smith, Jr. 1992. "Patterns and Sources of Ticket Splitting in Subpresidential Voting." *American Political Science Review*, vol.86, no.4.

Beck, Paul Allen. 1997. *Party Politics in America*, Longman.

Bennett, Anne. 1998. "Party System Change in Redemocratizing

Countries." in Paul Pennings and Jan-Erik Lane(eds.), *Comparing Party System Change*, Routledge.

Berman, William. 1994. *America's Right Turn: From Nixon to Bush*, The Johns Hopkins University Press.

Binder, Sarah. 1999. "The Dynamics of Legislative Gridlock", *American Political Science Review*, vol.93, no.3.

Black, Earl, and Merle Black. 2002. *The Rise of Southern Republicans*, The Belknap Press of Harvard University Press.

Born, Richard. 1994. "Split-Ticket Voters, Divided Government, and Fiorina's Policy-Balancing Model." *Legislative Studies Quarterly*, vol.19, no.1(February).

____________. 2000. "Policy-Balancing Models and the Split-Ticket Voter, 1972-1996." *American Politics Quarterly*, vol.28, no.2(April).

Brady, David, and Naomi Lynn. 1973. "Switched Seat Congressional Districts: Their Effects on Party Voting and Public Policy." *American Journal of Political Science*, vol.17, issue.4.

Brandt, Patrick. 2002. "Testing Models of Congressional-Executive Relations." Paper presented at th Annual Meeting of the American Political Science Association(February), Washington, D. C.

Burnham, Walter Dean. 1991. "Critical Realignment: Dead of Alive?" in Byron E. Shafer(ed.), *The End of Realignment?: Interpreting American Electoral Eras*, The University of

Wisconsin Press.

Burns, James. 1949. *Congress on Trial*, Harper and Bros.

____________. 1963. *The Deadlock of Democracy*, Prentice-Hall.

____________. 1965. *Presidential Government*, Houghton Mifflin.

Butler, David, Howard Penniman and Austin Ranney(eds.), *Democracy at the Polls: A Comparative Study of Competitive National Election*, American Enterprise Institute for Public Policy Research.

Cain, Bruce, John Ferejohn, and Morris Fiorina. 1987. *The Personal Vote: Constituency Service and Electoral Independence*, Harvard University Press.

Campbell, Angus, and Warren E. Miller. 1957. "The Motivational Basis of Straight and Split Ticket Voting." *American Political Science Review*, vol.51, no.2(June).

Campbell, Angus, Philip Converse, Warren Miller, and Donald Stroke. 1960. *The American Voter*, John Wiley.

Campbell, James. 1986. "Predicting Seat Gains from Presidential Coattails." *American Journal of Political Science*, vol.30, no.1

Carr, Robert, Marver Bernstein, and Walter Murphy, *American Democracy in Theory and Practice*(4th ed.), Holt, Rinehart and Winston.

Caughey, John, and Ernest May. 1964. *A History of the United States*, Rand McNally & Company.

Chiou, Fang-Yi, and Lawrence Rothenberg. 2003. "When Pivotal Politics Meets Partisan Politics." *American Journal of Political Science*, vol.47, no.3.

Cobb, Roger. and Charles Elder. 1972. *Participation in American Politics: The Dynamics of Agenda-Building*, Allyn and Bacon, Inc.

Coleman, James. 1972, "The Positions of Political Parties in Elections." in Richard Niemi and Herbert Weisberg(eds.), *Probability Models of Collective Decision Making*, Charles E. Merrill.

Coleman, John. 1999. "Unified Government, Divided Government, and Party Responsiveness." *American Political Science Review*, vol.93, no.4, APSA.

Committee on Political Parties, APSA. 1950. "Toward a More Responsible Two-Party System." *American Political Science Review*, vol.44, no.3(supplement).

Conlan, Timothy, Margaret Wrightson, and David Beam. 1990. *Taxing Choices: The Politics of Tax Reform*, CQ Press.

Cox, Gary, and Jonathan Katz. 1996. "Why Did the Incumbency Advantage in US House Elections Grow?", *American Journal of Political Science*, vol.40, no.2.

______________________________. 1991. "Introduction: Governing a Divided Era." in Gary Cox and Samuel Kernell(eds.), *The Politics of Divided Government*, Westview Press.

Cox, Gary, and Keith Poole. 2002. "On Measuring Partisanship in Roll-Call Voting: The US House of Representatives, 1877-1999." *American Journal of Political Science*, vol.46, no.3.

Cronin, Thomas. 1975. *The State of the Presidency*, Little Brown.

Dahl, Robert. 2001, *How Democratic is the American Constitution?*, Yale Univ. Press.

Desposato, Scott, and John Petrocik. 2003. "The Variable Incumbency Advantage: New Voters, Redistricting, and the Personal Vote." *American Journal of Political Science*, vol.47, no.1.

Diehl, Paul(ed.). 1997. *The Politics of Global Governance: International Organization in an Independent World*, Lynne Rienner Publishers.

Dillon, Douglas. 1985. "Address at Tufts University(May 30, 1982)." in Donald Robinson(ed.), *Reforming American Government: The Bicentennial Papers of the Committee on the Constitutional System*, Westview Press.

Dodd, Lawrence. 1991. "Congress, the Presidency, and the American Experience: A Transformational Perspective." in James Thurber, *Divided Democracy: Cooperation and Conflict Between the President and Congress*, CQ Press.

Downs, Anthony. 1957. *An Economic Theory of Democracy*, Harper Collins Publishers, Inc.

Edwards, George, Andrew Barrett, and Jeffrey Peake. 1997. "The Legislative Impact of Divided Government." *American*

Journal of Political Science, vol.42, no.2.

Edwards, George. 1980. *Presidential Influence in Congress*, Freeman.

Elgie, Robert. 1995. "France: Presidential Leadership." in *Political Leadership in Liberal Democracies*, St. Martin's Press.

___________. 2001a. "What is Divided Government." in Robert Elgie(ed.), *Divided Government in Comparative Perspective*, Oxford Univ. Press.

___________. 2001b. "'Cohabitation': Divided Government French-Style." in Robert Elgie(ed.), *Divided Government in Comparative Perspective*, Oxford Univ. Press.

Epstein, Leon. 1981. "Political Parties: Organization." in David Butler, Howard Penniman and Austin Ranney(eds.), *Democracy at the Polls: A Comparative Study of Competitive National Election*, American Enterprise Institute for Public Policy Research.

Erikson, Robert et al. 1989. "Political Parties, Public Policy and State Policy in the United States." *American Political Science Review*, vol,83, no.3.

Erikson, Robert. 1988. "The Puzzle of Midterm Loss." *Journal of Politics*, vol.50, no.4(November).

Farrand, Max(ed.). 1966. *The Record of the Federal Convention of 1787*, Yale University Press.

Fenno, Richard. 1978. *Home Style: House Members in Their Districts*, Little, Brown.

Ferejohn, John. 1977. "On the Decline of Competition in Congressional Elections." *American Political Science Review*, vol.28, no.1.

Ferguson, Thomas. 1984. "From Normalcy to New Deal: Industrial Structure, Party Competition, and American Public Policy in the Great Depression." *International Organization*, vol38, no.1.

________________. 1995. *Golden Rule: The Investment Theory of Party Competition and the Logic of Money-Driven Political System*, The University of Chicago Press.

Fiorina, Morris. 1981. *Retrospective Voting in American National Elections*, Yale University Press.

____________. 1991. "Coalition Government, Divided Government, and Electoral Theory." *Governance*, vol.4, no.3.

____________. 1992a. *Divided Government*, Macmillan Publishing Company.

____________. 1992b. "An Era of Divided Government." *Political Science Quarterly*, vol.107, no.3

____________. 1996. "The Cause and Consequences of Divided Government: Lessons of 1992-1994." in Peter Galderisi, with Robert Herzberg and Peter McNamara(eds.), *Divided Government: Change, Uncertainty, and the Constitutional Order*, Rowman & Littlefield Publishers, Inc.

Fisher, Louis. 1985. *Constitutional Conflicts between Congress and the President*, Princeton University Press.

___________. 1987. *The Politics of Shared Power: Congress and the executive*, Congressional Quarterly Press.

FitzGerald, John. 1986. *Congress and the Separation of Powers*, Praeger.

Fitzmaurice, John. 2001. "Divided Governance in Poland." in Robert Elgie(ed.), *Divided Government in Comparative Perspective*, Oxford Univ. Press.

Frymer, Paul. 1994. "Ideological Consensus within Divided Party Government." *Political Science Quarterly*, vol.109, no.2 (Summer).

Galderisi, Peter. 1996. "Introduction: Divided Government Past and Present." in Peter Galderisi, with Robert Herzberg and Peter McNamara(eds.), *Divided Government: Change, Uncertainty, and the Constitutional Order*, Rowman & Littlefield Publishers, Inc.

Galderisi, Peter., with Robert Herzberg and Peter McNamara(eds.). 1996. *Divided Government: Change, Uncertainty, and the Constitutional Order*, Rowman & Littlefield Publishers, Inc.

Gelman, Andrew, and Gary King. 1990. "Estimating Incumbency Advantage without Bias." *American Journal of Political Science*, vol.34, no.4.

Goldwin, Robert A., and Art Kaufman. 1986. *Separation of powers: Does it Still Work?*, American Enterprise Institute.

Goodman, Paul. 1972. "The Emergence of Political Parties: The First American Party System." in Frank Otto Gatell, Paul

Goodman and Allen Weinstein(eds.), *Readings in American Political History*, Oxford University Press.

Green, Donald, and Ian Shapiro, 1994. *Pathologies of Rational Choice Theory: A Critique of Applications in Political Science*, Yale University Press.

Grofman, Bernard. et al. 2000. "A New Look at Split-Ticket Outcomes for House and President." *The Journal of Politics*, vol62., no.1, Blackwell Publishers.

Gunther, Richard, and Anthony Mughan. 1993. "Political Institutions and Cleavage Management." in Kent Weaver and Bert Rockman(eds.) *Do Institutions Matter?: Government Capabilities in the United States and Abroad*, The Brookings Institution.

Herzberg, Roberta. 1996. "Unity versus Division: The Effect of Divided Government on Policy Development." in Peter Galderisi, with Robert Herzberg and Peter McNamara(eds.), *Divided Government: Change, Uncertainty, and the Constitutional Order*, Rowman & Littlefield Publishers, Inc.

Hutson, James. 1984. "The Creation of the Constitution: Scholarship at a Standstill." *Review in American History*, vol.12 (December).

Hyneman, Charles, and George Carey(eds.). 1967. *A Second Federalist*, Appleton-Century-Crofts.

Inglehart, Ronald. 1971. "The Silent Revolution in Europe:

Intergenerational Change in Post-Industrial Societies." *American Political Science Review*, vol.65, no.4, APSA.

Jacobson, Gary. 1987. *The Politics of Congressional Elections*, Little Brown.

____________. 1990. *The Electoral Origins of Divided Government: Competition in US House Elections, 1946-1988*, West View Press.

____________. 1991. "The Persistence of Democratic House Majorities." in Gary Cox, and Samuel Kernell(eds.), *The Politics of Divided Government*, Westview Press.

____________. 1996. "Divided Government and the 1994 Elections." in Peter Galderisi, with Robert Herzberg and Peter McNamara(eds.), *Divided Government: Change, Uncertainty, and the Constitutional Order*, Rowman & Littlefield Publishers, Inc.

James, Dorothy Buckton. 1974. *The Contemporary President*(2nd ed.), Pegasus.

Jenkins, Jeffrey. 2000. "Examining the Robustness of Ideological Voting: Evidence from the Confederate House of Representatives." *American Journal of Political Science*, vol.44, no.4(October).

Jones, Charles, 1997. "The American Presidency: A Separationist Perspective." in Kurt Von Mettenheim(ed.), *Presidential Institutions and Democratic Politics: Comparing Regional and National Contexts*, The Johns Hopkins University Press.

____________. 1994. *The Presidency in a Separated System*, The Brookings Institution.

____________. 1995. *Separate But Equal Branches: Congress and the Presidency*, Chatham House Publishers.

Jones, David, and Monika McDermott. 2004. "The Responsible Party Government Model in House and Senate Election." *American Journal of Political Science*, vol.48, no.1.

Ju, Meeyoung, and Kyoungsan Pak, 1998. "A Comparative Study of Divided Government: Korea and the USA." 1998년 한국정치학회 추계학술회의 자료집.

Karol, David. 2000. "Divided Government and US Trade Policy: Much Ado About Nothing?" *International Organization*, vol.54, no.4(Autumn).

Karp, Jeffrey, Jack Vowles, Susan Banducci, and Todd Donovan. 2002. "Strategic voting, party activity, and candidate effects: testing explanations for split voting in New Zealand's new mixed system." *Electoral Studies*, vol.21, no.1.

Key, Jr. V. O. 1942. *Politics, Parties and Pressure Groups*, Thomas Y. Crowell Co.

Kiewiet, Roderick, and Douglas Rivers. 1985. "The Economic Bias of Reagan's Appeal." in John Chubb & Paul Peterson(eds.), *The New Direction in American Politics*, The Brookings Institution.

Kimball, David C. 1997. *The Divided Voter in American Politics*, The Ohio State University Press.

King, Anthony. 1981. "What do elections decide?" in David Butler, Howard Penniman and Austin Ranney(eds.), *Democracy at the Polls: A Comparative Study of Competitive National Election*, American Enterprise Institute for Public Policy Research.

King, Gary, and Andrew Gelman. 1991. "Systemic Consequences of Incumbency Advantage in US House Election." *American Journal of Political Science*, vol.35, no.1(February).

Kirkpatrick, Evron. 1971. "'Toward a More Responsible Two-Party System': Political Science, Policy Science, or Pseudo-Science?" *American Political Science Review*, vol.65, no.4.

Kirkpatrick, Jeane. 1981. "Democratic Elections, Democratic Government, and Democratic Theory." in David Butler, Howard Penniman and Austin Ranney(eds.), *Democracy at the Polls: A Comparative Study of Competitive National Election*, American Enterprise Institute for Public Policy Research.

Knight, K. and M. Marsh. 2002. "Varieties of Election Studies." *Electoral Studies*, vol.21, no.1.

Krehbiel, Keith. 1998. *Pivotal Politics: A Theory of US Lawmaking*, University of Chicago Press.

Krok-Paszkowska, Ania. 2001. "Divided Government in Poland." in Robert Elgie(ed.), *Divided Government in Comparative*

Perspective, Oxford Univ. Press.

Laakso, Markku, and Rein Taagepera, 1979. "'Effective' Number of Parties: A Measure with Application to West Europe." *Comparative Political Studies*, vol.12, issue.3.

Ladd, Everett Carll. 1985. *The American Polity: The People and Their Government*, W · W · Norton & Company.

________________. 1991. "Like Waiting for Godot: The Uselessness of 'Realignment' for Understanding Change in Contemporary American Politics." in Byron E. Shafer(ed.), *The End of Realignment?: Interpreting American Electoral Eras*, The University of Wisconsin Press.

________________. 1995. "The 1994 Congressional Elections: The Postindustrial Realignment Continues." *Political Science Quarterly*, vol.110, no.1.

________________. 1997. "1996 Vote: The 'No Majority' Realignment Continues.", *Political Science Quarterly*, vol.112, no.1.

Laver, Michael, and Kenneth Shepsle. 1996. *Making and Breaking Governments: Cabinets and Legislatures in Parliamentary Democracies*, Cambridge Univ. Press.

Laver, Michael. 1999. "Divided Parties, Divided Government." *Legislative Studies Quarterly*, vol.24, no.1.

Lefort, Claude. 1988, *Democracy and Political Theory*, University of Minnesota Press.

Levine, Jeffrey, Edward Carmines, and Robert Huckfeldt. 1997.

"The Rise of Ideology in the Post-New Deal Party System, 1972-1992." *American Politics Quarterly*, vol.25, no.1(January).

Lijphart, Arend, Ronald Rogowski, and Kent Weaver. 1993. "Separation of Powers and Cleavage Management." in Kent Weaver and Bert Rockman(eds.) *Do Institutions Matter?: Government Capabilities in the United States and Abroad*, The Brookings Institution.

Lim, Seong Ho. 1998. "Divided Government and Representative Democracy in Korea." 1998년 한국정치학회 추계학술회의 자료집.

Linz, Juan. 1978. *The Breakdown of Democratic Regimes: Crisis, Breakdown, & Reequilibration*, The Johns Hopkins University Press.

Lowi, Theodore J. 1985. "Presidential Power: Restoring The Balance." *Political Science Quarterly*, vol.100, no.2(summer).

March, James and Johan Olsen. 1995. *Democratic Governance*, The Free Press.

Mattei, Franco, and John Howes. 2000. "Competing Explanations of Split-Ticket Voting in American National Elections." *American Politics Quarterly*, vol.28, no.3(July).

Mayhew, David. 1991. *Divided We Govern: Party Control, Lawmaking, and Investigations, 1946-1990*, Yale Univ. Press.

McDonald, Forrest, and Russell Kirk. 1992. *We the People: The Economic Origins of the Constitution*, Transaction Pub.

McNamara, Peter. 1996. "Doing one's Job: A Constitutional Prnciple and a Political Strategy for and Uncertain Future." in Peter Galderisi, with Robert Herzberg and Peter McNamara(eds.), *Divided Government: Change, Uncertainty, and the Constitutional Order*, Rowman & Littlefield Publishers, Inc.

McSeveney, Samuel. 1991. "No More 'Waiting for Godot': Comments on the Putative 'End of Realignment'." in Byron E. Shafer(ed.), *The End of Realignment?: Interpreting American Electoral Eras*, The University of Wisconsin Press.

Mettenheim, Kurt Von(ed.), 1997. *Presidential Institutions and Democratic Politics: Comparing Regional and National Contexts*, The Johns Hopkins University Press.

Mezey, Michael. 1989. *Congress, the President, and Public Policy*, Westview Press.

_____________. 1991. "The Legislature, the Executive, and Public Policy: The Futile Quest for Congressional Power." in James Thurber, *Divided Democracy: Cooperation and Conflict Between the President and Congress*, CQ Press.

Milkis, Sidney. 1996. "The New Deal, the Modern Presidency, and Divided Government." in Peter Galderisi, with Robert Herzberg and Peter McNamara(eds.), *Divided Government: Change, Uncertainty, and the Constitutional Order*, Rowman & Littlefield Publishers, Inc.

Mitchell, Paul. 2001. "Divided Government in Ireland." in Robert Elgie(ed.), *Divided Government in Comparative Perspective*,

Oxford Univ. Press.

Müller, Wolfgang C., and Kaare Str∅m(eds.), 2000. *Coalition Covernments in Western Europe*, Oxford University Press.

Neustadt, Richard. 1960. *Presidential Power: The Politics of Leadership*, John Wiley and Sons.

Niemi, Richard, and Herbert Weisberg(eds.). 1993. *Controversies in Voting Behavior*, Congressional Quarterly Press.

Nye, Jr., Joseph. 1997. "Introduction: The Decline of Confidence in Government." in Joseph Nye, Jr., Philip Zelikow, and David Kong(eds.), *Why People Don't Trust Government*, Harvard University Press.

O'Connor, Karen, and Larry Sabato. 1999. *American Government: Continuity and Change*, Longman.

Oehlinger, Theo. 2000. "The Doctrine of Separation of Powers in Relation to Parliament, Government of the 21st Century." 『세계헌법연구』, 제5호, 세계헌법학회.

Oleszek, Walter. 1991. "The Context of Congressional Policy Making." in James Thurber, *Divided Democracy: Cooperation and Conflict Between the President and Congress*, CQ Press.

Olson, Keith. 1994. *An Outline of American History*, The United States Information Service.

Olson, Mancur. 1971. *The Logic of Collective Action*, Harvard University Press.

O'Neill, Tip, with William Novak. 1987. *Man of the House: The Life and Political Memoirs of Speaker Tip O'Neill*, Random House.

Penniman, Howard. 1952. *American Parties and Elections*(5th ed.), Appleton Century Crofts.

Peters, Guy. 1997. "The Separation of Powers in Parliamentary System." Kurt Mettenheim(ed.), *Presidential Institutions and Democratic Politics*, The Johns Hopkins Univ. Press.

Peterson, Paul, and Jay Greene. 1993. "Why Executive-Legislative Conflict in the United States is Dwindling." *British Journal of Political Science*, vol.24.

Petrocik, John, and Joseph Doherty. 1996. "The Road to Divided Government: Paved without Intention." in Peter Galderisi, with Robert Herzberg and Peter McNamara(eds.), *Divided Government: Change, Uncertainty, and the Constitutional Order*, Rowman & Littlefield Publishers, Inc.

Petrocik, John. 1991, "Divided Government: Is it all in the Campaigns?" in Gary Cox and Samuel Kernell(eds.), *The Politics of Divided Government*, Westview Press.

Pfiffner, James. 1991. "Divided Government and the Problem of Governance." in James Thurber(ed.), *Divided Democracy: Cooperation and Conflict Between the President and Congress*, CQ Press.

______________. 1992. "The President and the Postreform Congress."

Robert Davidson(ed.), *The Postreform Congress*, St. Martin's Press.

Phillips, Kevin. 1970. *The Emerging Republican Majority*, Anchor Books.

Pierre, Jon, and Guy Peters. 2000. *Governance, Politics and the State*, Macmillan Press.

Polsby, Nelson. 1975. "Legislature." in Fred Greenstein and Nelson Polsby(eds.), *Handbook of Political Science*, vol.5, Addison-Wesley.

Pomper, Gerald. 1971. "Toward a more responsible two-party system? What, Again." *Journal of Politics*, vol.33, no.3.

______________. 1980. "The Contribution of Political Parties to American Democracy." Gerald Pomper(ed.), *Party Renewal in America: Theory and Practice*, Praeger.

Poole, Keith. and Howard Rosenthal, 1984. "The Polarization of American Politics." *Journal of Politics*, vol.46, issue.4.

Popkin, Samuel, John Gorman, Charles Philips, and Jeffrey Smith. 1976. "Comment: What Have You Done For Me Lately?: Toward An Investment Theory of Voting." *American Political Science Review*, vol.70, no.3. APSA.

Porter, Roger. 1988. "The President, Congress, and Trade Policy." *Congress and the Presidency*, vol.15, no.4(Autumn).

Powell Jr., Bingham. 1991. "'Divided Government' as a Pattern of Governance." *Governance*, vol.4, no.3.

Price, Matthew. 1996. "Political party and the Limits of Presidential Leadership." *Presidential Studies Quarterly*, vol.26, no.2 (Spring).

Przeworski, Adam. 1988. *Capitalism and Social Democracy*, Cambridge University Press.

Pyle, Christopher, and Richard Pious(eds.), 1984. *The President, Congress, and the Constitution: Power and Legitimacy in American Politics*, The Free Press.

Ranney, Austin, and W. Kendall, 1956. *Democracy and the American Party System*, Harcourt, Brace and Co.

Ranney, Austin. 1954. *The Doctrine of Responsible Party Government*, University of Illinois Press.

__________. 1981, "Candidate Selection." in David Butler, Howard Penniman and Austin Ranney(eds.), *Democracy at the Polls: A Comparative Study of Competitive National Election*, American Enterprise Institute for Public Policy Research.

__________. 1983. "The President and His Party." in Anthony King(ed.), *Both Ends of the Avenue*, American Enterprise Institute.

Rieselbach, Leroy. 1996. "It's the Constitution, Stupid!: Congress, the President, Divided Government, and Policymaking." in Peter Galderisi, with Robert Herzberg and Peter McNamara(eds.), *Divided Government: Change, Uncertainty, and the*

Constitutional Order, Rowman & Littlefield Publishers, Inc.

Riker, William, and Peter Ordeshook. 1973. *An Introduction to Positive Political Theory*, Prentice-Hall, Inc.

Riker, William. 1984. "The Heresthetics of Constitution-Making: The Presidency in 1987, with Comments on Determinism and Rational Choice." *American Political Science Review*, vol.78, no.2(March), American Political Science Association.

Roberts, Jason, and Steven Smith. 2003. "Procedural Contexts, Party Strategy, and Conditional Party Voting in the US House of Representatives, 1971-2000." *American Journal of Political Science*, vol.47, no.2.

Rockman, Bert. 1997. "The Performance of Presidents and Prime Ministers and of Presidential and Parliamentary Systems." in Kurt Von Mettenheim(ed.), *Presidential Institutions and Democratic Politics: Comparing Regional and National Contexts*, The Johns Hopkins University Press.

Rossiter, Clinton. 1956. *The American Presidency*, Harcourt, Brace.

Sale, Kirkpatrick. 1976. *Power Shift: The Rise of the Southern Rim and Its Challenge to the Eastern Establishment*, Random House Inc.

Sartori, Giovanni. 1994. *Comparative Constitutional Engineering: An Inquiry into Structures, Incentives and Outcomes*, Macmillan.

Scammon, Richard, and Benjamin Wattenberg. 1970. *The Real*

Majority, Coward, McCann and Geohegan.

Schattschneider, Elmer Eric. 1942. *Party Government*, Holt, Reinhart and Winston.

Schlesinger, Jr., Arthur(ed.). 1973. *History of U. S. Political Parties*, vol. I & II, Chelsea House Publishers.

__________. 1986. "After the Imperial Presidency." in *The Cycle of American History*, Houghton Mifflin.

Schugart, Matthew Soberg, and John Carey. 1992. *Presidents and Assemblies: Constitutional Design and Electoral Dynamics*, Cambridge University Press.

__________. 1995. "The Electoral Cycle and Institutional Sources of Divided Presidential Control." *American Political Science Review*, vol.89, no.2, APSA.

Shafer, Byron. 1991. "The Notion of an Electoral Order: The Structure of Electoral Politics at the Accession of George Bush." in Byron E. Shafer(ed.), *The End of Realignment?: Interpreting American Electoral Eras*, The University of Wisconsin Press.

Shea, Daniel. 1999. "The Passing of Realignment and the Advent of the 'Base-Less' Party System." *American Politics Quarterly*, vol.27, no.1.

Shuman, Howard. 1984. *Politics and the Budget: The Struggle Between the President and the Congress*, Prentice-Hall, INC.

Sigelman, Lee, Paul Wahlbeck, and Emmett Buell. 1997. "Vote

Choice and the Preference for Divided Government: Lessons of 1992." *American Journal of Political Science*, vol.49, issue.3(July).

Silbey, Joel. 1991. "Beyond Realignment and Realignment Theory: American Political Eras, 1789-1989." in Byron E. Shafer(ed.), *The End of Realignment?: Interpreting American Electoral Eras*, The University of Wisconsin Press.

__________. 1996. "Divided Government in Historical Perspective, 1789-1996." in Peter Galderisi, with Robert Herzberg and Peter McNamara(eds.), *Divided Government: Change, Uncertainty, and the Constitutional Order*, Rowman & Littlefield Publishers, Inc.

Smith, Charles, and Robert Brown, John Bruse, and Marvin Overby. 1999. "Party Balancing and Voting for Congress in the 1996 National Election." *American Journal of Political Science*, vol.43, no.3.

Sorauf, Frank. *Party Politics in America*, Cornell University Press.

Soss, Joe, and David T. Canon. 1995. "Partisan Divisions and Voting Decisions: U.S. Senators, Governors, and the Rise of a Divided Federal Government." *Political Research Quarterly*, vol.48, no.2(June).

Strovink, Kurt. 1995. "Party Competition and Policy Goals: A Model of Party Competing for a Decentralized Congress." *Contemporary Political Studies*, vol.1, Political Studies Association.

Str∅m, Kaare. 1990. *Minority Government and Majority Rule*, Cambridge Univ. Press.

Sturm, Roland. 2001. "Divided Government in Germany: The Case of the Bundesrat." in Robert Elgie(ed.), *Divided Government in Comparative Perspective*, Oxford Univ. Press.

Sundquist, James. 1986. *Constitutional Reform and Effective Government*, The Brookings Institution.

________________. 1988. "Needed: A Political Theory for the New Era of Coalition Government in the United States." *Political Science Quarterly*, vol.103, no.4.

Taagepera, Rein, and Matthew Soberg Shugart, 1989. *Seats and Votes: The Effects and Determinants of Electoral Systems*, Yale University Press.

Taylor, Andrew. 2003. "Conditional Party Government and Campaign Contributions: Insights from the Tobacco and Alcoholic Beverage Industries." *American Journal of Political Science*, vol.47, no.2.

Thurber, James(ed.). 1991. *Divided Democracy: Cooperation and Conflict Between the President and Congress*, CQ Press.

Tindall, George. 1973. "The People's Party." in Arthur Schlesinger, Jr.(ed.), *History of US Political Parties, vol.II: The Gilded Age of Politics*, Chelsea House Publishers.

Truman, David. 1971. *The Governmental Process*(2nd ed.), Alfred A. Knopf.

Ware, Alan. 2001. "Divided Government in the United States." in Robert Elgie(ed.), *Divided Government in Comparative Perspective*, Oxford Univ. Press.

Wasserman, Gary. 1988. *The Basics of American Politics*(5th ed.), Scott, Foresman and Company.

Wattenberg, Martin P. 1991. *The Rise of Candidate. Centered Politics*, Harvard University Press.

Weaver, Kent, and Bert Rockman. 1993a. "Assessing the Effects of Institutions." in Kent Weaver and Bert Rockman(eds.) *Do Institutions Matter?: Government Capabilities in the United States and Abroad*, The Brookings Institution.

____________________. 1993b. "When and How Do Institutions Matter?" in Kent Weaver and Bert Rockman(eds.) *Do Institutions Matter?: Government Capabilities in the United States and Abroad*, The Brookings Institution.

____________________. 1993c. "Institutional Reform and Constitutional Design." in Kent Weaver and Bert Rockman(eds.) *Do Institutions Matter?: Government Capabilities in the United States and Abroad*, The Brookings Institution.

Westlye, Mark C. 1991. *Senate Elections and Campaign Intensity*, Johns Hopkins University Press.

Wright, Gerald C. 1989. "Level-of-Analysis Effects on Explanations of Voting: The Case of the 1982 US Senate Elections."

British Journal of Political Science, vol.19, no.2(July).

______________. 1990. "Misreports of Vote Choice in the 1988 NES Senate Election Study." *Legislative Studies Quarterly*, vol.15, no.4(November).

3. 자 료

공보처, 1992.『제6공화국실록: 노태우정부 6년』, 제1권.

국회사무처,『국회경과보고서(제141회－236회)』

중앙선거관리위원회, 1988.『제13대 국회의원선거 총람』.

중앙선거관리위원회, 1988.『제13대 대통령선거 총람』.

중앙선거관리위원회, 1989.『역대 국회의원선거상황』.

중앙선거관리위원회, 1992.『제14대 국회의원선거 총람』.

한국갤럽, 2000.『16대 국회의원 선거 투표행태』.

Gallup Poll Releases 2000.10.27

4. 인터넷 홈페이지

국회 의안정보시스템, http://search.assembly.go.kr/bill

대한민국 국회, http://www.assembly.go.kr

미국 대통령선거 정보, http://www.presidentelect.org

미국 백악관 대통령정보, http://www.whitehouse.gov/history/presidents

종합뉴스데이터베이스, http://www.kinds.or.kr

중앙선거관리위원회 선거정보데이터베이스, http://www.nec.go.kr

• 저자 •

오승용
吳承容

• 약 력 •

전남대학교 정치외교학과 졸업
전남대학교 정치학 석사
전남대학교 정치학 박사

서강대학교 연구교수
사)한국현대사회연구소 연구위원
한국정치연구회 연구위원

• 주요논저 •

「정치관계법 개혁의 성격과 내용」
「세계화 · 정보화 시대 한국 국가-시민사회의 변화」
「미국 헌법은 얼마나 민주적인가?」
「정치관계법 개정과 17대 총선」
「지역주의와 지역주의 연구」
「한국 분점정부의 입법과정 연구」
「분점정부의 가버넌스 연구」
『시민운동바로보기』
『정보사회로 가는 길』
외 다수

분점정부와 한국정치

• 초판 인쇄 2005년 12월 20일
• 초판 발행 2005년 12월 20일

• 지 은 이 오승용
• 펴 낸 이 채종준
• 펴 낸 곳 한국학술정보㈜
경기도 파주시 교하읍 문발리 526-2
파주출판문화정보산업단지
전화 031) 908-3181(대표) · 팩스 031) 908-3189
홈페이지 http://www.kstudy.com
e-mail(e-Book사업부) ebook@kstudy.com
• 등 록 제일산-115호(2000. 6. 19)
• 가 격 28,000원

ISBN 89-534-4239-7 93340 (Paper Book)
89-534-4240-0 98340 (e-Book)